हजारीप्रसाद द्विवेदी

हजारीप्रसाद द्विवेदी का जन्म 19 अगस्त, 1907 को बलिया, उत्तर प्रदेश में हुआ था। उन्होंने संस्कृत महाविद्यालय, काशी में शिक्षा प्राप्त की। उन्हें संस्कृत साहित्य में शास्त्री और ज्योतिष में शास्त्राचार्य की उपाधि मिली। उन्होंने शान्तिनिकेतन, काशी हिन्दू विश्वविद्यालय, पंजाब विश्वविद्यालय में अध्यापन किया। नागरी प्रचारिणी सभा, काशी के हस्तलेखों की खोज (1952) तथा साहित्य अकादेमी से प्रकाशित 'नेशनल बिब्लियोग्राफ़ी' (1954) के निरीक्षक रहे।

उनकी प्रमुख कृतियाँ हैं–'बाणभट्ट की आत्मकथा', 'चारु चन्द्रलेख', 'अनामदास का पोथा', 'पुनर्नवा' (उपन्यास); 'हिन्दी साहित्य की भूमिका', 'हिन्दी साहित्य : उद्भव और विकास', 'नाथ सम्प्रदाय', 'साहित्य सहचर', 'नाट्यशास्त्र की भारतीय परम्परा और दशरूपक', 'संदेश रासक', 'कालिदास की लालित्य योजना', 'मेघदूत : एक पुरानी कहानी', 'कबीर', 'सूर-साहित्य', 'सहज साधना', 'मध्यकालीन बोध का स्वरूप', 'प्राचीन भारत के कलात्मक विनोद', 'मृत्युंजय रवींद्र' (आलोचना); 'सिक्ख गुरुओं का पुण्य स्मरण', 'महापुरुषों का स्मरण' (स्मरण); 'अशोक के फूल', 'कुटज', 'आलोक-पर्व', 'कल्पलता', 'विचार-प्रवाह', 'मध्यकालीन धर्म-साधना' (निबन्ध); 'हिन्दी भाषा का वृहत् ऐतिहासिक व्याकरण' (व्याकरण); 'हजारीप्रसाद द्विवेदी ग्रन्थावली'–12 खंडों में (सम्पूर्ण रचनाएँ)।

उन्हें 'पद्मभूषण' से अलंकृत तथा पश्चिम बंग साहित्य अकादेमी के 'टैगोर पुरस्कार' और 'साहित्य अकादेमी पुरस्कार' से पुरस्कृत किया गया।

19 मई, 1979 को उनका निधन हुआ।

कबीर

कबीर के व्यक्तित्व, साहित्य और दार्शनिक विचारों की आलोचना

हजारीप्रसाद द्विवेदी

राजकमल पेपरबैक्स

पहला संस्करण 1942 में प्रकाशित

राजकमल पेपरबैक्स में
पहला संस्करण : 1971
तीसवाँ संस्करण : 2025

राजकमल पेपरबैक्स : उत्कृष्ट साहित्य के जनसुलभ संस्करण

राजकमल प्रकाशन प्रा. लि.
1-बी, नेताजी सुभाष मार्ग, दरियागंज
नई दिल्ली-110 002
द्वारा प्रकाशित

शाखाएँ : अशोक राजपथ, साइंस कॉलेज के सामने, पटना-800 006
पहली मंजिल, दरबारी बिल्डिंग, महात्मा गांधी मार्ग, प्रयागराज-211 001
1, अनमोल सोराबजी सन्तुक लेन, धोबी तलाव, मरीन लाइंस, मुम्बई-400 002

वेबसाइट : www.rajkamalprakashan.com
ई-मेल : info@rajkamalprakashan.com

विकास कम्प्यूटर एंड प्रिंटर्स
ट्रॉनिका सिटी-201 102
द्वारा मुद्रित

मूल्य : ₹350

KABEER
A critical study by Dr. Hazari Prasad Dwivedi

ISBN : 978-81-267-0395-1

परम श्रद्धेय

आचार्य श्री क्षितिमोहन सेन महोदय को

उनके बासठवें वर्ष में प्रवेश करने के

अवसर पर

लेखक की विनम्र भेंट

भूमिका

'कबीर' लिखते समय नाना साधनाओं की चर्चा प्रसंगवश आ गई है। उनके उसी पहलू का परिचय विशेष रूप से कराया गया है जिसे कबीरदास ने अधिक लक्ष्य किया था। पाठक पुस्तक में यथास्थान पढ़ेंगे कि कबीरदास बहुत कुछ को अस्वीकार करने का अपार साहस लेकर अवतीर्ण हुए थे। उन्होंने तत्काल प्रचलित नाना साधन-मार्गों पर उग्र आक्रमण किया है। कबीरदास के इस विशेष दृष्टिकोण को स्पष्ट रूप से हृदयंगम कराने के लिए मैंने उसकी ओर पाठक की सहानुभूति पैदा करने की चेष्टा की है। इसीलिए कहीं-कहीं पुस्तक में ऐसा लग सकता है कि लेखक भी व्यक्तिगत भाव से किसी साधन-मार्ग का विरोधी है। परन्तु बात ऐसी नहीं है। जहाँ कहीं भी अवसर मिला है वहीं लेखक ने इस भ्रम को दूर करने का प्रयास किया है, पर फिर भी यदि कहीं भ्रम का अवकाश रह गया हो तो वह इस वक्तव्य से दूर हो जाना चाहिए। कबीरदास ने तत्कालीन नाथपन्थी योगियों की साधन-क्रिया पर भी आक्षेप किया है, यथास्थान उसकी चर्चा की गई है। पुस्तक के अधिकांश स्थलों में 'योगी' शब्द से इन्हीं नाथपन्थी योगियों से तात्पर्य है। समाधि के विरुद्ध जहाँ कहीं कबीरदास ने कहा है वहाँ 'जड़-समाधि' अर्थ समझना चाहिए। यथाप्रसंग पुस्तक में इसकी चर्चा आ गई है। वैसे, कबीरदास जिस सहज-समाधि की बात कहते है वह योगमार्ग से असम्मत नहीं है। यहाँ यह भी कह रखना जरूरी है कि पुस्तक में भिन्न-भिन्न साधन-मार्गों के ऐतिहासिक विकास की ओर ही अधिक ध्यान दिया गया है।

पुस्तक के अन्त में उपयोगी समझकर 'कबीर-वाणी' नाम से कुछ चुने हुए पद्य संग्रह किये गए हैं। उनके शुरू के सौ पद श्री आचार्य क्षितिमोहन सेन के संग्रह के हैं। इन्हीं को कविवर रवीन्द्रनाथ ठाकुर ने अंग्रेजी में अनूदित किया था। आचार्य सेनें ने इन पद्यों को लेने की अनुमति देकर हमें अनुगृहीत किया है।

पुस्तक के इस संस्करण में यथासम्भव संशोधन किया गया है। पुस्तक लम्बी प्रतीक्षा के उपरान्त पाठकों के समक्ष आ रही है। श्रीमती शीला संधु, प्रबन्ध निदेशिका, राजकमल प्रकाशन प्रा. लि., दिल्ली, को पुस्तक का नया रूप देकर शीघ्र प्रकाशित करने का श्रेय प्राप्त है। अनेक लेखकों और प्रकाशकों के अमूल्य ग्रन्थों की सहायता न मिली होती तो पुस्तक लिखी ही न गई होती। जिन लोगों के मत का कहीं-कहीं विरोध करना पड़ा है उनके प्रति मेरी गम्भीर श्रद्धा है। वस्तुत: जिनके ऊपर श्रद्धा है उन्हीं के मतों की मैंने समीक्षा की है। इनमें कई मेरे गुरुतुल्य हैं। सब लोगों के प्रति मैं अपनी कृतज्ञता प्रकट करता हूँ।

—हजारीप्रसाद द्विवेदी

रवीन्द्रपुरी,
न्यू कॉलोनी, वाराणसी

संकेत विवरण

[पुस्तकों का पूरा नाम और विवरण ग्रन्थ में ही दिया हुआ है उनका उल्लेख यहाँ नहीं किया है।]

अ. रा. – अध्यात्म रामायण, श्री मुनिलाल का अनुवाद, गोरखपुर, सं. 1989

अष्टो. – ईशाद्यष्टोत्तरशतोपनिषद् निर्णयसागर प्रेस, बम्बई, चतुर्थ संस्करण, 1932

उपासक. – भारतवर्षीय उपासक सम्प्रदाय, श्री अक्षयकुमार दत्त प्रणीत, कलकत्ता, 1314 बंगाब्द (द्वितीय संस्करण)

क. ग्रं. – कबीर ग्रन्थावली, श्री श्यामसुन्दरदास–सम्पादित, काशी नागरी-प्रचारिणी सभा, काशी, 1928

क. वच. – कबीर वचनावली, श्री अयोध्यासिंह उपाध्याय–सम्पादित, काशी नागरी-प्रचारिणी सभा, काशी, 1916

मन., मनसूर – कबीर मनसूर, स्वामी परमानन्द-कृत भानजी कुबेरजी पेंटर द्वारा प्रकाशित, बम्बई, 1902

गोरक्ष. वि. – गोरक्षविजय, श्री अब्दुल करीम सम्पादित, कलकत्ता, 1324 (बंगाब्द)

गोरक्षविजय

गोपी. – गोपीचन्द्रेर गान, कलकत्ता विश्वविद्यालय द्वारा प्रकाशित और श्री विश्वेश्वर भट्टाचार्य द्वारा संकलित

गो. सि. सं. – गोरक्ष-सिद्धान्त म. म. गोपीनाथ कविराज सम्पादित, सरस्वती भवन टेक्स्ट्स नं. 18, काशी, 1925

चर्चा. – चर्याचर्यनिश्चय, बौ. गा. दो. में संकलित

जाति. – भारतवर्ष में जातिभेद, श्री क्षितिमोहन सेन लिखित, कलकत्ता, 1940

ज. डि. ले – Journal of the Department or Letter Vol. XXVIII

कलकत्ता विश्वविद्यालय, 1934। इनमें श्री बागची द्वारा सम्पादित निम्नलिखित ग्रन्थ :

(1) तिल्लोपाद का दोहा-कोष, (2) सरहपाद का दोहा, (3) कण्हपादका, (4) सरहपादकीय दोहा-संग्रह, (5) प्रकीर्ण दोहा-संग्रह।

डायसन. – The system of vedant by P. Ducssen. शिकागो, 1912

पंचदशी – विद्यारण्य स्वामी विरचित, निर्णयसागर प्रेस, बम्बई, 1918

पदा. – शब्दा. देखिए

प्राण. – प्राणसंगली, सन्त सम्पूरणसिंह जी सम्पादित, तरनतारन, पंजाब

फर्कुहर – An Outline of the Religious Literature of India by J.N. Farquhar, Oxford, 1920

गा. दो. बौद्ध. – बौद्ध गान ओ दोहा, म. म. हरप्रसाद शास्त्री सम्पादित, कलकत्ता, 1323 (बंगाब्द)

भ.र. सिं.

भक्ति. र. – भक्तिरसामृतसिन्धु:, श्री रूपगोस्वामिपद विरचित, मुर्शिदाबाद, 1331 मनसूर–क. मन. देखिए

मिडिएवल मिस्टि. – Medieval Mysticism of India श्री क्षितिमोहन सेन लिखित, लन्दन, 1935

विचार. – साधु श्री विचारदास जी की टीका, 'कबीर साहब का बीजक' पर, काशी, सं.–1983

विश्व. – 'बीजक कबीर साहब' पर श्री विश्वनाथसिंहजू देव बहादुर कृत पाखंडखंडिनी टीका, वेंकटेश्वर प्रेम, बम्बई, सं. 1961

वेदान्त.– वेदान्तसार, कर्नल जे. ए. जैकोब सम्पादित द्वितीय संस्करण, निर्णयसागर प्रेस बम्बई, 1916

शब्दा. – शब्दावली, कबीर साहब की; बेलवेडियर प्रेस, इलाहाबाद, 1900 ई.

शारदा. – शारदातिलक-तंत्रम्–Arthur Avalon द्वारा सम्पादित Tantric Text Society Vol. XVI. कलकत्ता,1933

शिव. – शिवसंहिता, पाणिनी ऑफिस, इलाहाबाद, 1914

शुक्ल. – पं. रामचन्द्र शुक्ल का हिन्दी साहित्य का इतिहास, प्रयाग, सं.1990

स.क. स. – सत्य कबीर की साखी, वेंकटेश्वर प्रेस, बम्बई, सं. 1977

सहजा.

सहजाम्नाय. – सहजाम्नायपंजिका, बौ.गा. दो. में संकलित

हठ. – हठयोगप्रदीपिका, पाणिनी ऑफिस, इलाहाबाद, 1915

हिन्दुत्व. – श्रीरामदास गौड़ रचित, ज्ञानमंडल, काशी, 1997

हिं. भा. सा.
वि. – हिन्दी भाषा और साहित्य का विकास, पं. अयोध्यासिंह उपाध्याय लहेरियासराय, 1997

भा. सा. वि. – हिन्दी भाषा और साहित्य का विकास, पं. अयोध्यासिंह उपाध्याय, लहेरियासराय, 1997

विषय-सूची

प्रस्तावना

कबीरदास का लालन-पालन जुलाहा परिवार में हुआ था, इसलिए उनके मत का महत्त्वपूर्ण अंश यदि इस जाति के परम्परागत विश्वासों से प्रभावित रहा हो तो इसमें आश्चर्य की कोई बात नहीं है। यद्यपि 'जुलाहा' शब्द फ़ारसी भाषा का[1] है, तथापि इस जाति की उत्पत्ति के विषय में संस्कृत पुराणों में कुछ-न-कुछ चर्चा मिलती ही है। 'ब्रह्मवैवर्त' पुराण के ब्रह्मखंड के दसवें अध्याय में बताया गया है कि म्लेच्छ से कुविन्दकन्या में 'जोला' या जुलाहा जाति की उत्पत्ति हुई है।[2] अर्थात् म्लेच्छ पिता और कुविन्द माता से जो सन्तति हुई वही जुलाहा कहलाई। पुराणकार ने म्लेच्छ और कुविन्द के सम्बन्ध में कोई सन्देह नहीं रहने दिया है। विश्वकर्मा ने शूद्रा के गर्भ से नौ शिल्पकार पुत्र उत्पन्न किये थे : माली, लुहार, शंखकार, कुविन्द, कुम्हार, कँसेरा, बढ़ई, चित्रकार और सुनार[3]। इस प्रकार कुविन्द एक शिल्पी या कलाकार है और उसका कार्य वस्त्र बुनना है। क्षत्रिय पिता और शूद्रा माता के संयोग से म्लेच्छ की उत्पत्ति हुई। यह उत्पत्ति जिस समय हुई उस समय माता ऋतुदोष से अपवित्र थी और पिता के मन में पाप-भावना थी। इसलिए इस संयोग से बलवान, दुरन्त और पापपरायण म्लेच्छ जातियों का प्रादुर्भाव हुआ। ये जाातियाँ क्रूर, निर्भय, दुर्धर्ष

---

1. प्रसिद्ध विद्वान रायकृष्णदास जी ने, अपने एक पत्र में मुझे बताया है कि 'जुलाहा' शब्द संस्कृत 'चोलवाय' से बना है। परन्तु मुझे संस्कृत-साहित्य में 'चोलवाय' शब्द का कहीं प्रयोग नहीं मिला।
2. *म्लेच्छात् कुविन्दकन्यायां जोला जातिर्बभूव ह।*
   जोलात् कुविन्दकन्यायां शराकः परिकीर्तितः॥
3. *विश्वकर्मा च शूद्रायां वीर्याधानं चकार ह।*
   ततो बभूवः पुत्रास्ते नवैते शिल्पकारिणः॥
   मालाकारः कर्मकारः शंखकार : कुविन्दकः।
   कुंभकारः कांसकरः षडेते शिल्पिनां वराः॥
   सूत्रधारश्चित्रकारः स्वर्णकारस्तथैव च।
   पतितास्ते ब्रह्मशापाद् अजात्या वर्णसंकराः॥

और विधर्मी हुईं।[1] इस प्रकार हिन्दू-पराणों के मत से जुलाहा जाति का प्रादुर्भाव मुसलमान पिता और कुविन्द माता के आकस्मिक संयोग से हुआ। इस देश में इस प्रकार के आकस्मिक संयोग से नई जाति का पैदा हो जाना अपरिचित घटना नहीं है। आज जो सहस्रों की संख्या में जातियाँ वर्तमान हैं, वस्तुत: उनमें कई इसी प्रकार बन गई हैं; परन्तु जुलाहों के सम्बन्ध में पुराणों की यह व्यवस्था कई कारणों से मानने योग्य नहीं मालूम होती।

हिन्दू-पुराणों और धर्मग्रन्थों की यह प्रवृत्ति रही है कि किसी जाति की उत्पत्ति के लिए निम्नलिखित पाँच कारणों में से किसी एक को मान लेना :

(1) वर्णों के अनुलोम विवाह से
(2) वर्णों के प्रतिलोम विवाह से
(3) वर्णों की संस्कार-भ्रष्टता के कारण
(4) वर्णों से बहिष्कृत समुदाय से, और
(5) भिन्न संकर जातियों के अन्तर्विवाह से।

इन पाँच कारणों के अतिरिक्त कोई छठा कारण हिन्दू-पुराणों और स्मृतियों में नहीं बताया गया। जब किसी नई जाति का आविर्भाव, भारतीय भूमि पर हुआ है तभी कोई-न-कोई ऐसा ही मिश्रण सोच लिया गया है। यह धारणा केवल शास्त्रीय विवेचनाओं तक ही सीमित नहीं रही है, साधारण जनता में भी बद्ध-मूल हो गई है।

इस प्रकार की कल्पनाएँ जाति की सामाजिक मर्यादाओं का नियमन भी करती हैं। स्मृतियों और पुराणों की कथाओं पर से यह अन्दाजा भी लगाया जा सकता है कि जिस समय ये कथाएँ लिखी गई थीं उस समय किसी जाति की सामाजिक मर्यादा क्या और कैसी थी। यह ध्यान देने की बात है कि कई जातियों के सम्बन्ध में संस्कृत-ग्रन्थों में जो कथाएँ कही गई हैं उन्हें वे जातियाँ स्वयं नहीं मानतीं। प्राय: आर्येतर जातियाँ अपनी उत्पत्ति और मर्यादा के विषय में कोई-न-कोई पौराणिक कथा बताया करती हैं। इन कथाओं में साधारणत: उनका श्रेष्ठत्व प्रतिपादित किया होता है और कभी-कभी यह भी बताया गया है कि वर्तमान काल में उनकी सामाजिक मर्यादा किस अभिशापवश या किस धोखे के कारण हीन हो गई है।[2] उदाहरणार्थ, पटवेगर नामक कपड़ा बुननेवाली जाति अपनी उत्पत्ति शिव की जिह्वा से बताती है और यह दावा करती है कि मानव-जाति की लज्जा बचाने के लिए शिवजी ने

---

1. *क्षत्रवीर्येण शूद्रायामृतुदोषेण पापत:।*
बलवत्यो दुरंताश्च बभूवुर्म्लेच्छजातय:॥
अविद्धकर्णा: क्रूराश्च निर्भया रणदुर्जया:।
शौचाचारविहीनश्च दुर्धर्षा धर्मवर्जिता:॥

2. 'माइसोर ट्राइब्स एंड कास्ट्स', जि. 4, पृ. 176-7, 'जातिभेद' से उद्धृत।

इन्हें वस्त्र बुनने का सबसे पवित्र कार्य सौंपा है। इनके आदि-पुरुषों को उपवीत और वेद प्राप्त हुए थे।

आधुनिक काल में मनुष्य-गणना के समय जुलाहा जाति के सम्बन्ध में जो तथ्य प्राप्त हुए हैं, उन पर से पुराण-समर्थित आकस्मिक संयोगवाली बात का समर्थन नहीं होता। जुलाहे मुसलमान हैं, पर इनसे अन्य मुसलमानों का मौलिक भेद है। सन् 1901 की मनुष्य-गणना के आधार पर रिजली साहब ने 'पीपुल्स ऑफ इंडिया' नामक एक ग्रन्थ लिखा था। इस ग्रन्थ में उन्होंने तीन मुसलमान जातियों की तुलना की थी। वे तीन हैं : सैयद, पठान और जुलाहे। इनमें पठान तो भारतवर्ष में सर्वत्र फैले हुए हैं पर उनकी संख्या कहीं भी बहुत अधिक नहीं है। जान पड़ता है कि बाहर से आकर वे नाना स्थानों पर अपनी सुविधा के अनुसार बस गए। पर जुलाहे पंजाब, उत्तर प्रदेश, बिहार और बंगाल में ही पाए जाते हैं। ये जहाँ हैं वहाँ थोक-के-थोक हैं। एक पूरा-का-पूरा भूखंड इनके द्वारा अध्युषित है। पंजाब में इनकी संख्या 6,95,119, उत्तर प्रदेश में 9,23,032 और बंगाल-बिहार में 92,42,049 थी। पंजाब में इनकी बस्ती कश्मीर रियासत की दक्षिण सीमा से शुरू होकर कुछ दूर तक पंजाब के उत्तरी किनारे पर फैली हुई है। उत्तर प्रदेश जहाँ पर राजपूताना और मध्य भारत की सीमाओं से मिलता है वहाँ से लेकर बनारस और गोरखपुर कमिश्नरी की पूर्वी सीमा तक एक मेखला की भाँति के भूखंड में इनकी दूसरी बस्ती है। बिहार के उत्तरी अंश में और नेपाल की दक्षिण-पूर्व सीमा तक इनकी घनी बस्ती है। फिर दक्षिण बिहार में भी इनकी एक छोटी-सी बस्ती है। दक्षिणी बंगाल में बर्दवान से ढाका कमिश्नरी तक ये बसे हुए हैं। इस प्रकार उत्तरी पंजाब से लेकर ढाका कमिश्नरी तक अर्धचन्द्राकृति भूभाग में फैले हुए हैं। इन प्रदेशों में कभी नाथपन्थी योगियों का बड़ा जबरदस्त प्रभाव था। रिजली साहब का अनुमान है कि ये जुलाहा जाति किसी निम्न स्तर की भारतीय जाति का मुसलमानी रूप है। सामाजिक परिस्थिति इनकी अच्छी नहीं रही और नवागत धर्म में कुछ अच्छा स्थान पा जाने की आशा से इन्होंने समूह-रूप में धर्मान्तर ग्रहण किया होगा। यही कारण है कि ये सैयद और पठानों की भाँति सारे भारतवर्ष में फैले हुए नहीं हैं बल्कि अपने मूल निवासस्थान में ही पाए जाते हैं।[1]

जिन दिनों कबीरदास इस जुलाहा-जाति को अलंकृत कर रहे थे उन दिनों, ऐसा जान पड़ता है कि इस जाति ने अभी एकाध पुश्त से ही मुसलमानी धर्म ग्रहण किया था। कबीरदास की वाणी को समझने के लिए यह निहायत जरूरी है कि हम इस बात की जानकारी प्राप्त कर लें कि उन दिनों इस जाति के बचे-खुचे पुराने संस्कार क्या थे।

---

1. 'पीपुल्स ऑफ इंडिया', पृ. 123

सन् 1901 की मनुष्य-गणना के आधार पर सर आर्थटेल बेन्स ने 'Grundriss der Indo-orischen philologie and Altertumskunde' सीरीज में भारतीय जातियों के सम्बन्ध में जो अध्ययन उपस्थित किया, उसमें बाईस प्रकार की वयनजीवी (कपड़ा बुनकर जीविका चलानेवाली) जातियों का उल्लेख है। इनकी संख्या एक करोड़ से ऊपर है। सारे भारतवर्ष में इन सभी जातियों की सामाजिक मर्यादा एक ही-सी नहीं है। निचले बंगाल के ताँती उनमें सबसे अधिक ऊँची सामाजिक मर्यादा के अधिकारी बताए गए हैं। अधिक धनी और सम्भ्रान्त होने पर ये लोग कायस्थों के साथ विवाह-सम्बन्ध भी कर लेते हैं। इसी प्रकार गुजरात और मध्य भारत की खत्री पटवे जाति की सामाजिक मर्यादा भी अच्छी बताई जाती है। पर साधारणत: वयनजीवी जातियाँ निम्न श्रेणी की मानी जाती हैं। पंडितों का अनुमान है कि इन बाईस प्रकार की वयनजीवी जातियों में से अधिकांश मूल द्रविड़ अधिवासियों में से बनी होंगी। उड़ीसा और मध्य प्रदेश की पहाड़ियों में कुछ कोल या द्रविड़ श्रेणियों का जुलाहा होना अब भी जारी है। पाँका और गाँडा ऐसी ही जातियाँ हैं। इनमें पाँका जाति के अधिकांश व्यक्ति कबीरपन्थी हो रहे हैं।

उत्तर भारत के वयनजीवियों में कोरी मुख्य हैं। बेन्स जुलाहों को कोरियों की समशील (Corresponding) जाति ही मानते हैं। कुछेक पंडितों ने यह भी अनुमान किया है कि मुसलमानी धर्म ग्रहण करनेवाले कोरी ही जुलाहे हैं। यह उल्लेख किया जा सकता है कि कबीरदास जहाँ अपने को बार-बार जुलाहा कहते हैं,[1] वहाँ कभी-कभी अपने को कोरी भी कह गए हैं।[2] ऐसा जान पड़ता है कि यद्यपि कबीरदास के युग में जुलाहों ने मुसलमानी धर्म ग्रहण कर लिया था पर साधारण जनता में तब भी कोरी नाम से परिचित थे। कबीरदास ने बुनाई के रूपकों और उलटबाँसियों में कई जगह 'जुलाहों के स्थान पर 'कोरी' नाम लिया है। आजकल कोरियों में से बहुतों ने कबीरपन्थ स्वीकार कर लिया है पर बहुत-से हिन्दू विचारों के कट्टर अनुयायी भी हैं आजकल इनमें उच्च श्रेणी के हिन्दुओं की आचारनिष्ठा अनुकरण की प्रवृत्ति जोरों पर पाई जाती है। फिर यह सब होते हुए भी प्रस्तुत लेखक यह नहीं मानता कि कोरियों का ही मुसलमान संस्करण जुलाहा है। अब तक उपर्युक्त अनुमान का पोषक न तो कोई सामाजिक कारण बताया गया है, न वैज्ञानिक नाप-जोख। इसलिए कोरियों और जुलाहों को एक श्रेणी की दो जातियाँ मान लेने का कोई प्रमाण नहीं है।

कबीरदास की वाणियों से जान पड़ता है कि मुसलमान होने के बाद न तो जुलाहा जाति अपने पूर्वसंस्कार से एकदम मुक्त हो सकी थी और न उसकी सामाजिक मर्यादा

---

1. (1) *जाति जुलाहा मति कौ धीर। हरषि हरषि गुन रमै कबीर।*
   (2) *तू ब्राह्मन मैं काशी का जुलाहा।* —'क. ग्रं.', पद 270 इत्यादि।
2. *परिहरि काम राम कह बौरे सुनि सिख बन्धू मोरी।*
   हरि को नाँव अभै-पद-दाता कहै कबीरा कोरी॥ —'क. ग्रं.', पद 346

बहुत ऊँची हो सकी थी। यह दूसरी बात विचारणीय है। रिजली के जो अनुमान ऊपर दिये गए हैं उनमें एक यह है कि सामाजिक मर्यादा उन्नति के लिए इस जाति ने समूह-रूप में धर्मान्तर ग्रहण किया होगा। समूह-रूप में धर्मान्तर ग्रहण करने के विषय में कोई सन्देह नहीं है, पर साधारणत: इस देश के निचली जाति के लोग उस कारण से धर्मान्तर ग्रहण करते नहीं देखे जाते। नीची-से-नीची श्रेणी का हिन्दू अपने को विधर्मी से उत्तम जाति का समझता है और कबीर की गवाही पर तो हम निश्चित रूप से कह सकते हैं कि न तो लोक की दृष्टि में और न अपने-आप की ही दृष्टि में जुलाहा जाति उच्चतर सामाजिक मर्यादा पा सकी थी। आज जुलाहों के सम्बन्ध में जो लोकोक्तियाँ और किस्से-कहानियाँ आदि प्रचलित हैं, वे यह सिद्ध करती हैं कि सब मिलकर यह जाति आज भी साधारण जनता की दृष्टि में ऊँची नहीं उठ सकी। स्वयं रिजली साहब ने भी अपनी पुस्तक में ऐसी लोकोक्तियों का मनोरंजन संग्रह किया है। कबीरदास ने जुलाहों की जाति को कमीनी जाति कहा है[1] यह भी बताया है कि उन दिनों भी यह जाति जन-साधारण में उपहास और मजाक की पात्र थी। साधारणत: मूर्खता-सम्बन्धी कहानियों का एक बहुत बड़ा अंश सारे भारतवर्ष में जुलाहों से भी बना है।

अब प्रश्न यह है कि इतना बड़ा जनसमूह एक ही साथ मुसलमान क्यों हो गया? सामाजिक मर्यादा की उन्नतिवाली बात तो कबीर की अपनी गवाही से ही परास्त हो जाती है। इस प्रश्न की जरा विचारपूर्वक जाँच करने की चेष्टा की जाए। एक विचित्र बात यह है कि अधिकांश वयनजीवी जातियों में यह एक उल्लेख योग्य विशेषता पाई जाती है कि वे अपने-आपको उसी सामाजिक स्तर में रखने को प्रस्तुत नहीं हैं जिसमें साधारणत: उन्हें रखा गया है। ये लोग अपनी उत्पत्ति और इतिहास अलग में बताया करते हैं और अपनी वंशगत श्रेष्ठता का दावा करते हैं। कभी-कभी वे अपने को ब्राह्मण भी कहते हैं। इस प्रकार तमिल और तंजोर प्रान्त की पटलूनकर जाति (जो गुजरात-काठियावाड़ की आदिम अधिवासी होने के कारण 'सौराष्ट्रक' भी कहलाती है) अपने को ब्राह्मण कहती है और उपवीत धारण करती तथा आयंगर आदि पदवियों का व्यवहार करती है।[2] पटवेगर जाति की चर्चा पहले ही हो गई है। दाक्षिणात्य के साले भी अपने को ब्राह्मण कहने और शास्त्री आदि पदवियाँ धारण करने लगे हैं। ब्राह्मणों की भाँति इनकी शाखाएँ और गोत्र भी हैं। शायद ही किसी अन्य जाति में अपनी वर्तमान सामाजिक मर्यादा के विषय में ऐसा तीव्र असन्तोष हो जैसा कि वयनजीवी जातियों में पाया जाता है। ऐसा जान पड़ता है, किसी काल

---

1. *सरग्गलोक में क्या दुख पड़िया तुम आई कलिमाहीं।*
   जाति जुलाहा नाम कबीरा अजहु पतीजौ नाहीं॥
   तहाँ जाहु जहाँ पाट-पटंबर अगर चंदन घसि लीना।
   आइ हमारै कहा करौगी हम तौ जाति कमीना॥
   —'क. ग्रं.', पद 270
2. 'माइसोर ट्राइब्स एंड कास्ट्स', जि. 4, पृ. 474
   —'जातिभेद' से

में यह पेशा उत्तम गिना जाता था और किसी अज्ञात कारण से इस पेशे के लोग अपनी ऊँची मर्यादा से अध:पतित हुए हैं और इनके भीतर उनकी पुरानी महिमा के जो संस्मरण बचे रहे हैं वे ही उन्हें असन्तुष्ट बनाए हुए हैं। सम्भवत: इस देश में ब्राह्मण-श्रेष्ठता प्रतिष्ठित होने के पूर्व इन वयनजीवी जातियों में से कई जैन-बौद्धादि ब्राह्मणेतर धर्मों में उन्नत स्थान की अधिकारिणी रही होंगी।

बंगाल-बिहार की 'सराक' जाति ताँतियों की ही एक शाखा है। इनके विषय में हाल ही में एक अत्यन्त मनोरंजक तथ्य का रहस्योद्घाटन हुआ है। ब्रह्मवैवर्त पुराण के अनुसार 'शराक' जाति की उत्पत्ति जुलाहा पिता कुविन्द (ताँती) माता से हुई है।[1] परन्तु आधुनिक खोजों में पता चला है कि ये शराक असल में श्रावकों के अर्थात् जैनियों के भग्नावशेष हैं जो अवस्था-दुर्विपाक से समाज के निचले स्तर में डाल दिये गए हैं। अब भी इनके सामाजिक आचारों में बहुत कुछ जैन आचार रह ही गए हैं। अब फिर से जैन मुनियों ने इनकी ओर ध्यान देना शुरू किया है।

सराक (शराक = श्रावक) जाति के इस रहस्योद्घाटन पर से यह अनुमान पुष्ट होता है कि अन्यान्य वयनजीवियों की वर्तमान अवस्था का कारण उनका ब्राह्मणेतर विश्वास का आश्रय होना चाहिए। शायद इन्होंने शुरू-शुरू में ब्राह्मण धर्म का जबरदस्त विरोध किया होगा। विरोध की मात्रा का कुछ अनुमान तो कबीर के पदों से ही हो जाता है।

लेकिन इन वयनजीवी जातियों में सबसे मनोरंजक बंगाल के 'जुगी' या 'योगी' हैं। सन् 1921 की मनुष्य-गणना के अनुसार अकेले बंगाल में इन जुगी या योगी लोगों की संख्या 2,65,910 थी। ये सारे बंगाल में फैले हुए हैं और कपड़ा बुनने का काम करते हैं। हिन्दू समाज में इनका स्थान क्या है, यह इस एक बात से अनुमान किया जा सकता है कि 1921 ई. की मनुष्य-गणना के समय जब एक जुगी परिवार ने अपने को स्थानीय प्रचलन के अनुसार 'जुगी' न लिखकर 'योगी' लिखना चाहा तथा अपनी स्त्रियों के नाम के सामने 'देवी' जुड़वाने की इच्छा प्रकट की, तो गणना-लेखक ब्राह्मण-कर्मचारी ने कहा था कि मैं अपना हाथ कटा देना अच्छा समझूँगा, पर 'जुगी' को 'योगी' और इनकी स्त्रियों को 'देवी' नहीं लिख सकूँगा! आजकल इन योगियों की दृढ़ संघटित सभा है जो योगियों के सम्बन्ध में अच्छी जानकारी सग्रह कर रही है। ये लोग अपने को 'योगी ब्राह्मण' भी कहने लगे हैं। इस प्रकार की योगी जातियाँ बिहार में भी पाई जाती हैं और उत्तर प्रदेश में भी किसी जमाने में थीं। आचार्य क्षितिमोहन सेन महाशय ने अपने 'भारतवर्ष में जाति-भेद' नामक ग्रन्थ में (पृ.144) लिखा है कि, "बंगाल के युगी (जुगी) या नाथ लोग पहले तो वेदस्मृति-शासित हिन्दू ही नहीं थे। नाथ-धर्म एक स्वतंत्र और पुराना धर्म है। मध्ययुग

1. जोलात् कुविन्दकन्यायां शराक: परिकीर्तित:। —'ब्र. वै. पुराण', 10। 121

में इनमें से अधिकांश बाध्य होकर मुसलमान हो गए थे। ये ही जुलाहे हुए। ये स्वयं अपना पौरोहित्य किया करते थे। बाद में उन लोगों ने, जो पुरोहित का काम करते थे, जनेऊ पहनना शुरू किया। इससे समाज में एक जबरदस्त आन्दोलन हुआ। टिपरा जिले के कृष्णचन्द्र दलाल ने जनेऊ पहनने का आन्दोलन किया था।...अब इनमें कितने ही बाहर जाकर 'पंडित', 'शर्मा' और 'उपाध्याय' बनकर बाकायदा ब्राह्मण बन गए हैं। ऐसी कई घटनाएँ मैं व्यक्तिगत रूप से जानता हूँ।"

कलकत्ता विश्वविद्यालय ने 'गोपीचन्देर गान' नामक एक महत्त्वपूर्ण पुस्तक प्रकाशित की है। इसके दूसरे भाग की भूमिका में (पृ. 36-7) सम्पादक ने लिखा है कि "योगियों का पूर्व प्रभाव अब कुछ भी नहीं रह गया है। ये लोग क्रमश: विशुद्ध हिन्दुत्व की ओर झुके आ रहे हैं और जीविका चलाने के लिए उन्होंने कपड़ा बुनना, चूना बेचना और अन्यान्य व्यवसाय आरम्भ किये हैं। इनकी उत्पत्ति के सम्बन्ध में नाना भाँति की किंवदन्तियाँ प्रचलित हैं। शायद ये नाना जाति के मिश्रण से बने हुए किसी धर्म-सम्प्रदाय के भग्नावशेष हैं। आज भी रंगपुर जिले के योगियों के परम उपास्य देवता 'धर्म' ही हैं। इनके स्मरणीय महापुरुष हैं गोरखनाथ, धीरनाथ, छायानाथ और रघुनाथ आदि। ये कार्तिक और वैशाख मास में भीख माँगकर चावल संग्रह करते और उससे 'धर्म' देवता की पूजा करते हैं। इस पूजा में हंस और कबूतर वगैरह उत्सर्ग तो किये जाते हैं पर मारे नहीं जाते।...'धर्म' की कोई मूर्ति नहीं बनाई जाती। इनके गुरु और पुरोहित ब्राह्मण नहीं होते बल्कि इनकी अपनी ही जाति के आदमी होते हैं। पुरोहित को 'अधिकारी' कहते हैं। स्त्रियों को पूजा के लिए अधिकारी की मध्यस्थता जरूरी नहीं होती। जन्म के बाद और कर्म के समय बालकों का कान चीर देना निहायत जरूरी समझा जाता है। तीन वर्ष की उमर में ही गुरु-मंत्र ग्रहण करना आवश्यक होता है अन्यथा शिशु का पंक्ति-भोजन का अधिकार जाता रहता है। मृत-देह को 'योड़आसन' या योगासन में समाधि दी जाती है। यह भी सुना गया है कि कहीं-कहीं धर्म-ठाकुर को चूने का उपहार दिया जाता है। चूना बेचना और भीख माँगना रंगपुर के योगियों का प्रधान व्यवसाय है। किन्तु ढाका और टिपरा जिले में कपड़ा बुनना ही प्रधान व्यवसाय है।..."

ऐसा जान पड़ता है कि मुसलमानों के आने के पहले इस देश में एक ऐसी श्रेणी वर्तमान थी जो ब्राह्मणों से असन्तुष्ट थी और वर्णाश्रम के नियमों की कायल नहीं थी। नाथपन्थी योगी ऐसे ही थे। रमाई-पंडित के 'शून्यपुराण' से जान पड़ता है कि एक प्रकार के तांत्रित बौद्ध उन दिनों मुसलमानों को धर्म-ठाकुर का अवतार समझने लगे थे। उन्हें यह आशा हो चली थी कि अब पुन: पाक बार बौद्ध धर्म का उद्धार होगा। शायद उन्होंने हिन्दू-विरोधी सभी मतों को ही बौद्ध मान लिया था। जो हो, इस विषय में कोई सन्देह नहीं कि उन दिनों नाथ-मतावलम्बी गृहस्थ योगियों की एक बहुत बड़ी जाति थी, जो न हिन्दू थी और न मुसलमान। इस प्रसंग

में श्री रायकृष्णदास जी से मुझे यह महत्त्वपूर्ण सूचना प्राप्त हुई है कि बनारस के अलईपुरा के जुलाहे अपने को 'गिरस्त' (गृहस्थ) कहते हैं। यह शब्द बताता है कि कोई अगृहस्थ या योगी जुलाहा जाति भी रही होगी। बंगाल की युगी जाति इसी सम्प्रदायमूलक जाति का भग्नावशेष है। कई बातें ऐसी हैं जो यह सोचने को प्रवृत्त करती हैं कि कबीरदास जिस जुलाहा-वंश में पालित हुए थे वह इसी प्रकार के नाथ-मतावलम्बी गृहस्थ योगियों का मुसलमानी रूप था।

सबसे पहले लगनेवाली बात यह है कि कबीरदास ने अपने को जुलाहा तो कई बार कहा है, पर मुसलमान एक बार भी नहीं कहा। वे बराबर अपने को 'न-हिन्दू न-मुसलमान' कहते रहे। आध्यात्मिक पक्ष में निस्सन्देह यह बहुत ऊँचा भाव है, पर कबीरदास ने कुछ इस ढंग से अपने को उभय-विशेष बताया है कि कभी-कभी यह सन्देह होता है कि वे आध्यात्मिक सत्य के अतिरिक्त एक सामाजिक तथ्य की ओर भी इशारा कर रहे हैं। उन दिनों वयनजीवी नाथ-मतावलम्बी गृहस्थ योगियों की जाति सचमुच ही 'न-हिन्दू न-मुसलमान' थी। कबीरदास ने कम-से-कम एक पद में स्पष्ट रूप से स्वीकार किया है कि हिन्दू और हैं, मुसलमान और हैं और योगी और हैं, क्योंकि योगी या जोगी 'गोरख-गोरख' करता है, हिन्दू 'राम-राम' उच्चारता है और मुसलमान 'खुदा-खुदा' कहा करता है।[1]

यह स्पष्ट रूप से विचार कर लेना चाहिए कि यहाँ हिन्दू, जोगी और मुसलमान से कबीरदास का क्या मतलब रहा होगा। जहाँ-जहाँ कबीरदास ने हिन्दू शब्द का व्यवहार किया है वहाँ-वहाँ निम्नलिखित तीन शब्दों में से तीनों, दो या एक का मतलब रहता है। ये तीन बातें हैं—वेद, ब्राह्मण और पौराणिक मत। इन तीनों को माननेवाले को ही कबीरदास 'हिन्दू' कहते हैं। मुसलमान शब्द की व्याख्या करने की जरूरत नहीं। इस शब्द से कबीरदास हूबहू वही अर्थ लेते हैं जो सदा से लिया जाता रहा है। 'हिन्दू' शब्द का व्यवहार आजकल उन सभी धर्म-मतों के लिए होने लगा है जो भारतवर्ष में उत्पन्न हुए हैं और जिनके अनुयायी अपने को अहिन्दू नहीं कहते। कबीरदास इस शब्द का यह अर्थ नहीं लेते जान पड़ते।

'योगी' शब्द और भी अस्पष्ट है। योग-क्रिया करनेवाले को योगी कहते हैं। इनके विषय में हम आगे विस्तारपूर्वक चर्चा करने का अवसर पाएँगे। हिन्दू लोग ब्राह्मण को श्रेष्ठ और पूज्य मानते हैं। संन्यासी और योगी भी उनके लिए पूज्य हैं। किन्तु आश्रम-भ्रष्ट योगी और संन्यासी हिन्दू समाज में बहुत निकृष्ट समझे जाते हैं। यदि कोई संन्यासी फिर से गृहस्थाश्रम में प्रविष्ट हो जाए तो उसकी सन्तति अस्पृश्य हो जाती है। इस देश के हर हिस्से में भ्रष्ट संन्यासियों से बनी हुई जातियाँ पाई जाती

---

1. *जोगी गोरख-गोरख करै। हिन्दू राम-नाम उच्चरै।*
मुसलमान कहै एक खुदाइ। कबीर को स्वामी घटि घटि रह्यो समाइ॥ —'क. ग्रं.', पद 300

हैं। उत्तर भारत की गोसाईं, वैरागी, अतीत, साधु, जोगी और फकीर जातियाँ तथा दक्षिण भारत की आंडी, दासरी और पानिसवन जातियाँ ऐसी ही हैं। जब तक संन्यासी अपने संन्यासाश्रम में होता है वह हिन्दू का पूज्य है, पर घरबारी होकर वह उसकी आँखों में गिरकर भ्रष्ट हो जाता है। घरबारी संन्यासियों की सन्तति से जो जातियाँ बनती हैं वे समाज के निचले स्तर में चली जाती हैं। इसलिए साधक योगी और गृहस्थ जाति के योगी में बड़ा भेद है। योगी जाति अर्थात् आश्रम-भ्रष्ट योगियों की सन्तति न तो किसी आश्रम-व्यवस्था के अन्तर्गत आती है और न वर्ण-व्यवस्था के। आजकल इन जातियों में से कई अपने को 'ब्राह्मण' कहने लगी हैं। कइयों ने तो अपना दावा ब्राह्मणत्व के भी ऊपर उठा दिया है। अतीत के लोग अपने को ब्रह्मा के मस्तक से उत्पन्न कहते हैं और इस पर से यह तर्क और उपस्थित करते हैं कि वे ब्राह्मण से ऊँचे हैं, क्योंकि ब्राह्मण तो ब्रह्मा के मुख से ही उत्पन्न हैं और हम मस्तक से! मस्तक निस्सन्देह मुख से ऊँचा है। वस्तुत: ये जातियाँ एक जमाने में आश्रम-भ्रष्ट होने के कारण वर्णाश्रम-व्यवस्था के बाहर पड़ती थीं। सर्वग्रासी हिन्दू जाति ने उन्हें अब सम्पूर्ण रूप से आत्मसात कर लिया है।

परन्तु इन आश्रम-भ्रष्ट जातियों में से अधिकांश अब भी भेष धारण करती हैं, भिक्षा पर निर्वाह करती हैं और अनेकानेक सामाजिक कृत्यों में गृहस्थ-धर्म की विधि के बदले संन्यासियों में विहित विधि का अनुष्ठान करती हैं। बहुतों का मृतक-संस्कार नहीं होता और संन्यासियों की भाँति समाधि दी जाती है। ऊपर हमने देखा है कि बंगाल में योगियों को कहीं तो समाधि दी जाती है (अर्थात् शव को गाड़ दिया जाता है) और कहीं-कहीं उनका अग्नि-संस्कार भी किया जाता है (अर्थात् गृहस्थ हिन्दुओं की भाँति शव को जलाया जाता है)। मेरे एक मित्र पूर्वी बंगाल के निवासी हैं। उन्होंने बताया है कि त्रिपुरा जिले के योगियों को पहले अग्निदाह करते है और फिर समाधि भी दे देते हैं अर्थात् मिट्टी में गाड़ भी देते हैं। कबीरदास के विषय में प्रसिद्ध है कि उनकी मृत्यु के बाद कुछ फूल बच रहे थे जिनमें से आधे को हिन्दुओं ने जलाया और आधे को मुसलमानों ने गाड़ दिया। कई पंडितों ने इस बात को करामाती किंवदन्ती कहकर उड़ा दिया है, पर मेरा अनुमान है कि सचमुच ही कबीरदास को (त्रिपुरा जिले के वर्तमान योगियों की भाँति) समाधि भी दी गई होगी और उनका अग्नि-संस्कार भी किया गया होगा। यदि यह अनुमान सत्य है तो दृढ़ता के साथ ही कहा जा सकता है कि कबीरदास जिस जुलाहा जाति में पालित हुए थे वह एकाध पुश्त पहले के योगी जैसी किसी आश्रम-भ्रष्ट जाति से मुसलमान हुई थी या अभी होने की राह में थी।

जोगी जाति का सम्बन्ध नाथपन्थ से है। जान पड़ता है, कबीर के वंश में भी यह नाथपन्थी संस्कार पूरी मात्रा में थे। यदि नाथपन्थी सिद्धान्तों की जानकारी न हो, तो कबीर की वाणियों को समझ सकना भी मुश्किल है।

आज से कई सौ वर्ष पहले की जोगी जाति का जो विवरण उपलब्ध हुआ है उससे भी जान पड़ता है कि वे उन दिनों वेद-स्मृति-शासित हिन्दू समाज से बाहर थे और कपड़ा बुनने और बेचने का व्यवसाय किया करते थे। श्री अब्दुलकरीम साहब ने आज से लगभग पाँच-छह सौ वर्ष पहले की लिखी बताई जानेवाली 'गोरक्ष-विजय' नाम की प्राचीन बंगला पुस्तक का सम्पादन किया है। यह पुस्तक शेख फैजुल्लाह नामक एक मुसलमान बंगाली कवि की लिखी हुई है। इसमें कदली-देश के प्रसंग में एक जोगिन (अर्थात् जोगी जाति की स्त्री) के द्वारा गोरखनाथ को भुलावा देने के प्रसंग में इस प्रकार कहलवाया गया है, "तुम जोगी हो, जोगी के घर जाओगे और अन्न-जल पाकर तृप्त होगे, इसमें भला सोचना-विचारना क्या है? तुम जिस जाति और गोत्र के हो, मैं भी उसी जाति-गोत्र की हूँ, फिर मेरे यहाँ चलने में दोष क्या है? तुम बलिष्ठ और युवक योगी हो, मैं जवान जोगिन हूँ। फिर क्यों न हम अपना व्यवहार शुरू कर दें, क्यों हम किसी की परवाह करने जाएँ? मैं रात-दिन तुम्हारी सेवा करूँगी और अपना-पराया कुछ भी भेद न रखूँगी। मैं चिकना सूत कात दूँगी, तुम उसकी महीन धोती बुनोगे और हाट में बेचने ले जाओगे। इस प्रकार सम्पत्ति दिन-दिन बढ़ती रहेगी और तुम्हारी झोली और कंथा में अँटाए नहीं अँटेगी।"[1] इससे सिद्ध होता है कि आज से पाँच-छह सौ वर्ष पहले भारतवर्ष की पूर्वी सीमा पर जो जोगी थे, वे घरबारी हो चुके थे और सूत कातने और वस्त्र बुनने का कार्य करने लगे थे और अपनी पृथक् जाति और गोत्र में विश्वास करने लगे थे। इसी पुस्तक से यह भी सिद्ध किया जा सकता है कि मृत्यु के बाद उनका अग्नि-संस्कार नहीं होता था बल्कि समाधि दी जाती थी।

---

1. *युगी द्वारे युगी याइबा, अन्न-जले तिप्ति पाइबा*
ताते आर किबा आछे कथा!
तुमि-आमि ज्ञाति जन, एक गोत्रे उतपन
ताते किछु दोष नाहि आर।
गभुर युगिया तुमि, जोयान योगिनी आमि
ये थाके करियु वेवहार॥
सेबिमु ये रात्रिदिन, ना जानिए भिन्न-भिन्न
येइ आशा आछए तोमार।
काटिमु चिकन सुति, तुमिह बुनिवा धुति
हाटे ते निबा ये बेचिबार॥
दिने दिने वेशी हइब, सम्पति बाडिया याइब;
झुलि काथा सब याइब छाड़ि॥
— 'गोरक्षविजय' (कलकत्ता, सन् 1324), पृ. 657

ऐसा जान पड़ता है कि ये पौराणिक धर्म के अनुकूल नहीं थे। इनमें भिन्न-भिन्न जाति के आश्रम-भ्रष्ट लोगों की सन्तति मिली हुई थी। ऊपर जिस जोगिन की चर्चा है उसने अपने को ब्राह्मण जोगिन और निरामिषाहारी बताया था (पृ. 64)। इस प्रकार यद्यपि इनकी एक पृथक् जाति हो गई थी तथापि ये लोग वर्णाश्रम-व्यवस्था और अस्पृश्य-विचार के विरोधी थे। न तो ये भगवान के अवतार में विश्वास करते थे और न त्रिदेव के ही कायल थे। इनके बाह्य मृतकादि संस्कार भी हिन्दुओं की अपेक्षा मुसलमानों से अधिक मिलते थे। इस प्रकार उन्हें मुसलमानी धर्म में आत्म-साधर्म्य ज्यादा मिला और इनका एक अंश धीरे-धीरे मुसलमान होता रहा। यह क्रिया अब भी जारी है। आजकल यद्यपि योगियों का मुसलमान होना कम हो गया है, क्योंकि अब उनकी संघटित सभाएँ और उन्हें ऐतिहासिक जाति होने का गौरव प्राप्त है, पर कुछ दिन पहले तक ये निरन्तर धीरे-धीरे मुसलमान होते जा रहे थे।

यह आश्चर्य की बात ही कही जानी चाहिए कि योगियों और नाथपन्थियों के मध्ययुगीन आचार-विचार पर प्रकाश डालनेवाली जितनी भी पोथियाँ अब तक आविष्कृत हुई हैं, उनमें की अधिकांश मुसलमान कवियों की लिखी हुई हैं। "अली राजा का 'ज्ञानसागर', सैयद सुलतान का 'ज्ञानप्रदीप' और 'ज्ञान चौतीसा', मुहम्मद शफी का 'सुर कन्दिल', मुरशिद का 'बारामास्या' (बारहमासा), 'योग कलन्दर' और 'सत्यज्ञान प्रदीप' के समान कोई ग्रन्थ हिन्दू कवियों ने लिखा हो, ऐसा हमारा जाना हुआ नहीं है।"[1] अनुमान है कि ये कविगण कबीरदास की भाँति ही इसी प्रकार की किसी जाति के धर्मान्तरित वंश में उत्पन्न हुए थे। हम और भी आगे बढ़कर कहना चाहते हैं कि कबीर, दादू, रज्जब, कुतुबन, जायसी, नूरमुहम्मद, फाजिलशाह आदि हिन्दी के कवियों की रचनाएँ इसी रोशनी में विवेचित होनी चाहिए। इन सभी कवियों की रचनाओं की चर्चा किमी-न-किसी बहाने आ ही जाती है।

ऊपर की विवेचना का निष्कर्ष यह हुआ कि :

1. आज की वयनजीवी जातियों में से अधिकांश किसी समय ब्राह्मण-श्रेष्ठता को स्वीकार नहीं करती थीं।
2. जोगी नामक आश्रम-भ्रष्ट घरबारियों की एक जाति स उत्तर और पूर्वी भारत में फैली थी। ये नाथपन्थी थे, कपड़ा बुनकर और सूत कातकर या गोरखनाथ और भरथरी के नाम पर भीख माँगकर जीविका चलाया करते थे।
3. इनमें निराकार भाव की उपासना प्रचलित थी, जातिभेद और ब्राह्मण-श्रेष्ठता के प्रति इनकी कोई सहानुभूति नहीं थी और न अवतारवाद में ही कोई आस्था थी।
4. आसपास के बृहत्तर हिन्दू-समाज की दृष्टि में ये नीच और अस्पृश्य थे।

---

1. 'गोरक्षविजय', पृ. 18

5. मुसलमानों के आने के बाद ये धीरे-धीरे मुसलमान होते रहे।
6. पंजाब, उत्तर प्रदेश, बिहार और बंगाल में इनकी कई बस्तियों ने सामूहिक रूप से मुसलमानी धर्म ग्रहण किया था।
7. कबीरदास इन्हीं नव-धर्मान्तरित लोगों में पालित हुए थे।

इनमें जो तीसरा निष्कर्ष है वह बहुत महत्त्वपूर्ण है। हमने इस अध्याय में उसके विषय में अधिक प्रमाण नहीं उपस्थित किये हैं। अगले अध्याय में हम जो कुछ कहने जा रहे हैं उससे तृतीय निष्कर्ष का पूर्ण समर्थन हो जाएगा।

परन्तु आगे हम जो कुछ कहने जा रहे हैं उसके लिए पद-पद पर प्रमाण की जरूरत होगी। कबीरदास के नाम पर जो वाणियाँ मिलती हैं उनका कोई हिसाब नहीं है। कबीरपन्थी लोगों का विश्वास है कि सद्‌गुरु की वाणी अनन्त है और सद्‌गुरु अर्थात् कबीरदास—यह मान लेना हमारे वश के बाहर है। यह तो सभी मानते हैं कि कबीरदास ने 'मसि कागद छूआ नहीं' था। इनके समस्त उपदेश मौखिक ही हुआ करने थे। शिष्यों ने ही उन्हें लिखा होगा इसमें भी कोई सन्देह नहीं। खोज में अब तक कबीरदास के नाम पर छह दर्जन के आसपास पुस्तकें मिली हैं।[1] इनमें से कई तो निस्सन्देह उनकी लिखी हुई नहीं है और कई अन्य पुस्तकों के भीतर

---

1. स्व. रामदास गौड़ ने अपनी पुस्तक 'हिन्दुत्व' में 71 पुस्तकों की एक लम्बी सूची दी है (पृ. 734) और प्रो. रामकुमार वर्मा ने अपने 'हिन्दी साहित्य के आलोचनात्मक इतिहास' में खोज की रिपोर्टों के आधार पर 61 पुस्तकों की सूची दी है। गौड़ जी की सूची में 'निर्भयज्ञान', 'हिंडोला' और 'अलिफनामा' (एक जगह 'आरिफनामा') ये दो-दो बार आए हैं। इस प्रकार उनकी सूची में वस्तुत: 68 ही ग्रन्थ हैं। दोनों सूचियों के सामान्य नाम ये हैं—'अठपहरा', 'अनुरागसागर', 'अमर-मूल', 'अर्जनामा', 'अलिफनामा', 'अक्षर खंड की रमैनी', 'अक्षर भेद की रमैनी', 'आरती', 'उग्रगीता', 'उग्रतान', 'मूल-सिद्धान्त', 'कबीर और धर्मदास की गोष्ठी', 'क. की बानी', 'क. अष्टक', 'क. गौरव गोष्ठी', 'क. जी की साखी', 'क. परिचय की साखी', 'कर्म कांड रमैनी (गौड़-कर्म-खंड.), 'काया-पंजी' चौका पर की रमैनी', 'चौंतीसा', 'छप्पय', 'जन्मबोध', 'तीसा यंत्र', 'नाम महातम की साखी', 'निभय ज्ञान', पिय 'पहचानिबे को अंग', 'पुकार', 'बारामासी' (गौड़-बारहमासा), 'बीजक, ब्रह्मनिरूपण', भक्ति का अंग 'रमैनी', 'रामरक्षा रामसार', 'रेखता', 'विचारमाला', 'विवेकसार', 'शब्द अलहटुक', 'शब्द वंशावली', 'सन्त कबीर', 'वंदी छोर', 'सतनामा', 'साधो को अंग' 'स्वास गुंजार', 'हिंडोरा' 'हंसमुक्तावली', 'ज्ञानगूदड़ी', 'ज्ञानसरोदय', 'ज्ञानसागर', 'ज्ञानसम्बोध और ज्ञानस्तोत्र'।
इनके सिवाय प्रो. वर्मा की सूची में ये नाम और हैं : 'बलख की पज', 'भाषौ खंड', 'चौतीसा', 'मुहम्मद बोध', 'मंगल शब्द', 'शब्द-राग-काफी और राग फगुआ', 'शब्द-राग गौरी और राग भैरव', 'सुरति संवाद', 'ज्ञान चौंतीसा'।
गौड़ जी की सूची के अधिक नाम ये हैं : 'पद', 'दोहे, 'सुखनिधान', 'कबीरपजी', 'बलक्क की रमैनी', 'रामानन्द गोष्ठी', 'आनन्दसागर मंगल', 'अनाथ मंगल', 'मुहम्मद की बानी', 'मखहोम, वसन्त होली', 'झूलना', 'खसरा', 'श्रचांचरा', 'आगम और शब्द पारखा तथा ज्ञानबत्तीसी।
मैं अपनी नई पुस्तक 'कबीरपन्थी साहित्य' में इन पुस्तकों की जाँच करूँगा। इनमें से अधिकांश पुस्तकें निश्चित रूप से दूसरों की लिखी हुई हैं।

आ जाती हैं। 'बीजक' में रमैनी, शब्द, ज्ञान चौतीसा, विप्रबतीसी, कहरा, वसन्त, चाचर, बेली, विरहुली, हिंडोला और साखी ये ग्यारह अंग हैं। इनमें से एक-एक विभाग को अलग करके कभी-कभी नई और स्वतंत्र पुस्तक बना दी गई है। अलग किये हुए विभागों में यथेष्ट वृद्धि की जा रही है। फिर, 'पिय पहचानिबे को अंग', 'सत्संग को अंग' आदि अंग नामक पुस्तकें वस्तुत: साखी के ही उपविभाग हैं।

प्रो. रामकुमार वर्मा ने इन पुस्तकों में किये गए कुछ प्रक्षेपों का एक मनोरंजक लेखा दिया है। सन् 1906-9 की खोज-रिपोर्ट में 'अनुरागसागर' की एक प्रति पाई गई थी, जो सन् 1862 की लिखी थी। उसमें पद्यों की संख्या 1590 थी। पर सन् 1906-11 में इसी पुस्तक की इससे 16 वर्ष पुरानी एक और प्रति मिली। इस पुरानी प्रति में पद्यों की संख्या 1504 थी। अर्थात् सोलह वर्ष के अल्पकाल में 'अनुरागसागर' में 86 पद्यों की वृद्धि हो गई। हम आगे चलकर देखेंगे कि कबीर साहब के नाम पर मुहम्मद, गोरखनाथ, नानक आदि के साथ जो गोष्ठियाँ चलती हैं उनके वक्तव्य-विषय बाद की साम्प्रदायिक कल्पनाओं के आधार पर बना लिये हैं। कई ग्रन्थों में सम्प्रदाय और भेष की महिमा बखानी गई है।[1] 'यह बात सम्पूर्ण अविश्वसनीय जान पड़ती है। कबीरदास ने आजीवन सम्प्रदायवाद, बाह्याचार और बाहरी भेषभाव पर कठोरतम आघात किया था। वही कबीर अचानक भेषभाव और छापा-तिलक की महिमा बखानने लगेंगे, यह बात कुछ जँचती नहीं मालूम देती। इसीलिए कबीरदास के नाम पर प्रचलित इन ग्रन्थों की प्रामाणिकता सन्देह का ही विषय है। श्री विश्वनाथसिंहजू देव ने अपनी टीका के अन्त में कबीरदास का कहा जानेवाला एक पद उद्धृत किया है जिसमें कहा गया है कि 'बीजक' का मत ही ग्राह्य है।[2] यह पद स्वयं सन्देहात्मक है; क्योंकि इसको सचमुच कबीर की वाणी

1. *माला-तिलक निन्दा करें, ने परगट जमदूत।*
कहे कबीर विचारिके तेई राक्षस भूत॥
द्वादश तिलक बनावई, अंग-अंग अस्थान॥
कहे कबीर विराजही, उज्जन हंस समान॥

—कबीर मंसूर में 'गुरु-महिमा' से उद्धृत, पृ. 1363

2. सायर बीजक को पद—
सन्तौ बीजक मत परमाना।
कैयक खोजी खोजि थके कोई बिरला जन पहिचाना॥
चारिउ जुम और निगम चतुर्भुज गावैं ग्रन्थ अपारा।
विष्णु विरंचि रुद्र ऋषि गावैं शेष न पावैं पारा॥
कोई निगुण सगुण ठहरावैं कोई ज्योति बतावैं।
नाम धनी को सब ठहरावैं रूप को नहीं लखावैं॥
कोउ सूच्छम कोउ थूल कहावैं कोउ अक्षर निज साँचा।
सतगुरु कहँ विरले पहिचानैं भूले फिरैं असाँचा॥

→

मानने के पहले यह मान लेना होगा कि कबीर की जीवितावस्था में ही बहुत-से जाली ग्रन्थ बन गए होंगे और जाल का जंगल इतना बढ़ गया होगा कि उसके निराकरण के लिए कबीरदास को स्वयं उद्योगी होकर वह पद लिखना पड़ा। जो हो, यह पद है महत्त्वपूर्ण। क्योंकि इससे कबीरदास का अपना मत प्रकट होता हो या नहीं; पर इतना निश्चित रूप से प्रकट हो जाता है कि काफी प्राचीन काल से कबीर के नाम पर चलनेवाले ग्रन्थ सन्देह की दृष्टि से देखे जाते रहे हैं। महाराज विश्वनाथसिंहजू के अनुसार स्वयं 'बीजक' के विषय में परम्परा है कि भगवानदास नामक किसी शिष्य ने कबीरदास की जीवितावस्था में ही 'बीजक' का अपहरण किया था। ले भागने के कारण ही भगवानदास 'भग्गूदास' बन गया। कहते हैं, इस शिष्य ने 'बीजक' को विकृत भी किया था। कहा गया है कि स्वयं कबीरदास ने ही 'बघेल-वंश-विस्तार' में भग्गूदास की इस करतूत की चर्चा की है।[1] परन्तु कबीरदास के नाम पर पाए जानेवाले इस कथन की भाषा और युक्ति सभी बतलाते हैं कि यह बाद की साम्प्रदायिक होड़ के कारण लिखा गया है। सौभाग्यवश महात्मा भगवानदास की शिष्य-परम्परा अब भी जीवित है और छपरा (बिहार) जिले का धनौती मठ उसका

→ *लोभ के भक्ति सरैं नहिं कामा साहब परम सयाना।*
अगम अगोचर धाम धनी को सबै कहैं हुवाँ जाना॥
देखै न पन्थ मिलै नहिं पंथी ढूँढ़त ठौर-ठिकाना।
कोउ ठहरावै शून्यक कीन्हा ज्योति एक परमाना॥
कोउ कहैं रूपरेख नहिं वाके धरत कौन को ध्याना।
रोम रोम में परगट कर्ता काहे भरम भुलाना॥
पक्ष-अपक्ष सबै पचिहारे करता कोई न विचारा।
कौन रूप है साँचा साहब नहिं कोई विस्तारा॥
बहु परचे परतीति दृढ़ावै साँचे को बिसरावै।
कलपत कोटि जन्म जुग वागै दर्शन कतहुँ न पावै॥
परम दयालु परम पुरुषोत्तम ताहि चीन्ह नर कोई।
तत्पर हाल निहाल करत है रीझत है निज सोई॥
बधिक कर्म करि भक्ति दृढ़ावै नाना मय कौ ज्ञानी।
बीजक-मतु कोइ विरला जानै भूलि फिरे अभिमानी॥
कह कबीर कर्ता में सब है कर्ता सकल समाना।
भेद बिना सब भरम पर परे कोउ बूझत सन्त सुजाना। —विश्व., पृ. 657-8

1. *भागूदास की खबरि जनाई। ले चरणामृत साधु पियाई।*
कोऊ आप कह वह कालिंजर गयऊ। बीजक ग्रन्थ चोराइ ले गयऊ॥
सद्गुरु कह वह निगुरा पन्थी। काय भयौ लै बीजक ग्रन्थी।
चोरी करि वह चोर कहाई। काह भयो बड़ भक्त कहाई॥
बीजमूल हम प्रगट चिन्हाई। बीज न चीन्हों दुर्मति लाई॥ इत्यादि —विश्व., पृ. 24

मुख्य स्थान है। इन लोगों ने अपना 'बीजक' प्रकाशित भी कराया है। जो हो, मेरी धारणा है कि 'बीजक' में कुछ अंश अवश्य बाद के हैं। कहरा, बिरहुली आदि में बिहारी भाषा के बहुत प्रयोग हैं। कहा जाता है कि 'बीजक' बहुत दिनों तक छपरा जिले के धनौती मठ में पड़ा रहा। बाद में उसे प्रचारित किया गया। अपनी नई पुस्तक 'कबीरपन्थी-साहित्य' में मैंने इस पर विचार किया है।

जो हो, 'बीजक' कबीरदास के मतों का पुराना और प्रामाणिक संग्रह है, इसमें सन्देह नहीं। एक ध्यान देने योग्य बात इसमें यह है कि 'बीजक' में 84 रमैनियाँ हैं। रमैनियाँ चौपाई छन्द में लिखी गई हैं। इनमें कुछ रमैनियाँ ऐसी हैं जिनके अन्त में एक-एक साखी उद्धृत की गई है। साखी उद्धृत करने का अर्थ यह होता है कि कोई दूसरा आदमी मानो इन रमैनियों को लिख रहा है और इस रमैनी-रूप व्याख्या के प्रमाण में कबीर की साखी या गवाही पेश कर रहा है। गुरु को 'साक्षी' (या साखी) करके किसी बात को कहने की प्रथा बहुत पुरानी है। जालन्धरनाथ के शिष्य कृष्णपाद (कानपा) ने कहा है : 'साखि करब जालन्धरि पाए', अस्तु बहुत थोड़ी-सी रमैनियाँ (नं. 3, 28, 32, 42, 56, 62, 70, 80) ऐसी हैं जिनके अन्त में साखियाँ नहीं हैं। परन्तु इस प्रकार साखी उद्धृत करने का क्या अर्थ हो सकता है? इस पुस्तक में मैंने 'बीजक' को निस्संकोच प्रमाण-रूप में व्यवहृत किया है, पर स्वयं 'बीजक' ही इस बात का प्रमाण है कि साखियों को सबसे अधिक प्रामाणिक समझना चाहिए, क्योंकि स्वयं 'बीजक' ने ही रमैनियों की प्रामाणिकता के लिए साखियों का हवाला दिया है। इसीलिए कबीरदास के सिद्धान्तों की जानकारी का सबसे उत्तम साधन साखियाँ हैं।[1]

साखियों की ही भाँति 'बीजक' के शब्द भी बहुत प्रामाणिक हैं। 'बीजक' में इन शब्दों की प्रामाणिकता दिखाने के लिए कभी भी साखियाँ नहीं उद्धृत की गईं। इसका अर्थ यह हुआ कि 'बीजक' में शब्द और साखियाँ सबसे अधिक प्रामाणिक हैं। वे अपने लिए किसी अन्य प्रमाण की आवश्यकता नहीं रखतीं। इस पुस्तक में मैंने इसीलिए पदों का प्रमाण-रूप में यथेच्छ व्यवहार किया है।

परन्तु मैं यह नहीं मानता कि 'बीजक' के बाहर कबीरदास ने कुछ कहा ही नहीं। कबीरपन्थियों में कबीरदास के स्वयंवेद के चार भेद बताए गए हैं—(1) कूट-वाणी, (2) टकसार, (3) मूल-ज्ञान और (4) बीजक-वाणी। इनमें कूट-वाणी को महात्मा धर्मदास ने प्रचारित किया था। बाकी के बारे में कहा जाता है कि उन्हें क्रमश: कर्नाटक के चतुर्भुजदास, दरभंगा के राय बके जी और शाममल्ला द्वीप और मानपुर के हीरामीरांस जी प्रचारित करेंगे। सो इन अपार वाणियों का पार पाना कठिन है। और उनकी नित्य-स्फीयमान काया का लेखा-जोखा भी दुष्कर

1. *साखी आँखीं ज्ञान की, समुझि देखु मन माहिं।*
विन साखी संसार कौ, झगरा छूटत नाहिं॥ —साखी, 369

है। पर इतना निश्चित है कि बीजक के बाहर भी कबीरदास की कुछ वाणियाँ जरूर रही होंगी।

इधर बाबू श्यामसुन्दरदास जी ने काशी नागरीप्रचारिणी सभा से 'कबीर-ग्रन्थावली' नामक एक महत्त्वपूर्ण पुस्तक प्रकाशित कराई है। कहा गया है कि इसका आधार एक बहुत पुरानी प्रति है जो सं. 1561 में लिखी गई थी। परम्परा से प्रसिद्ध है कि कबीरदास का आविर्भाव सिकन्दर मोदी के जमाने में हुआ था। उन्होंने स्वामी रामानन्द से बचपन में ही दीक्षा ली थी और मरती बार मगहर को चले गए थे। मगहर में उनके तिरोहित होने का काल सं. 1575 की अगहन सुदी एकादशी कहा जाता है। सभी बातों का विचार करके बाबू श्यामसुन्दरदास को यही सम्भव जान पड़ा है कि कबीरदास जी का जन्म सं. 1456 में और मृत्यु सं. 1575 में हुई होगी। अर्थात् 'कबीर-ग्रन्थावली' का प्रकाशन जिस प्रति के आधार पर हुआ है वह कबीरदास की मृत्यु के 14 वर्ष पहले की लिखी हुई है। यदि यह पुस्तक सत्य है तो पुस्तक की प्रामाणिकता बहुत बढ़ जाती है। यद्यपि 14 वर्ष की अवधि कम नहीं होती और कबीरदास ने निश्चय ही इन चौदह वर्षों में और बहुत-सी वाणियाँ कही होंगी जो इस संग्रह में नहीं का सकी होंगी और इसीलिए इस पुस्तक को एकमात्र प्रामाणिक ग्रन्थ नहीं स्वीकार किया जा सकता, तथापि इसमें जितने पद हैं वे निश्चय ही प्रामाणिक होंगे।

पर इस बात को मान लेने में एक बाधा है। नागरीप्रचारिणी सभा की प्रकाशित पुस्तकों में उक्त प्रति के अन्तिम पृष्ठ का फोटो दिया गया है। उसमें जो संवत् लिखा हुआ है वह बाद की लिखावट जान पड़ती है। इस बार 'इतिश्री कबीर जी की वाणी सम्पूरण समाप्त: ॥...' इत्यादि लिखकर फिर से अपेक्षाकृत मोटी लिखावट में 'सम्पूर्ण सं. 1561' इत्यादि लिखना क्या सन्देहास्पद नहीं है? पहली बार का 'सम्पूरण' और दूसरी बार का 'सम्पूर्ण' काफी संकेतपूर्ण हैं। एक ही शब्द के दो रूप—हिज्जे और आकार-प्रकार में स्पष्ट ही बता रहे हैं कि ये एक हाथ से लिखे नहीं हैं। ऐसा जान पड़ता है कि अन्तिम डेढ़ पंक्ति किसी बुद्धिमान की कृति है। इसीलिए मुझे इस पुस्तक के सं. 1561 में लिखित होने में काफी सन्देह है, पर इसकी प्राचीनता में कोई सन्देह नहीं है। यह पुस्तक 1561 संवत् के बहुत बाद की लिखी हुई होने पर भी काफी प्राचीन जान पड़ती है। फिर यह प्रति जितनी सुसम्पादित है वैसी और कोई पुस्तक नहीं। इसीलिए मैंने इस पुस्तक में इस प्रति को प्रमाण-रूप से बराबर व्यवहृत किया है। वस्तुत: यह पुस्तक परवर्ती काल की लिखी हुई है। सम्भवत: इसका लेखन-काल अठारहवीं शताब्दी या आदि का मध्य भाग है।

'कबीर-ग्रन्थावली' के सम्पादक ने परिशिष्ट में 'ग्रन्थसाहब' में आए हुए कबीर के पदों का संग्रह करके बड़ा महत्त्वपूर्ण कार्य किया है। मैंने यथावसर इन पदों को भी प्रमाण-रूप में स्वीकार करने में संकोच नहीं किया। इधर डॉ. रामकुमार वर्मा ने ग्रन्थसाहब के पदों का संग्रह 'सन्त कबीर' नाम से प्रकाशित कराया है।

कबीरदास की वाणियों के अनेक संग्रह प्रकाशित हुए हैं, पर उनमें सबसे अच्छा सुसम्पादित संस्करण अयोध्यासिंह उपाध्याय 'हरिऔध' की 'कबीर रचनावली' है। यह भी काशी नागरीप्रचारिणी सभा का ही प्रकाशन है। प्रयाग के बेलवेडियर प्रेस ने भी 'कबीरदास' की शब्दावली छापी है। इस 'शब्दावली' का द्वितीय संस्करण मेरे पास है। यह संस्करण पहले संस्करण से बहुत कुछ भिन्न है। इन दोनों संग्रहों का भी मैंने यथावसर उपयोग किया है, पर महत्त्वपूर्ण सिद्धान्तों के निर्णय के प्रसंग में यथासम्भव मूल ग्रन्थों के उपयोग करने की चेष्टा की है।

श्री क्षितिमोहन सेन द्वारा सम्पादित 'कबीर के पद' एक नये ढंग का प्रयास है। वे 'भक्तों के मुख से' सुनकर संग्रह किये गए हैं। अपनी प्रामाणिकता के लिए उन्होंने किसी पोथी की मुखापेक्षिता नहीं रखी। परम्परा से एक मुँह से दूसरे मुँह तक आते रहने के कारण इन पदों की भाषा जरूर बदल गई होगी, पर इसके अन्तर्निहित भावों की प्रामाणिकता विश्वसनीय हो सकती है। फिर भी कई विशेष स्वार्थ के पोषक महात्माओं की ओर से इस पुस्तक के गम्भीर विचारों को उड़ा देने की चेष्टा की गई है। कहा गया है कि इसमें पाए जानेवाले उच्च भाव किसी प्राचीन पोथी में नहीं मिलते। इस विशेष स्वार्थ के पोषक लोग भारतीय मनीषा की न तो कोई प्रतिष्ठा देखना चाहते हैं, न आदर पाना बर्दाश्त कर पाते हैं। मैंने जान-बूझकर उक्त संग्रह का उपयोग नहीं किया। ऐसा मैंने इसीलिए किया है कि भारतीय मनीषा को जो लोग अस्वीकार करना चाहते हैं वे सीधे ही ऐसा करें, प्राचीन और नवीन पोथियों का झमेला खड़ा करके अपने उद्देश्य और पाठक की निर्णयात्मिका बुद्धि के बीच पर्दा खड़ा करने का प्रयास न करें। परन्तु मैं यहाँ अत्यन्त कृतज्ञ-भाव से निवेदन करना चाहता हूँ कि यद्यपि आचार्य सेन की पुस्तक के पाठ इस पुस्तक में नहीं लिये, पर उनके उपदेशों का यथेच्छ उपयोग किया गया है। उनके साथ मेरा सम्बन्ध कुछ इतना गम्भीर है कि इस स्थान पर कृतज्ञता प्रकट करने में भी संकोच होता है। सच बात तो यह है कि यदि उनसे प्रेरणा न मिलती तो मैं यह पुस्तक लिख ही न पाता। उनके दृष्टिकोण में और मेरे इस पुस्तक में व्यवहृत दृष्टिकोण में थोड़ा मौलिक अन्तर है। वे सन्तों की वाणियों को म्यूजियम के प्रदर्शन की वस्तु मानते है और यह बात ठीक भी है। जिसे आजकल 'एकेडमिक' आलोचना कहते हैं वह बात कुछ म्यूजियम की रुचि को ही उत्तेजना देती है। आचार्य सेन सन्तों की जीवन्त वाणी को जलती हुई मशाल कहते हैं और उनका दृढ़ विश्वास है कि ये वाणियाँ यथासमय भारतवर्ष की और संसार की समस्याओं को सुलझाएँगी। ऐसी प्राणमयी वाणी को म्यूजियम में सजाकर नहीं रखा जा सकता। मुझे स्वर्गीय कविवर रवीन्द्रनाथ ठाकुर से भी इस पुस्तक के लिखने में बहुत प्रेरणा मिली है और उनकी कविताओं और लेखों को पढ़कर कबीर के भावों को समझने में बड़ी सहायता मिली है। मेरा यह परम दुर्भाग्य है कि पुस्तक प्रेस में जाने के पहले ही वे इहलोक

त्याग कर गए। परन्तु परम सौभाग्य यह है कि वे अपना आशीर्वाद छोड़ गए हैं जो आजीवन मुझे बल देता रहेगा।

श्री युगलानन्द जी की 'सत्य कबीर की साखी' का भी मैंने इस ग्रन्थ में उपयोग किया है जिसका सम्पादन सं. 1600 और सं. 1892 की प्रतियों के आधार पर किया हुआ बताया गया है। परन्तु सब मिलकर कबीर के अध्ययन करने लायक पर्याप्त सामग्री मुझे मिली नहीं है, यह मानसिक क्षोभ मैं पाठकों की सेवा में उपस्थित कर देना चाहता हूँ। मुझे नाथ, निरंजन, महिमा आदि सम्प्रदायों और आसाम से लेकर काठियावाड़ तक फैले हुए विविध निर्गुणिया समाजों का कोई प्रामाणिक विवरण प्राप्त नहीं हुआ है। इन सभी अभावों और त्रुटियों को शिरसा स्वीकार करके ही मैंने कार्य आरम्भ किया।

अवधूत कौन है?

हमने ऊपर देखा है कि कबीरदास जिस वंश में पालित हुए थे, उसमें योग-मत का काफी प्रचार था। पर इसका अर्थ यह नहीं समझना चाहिए कि स्वयं कबीरदास योगमत के उपासक थे। उनका पालन-पोषण योगमत के वातावरण में हुआ था, इसीलिए उनकी युक्तियों में, भाषा पर तथा तर्क-शैली में उस मत का प्रभाव रह गया है। जब तक हम ठीक-ठीक न समझ लें कि वह मत क्या था, तब तक उसके प्रभाव को भी हम ठीक-ठीक नहीं समझ सकते। इसलिए इस मत की चर्चा कर लेना बहुत आवश्यक है।

कबीरदास के पदों में जितने सम्बोधन हैं उन सबका एक-न-एक खास प्रयोजन है। जब उन्होंने 'अवधू' या 'अवधूत' को पुकारा है तो यथासम्भव अवधूत की ही भाषा में उसी के क्रिया-कलाप की अलोचना की है। इस प्रसंग में उनकी युक्ति और तर्कशैली पूर्णरूप से अवधूत-जैसी रहती है। जब वे पंडित या पांडे को सम्बोधित करते हैं तो वहाँ भी उनका उद्‌देश्य पंडित की ही भाषा में पंडित की ही युक्तियों के बल पर उसके मत का निरास करना होता है। इसी तरह मुल्ला, काजी आदि सम्बोधनों को भी समझना चाहिए। जब वे अपने-आपको या सन्तों को सम्बोधित करके बोलते हैं तब वे अपना मत प्रकट करते जान पड़ते हैं। वे अपने मत के माननेवाले को ही 'सन्त' या 'साधु' कहते हैं। साधारणत: वे 'भाई' सम्बोधन के द्वारा साधारण जनता से बात करते हैं और जब कभी वे 'जोगिया' को पुकार उठते हैं तो स्पष्ट ही जान पड़ता है कि इस भले आदमी के सम्बन्ध में उनकी धारणा कुछ बहुत अच्छी नहीं थी। यह दावा किया गया है कि गुरु-परम्परा की जानकारी रखनेवाले लोग कबीरदास के आत्म-सम्बोधन में एक निश्चित संकेत की बात बताया करते हैं। इस प्रकार 'हंस कबीर' से मुक्तात्मा, 'कहहि कबीर' से लोकविशेष-निवासी ईश्वर : का उपासक और 'कबीरा' या 'कबीरन' से कभी-कभी अज्ञानी तथा वंचक गुरुओं का संकेत होता है ('विचार', पृ. 40)।

यद्यपि कबीरदास अवधू मत को मानते नहीं, तथापि अवधूत के प्रति उनकी अवज्ञा नहीं है, उसे वे काफी सम्मान के साथ ही पुकारते हैं। वे कभी कुछ उपदेश दे देते हैं, कभी कुछ बूझने को ललकारते हैं, कभी उसकी साधना-पद्धति की

व्यर्थता दिखा देते हैं और कभी-कभी तो कुछ ऐसी शर्तें रख देते हैं जिनको अगर अवधूत समझ सके तो वह कबीरदास का गुरु तक बन सकता है। प्राय: ही ये उससे संध्याभाषा या उलटबाँसियों में बात करते हैं। कहते हैं, 'भई अवधू, वही योगी मेरा गुरु हो सकता है जो इस बात का फैसला कर दे : एक वृक्ष है जो बिना जड़ के ही खड़ा हुआ है। उसमें बिना फूल के ही फल लग गए हैं, न उसके शाखा है न पत्र, और फिर भी आठों दिशाओं के आकाश को उसने आच्छन्न कर रखा है! इस विचित्र वृक्ष के ऊपर एक पक्षी है जो बिना पैर के ही नृत्य कर रहा है, बिना हाथों के ही ताल दे रहा है, बिना जीभ के ही गान गा रहा है! मजा यह है गानेवाले की कोई रूपरेखा तो नहीं है, पर सतगुरु अगर चाहें तो उसे दिखा सकते हैं! यह पक्षी मीन का मार्ग खोज रहा है। बहुत विचार करके कबीरदास कहते हैं कि परमेश्वर अपरम्पार है, उसकी इस मूर्ति की बलिहारी है।'[1]

अब अवधूत कौन है जो कबीरदास का गुरु तक बन सकता है और इस विचित्र पहेली का ही क्या अर्थ है? महाराज श्री विश्वनाथसिंहजू देव ने ('विश्व.', पृ. 255) इसी पद की व्याख्या करते समय बताया है कि "वधू जाके न होइ सो अवधू कहावै" अर्थात् अवधू वधू-हीन जीव है! किन्तु स्वयं कबीरदास ऐसा नहीं मानते। वे अवधू योगी को जग से न्यारा मानते हैं। वह मुद्रा, निरति, सुरति और सींगी धारण करता है, नाद से धारा को खंडित नहीं करता, गगन-मंडल में बसता है और दुनिया की ओर देखता भी नहीं। वह चैतन्य की चौकी पर विराजता है, आकाश पर चढ़ा हुआ भी आसन नहीं छोड़ता, महामधुर रस का पान करता रहता है। यद्यपि प्रकट रूप में वह कंथा में लिपटा रहता है, पर वस्तुत: हृदय के दर्पण में कुछ देखता रहता है। निश्चल बैठा हुआ नासिका में 21 हजार 6 सौ धागों को पिरोया करता है। वह ब्रह्म-अग्नि में काया को जलाता है, त्रिकुटी से संगम में जागता है, सहज और शून्य की लौ लगाए रहता है।[2] इस प्रकार यह विचित्र योगेश्वर अवधूत शुरू से आखिर तक विचित्र पहेली है।

---

1. *अवधू, सो योगी गुरु मेरा, जो या पद की करे निबेरा।*
तरवर एक पेड़ बिन ठाढा, बिन फूलाँ फल लागा।
साखा-पत्र कछू नहिं वाकै, अष्ट गगन मुख वागा॥
पैर बिन निरति कराँ बिन बाजै, जिभ्या हीणा गावै।
गावणहार के रूप न रेखा, सतगुरु होइ लखावै॥
पंखी का खोज मीन का मारग कहै कबीर विचारी।
अपरम्पार वार परसोत्तम वा मूरति की बलिहारी॥ —'क. ग्रं.', पद 165
2. *अवधू जोगी जगथैं न्यारा।*
मुद्रा विरति सुरति करि सींगौ नाद न खंडै धारा॥
बसै गगन में दुनी न देखै चेतनि चौकी बैठा।
चढ़ि अकास आसण नहिं छाँड़ै पीवै महारस मीठा॥ →

आखिर यह विचित्र जीव कौन है? सचमुच यह तीन लोक से न्यारा है। निश्चय ही वधू-हीन लोग ऐसे अजीब जीव नहीं होते।

भारतीय साहित्य में यह 'अवधू' शब्द कई सम्प्रदायों के सिद्ध आचार्यों के अर्थ में व्यवहृत हुआ है। साधारणत: जागतिक द्वन्द्वों से अतीत, मानापमान-विवर्जित, पहुँचे हुए योगी को अवधूत कहा जाता है। यह शब्द मुख्यतया तांत्रिकों, सहजयानियों और योगियों का है। सहजयान और वज्रयान नामक बौद्ध तांत्रिक मतों में 'अवधूती वृत्ति' नामक एक विशेष प्रकार की यौगिक वृत्ति का उल्लेख मिलता है।[1]

आठवीं शताब्दी के बाद से नालन्दा, विक्रमशिला, ओदन्तपुरी आदि विद्यायतनों में जो बौद्ध धर्म प्रचलित हुआ वह एक नवीन ढंग का तांत्रिक और योगक्रियामूलक धर्म था। इस नवीन तांत्रिक मत में तीन प्रधान मतों का सन्धान पाया गया है—सहजयान, वज्रयान और कालचक्रयान। इन मतों की अधिकांश पुस्तकें आज तिब्बती अनुवाद के रूप में ही सुरक्षित हैं। स्व. म. म. पं. हरप्रसाद शास्त्री ने 'चर्याचर्यविनिश्चय', 'दोहाकोष', 'अद्वयवज्रसंग्रह' और 'गुह्य-समाजतंत्र' आदि पुस्तकें प्रकाशित की हैं। सहजयान और वज्रयान में बहुत कुछ समानता है। शास्त्री जी ने जो चर्यापद प्रकाशित कराए हैं उनमें आर्यदेव, भूसुक, कान्ह, सरह, लुई आदि आचार्यों के पद हैं, जिन्हें तिब्बती साहित्य में सिद्धाचार्य कहा गया है। ये आचार्यगण सहजावस्था की बात करते हैं। सहजावस्था को प्राप्त करने पर ही साधक अवधूत होता है। कान्ह सहज-रूप पद्मवनों में प्रवेश करके मधुपान से मत्त होने की बात करते हैं[2] और जोर देकर कहते हैं कि पंच स्कन्धों या संस्कारों के नष्ट होने की कुछ चिन्ता मत करो यदि तुम्हारा चित्त 'सहज-शून्य' से परिपूर्ण हो गया है।[3] हरी प्रकार भूसुकपाद सहजानन्द-लीला से ही मिलना का रहस्य समझ सकने की घोषणा करते हैं[4] और सरहपाद कहते हैं कि ऐ नाविक, चित्त स्थिर कर सकने के किनारे अपनी नैया चलाए

→ *परगट कंथा माँहै जोगा दिल मैं दरपन जोवै।*
सहस इकीस छस धागा निहचल नाके पोवै॥
ब्रह्म-अगिनि में काया जार त्रिकुटी संगम जागै।
कहै कबीर सोई जोगेश्वर सहज सुन्नि ल्यो लागै॥ —'क. ग्रं.', पद 60

1. चर्यापद, 27-2; 17-1 देखिए : पृ. 124 का दोहा भी देखिए।
2. *कान्ह विलसअ आसव माता।*
सहज नलिनिवन पइसि निवाता। —'चर्या.', 9-4
3. *चिअ सहज-सुन्न-सम्पुन्ना।*
काँध अिओएँ मा होहि विसन्ना॥ —'चर्या.', 42-2
4. *भूसुक भनइ मइ बूझि अकेलें।*
सहजानन्द महासुख लीलें॥ —'चर्या.', 27-10

जा, रस्सी से खींचता चल दूसरा उपाय नहीं है।[1] यह सहजावस्था बहुत कुछ वैसी है जैसी परवर्ती काल के नाथपन्थियों में प्रसिद्ध थी और जिसकी चर्चा करने का अवसर हमें आगे मिलेगा। ये लोग बाह्य अनुष्ठानों में एकदम विश्वास नहीं करते थे; ब्राह्मण, याज्ञिक त्रिदंडी, जटाधारी और क्षपणक आदि सभी का उपहास करते थे। और किसी प्रकार की पूजा-अर्चा में विश्वास नहीं करते थे। भला ध्यान-धारणा से, पूजोपचार से और शास्त्रपाठ से कहीं मुक्ति होती है? :

मोक्ख कि लब्भइ जान पविट्ठा।
किन्तह किज्जइ किन्तह णिवेज्जं
किन्तह किज्जइ किन्तव सेव्वं।

इसीलिए सरहपाद ने अपने चित्त को सम्बोधन करके कहा है कि 'ऐ मेरे चित्त, वहाँ चलकर विश्राम करो जहाँ सूर्य और चन्द्र की भी गति नहीं, जहाँ मन और पवन भी संचरित नहीं होते; जहाँ आदि भी नहीं, अन्त भी नहीं; मध्य भी नहीं; जन्म भी नहीं, मरण भी नहीं, अपना भी नहीं, पराया भी नहीं—जो महासुख है, जो सहजावस्था है' :

जहि मन पवन न संचरइ रवि शशि नाह पवेश।
तहि वट चित्त विशाम करु सरहें कहिअ उवेश॥
आइ न अन्त न मज्झ णउ, णउ भव, णउ णिव्वाण।
एहु सो परम मसासुह, णउ पर णउ अप्पाण॥

यद्यपि हम आगे चलकर देखेंगे कि इन सिद्धों की वाणियों से कबीरदास की वाणियों का सम्बन्ध है, तथापि आगे जो कुछ विवेचना की जा रही है उसके बल पर मेरा अनुमान है कि कबीर पर इन सिद्धों का प्रभाव नाथपन्थियों की मध्यस्थता में ही पड़ा है। वस्तुत: जब कबीरदास अवधूत को पुकारते हैं तो इन सिद्धाचार्यों के अवधूत से उनका सीधा अभिप्राय नहीं होता।

'निर्वाण-तंत्र' (चतुर्दश-पटल) में कहा गया है कि अवधूत वह है जो सब पंचतत्त्व सेवन करता हुआ विराचारी होकर रहता है, संन्यास की सभी विधियों का यथोक्त पालन करता है, दंडियों की भाँति अमावस्या के दिन मुंडन न कराके लम्बे केश और जटा आदि धारण करता है, अस्थिमाला और रुद्राक्ष को धारण करता

---

1. *चीअ थिर करि धरहु रे नाइ।*
आन उपाये पार ण जाइ॥
नौबा ही नौका टानअ गुणे।
मेलि मेलि सहजे जाउ ण अणे॥ —'चर्या.', 38-4-0

है, दिगम्बर होकर या कौपीन-मात्र धारण करके रहता है और शरीर में रक्तचन्दन और भस्म का लेप करता है।[1]

तंत्र-ग्रन्थों में चार प्रकार के अवधूतों की चर्चा है—ब्रह्मावधूत शैवावधूत, भक्तावधूत और हंसावधूत। हंसावधूतों में जो पूर्ण होते हैं वे परमहंस और जो अपूर्ण होते है वे परिव्राजक कहलाते हैं ('प्राणतोषिणी')। परन्तु कबीरदास ने न तो इतने तरह के अव धूतों की कहीं कोई चर्चा ही की है और न ऊपर 'निर्वाण-तंत्र' के बताए हुए अवधूत से उनके अवधूत की कोई समता ही दिखाई है। 'हंसा' की बात कबीरदास कहते जरूर हैं पर वे हंस और अवधूत को शायद ही कहीं एक समझते हों। वे बराबर हंस या पक्षी शुद्ध और मुक्त जीवात्मा को ही कहते हैं। परवर्ती साम्प्रदायिक टीकाकारों ने कबीरदास के 'हंसों' का धर्मदास आदि शिष्य अर्थ किया है और किसी-किसी टीकाकार ने इस शब्द का 'साधु या सिद्ध' अर्थ किया है, पर ऐसे स्थलों पर उनका तात्पर्य ज्ञानमार्गी कुटीचर-बहूदक-हंस-परमहंस इन भेदों से है, तांत्रिक या शैव 'हंसावधूत' से नहीं। कबीरदास ने पंचमकारसेवी अवधूत की कोई चर्चा नहीं की।

पंचमकार में मदिरा भी है। इस मदिरा-सेवन का उल्लेख कबीर में मिलता जरूर है[2], पर उसका कारण और है जो आगे चलकर स्पष्ट हो जाएगा। रक्तचन्दन और अस्थिमालाधारी अवधूत को तो कबीरदास जानते ही नहीं। वस्तुतः शाक्त या तांत्रिक अवधूत की चर्चा कबीर को अभिप्रेत नहीं थी। शाक्तों या 'साकत' लोगों के सम्बन्ध में कबीरदास ने कभी सम्मान नहीं प्रकट किया।[3]

---

1. *शृणु देवि प्रवक्ष्यामि अवधूतो यथा भवेत्।*
   वीरस्य मूर्ति जानीयात् सदा तत्त्वपरायण :॥
   यद्रूपं कथितं सर्व संन्यासधारणं परम्।
   तद्रूपं सर्वकर्माणि प्रकुर्यात् वीरवल्लभम्॥
   दंडिनो मुण्डनं चामावस्यामाचरेद्यथा।
   तथा नैव प्रकुर्यात्त वीरस्य मुण्डन प्रिये॥
   असंस्कृत केशजालं मुक्तालम्बि कचोच्चयम।
   अस्थिमाला विभूषा वा रुद्राक्षानपि धारयेत्॥
   दिगम्बरो वा वीरेन्द्रश्चाथवा कौपिनी भवेत्।
   रक्तचन्दनसिक्तांगं कुर्याद् भस्मांग-भूषणम्॥
2. *अवधू मेरा मन मतिवारा।*
   उनमनि चढ़ण मगन रस पीवै त्रिभुवन भया उजियारा॥
   गुड़ करि ज्ञान ध्यान करि महुवा भव भाटी करि भारा।
   सुषमनि नारी सहजि समानी पीवै पीवनहारा॥ —'क. ग्रं.', पद 72
3. *साकत मरै सन्त-जन जीवै, भरि-भरि राम रसावन पीवै॥* —'क. ग्रं.' पद 42
   तथा—बैस्नो की छतरी भली, न साकत का बड़गाँव।
   और—साकत ब्राह्मण मति मिलै बैस्नो मिलै चंडाल। इत्यादि

वस्तुत: ऊपर जिस 'जगथैं न्यारे' अवधूत की चर्चा है वह गोरखपन्थी सिद्धयोगी है। कई जगह तो कबीर ने स्पष्ट ही गोरखनाथ को अवधूत कहा है।[1] ऊपर जिस विलक्षण योगेश्वर अवधूत की चर्चा की गई है उसके लक्षण गोरखपन्थी कनफटे योगियों के विषय में ही पूरे उतरते हैं। यही लोग कान में छिद्र करके वह कुंडल धारण करते हैं जिसे मुद्रा या 'दर्शन' कहते हैं, यही दो-तीन अंगुल की काली सींग की छोटी-सी सीटी गले में धारण करते हैं जिसे 'नाद' (स्रिंगीनाद) कहते हैं और जो सेली नामक काले ऊनी धागों से गुँथा होता है। इनके हाथ में नारियल का एक खप्पर होता है। ये लोग गेरुआ वस्त्र और जटा धारण करते हैं, शरीर पर भभूत और ललाट पर त्रिपुंड धारण करते हैं, इन्हीं योगियों को लक्ष्य करके कबीरदास ने जो कुछ कहा है उसका भाव यह है कि असली योगी वह नहीं है जो इन बाह्य वेषों को धारण करता है, असली तो वह है जो इन बाह्य वेषों की कोई परवाह नहीं करता, जो मन ही में मुद्रा और खप्पर धारण करता है, मन ही में आसन लगाता है, मन ही में सींगी बजाता है, जो भीतर से योगरस में परिपक्व हो गया है।[2]

गोरखनाथ के मत में योगी के चिह्न मुद्रा, नाद, विभूति और आदेश बताए गए हैं। मुद्रा का बड़ा माहात्म्य है। सिद्ध-सिद्धान्त-पद्धति में कहा गया है कि 'मुद' धातु मोदार्थक और 'रा' धातु दानार्थक है। ये दोनों जीवात्मा और परमात्मा के वाचक हैं। इन दोनों की एकता विधान करनेवाली यह मुद्रा है, जिसके दर्शन से देवगण प्रसन्न होते हैं और असुरगण भाग जाते हैं। यह साक्षात् कल्याणदायिनी है। इस मुद्रा को कान फाड़कर पहनाया जाता है। इसीलिए इस पवित्र मुद्रा के कारण क्षुरिका या क्षुरी भी महत्त्वपूर्ण हो जाती है। इसीलिए क्षुरिका की महिमा वर्णन के लिए 'क्षुरिकोपनिषद्' रचित हुई है और उस उपनिषद् में बताया गया है कि एक बार क्षुरिका के स्पर्श से मनुष्य योगी हो जाता है और जन्म-मरण के बन्धन से मुक्त हो जाता है।[3] नाद को ही अनाहद या श्रृंगी नाम से कहा गया। है। आदेश आत्मा, परमात्मा, और जीवात्मा (?) इन तीनों की सम्भूति या मिलने को कहते हैं।[4] इस प्रकार योगियों के सभी चिह्न असल में आध्यात्मिक वृत्तियों के प्रतीक मात्र हैं। परन्तु अवधूत के लिए सब नियम अवश्य पालनीय नहीं हैं। वह कहीं भोगी होकर, कहीं त्यागी होकर, कहीं नग्न रहकर, कहीं पिशाच-सा बना हुआ, कहीं राजा होकर, कहीं आचार-परायण

---

1. रामगुन बेलड़ी रे अवधू गोरखनाथ योगी। —'क. ग्रं.', पद 163
2. *सो जोगी जाक मन मैं मुद्रा। राति दिवस ना करई निद्रा॥*
   मन मैं आसण मन मैं रहणा। मन का जप-तप मनसूँ कहणा॥
   मन मैं खपरा मन मैं सींगी। अनहद बेन बजावै रंगी॥
   पंचपरजारि भसमकरि भूका। कहै कबीर सौ लहसै लंका॥ —'क. ग्रं.', पद 206
3. गोरक्ष-सिद्धान्त-संग्रह, पृ. 9
4. वही, पृ. 9

बनकर, सर्वमय होता हुआ भी सर्वविवर्जित होकर रह सकता है।[1] इसी भाव को बताने के लेए भर्तृहरि ने कहा है कि इस अवधूत मुनि की बाह्य क्रियाएँ प्रशमित हो गई हैं। वह न दु:ख को दु:ख समझता है, न सुख को सुख। वह कहीं भूमि पर सो सकता है कहीं पलंग पर, कहीं कंथा धारण कर लेता है कहीं दिव्य वसन, कहीं शाकाहार पर ही दिन गुजार देता है और कहीं मधुर भोजन पाने पर उसे भी पा लेता है।[2] किन्तु कबीरदास इस प्रकार योग में भोग को पसन्द नहीं करते। न तो वे बाहरी भेषभाव को पसन्द करते हैं और न सर्वमय होकर सर्वविवर्जित बने रहने के आचार को। योगी तो वह है जो न भीख माँगे, न भूखा सोए, न झोली-पत्र और बटुआ रखे, न अनहद नाद के बजाने से विरत हो, पाँच जने की जमात (गृहस्थी) का पालन भी करे और संसार से मुक्ति पाने की साधना भी जाने। जो ऐसा नहीं, वह अवधूत योगी कबीर का आदर्श नहीं हो सकता।[3]

यद्यपि इन योगियों के सम्प्रदाय के सिद्धों को ही कबीरदास अवधूत कहते हैं तथापि वे साधारण योगी और अवधूत के फर्क को बराबर याद रखते हैं। साधारण योगी के प्रति उन के मन में वैसा आदर का भाव नहीं है जैसा अवधूत के बारे में है। कभी-कभी उन्होंने स्पष्ट भाषा में योगी को और अवधूत को भिन्न रूप से याद किया है। ('तु. क ग्रं.', परिशिष्ट, पद 126, पृ. 301)

इस प्रकार कबीरदास का अवधूत नाथपन्थी सिद्ध योगी है।

---

1. *क्वचिद्‌भोगी क्वचित्यागी क्वचिद्‌नग्न: पिशाचवत्।*
   क्वचिद्राजा क्वचिच्चारी सोऽवधूतो विधीयते॥ —गो. सि. सं., पृ. 10
2. *क्वचिद्‌भूमौ शय्या क्वचिदपि च पर्यंकशयन:*
   क्वचित्कंथाधारी क्वचिदपि च माल्यांबरधर:।
   क्वचिच्छाकाहारी क्वचिदपि च दिव्योदनरुचि:
   मुनि: शान्तारम्भो, गणयति न दु:खं न च सुखम्। —'वैराग्यशतक'
3. *बाबा जागा एक अकेला, जाकै तीरथ व्रत न मेला।*
   झोली पत्र विभूति न बटवा, अनहद बेन बजावै।
   माँगि न खाइ न भूखा सौवै, घर-अँगना फिर आवै॥
   पाँच जनाँ की जमाति चलावै, तास गुरु मैं चेला।
   कहै कबीर उनि देस सिधाये, बहुरि न इहि जग मेला॥ —'क. ग्रं.', पद 207

नाथपन्थियों के सिद्धान्त और कबीर का मत

[1]

अब देखना चाहिए कि इस नाथपन्थी अवधूत का मत क्या था और कबीरदास पर उसका कुछ प्रभाव पड़ा था या नहीं।

गोरखनाथ के योगमार्ग में गुरु की बड़ी महिमा गाई गई है। गुरु ही समस्त श्रेयों का मूल है और एकमात्र अवधूत ही गुरु पद का अधिकारी हो सकता है—वह अवधूत, जिसके वाक्य-वाक्य में वेद निवास करते हैं, पद-पद में तीर्थ बसते हैं, प्रत्येक दृष्टि में कैवल्य या मोक्ष विराजमान होता है, जिसके एक हाथ में त्याग है और दूसरे हाथ में भोग और फिर भी जो त्याग और भोग दोनों में अलिप्त है।[1] और जैसा कि 'सूतसंहिता' में कहा गया है, वह वर्णाश्रम से परे है और समस्त गुरुओं का साक्षात् गुरु है, न उससे कोई बड़ा है और न बराबर[2] इस प्रकार के पक्षपातविनिर्मुक्त योगेश्वर को ही 'नाथ-पद' की प्राप्ति होती है।

'पक्षपातरहित होने' से मतलब ब्राह्मणत्व आदि आश्रमाभिमान से रहित होने से है। गीता में भगवान ने कहा है कि मैंने गुण-कर्म विभाग से वर्णों की सृष्टि की है। इस पर से गोरखपन्थी लोगों का कहना है कि सभी वर्ण गुणमूलक हुए और गुणमूलक अभिमान के रहते हुए ब्रह्म-प्राप्ति असम्भव है। आश्रमों को भी ये लोग गुणमूलक ही मानते हैं। इसीलिए आश्रमाभिमान को भी मुक्ति में बाधक मानते हैं। इस प्रकार गुणमय वर्ण और गुणमय आश्रम का अभिमान रखनेवाले को गुरु नहीं बनाया जा सकता। ऐसे के साथ गुरु-शिष्य सम्बन्ध उसी प्रकार निष्फल है जिस प्रकार दो स्त्रियों के सम्बन्ध से पुत्र-प्राप्ति की आशा! ('गो सि.सं.', 2-3)

---

1. *वचने वचने वेदास्तीर्थानि च पदे पदे।*
   दृष्टौ दृष्टौ च कैवल्यं सोऽवधूतः श्रियेऽस्तु नः॥
   एकहस्ते धृतस्त्यागोयोगश्चैककरे स्वयम्।
   आलिप्तस्त्यागयोगाभ्यां सोऽवधूतः श्रियेऽस्तु नः॥ —'गो. सि. सं.', पृ. 1
2. *अतिवर्णाश्रमी साक्षात् गुरुणां गुरुरुच्यते।*
   न तत्समोऽधिको वास्मिन् लोकेऽस्त्येव न सशयः। —'अष्ट.', पृ. 459

इस अवधूत का परम पुरुषार्थ मुक्ति ही है, पर यह द्वैत और अद्वैत के द्वन्द्व से अतीत है। 'अवधूत गीता' में कहा गया है कि कुछ लोग अद्वैत को चाहते हैं, कुछ लोग द्वैत को, पर इन दोनों से परे—द्वैताद्वैत-विलक्षण-तत्त्व कोई नहीं जानता। यह सम-तत्त्व कहलाता है। यदि सर्वगत देव स्थिर, पूर्ण और निरन्तर है तो क्या वह द्वैताद्वैत-विकल्पना महामोह नहीं है?[1] कबीरदास ने कुछ इसी भाव से मिलता-जुलता पद कहा है।[2] प्रसिद्ध है कि एक बार काशी के पंडितों में द्वैत और अद्वैत तत्त्व का शास्त्रार्थ बहुत दिनों तक चलता रहा। जब किसी शिष्य ने कबीर साहब का मत पूछा तो उन्होंने जवाब में शिष्य से ही कई प्रश्न किये। शिष्य ने जो कुछ उत्तर दिया उसका सार-मर्म यह था कि विवदमान पंडितों में इस विषय में कोई मतभेद नहीं है कि भगवान, रूप, रस, गन्ध एवं स्पर्श से परे हैं, गुणों और क्रियाओं के अतीत हैं, वाक्य और मन के अगोचर हैं। कबीरदास ने हँसकर जवाब दिया कि भला उन लड़नेवाले पंडितों से पूछो कि भगवान रूप से निकल गया, रस से अतीत हो गया, गुणों के ऊपर उठ गया, क्रियाओं की पहुँच के बाहर हो रहा, वह अन्त में आकर संख्या में अटक जाएगा? जो सबसे परे है वह क्या संख्या के परे नहीं हो सकता? यह कबीर का द्वैताद्वैत-विलक्षण समतत्त्ववाद है। नाथपन्थी लोग जोर देकर इस द्वैताद्वैत-विलक्षण समतत्त्ववाद का समर्थन करते हैं। इस विषय में कबीरदास का उनसे सीधा सम्बन्ध है। जिस स्वयं-ज्योति सच्चिदानन्द मूर्ति की उपासना ये योगेश्वर लोग करते हैं वह ब्रह्मा भी नहीं है, विष्णु भी नहीं है, इन्द्र भी नहीं है, और पृथ्वी-जल-वायु-अग्नि-आकाश भी नहीं है। वह वेद और यज्ञ भी नहीं, सूर्य, और चन्द्र भी नहीं, विधि और कल्प भी नहीं—वह सबसे विलक्षण स्वयं-ज्योति सत्य रूप है।[3] वह कबीरदास के राम की भाँति ही सबसे न्यारा निरंजन है।[4] ब्रह्मा भी अंजन

1. *अद्वैतं केचिदच्छंति द्वैतमिच्छन्ति चापरे।*
   समतत्त्वं न जानाति द्वैताद्वैतविलक्षणम्॥
   यदि सर्वगतो देव: स्थिर: पूर्णो निरन्तर:।
   अहो माया महामोहो द्वैताद्वैतविकल्पना॥ —'गो. मि. सं.', पृ. 11 में उद्धृत
2. *गोरख-राम एको नहिं उहवाँ ना वहँ वेद विचारा।*
   हरिहर ब्रह्मा ना शिव-सक्ती ना वहँ तिरथ-अचारा।
   माय-बाप-गुरु जाके नाहीं सो धौं दूजा कि अकेला।
   कहहिं कबीर जो अब की बूझे सोइ गुरु हम चेला॥ —'बीजक', शब्द 43
3. *न ब्रह्मा विष्णुरुद्रौ न सुरपतिसुरा नव पृथ्वी न चापो,*
   नैवग्निर्नापि वायुर्न च गगनतलं नो दिशों नैव काल:।
   नो वेदा नैव यज्ञा न च रविशशिनौ नो दिशौ नैव काल:।
   स्वज्योति: सत्यमेकं जयति तव पदं सच्चिदानन्दमूर्ते॥ —'सिद्धसिद्धान्तपद्धति'
4. *राम निरंजन न्यारे रे, अंजन सकल पसारा रे।*
   अंजन उत्पत्ति ओ ओंकार, अंजन माँड्या सब विस्तार। →

है, विष्णु भी अंजन है, शिव भी, गोपी भी, पुराण भी, विद्या भी, पूजा भी, देवता भी, दान भी, वेश भी, पुण्य भी, तप भी, तीर्थ भी। एकमात्र निरंजन राम है जो सबसे विलक्षण है, सबसे अतीत। कबीरदास के मत से 'नाथ' वह है जो समस्त त्रिभुवन का एकमात्र यती-परब्रह्म है।[1] यह कथन सिद्ध जालन्धर के वाक्य में कहे हुए उस वचन से मिलता है जिसमें 'नाथ' की द्वैताद्वैत-विलक्षण, समस्त यतियों में श्रेष्ठ, शंकर-स्वरूप कहकर स्तुति की गई है।[2]

यह मत वेदान्तियों, सांख्यों, मीमांसकों, बौद्धों और जैनों के मत से अपना वैशिष्ट्य प्रतिपादित करता है। ये लोग श्रुति को साधिका नहीं मानते। ('गो. सि सं.', पृ. 22-28 : 75-76)। इनके मत से वेद दो प्रकार के हैं : स्थूल और सूक्ष्म। स्थूल वेद यज्ञ-याग का विधान करते है, योगियों को इससे कोई वास्ता नहीं (पृ. 26)। उनका मतलब समस्त वेदों के मूलभूत ओंकारमात्र से है। क्योंकि ओंकार ही वेद का सार है। कबीरपन्थ में भी स्थूल और सूक्ष्म वेद की कल्पना की गई है जिसकी चर्चा आगे की जाएगी। 'ज्ञानचौतीसा' के आदि में कबीरदास ने मानो इसी मत का समर्थन करते हुए कहा है कि जो ओंकार या प्रणव को जानता है वह उस पराशक्ति को जानता है जो लिखकर मिटा सकती है। अर्थात् जो सब कुछ करने में समर्थ है और इसके बाद ही शायद ओंकार पर बहुत अधिक जोर देनेवाले इन योगियों को लक्ष्य करके कहा है कि ओंकार की बात तो सभी किया करते हैं पर इसे समझ सकनेवाले विरले हैं।[3]

'गोरक्ष सिद्धान्त-संग्रह' में पुस्तकी विद्या की बड़ी खिल्ली उड़ाई है। इसमें कवेशय गीता की एक कहानी उद्धृत की गई है। दुर्वासा मुनि सब शास्त्र पढ़कर महादेव की सभा में गए। वहाँ पर उनके अध्यात्मज्ञान के अभाव को देखकर नारद

→ *अंजन ब्रह्मा-शंकर-इन्द्र, अंजन गोपीसँगि गोविन्द॥*
अंजन वाणी अंजन वेद, अंजन कीया नाना भेद।
अंजन विद्या-पाठ पुराण, अंजन फोकट कथहिं गियान॥
अंजन पाती अंजन देव, अंजन की करै अंजन सेव।
अंजन नाचै अंजन गावै, अंजन भेष अनन्त दिखावै॥
अंजन कहाँ कहाँ लग केता, दान-पुंनि-तप-तीरथ जेता।
कहै कबीर कोई विरला जागै। अंजन छाँड़ि निरंजन लागै॥ —'क. ग्रं.', पद 336

1. *सिध सोई जो साधै इती। नाथ सोई जो त्रिभुवन जती।* —'क. ग्रं.', पद 327
2. *वन्दे तन्नाथतेजो भुवनतिमिरहं भानुतेजस्करं वा,*
सत्कर्तृव्यापकं त्वा पवनगतिकरं व्योमवन्निर्भरं वा।
मुद्रानादत्रिशूलैर्विमलरुचिधरं खर्परं भस्ममिश्रं,
द्वैतं वाऽद्वैतरूपं द्वयत उत परं, यौगिनं शंकर वा॥
3. *वो ॐकार आदि जो जानै। लिखिके मेटै ताहि सो मानै।*
वो ॐकार कहै सब कोई। जिन्हि यह लखा सो विरले होई॥ —'ज्ञानचौतीसा', 1-2

ने उन्हें 'भारवाही गर्दभ' कहा। अमर्षी दुर्वासा ने सारी पुस्तकें समुद्र में फेंक दीं और शिव से अध्यात्म विद्या की भिक्षा माँगी। कबीरदास ने भी पोथी पढ़-पढ़कर मरनेवाले और फिर भी राम को न जान सकनेवाले ज्ञान-मूढ़ों की कुछ ऐसी ही खिल्ली उड़ाई है।[1] कबीरदास का स्वर बिलकुल इन योगियों से मिलता-जुलता है। योगियों के पूर्ववर्ती सहजयानी साधकों में भी यह बात पाई जाती है और, और भी टटोला जाए तो यह परम्परा बहुत पुरानी प्रतीत होगी। जो लोग कबीरदास की इस प्रकार की उक्तियों को विदेशी साधकों से प्रभावित बताते हैं वे न जाने क्या सोचते रहते हैं...। कबीर ने जब कहा था कि पोथी पढ़-पढ़कर सारा संसार मर गया मगर पंडित कोई नहीं हुआ, केवल प्रियतम को मिलानेवाला, एक ही अक्षर पढ़नेवाला पंडित हो जाता है;[2] तो वे गोरखपन्थी योगमार्गियों के ही स्वर में बोल रहे थे—घर-घर में पुस्तक के बोझ ढोनेवाले विद्यमान हैं, नगर-नगर में पंडितों की मंडली मौजूद है, वन-वन में तपस्वियों के झुंड वर्तमान हैं, किन्तु परब्रह्म को जाननेवाला और उसे पाने का उद्योग करनेवाला कोई नहीं।[3] इस प्रसंग में कबीरदास ने जो नारदादि मुनियों का हवाला दिया है वह क्या 'कवेशय गीता' की उस कहानी के ही आधार पर? ('तुल. : क ग्रं.', पद 39)[4]

'सभी सम्प्रदाय कहते हैं कि ग्रन्थ हजारों की संख्या में हैं। मैं कहता हूँ कि यदि मेरी बात मानो तो सभी को कुएँ में फेंक दो। भला जो लोग आधुनिक समय में स्वयं मुक्त नहीं हो सके, वे दूसरे को मुक्ति का उपदेश दे सकते हैं, यह कैसे मान

---

1. *तू राम न जपहि अभागा।*
वेद पुरान पढ़त अस पांडे खरचन्दन जैसे भारा।
राम-नाम-तत समझत नाहीं अंति पड़े मुखि छारा॥
नारद कहै, व्यास यों भाखै सुखदेव पूछौ जाई। —'क. ग्र.', पद 39

2. *पोथी पढ़ि-पढ़ि जग-मुवा, पंडित भया न कोइ।*
एकै आखर पीव का, पढ़ै सु पंडित होइ॥ —'क. ग्रं.', पद 1-94, पृ. 30

3. *गृहे गृहे पुस्तकभारभारा: पुरे पुरे पंडितयूथयूथ:।*
वने वने तापसवृन्दवृन्दा: न ब्रह्मवेत्ता, न च कर्मकर्ता।
अनेकशतसंख्याभिस्तर्कव्याकरणादिभि
पतित: शास्त्रजालेषु प्रज्ञया ते विमोहिता:॥
अनिर्वाच्यपदं वक्तुं न शक्यते सुरैरपि।
स्वात्मप्रकाशरूपं तत् किं शास्त्रे प्रकाश्यते॥ —'गो. सि., सं.', (पृ. 30) में उद्धृत

4. *जस तू तस तोहिं कोई न जान, लोग कहैं सब आनहि आन।*
चारि वेद चहुँ मत का विचार इहि भ्रमि भूमि भूलि पर्‌यौ संसार।
सुरति सुमृति दुइकौ विसवास, बाझि परै अस आसा-पास।
ब्रह्मादिक सनकादिक सुरनर, मैं बपुरी धूँ कामें काकर।
जिसि तुम्ह तारौ सोइंपै तिरई, कह कबीर नांतर बाँधे मरई॥ —'क. ग्रं.', पद 47

लिया जाए? जो व्यक्ति लोगों को अचरज में डाल देने के लिए, या अभिमानवश या जीविका के लिए, या व्यसन के लिए, या अन्य किसी अभिलषित वस्तु की प्राप्ति के लिए ग्रन्थ लिखा करता है वह धर्मार्थी पुरुषों के आगे कैसे शोभनीय हो सकता है?" ('गो. सि सं.', पृ., 77) इसीलिए 'योग-बीज' में कहा है कि "सैकड़ों तर्क व्याकरणादि ग्रन्थों से वृद्ध होकर ये ज्ञानमूढ़ लोग शास्त्रों के जाल में बुरी तरह फँस गए हैं। जिस अनिर्वाच्य पद को देवता भी नहीं बता सकते, उसे ये शास्त्र क्या बताएँगे?" और कबीरदास ने मानो इसी पर मुहर लगाते हुए कहा है कि हे भगवान, तुम जैसे हो वैसा तुम्हें कोई नहीं जानता। लोग दूसरा ही कहते रहते हैं। चारों वेद के चार मतों में सारा संसार भूला पड़ा है और इस प्रकार श्रुति और स्मृति इन दोनों के विश्वास से जकड़ा हुआ संसार आशा-पाश में व्यथ ही उलझा हुआ है। जब ब्रह्मादि देवता और सनकादि भक्त भी इस जाल में उलझे हुए हैं तो मुझ बेचारे की क्या हस्ती है!

अद्वैत-मत से नाथ-मत का उत्कर्ष दिखाने के लिए एक कहानी कही गई है। शंकराचार्य अपने चार शिष्यों सहित नदी-तीर पर बैठे थे। वहाँ कापालिक रूप में भैरव ने कहा कि आप तो संन्यासी हैं, आप मित्र और शत्रु को समान दृष्टि से देखनेवाले हैं, सो कृपया मुझे अपना सिर काट लेने दीजिए ताकि मैं उससे भैरवी की पूजा कर सकूँ। शंकराचार्य जरा सोच में पड़ गए। यदि दे देते हैं तो पराजय होती है; यदि नहीं देते हैं तो शत्रु-मित्र में तुल्यदृष्टिता सिद्ध नहीं होती! शंकर को इस प्रकार शिथिल देखकर उनके एक शिष्य पद्माचार्य ने नृसिंहदेव का स्मरण किया और नृसिंहदेव ने भी तत्काल उग्र भैरव पर आक्रमण किया। तब उग्र भैरव ने कापालिक वेश परित्याग कर अपना असली स्वरूप प्रकट किया और प्रसन्न होकर मेघ गम्भीर ध्वनि में कहा कि "अहो अद्वैतवाद आज पराजित हुआ! मैंने चालाक मल्ल की भाँति अपने शरीर की हानि करके भी प्रतिद्वन्द्वी को चित कर दिया। तुम्हारा सिद्धान्त पराजित हुआ। आओ युद्ध करो।" शंकराचार्य इस ललकार का मुकाबला नहीं कर सके, क्योंकि संन्यासी लोग प्रारब्ध कर्म में विश्वास करते हैं : अर्थात् ये मानते हैं कि ज्ञान-प्राप्ति हो जाने पर संचित और क्रियमाण कर्म तो जले हुए बीज की तरह बेकार हो जाते हैं, पर जिस कर्म का फल मनुष्य भोग रहा है वह प्रारब्ध कर्म तब भी बना रहता है। परन्तु अवधूत लोग सभी कर्मों को योग-बल से भस्म कर देते हैं चाहे वह प्रारब्ध हो या संचित हो या क्रियमाण हो। सो, प्रारब्ध कर्मों ने शंकराचार्य को जड़ बना दिया। फिर कापालिक ने योग-माया का आवाहन किया और उसने आकर शंकर के चारों शिष्यों के सिर उतार लिये और उन्हें जलाकर भस्म कर दिया। अब जाकर आचार्य शंकर को ज्ञान हुआ कि वास्तविक शक्ति उनके अद्वैत ज्ञान में नहीं, बल्कि कापालिकों के योग-मार्ग में है। इसके पूर्व शंकराचार्य ने दक्षिण दिशा में विष्णु-सेवन और कर्मोपासना का अनुष्ठान किया था, पूर्व में

जाकर वैद्यनाथ धाम में शिव-भक्ति की साधना की थी और फिर भी पश्चिम में जब शक्तिरहित हो गए थे तो भय से व्याकुल होकर 'सौन्दर्यलहरी' आदि-शक्ति-स्तोत्र लिखे थे। आखिरकार जब वे उत्तर में आए तो आश्चर्य के साथ देखा कि सारी उत्तर दिशा महासिद्धों से भरी है। यहाँ आचार्य की मुलाकात तारानाथ से हुई। उन्होंने पूछा कि "क्यों जी, तुम्हें तीर्थाटन ही करना है या कुछ अध्यात्म-साधना भी?"—शंकर कुछ मतलब नहीं समझ सके। उनकी जिज्ञासा देखकर सिद्ध तारानाथ ने नाथपन्थ के अनुसार योग का उपदेश दिया। अब शंकराचार्य को वास्तविक ज्ञान हुआ और उन्होंने 'वज्रसूचिकोपनिषद्'[1] लिखी और 'सिद्धान्तबिन्दु' नामक योगियों का एक ग्रन्थ भी लिखा। यहाँ यह भूल नहीं जाना चाहिए कि कापालिक वस्तुत: नाथपन्थी हैं, क्योंकि 'शाबरतंत्र' में जिन 12 आचार्यों को और उनके 12 शिष्यों को कापालिक कहा गया है वे वस्तुत: नाथपन्थी ही हैं।[2]

बारह आचार्यों और बारह शिष्यों के इन नामों में से कुछ की ऐतिहासिकता सन्दिग्ध होने पर भी नागार्जुन, मीननाथ, गोरक्ष और चर्पट आदि सचमुच ऐतिहासिक हैं। म. म. हरप्रसाद शास्त्री ने जब बौद्ध सहजयान के सिद्धाचार्यों के प्रति विद्वानों का ध्यान आकृष्ट किया तो जाना गया कि बहुत-से सिद्धगण और नाथपन्थ के आचार्य एक ही हैं। आगे चलकर जब इस विषय की और भी चर्चा हुई तो जाना गया कि ये नाम सिर्फ सिद्धों और नाथपन्थियों में ही समान नहीं हैं, बल्कि, निरंजन-पन्थियों, तांत्रिकों और कापालिकों में भी समान रूप से प्रचलित हैं। इस सूची में निर्गुण-मत के सन्तों का नाम भी जोड़ दिया जा सकता है। इस प्रकार इस विषय का अध्ययन केवल महत्त्वपूर्ण ही नहीं, काफी मनोरंजक भी सिद्ध हुआ है। दुर्भाग्यवश इस तरफ पंडितों को जितना ध्यान देना चाहिए, उतना अभी तक नहीं दिया गया है। सुप्रसिद्ध विद्वान् म. म. पं. गोपीनाथ कविराज का कहना है कि हठयोगियों अर्थात् मत्स्येन्द्रनाथ, गोरखनाथ आदि नाथपन्थियों, वज्रयानी और सहजयानी बौद्धों, त्रिपुरा सम्प्रदाय के तांत्रिकों, नववैष्णवों का नियमित और वैज्ञानिक अध्ययन ऐसी बहुत-सी बातों का

1. 'वज्रसूची' या 'वज्रसूचिकोपनिषद्' का कर्ता कौन है, यह विवादास्पद प्रश्न है। 1921 ई. में हडसन ने इसे नेपाल में पाया था। वहाँ इस ग्रन्थ के रचयिता अश्वघोष बताए गए, बाद में इसकी एक प्रति नासिक में पाई गई जो शंकराचार्य की लिखी बताई गई। यह उपनिषदों में गिनी जाती है और, निर्णयसागर प्रेस ने 108 उपनिषदों का जो संग्रह छापा है, उसमें छपी है। इस पुस्तक में जातिभेद पर तीव्र आक्रमण किया गया है। इसके हिन्दी अनुवाद के लिए 'भारतवर्ष में जातिभेद', पृ. 48-50 देखिए।
2. बारह आचार्य ये हैं : आदिनाथ, अनादिनाथ, काल, अतिकाल, कराल, विकराल, महाकाल, कालभैरव, बटुक, भूतनाथ, वीरनाथ और श्रीकंठ। बारह शिष्य ये हैं : नागार्जुन, जड़भरत, हरिश्चन्द्र, सत्यनाथ, मीननाथ, गोरक्षनाथ, चर्पट, अबद्ध, वैराग्य, कंथाधारी, जालन्धर और मलयार्जुन ('गो. सि', 13-19)।

रहस्योद्घाटन करेगा जो इन सबमें समान रूप से विद्यमान है। महायान बौद्धधर्म और तंत्रमत का सम्बन्ध बहुत ही महत्त्वपूर्ण है और इस सम्बन्ध में सावधानतापूर्ण और गम्भीर अध्ययन की जरूरत है।

नाथपन्थ के आदि-प्रवर्तक आदिनाथ अर्थात् स्वयं शिव माने जाते है। मत्येन्द्र इन्हीं के शिष्य बताए जाते हैं। इन्हीं मत्स्येन्द्रनाथ के कई शिष्य बड़े पंडित और सिद्ध हुए, जिनके प्रभाव से यह मत सारे भारतवर्ष में प्रतिष्ठित हो गया। इन शिष्यों में सबसे प्रधान गोरखनाथ या गोरक्ष थे! सुप्रसिद्ध तिब्बती ऐतिहासिक तारानाथ (सिद्ध तारानाथ, जिनके शंकराचार्य के साक्षात्कार की किंवदन्ती का ऊपर उल्लेख हो चुका है) का कथन है कि गोरखनाथ पहले बौद्ध थे और बाद में शैव हो गए थे। इसीलिए तिब्बत के लामा लोग गोरखनाथ को बड़ी घृणा की दृष्टि से देखते हैं। गोरखनाथ ने ही योग-मार्ग के अभिनव रूप हठयोग को प्रतिष्ठित कराया। प्रसिद्ध महाराष्ट्र भक्त ज्ञाननाथ ने अपने को गोरखनाथ की शिष्य-परम्परा में माना है। उनके कथनानुसार यह परम्परा इस प्रकार है : आदिनाथ, मत्स्येन्द्रनाथ, गोरखनाथ, गाहिनी (गैनी) नाथ, निवृत्तिनाथ, ज्ञाननाथ। ज्ञाननाथ तेरहवीं शताब्दी में वर्तमान थे। इसलिए गोरखनाथ 11वीं-12वीं शताब्दी में हुए होंगे। इस प्रसंग में 'गोरक्ष-सिद्धान्त-संग्रह' (पृ. 40) में बताई हुई इस गुरु-परम्परा का भी स्मरण कर लिया जा सकता है : श्रीगुरु आदिनाथ, मत्स्येन्द्रनाथ-संत्पुत्र उदयनाथ-दंडनाथ-सत्यनाथ-सन्तोषनाथ-कूर्म नाथ-भवनाथ। उनके गोरक्षनाथ ईश्वर-सन्तान थे। शायद मत्स्येन्द्रनाथ के पुत्रक्रम से उदयनाथादि उत्तराधिकारी थे और शिष्य थे गोरखनाथ। इनके कई शिष्य बताए जाते हैं, जिनमें बलनाथ, हालीकपाव सलीपाव आदि मुख्य थे। बंगाल के राजा गोपीचन्द की माता मयनामती भी इन्हीं की शिष्या थी। हालीकपाव या हाड़िफा हाड़ी नामक अन्त्यज जाति में उत्पन्न हुए थे। वे पहले बौद्ध थे, बाद में नाथमार्गी हो गए थे। इन्हीं का एक और नाम जालन्धरनाथ बताया जाता है। गोपीचन्द जालन्धरनाथ के शिष्य थे। राजा भरथरी या भर्तृहरि भी इन्हीं के शिष्य थे ('तु.—क ग्रं.', पद 299, पृ. 189)।

इन योगियों की अद्भुत और आश्चर्यजनक करामातों की सैकड़ों कहानियाँ सारे देश में फैली हुई हैं। जान पड़ता है कि आगे चलकर इन योगियों और निर्गुण-मतवादी सन्तों में लोक पर प्रभुत्व प्राप्त करने की होड़-सी मची हुई थी। कबीरदास और गोरखनाथ के करामाती दाँव-पेचों की कहानियाँ काफी प्रसिद्ध हैं। बंगाल के दिनाजपुर आदि जिलों में गोरक्षमत के अनुवर्ती कहे जानेवाले योगियों के 'धमाली' नाम से प्रचलित बहुतेरे अत्यन्त अश्लील गानों का पता लगा है। योगियों के साथ इन अश्लील गानों का सम्बन्ध कैसे हुआ, यह अनुसन्धान करने योग्य प्रश्न है। अपनी 'हिन्दी साहित्य की भूमिका' में, मैंने इस प्रसंग में एक बात की ओर सुधीवृन्द का ध्यान आकृष्ट करना चाहा था। पूर्वी उत्तर प्रदेश और बिहार में होली के अवसर पर जो अश्लील और अश्राव्य गान गाए जाते हैं, उन्हें 'जोगीड़ा' कहते हैं। साधारणत:

इस गान के गानेवाले किसी लड़के को स्त्री-रूप में सजाकर नाच भी कराते हैं और बीच-बीच में 'जोगी जी धीरे-धीरे' की आवाज देते रहते हैं। 'जोगीड़ा' गा लेने के बाद 'कबीर' गाते हैं जो अश्लीलता में जोगीड़ों के भी कान काटनेवाले होते हैं। क्या इन 'जोगीड़ों' और 'कबीर' के साथ योगियों और कबीरपन्थियों की प्रतिद्वन्द्विता की कोई पुरानी स्मृति जुड़ी हुई है या ये अश्लील गान भी किसी समय उलटबाँसियों की भाँति अप्रस्तुत अन्तर्निहित सत्य की ओर इशारा करनेवाले माने जाते थे?

इस प्रसंग में मेरे मित्र श्री ललितकिशोरसिंह जी 'नटवर' ने एक महत्त्वपूर्ण बात की ओर मेरा ध्यान आकृष्ट किया है। 'हिन्दी साहित्य की भूमिका' में (पृ. 43-44) मैंने गोरखपन्थियों के पदों से मिलते हुए दादू के पदों का हवाला दिया था। 'नटवर' जी ने बताया है कि ये पद बिहार में 'जोगीड़ों' के रूप में प्रचलित हैं। उन्होंने इन पदों को पटना में गाए जाते सुना है। अनुसन्धित्सु पाठकों को इस दिशा में खोज करनी चाहिए।

[2]

नाथपन्थ में स्मार्त आचारों को कोई महत्त्व नहीं दिया जाता। यह बात उसे स्मार्त हिन्दू-धर्म से एकदम विरुद्ध खड़ा कर देती है।

"लोग आचार-आचार कहा करते हैं। भला यह आचार अत्याचार होकर कैसे निभाता है? भोजन में जो घी देते हो तो वह भी चर्म-मात्र से ही आता है। चलते समय जो पैर में जूता देते हो, वह भी तो चमड़े का ही है। शयन में जो स्त्री-संग होता है उसकी तो बातें ही जाने दो...। सूर्यादि ग्रहण के अवसर पर मिट्टी के बर्तन और जल आदि को अशुचि समझकर छोड़ देते हो किन्तु धान्य घृतादि को क्यों नहीं फेंक देते। बात यह है कि जलाशय में जल तो बहुत मिल जाता है और कुम्हारों के घर मिट्टी के बर्तन भी थोड़े ही दामों में मिल जाते हैं, तो फिर क्यों न इनको अपवित्र मानकर आचारवान बन लिया जाए! पर घी और धान्य वगैरा खरीदने में तो बहुत पैसे लगते हैं, फिर इन्हें कैसे अपवित्र मानते? कहाँ तक ऐसी बातें लिखी जाएँ। सही बात तो यह है कि आचार वस्तु ही कल्पित है। बुद्धिमान लोग इसे बिलकुल नहीं मानते। पर यह न समझना चाहिए कि हमारे मत में आचार बिलकुल नहीं है। है, मगर विचारपूर्वक। और लोग जैसा आचार पालन करते हैं वैसा तो हम करते नहीं, पर जो कुछ करते हैं वह गौण मानकर। उसी को मुख्य मानकर नहीं।" ('गो. सि. सं', पृ. 60-61)। क्या ये युक्तियाँ कबीरदास की युक्तियों की भाँति ही चकनाचूर कर देनेवाली नहीं हैं? फिर बड़े नामी-गिरामी पंडित किस मुँह से कहा करते हैं कि भारतवर्ष में कबीरदास के पहले ऐसी युक्तियाँ अपरिचित थीं और कबीरदास में जो इस प्रकार की युक्तियाँ मिलती हैं वे विदेशी प्रभाव के कारण?

संक्षेप में कहा जाए तो ये लोग आचार का खंडन करते हैं; द्वैतवाद, अद्वैतवाद और स्मार्त, आदि मतों में दोष मिलते हैं, गार्हस्थ्य-वर्जन और कर्म-त्याग पर जोर देते हैं शिव-शक्ति में अभेद साबित करते हैं, रुद्रादि देवताओं में भगवद्बुद्धि नहीं रखते, पौराणिक कहानियों की खिल्ली उड़ाते हैं और यह मानते हैं कि शक्ति सृष्टि करती है, शिव पालन करते हैं, काल संहार करते हैं, और नाथ मुक्ति देते हैं। नाथ ही एकमात्र शुद्ध आत्मा है, बाकी सभी बद्ध जीव हैं,—शिव भी, विष्णु भी, ब्रह्मा भी (पृ. 70)। न तो ये लोग द्वैतवादियों के 'क्रिया ब्रह्म 'में विश्वास करते हैं और न अद्वैतवादियों के 'निष्क्रिय ब्रह्म' में। द्वैतवादियों के स्थान हैं कैलास और बैकुंठ आदि, अद्वैतवादियों का माया सबल ब्रह्म-स्थान है, योगियों का निर्गुण स्थान है परन्तु बन्धमुक्ति-रहित परमसिद्धान्तवादी अवधूत लोग निर्गुण और सगुण से परे उभयातीत स्थान को ही मानते हैं। क्योंकि नाथ निर्गुण और सगुण दोनों से अतीत परात्पर हैं (पृ. 71)। पाठक इस बात को स्मरण रखें। कबीर-मत के विकास को समझने में यह बहुत आवश्यक होगी।

अद्वैत के भी ऊपर विराजमान निराकार साकार से अतीत, परमशून्य निरंजन-स्वरूप नाथ से शुरू में निराकार ज्योतिनाथ हुए, उनसे साकारनाथ उनकी इच्छा से सदाशिव भैरव और उनमे शक्ति भैरवी उत्पन्न हुई। सदाशिव भैरव से ही विष्णु उत्पन्न हुए, उनसे ब्रह्मा और उनसे यह सारी सृष्टि उत्पन्न हुई। नाथ से दो प्रकार की सृष्टि उत्पन्न हुई—नादरूपा और बिन्दुरूपा। हम आगे नाद और बिन्दु का दार्शनिक अर्थ समझने का प्रयत्न कर रहे हैं। वहाँ वह सैद्धान्तिक अर्थ है। यहाँ एक बार व्यावहारिक अर्थ भी समझ लिया जाए। नादरूपा सृष्टि शिष्य-क्रम में और बिन्दुरूपा पुत्र-पौत्रादि क्रम से चलती है। नाद से नवनाथ हुए और बिन्दु से सदाशिव भैरव। शब्द-सृष्टि में पहले सूक्ष्मरूपिणी सृष्टि उत्पन्न हुई, फिर स्थूलरूपिणी। सूक्ष्मरूपिणी सृष्टि है प्रणव, महागायत्री योगशास्त्र और स्थूलरूपिणी है ब्रह्मगायत्री और वेदत्रयी। योगशास्त्र में तंत्रशास्त्र हुआ और वेद में स्मृत्यादि शास्त्र हुए ('गो. सि.', पृ. 72)।

इसका मतलब यह हुआ कि इन योगियों के मत से योगशास्त्र और तंत्रशास्त्र का सीधा सम्बन्ध है। 'शारदातिलक'[1] नामक प्रसिद्ध तंत्रग्रन्थ में सृष्टि-तत्त्व को जिस प्रकार समझाया गया है, वह काफी साफ और ऊपर के इस वक्तव्य को समझने में सहायक है। 'शारदातिलक' में सृष्टि-तत्त्व को समझाते समय कहा गया है कि शिव के दो रूप हैं : निर्गुण और सगुण। जब शिव का प्रकृति से योग होता है तो सगुण शिव आविर्भूत होते हैं। सगुण शिव से शक्ति उत्पन्न होती है और शक्ति से नाद (पर) और उसमें बिन्दु (पर) की उत्पत्ति होती है। इस प्रकार सगुणशिव—शक्ति, परनाद—परबिन्दु यह क्रम होता है। यहाँ तक नाद और बिन्दु अव्यक्त रहते हैं,

1. देखिए, 'शारदातिलक' में ज्ञानेन्द्रलाल मजूमदार का Notes on the First Chapter (Introduction)।

यहीं में वे व्यक्त होकर प्रकट होते हैं। ऐसी अवस्था में परबिन्दु से तीन प्रकार की अभिव्यक्ति होती है : अपर बिन्दु, बीज और अपर नाद। इन्हीं तीनों में यथाक्रम रुद्र, विष्णु और ब्रह्मा उत्पन्न होते हैं और फिर सृष्टि का पहिया अविश्रान्त घूमता है।

इसका ध्यान रखना चाहिए कि प्रकृति अर्थात् शक्ति यहाँ सांख्यवादियों के समान जड़ नहीं है। सीधी भाषा में यों समझाया गया है कि निर्गुण शिव विशुद्ध चैतन्य है और सगुण शिव उपाधियुक्त। उपाधियुक्त चैतन्य में उपाधियुक्त शक्ति उत्पन्न होता है। इन दोनों के संयोग से विश्व में जो एक विक्षोभ होता है वही नाद है और उस विक्षोभ का क्रियाशील होना ही बिन्दु है। इस नाद और बिन्दु से सम्पूर्ण विश्व में व्याप्त विशेषताहीन नाद और बिन्दु का ही ग्रहण होना चाहिए—इसी बात को समझाने के लिए इन्हें परनाद और परबिन्दु कहा जाता है। कभी-कभी लोग परमनाद और बिन्दु भी कह देते हैं। इन्हीं से अपर या विशेषतायुक्त नाद, बीज और बिन्दु उत्पन्न होते हैं जो क्रमश: इच्छा, ज्ञान और क्रिया के प्रतीक हैं। अर्थात अपरनाद इच्छा है, बीज ज्ञान है और अपर बिन्दु क्रिया है। इन्हीं से क्रमश: विष्णु, ब्रह्मा और रुद्र की उत्पत्ति होती है। यह जो (पर) बिन्दु से (अपर) नाद और (अपर) बिन्दु उत्पन्न हुआ यही उस भूलभुलैयावाले प्रश्न के मूल में है कि पहले नाद प्रकट हुआ कि बिन्दु? इस प्रकार तंत्र का निर्गुण शिव कबीर पन्थ के सत्यपुरुष के बराबर है सगुण शिव निरंजन पुरुष है और शक्ति आद्याशक्ति है। नाद ही स्वयंवेद्य यानी कबीरदास की वाणियों के 'निर्मल वेद' के समान है और बिन्दु उसकी क्रिया। हम आगे चलकर कबीरदास के सृष्टि-तत्त्व को अच्छी तरह समझने का अवसर पाएँगे। यहाँ योगियों और तांत्रिकों के नाद और बिन्दु, निर्गुण और सगुण तथा शक्ति और शिव के रहस्य को हमें अच्छी तरह मन में रख लेने की जरूरत है। आगे हम कबीर के सृष्टि-तत्त्व को इनकी सहायता से आसानी से समझ सकेंगे। यहाँ इसलिए भी इनकी चर्चा कर रखी गई कि जब तक हम कबीरदास के सृष्टि-तत्त्व को समझने का अवसर न पा सके, तब तक बीच में अगर कदाचित् कबीर साहब निम्नलिखित प्रश्न कर बैठें तो हमें सोचने-विचारने की सामग्री मिली रहे :

प्रथमे गगन कि पुहुमी प्रथमे
प्रथमे पवन कि पाँणी।
प्रथमे चन्द कि सूर प्रथमे प्रभु
प्रथमे कौन विनाणी।
प्रथमे प्राण कि प्यंड प्रथमे प्रभु,
प्रथमे रकत कि रेतं।
प्रथमे पुरुष की नारि प्रथमे प्रभु
प्रथमे बीच कि खेतं।

प्रथमे दिवस कि रैणि प्रथमे प्रभु
प्रथमे पाप कि पुन्यं।
कहे कबीर जहाँ बसहु निरंजन,
तहाँ कछु आहि कि सुन्यं।

हठयोग की साधना

नाथपन्थ की साधना-पद्धति का नाम हठयोग है। कबीरदास को समझने के लिए इस साधना-पद्धति की जानकारी होनी चाहिए। इनके सिद्धान्तानानुसार महाकुंडलिनी नामक एक शक्ति है जो सम्पूर्ण सृष्टि में परिव्याप्त है। व्यष्टि (व्यक्ति) में व्यक्त होने पर इसी शक्ति को कुंडलिनी कहते हैं। कुंडलिनी और प्राण-शक्ति को लेकर ही जीव मातृ-कुक्षि में प्रवेश करता है। सभी जीव साधारणत: तीन अवस्था में रहते है : जाग्रत, सुषुप्ति और स्वप्न। अर्थात् या तो वे जागते रहते हैं या सोते रहते हैं या सपना देखते होते हैं। इन तीनों ही अवस्थाओं में कुंडलिनी शक्ति निश्चेष्ट रहती है। इस समय इसके द्वारा शरीर धारण का कार्य होता है। इम कुंडलिनी को ठीक-ठीक समझने के लिए शरीर की बनावट की कल्पना करनी चाहिए। पीठ में स्थित मेरुदंड जहाँ सीधे जाकर पायु और उपस्थ के मध्य भाग में लगता है वहाँ एक स्वयम्भू लिंग है जो त्रिकोण में अवस्थित है। इसे अग्निचक्र कहते हैं। इसी त्रिकोण या अग्निचक्र में स्थित स्वयम्भू लिंग को साढ़े तीन वलयों या वृत्तों में लपेटकर सर्पिणी की भाँति कुंडलिनी अवस्थित है। इसके ऊपर चार दलों का एक कमल है जिसे मूलाधार चक्र कहते हैं। फिर उसके ऊपर नाभि के पास स्वाधिष्ठान चक्र है जो छह दलों के कमल के आकार का है। इस चक्र के ऊपर मणिपुर चक्र है और इसके भी ऊपर हृदय के पास अनाहत चक्र। ये दोनों क्रमश: दस और बारह दलों के पद्मों के आकार के हैं। इसके भी ऊपर कंठ के पास विशुद्धाख्य चक्र है जिसका आकार सोलह दल के पद्म के समान है। और भी ऊपर जाकर भ्रूमध्य में आज्ञा नामक चक्र है जिसके सिर्फ दो ही दल हैं। ये ही षट्चक्र हैं। इन चक्रों के भेद करने के बाद मस्तक में का शून्य चक्र मिलता है जहाँ जीवात्मा को पहुँचा देना योगी का चरम लक्ष्य है। इस स्थान पर जिस कमल की कल्पना की गई है उसमें सहस्रदल हैं, इसलिए इसे सहस्रारचक्र भी कहते हैं। शून्यचक्र ही गगन-मंडल है। इसी को कैलास भी कहते हैं।[1] कबीरदास ने कभी-कभी जब इसी शरीर में कैलास के उपस्थित करने

1. *अत ऊर्ध्वं दिव्यरूपं सहस्रारं सरोरुहम्।*
ब्रह्मांडव्यस्तदेहस्थं बाह्ये तिष्ठति सर्वदा।
कैलासो नाम तस्यैव महेशो यत्र तिष्ठति॥
—'शिवसंहिता' 5,151-2

की बात कही है तो उनका मतलब सहस्त्रारचक्र से ही रहता है। बताया गया है कि सन्तमत में सहस्त्रारचक्र के भी ऊपर एक अष्टम चक्र—सुरतिकमल—की कल्पना की गई है। कहते हैं कि सहस्त्रार तक पहुँचे हुए योगी का चित्त व्युत्थान-काल में अर्थात् समाधि टूटने के बाद फिर वासना का शिकार हो जाता है, पर सुरतिकाल में विलास करनेवाले सन्त का चित्त ऐसे खतरे से निश्चिन्त रहता है ('विचार.', पृ. 154-5)। कभी-कभी साधना-ग्रन्थों में कुंडलीयोग को हठयोग से भिन्न माना गया है। पर अधिकांश नाथ-सम्प्रदाय के ग्रन्थ कुंडलिनी की चर्चा अवश्य करते हैं।

अब मेरुदंड में प्राणवायु को वहन करनेवाली कई नाड़ियाँ हैं जिनमें से कुछ का आभास हम साँस लेते समय पाते हैं। जो नाड़ी बाईं ओर है उसे इड़ा और जो दाहिनी ओर है उसे पिंगला कहते हैं। मौजी कबीर ने अनुप्रास मिलाने के लिए इनकी जोड़ी का नाम 'इंगला-पिंगला' बना लिया था। ये दोनों ही बारी-बारी से चलती रहती हैं। इन दोनों के बीच सुषुम्ना नाड़ी है। इसी से होकर कुंडलिनी शक्ति ऊपर की ओर प्रवाहित होती है। असल में सुषुम्ना के भीतर ही कई सूक्ष्म नाड़ियाँ हैं। सुषुम्ना के भीतर वज्रा, उसके भीतर चित्रिणी और उसके भी भीतर ब्रह्मा-नाड़ी है जो कुंडलिनी शक्ति का असल मार्ग है। इस प्रकार सुषुम्ना वस्तुत: तीन नाड़ियों का एकीभाव है। हिसाब से इड़ा, पिंगला और ये तीन नाड़ियाँ मिलकर पाँच होती हैं। इसीलिए इनको 'पंचस्त्रोत:' या 'पाँच धाराएँ' कहने की भी प्रथा है ('हठ.', 3-52)। परन्तु व्यवहारत: इड़ा-पिंगला-सुषुम्ना इन तीनों नाड़ियों की ही चर्चा आती है। इन्हीं तीन नाड़ियों को सिद्धाचार्यों ने 'ललना-रसना-अवधूती' कहा है। ('बो. गा. दो.', पृ. 9)। अवधूती अर्थात् सुषुम्ना। क्योंकि, जैसा कि, 'हठयोग-प्रदीपिका', में कहा है, वैसे तो शरीर में 72 हजार नाड़ियाँ हैं पर एकमात्र सुषुम्ना ही शाम्भवी शक्ति है, बाकी नाड़ियाँ बेकार ही हैं।[1] कबीरदास के विद्यार्थियों को अच्छी तरह याद रखना चाहिए कि इड़ा या इंगला ही 'गंगा' है, पिंगला ही 'यमुना' और सुषुम्ना ही 'सरस्वती' है। इन तीनों का जहाँ संगम हुआ है, वहीं त्रिवेणी या प्रयाग है। कबीरदास कभी-कभी 'शिवसंहिता' आदि हठयोग के ग्रन्थों की भाँति इसी त्रिवेणी में स्नान करने का विधान करते हैं। कबीर की उलटबाँसियों और योगात्मक रूपकों की कुंजी के समान इन सांकेतिक शब्दों को नहीं भूलना चाहिए।

साधक नाना प्रकार की साधनाओं के द्वारा कुंडलिनी शक्ति को ऊपर की ओर या ऊर्ध्वमुख उद्बुद्ध करता है। साधारण मनुष्यों में यह कुंडलिनी अधोमुख रहती है, इसलिए वह काम-क्रोध का क्रीतदास बना रहता है। कुंडलिनी जब उद्बुद्ध होकर ऊपर की ओर उठती है तो उससे स्फोट होता है जिसे 'नाद' कहते हैं। नाद से प्रकाश होता है और प्रकाश का ही व्यक्त रूप महाबिन्दु है। यह बिन्दु तीन

1. *द्वासप्ततिसहस्त्राणि नाडीद्वाराशि पंजरे।*
सुषुम्ना शाम्भवी शक्तिः शेषास्त्वेष निरर्थकाः। —'हठ.' 5-18

प्रकार का होता है : इच्छा, ज्ञान और क्रिया। पारिभाषिक तौर पर योगी लोग इन्हीं को कभी सूर्य, चन्द्र और अग्नि कहते हैं और कभी ब्रह्मा, विष्णु और शिव भी कहते हैं। अब, यह जो नाद और बिन्दु है वह असल में अखिल ब्रह्मांड में व्याप्त अनाहत नाद या अनहद का व्यष्टि में व्यक्त रूप है। अर्थात् जो नाद अनाहत भाव से सारे विश्व में व्याप्त है उसी का प्रकाश जब व्यक्ति में होता है तो उसे नाद कहते हैं। बद्ध जीव श्वास-प्रश्वास के अधीन होकर (इन श्वासों की संख्या दिन-रात के चौबीस घंटों में 21,600 होती है) निरन्तर इड़ा और पिंगला[1] के मार्ग में चल रहा है। सुषुम्ना का पथ प्राय: बन्द है। यही कारण है कि बद्ध जीव के इन्द्रिय और मन की वृत्ति बहिर्मुख है। जो अखंड नाद जगत् के अन्तस्तल में और निखिल ब्रह्मांड में निरन्तर ध्वनित हो रहा है उसे वह नहीं सुन पाता। परन्तु जब क्रिया-विशेष में सुषुम्ना-पथ उन्मुक्त हो जाता है अयैर कुंडलिनी शक्ति जाग उठती है, तो प्राण स्थिर होकर शून्य पथ से निरन्तर उस अनाहत ध्वनि या अनाहत नाद को सुनने लगता है। अनुभवी लोगों ने बताया है कि पहले तो शरीर के भीतर समुद्रगर्जन, मेघगर्जन और भेरी, झर्झर आदि का-सा शब्द सुनाई देता है, फिर मर्दल, शंख घंटा की हल्की-सी आवाज सुनाई देती है और अन्त में किंकिणी, वंशी, भ्रमर और वीणा के गुंजार-सी मधुर ध्वनि सुनाई देने लगती है। जिस प्रकार मकरन्द-पान में मत्त भौंरा गन्ध की ओर ताकता भी नहीं, उसी प्रकार योगी का नादासक्त चित्त नाद में ही रम जाता है, वह दुनिया के किसी और विषय की परवाह भी नहीं करता।[2]

परन्तु ज्यों-ज्यों मन विशुद्ध और स्थिर होता जाता है, त्यों-त्यों इन शब्दों का सुनाई देना बन्द हो जाता है; क्योंकि चिदात्मक आत्मा उस समय अपने स्वरूप में स्थिर हो जाता है और फिर बाह्य प्रकृति से उसका कोई सरोकार नहीं रहता। यह नाद मूलत: एक होकर भी औपाधिक सम्बन्ध के कारण, अर्थात् भिन्न-भिन्न उपाधियों से युक्त होने के कारण सात स्वरों में विभक्त है। शास्त्र में जिसे प्रणव

---

1. *इड़ा गंगा पुरा प्रोक्ता पिंगुला चार्कपुत्रिका।*
मध्या सरस्वती प्रोक्ता तासां संगोऽति दुर्लभ:।
ब्रह्मारन्ध्रमुखे तासां संगम: स्यादसंशय:।
तस्मिन् स्नाते स्नाताकानां मुक्ति: स्यादविरोधत:॥
—'शिव.' 7-131

2. *आदौ जलधि-जीमूत-भेरी-झर्झर-सम्भव:।*
मध्ये मर्दल-शंखोत्था: घंटाकाहलजास्तथा॥
अन्ते तु किंकिणी-वंश-वीणा भ्रमरनिस्वन:।
इति नानाविधा: शब्दा: श्रूयन्ते देहमध्यगा:।
मकरन्दं पिबन् भृंगो गन्धं नापेक्षते यथा।
नादासक्तं तथा चित्तं विषयान्न हि कांक्षति।

या ओंकार कहते हैं वही उपाधिरहित शब्द-तत्त्व है। किसी-किसी साधक ने तथा वैयाकरणों नें इसी को 'स्फोट' कहा है। यह स्फोट अखंड सत्ता-रूप ब्रह्मतत्त्व का वाचक है। स्फोट को ही शब्दब्रह्म और सत्ता को ही ब्रह्म कहा गया है। यह ध्यान में रखने की बात है कि स्फोट वाचक शब्द है और सत्ता वाच्य। इस प्रकार वाच्य (ब्रह्मसत्य) को प्रकाशित करनेवाला वाचक (स्फोट या नाद) भी ब्रह्म ही है। इसका मतलब यह हुआ कि ब्रह्म ही ब्रह्म का प्रकाशक है। इस सम्बन्ध को लेकर भी सन्तों ने कितने ही गूढ़ रूपकों की रचना की है। यह शब्द मूलाधार से उठता है और सहस्रार में जाकर लय हो जाता है। हठयोग की प्रक्रिया को समझने के पहले यह सब जान लेना आवश्यक है।

लेकिन हठयोग असल में लक्ष्य नहीं है। इसे राजयोग का सोपान ही बताया गया है, यद्यपि पक्का हठयोगी इसके सिवाय अन्य किसी योगी की बात सुनना ही नहीं चाहता। शुरू-शुरू में हठयोग का उद्‌देश्य शरीर-शुद्धि और मन का सम्मार्जन ही समझा गया था, पर नाथपन्थ में काया-साधन से ही मुक्ति मानी जाने लगी। देह-शुद्धि के लिए हठयोगी क्रियाओं का विशाल ठाठ है; धौति है, बस्ति है, नेति है, त्राटक है, नौलि है, कपालभाति है। इन्हें षट्कर्म कहते हैं। फिर आसनों, मुद्राओं, प्राणायामों, ध्यानों और समाधि का विराट् आडम्बर है। और वैसे तो सभी सिद्धि के सोपान हैं, पर सिद्धासन के समान आसन नहीं है, खेचरीमुद्रा के समान मुद्रा नहीं है, केवल के समान प्राणायाम नहीं है और नाद के समान समाधि नहीं है।[1] सिद्धासन में नाभि के नीचे मेढ़स्थान पर बाईं एड़ी और ऊपर दाहिनी एड़ी रखनी पड़ती है, ठुड्डी स्थिर होती है और साधक स्थिर होकर भ्रूमध्य में ध्यान लगाता है ('हठ.' 1-37)। प्राणायाम तीन प्रकार का होता है : रेचक (साँस का छोड़ना) पूरक (साँस का भरना) और कुम्भक (साँस का रोकना)। असल प्राणायाम कुम्भक ही है और यह दो प्रकार का होता है : जब रेचक और पूरक की सहायता ली जाती है तब इसे 'सहित' कहते हैं पर जब उन दोनों की सहायता के बिना ही यह प्राणायाम सिद्ध हो जाता है तो इसे 'केवल' कहते हैं। इसी की सहायता से कुंडलिनी शक्ति उद्‌बुद्ध होती है।

कबीरदास की उलटबाँसियों के विद्यार्थी के कुछ काम की चीज खेचरी मुद्रा है। इसमें योगी जीभ को उलटकर कपाल-कुहर में प्रविष्ट करता है और उसकी दृष्टि भ्रूवों में निबद्ध होती है ('हठ.', 3-32)। बड़ी साधना और आयास के बाद यह मुद्रा प्राप्त होती है, पर एक बार यदि आधे क्षण के लिए भी यह प्राप्त हो गई अर्थात् योगी अपनी जीभ को ऊपर की ओर उलटकर कपाल-कुहर में स्थिर कर सका तो समस्त विषों और व्याधियों से मुक्त हो जाता है। इसी मुद्रा का विशेष रूप

1. *नासनं सिद्धसदृशं न कुम्भः केवलोपमः।*
न खेचरी-समा मुद्रा न नादसश्दृशो लयः॥ —'हठ.', 1-45

व्योमचक्र भी कहलाता है। ब्रह्मरन्ध्र[1] 'के सहस्रार पद्म के मूल में जो योनि नामक त्रिकोणाकार शक्ति का केन्द्र है वही चन्द्रमा का स्थान है। इसमें से सदा अमृत झरता रहता है। खेचरी मुद्रा में योगी की ऊर्ध्वगा जिह्वा उसी अमृत रस का पान करती रहती है! यही अमृत सोमरस है। इसका पान कर सकनेवाला योगी अमर हो जाता है। और सच पूछिए तो वही योगी कुलीन कहलाता है जो नित्य 'गोमांस' का सेवन करता रहता है और ऊपर से अमर-वारुणी नामक मदिरा का पान करता रहता है! और योगी तो कुलघातक है, क्योंकि 'गो 'का अर्थ जिह्वा है और उसे उलटकर तालु-देश में ले जाने को ही 'गोमांस-भक्षण' कहते हैं। निस्सन्देह यह महापातक को नाश करनेवाला है। ऊपर जिस चन्द्रमा से निर्झरित सोमरस की चर्चा की गई है, वही अमर-वारुणी है।[2] इन दो कृत्यों को करनेवाला योगी कुलीन नहीं तो क्या है? सो कबीरदास ने इसी गोमांस के भक्षण न करनेवाले योगियों की खबर ली थी[3] और इसी रस को पान करने के लिए अवधू को ललकारा था[4] और स्वयं भी शायद मनोन्मनी अवस्था में रहकर भव की भट्ठी में ज्ञान के गुड़ और ध्यान के महुए से इसी महारस को चुआकर पिया था। गुरुप्रसाद से उन्हें यह अमृत-फल का रस मिल गया था।[5] वस्तुत:, जैसा कि 'हठयोगप्रदीपिका' में कहा गया है एक ही सृष्टिमय बीज बीज है, एक ही खेचरी-मुद्रा मुद्रा है, एक ही निरालम्ब देव देव है

---

1. *ब्रह्मरन्ध्रे हि यत्पद्मं सहस्रारं व्यवस्थितम्।*
   तत्र कन्दे हि या योनि: तस्या: चन्द्रो व्यवस्थित:॥
   त्रिकोणाकृतिस्तस्या: सुधा क्षरति सन्ततम्। —'शिव.', 5-103
2. *गोमांसं भक्षयेन्नित्यं पिबेदमरवारुणीम्।*
   कुलीनं तमहं मन्ये इतरे कुलघातक:॥
   'गो' शब्देनोदिता जिह्वा तत्प्रवेशो हि तालुनि।
   गौमांस-भक्षणं तत्तु महापातक नाशनम्॥
   जिह्वा-प्रदेश-सम्भूता: बहिनोत्पादित: खलु।
   चन्द्रात्स्रवति य: सार: स्यादमरवारुणी॥ —'हठ.', 3-46-8
3. *नितै अमावस नितै ग्रहन होइ राहु ग्राम तन छीजै।*
   सुरही भच्छन करत वेदमुख घन वरिसै तन छीजै॥ —'बीजक', शब्द 82
4. *अवधू, गगनमंडल घर कीजै।*
   अमृत झरै सदा सुख उपजै, वंकनालि रस पीजै।
   मूल बाँधि सर-गगन-समाना सुषमन यों तन लागी॥
   काम-क्रोध दोउ भया पलीता तहाँ जोगणी जागी।
   मनवाँ जाइ दरीबै बैठा मगन भया रसि लागा॥
   कहै कबीर जिय संसा नाहीं सबद अनाहद बागा॥ —'क. ग्रं.', पद 70
5. *अवधू, मेरा मन मतवारा।*
   उन्मनि चढ़्या गगन रस पीवै, त्रिभुवन भया उजियारा।
   गुड़करि ग्यांन ग्यांन करि महुआ पीवै पीवनहार इत्यादि। —'क. ग्रं.', पद 72

और एक ही मनोन्मनी अवस्था अवस्था है।[1] इस मनोन्मनी अवस्था में वायु भीतर संचरित हुआ मनोन्मनी अवस्था (कबीरदास के शब्दों में 'उन्मुनि रहनी') कहते हैं।[2]

राजयोग, समाधि, उन्मनी, मनोन्मनी, अमरत्व, लय, तत्त्व, शून्य, अशून्य, परमपद, अमनस्क, अद्वैत, निरालम्ब, निरंजन, जीवन्मुक्ति, सहजा और तुर्या : ये सब एक ही समाधि के वाचक शब्द हैं ('ह.', 4-3-4)। यह वह अवस्था है जब मन और प्राण एकीभूत हो जाते हैं और जब चंचल मन स्थिर और वशवर्ती हो जाता है। इन्द्रियों का स्वामी मन है, मन का मारुत, मारुत का लय (लौ) और लय का नाद। सो यह (लौ) मोक्ष है। मन और प्राण के लौ लगने पर कोई एक अभूतपूर्व आनन्द मिलता है ('हठ.' 4, 29-30)। इसीलिए 'हठयोगप्रदीपिका' में कहा है कि आत्मा को शून्य में करके और शून्य को आत्मा में करके योगी निश्चिन्त हो जाए। शून्य अर्थात् समाधि—जबकि आत्मा छह चक्रों को भेदकर सहस्रार या शून्य-चक्र में अवस्थित होता है। ऐसी अवस्था में उनके भीतर भी शून्य है, बाहर भी शून्य, आसमान में जैसे कोई सूना घड़ा रखा हो! परन्तु असल में वह भीतर से पूर्ण होता है बाहर से भी पूर्ण होता है—समुद्र में जैसे भरा घड़ा डुबाकर रखा गया हो!

अन्त: शून्यो बहि: शून्य:
शून्य कुम्भ इवाम्बरे।
अन्त: पूर्णो बहि: पूर्णो
पूर्ण: कुम्भ इवार्णवे॥ —'हठ.', 5-55

कबीरदास ने मानो इसी भाव का अनुवाद करते हुए कहा है :

जल में कुम्भ कुम्भ में जल है
बाहर-भीतर पानी।
फूटा कुम्भ जल जलहि समाना
यह तथ कहो गियानी॥
आदे गगना अन्तै गगना
मध्ये गगना भाई।
कहै कबीर करम किस लाग
झूठी एक उपाई॥ —'क. ग्रं.', पद 44

---

1. *एकं सृष्टिमयं बीजं, एक मुद्रा च खेचरी।*
एको देवो निरालम्ब:, एकावस्था मनोन्मनी॥ —'हठ.', 3-53

2. *मारुते मध्य-संचारे।*
मन: स्थैर्य प्रजायते।
यो मन: सुस्थिरीभाव:
सैवावस्था मनोन्मनी॥ —'हठ.', 2-42

ऊपर जो गंगा-यमुना-सरस्वती-त्रिवेणी-कैलास-सूर्य-चन्द्र-गोमांसभक्षण-वारुणी-पान-सोमरस आदि पारिभाषिक शब्द आए हैं, वे विशेष रूप से स्मरणीय हैं; क्योंकि आगे इनकी चर्चा अनेक अवसरों पर विशेष आवश्यक होगी।

निरंजन कौन है?

मध्ययुग के योग, मंत्र और भक्ति के साहित्य में 'निरंजन' शब्द का बारम्बार उल्लेख मिलता है। नाथपन्थ में भी 'निरंजन' शब्द खूब परिचित है। साधारण रूप में 'निरंजन' शब्द निर्गुण ब्रह्म का और विशेष रूप से शिव का वाचक है। नाथपन्थ की भाँति एक और प्राचीन पन्थ भी था, जो निरंजन-पद को परमपद मानता था। जिस प्रकार नाथपन्थी नाथ को परमाराध्य मानते थे, उसी प्रकार ये लोग 'निरंजन' को। आजकल निरंजनी साधुओं का एक सम्प्रदाय राजपूताने में वर्तमान है। कहते हैं, इस सम्प्रदाय के प्रवर्तक स्वामी निरानन्द निरंजन भगवान (निर्गुण) के उपासक थे। पर आजकल के निरंजन-मत के अनुयायी बहुत कुछ रामानन्दी वैरागियों के समान राम-सीता के उपासक हैं; शालिग्राम-शिला और गोमती-चक्र को मान्य समझते हैं। ('भारतवर्षीय उपासक सम्प्रदाय', द्वितीय भाग, पृ. 189)। श्री क्षितिमोहन सेन ने लिखा है कि उड़ीसा में अब भी वह निरंजनपन्थ जी रहा है जिसने निर्गुण साधना को प्रभावित किया था। यहीं से इस पन्थ की शिक्षाएँ मध्यदेश और पूर्वी प्रान्तों में पहुँची थीं। पश्चिमी भारत में भी इसका प्रभाव अभी तक विद्यमान है। ('मिडिएवल मिस्टिसिज्म', पृ. 707)। हाल की खोजों से पता चला है कि बंगाल के पश्चिमी हिस्सों तथा बिहार के पूर्वी जिलों में आज भी एक धर्ममत है जिसके देवता निरंजन या धर्मराज हैं। मैंने अपनी नई पुस्तक 'कबीरपन्थ 'में दिखाया है कि एक समय यह धर्मसम्प्रदाय झारखंड और रीवा तक प्रचलित था। बाद में चलकर यह मत कबीर-सम्प्रदाय में अन्तर्भुक्त हो गया और उसकी सारी पौराणिक कथाएँ कबीर-मत में संगृहीत हो गईं, परन्तु उनका स्वर बदल गया। बंगाल में धर्म-पूजा-विधान का एक काफी बड़ा साहित्य उपलब्ध हुआ है। शुरू-शुरू में धर्म-ठाकुर या निरंजन देवता को बौद्ध धर्म के त्रिरत्न में से एक रत्न (= धर्म) का अवशेष समझा गया था, पर अब इस मत में सन्देह भी किया जाने लगा है। (दे. सुकुमार सेन और पंचानन मंडल सम्पादित 'रूपारामेर धर्ममंगल 'की भूमिका)। कबीरपन्थ के अध्ययन से निरंजन का सम्बन्ध बुद्ध से था, ऐसा भी अनुमान होता है (दे. 'विश्व-भारती पत्रिका', खंड 5, अंक 3 में मेरा लेख)। नाथपन्थ में निरंजन की महिमा खूब गाई गई है। हठयोगी जब नादानुसंधान का सफल अभ्यासी हो जाता है तो उसके समस्त पाप क्षीण हो जाते हैं, उसके चित्त और मारुत निरंजन में लीन हो

जाते हैं।[1] यह योगी का परम साध्य है, क्योंकि जब तक ज्ञान निरंजन के साक्षात्कार तक नहीं उठता तभी तक इस संसार के विविध जीवों और नाना पदार्थों में भेद-दृष्टि बनी हुई है।[2] एक विशेष पद तक पहुँचने पर निरंजन का साक्षात्कार होता है। ऐसी हालत में वह समस्त उपाधियों या विशेषताओं में हीन हो जाता है और तभी वह अपने को अखंड ज्ञान-रूपी निरंजन कह सकता है।[3] 'गोरक्ष-सिद्धान्त-संग्रह' (पृ. 33) में 'पद्मपुराण' की कपिलगीता से एक वचन उद्धृत किया गया है, जिसमें कहा गया है कि बिन्दु-संयुक्त ओंकार का योगी लोग नित्य ध्यान करते हैं। इसके भीतर जो तत्त्व है उसे सद्गुरु ही बता सकते हैं, दूसरा कोई नहीं। ओंकार में पाँच खंड होते हैं—(1) तारक, (2) दंड, (3) कुंडली, (4) अर्द्धचन्द्र, और (5) बिन्दु। इन पाँचों में पाँच देवताओं का निवास है। तारक में ब्रह्मा, दंड में विष्णु, कुंडली में रुद्र, अर्द्धचन्द्र में ईश्वर और सबसे ऊपरवाले बिन्दु में सदाशिव का वास है। इसके भी ऊपर निरंजन हैं, जो सृष्टि, स्थिति और प्रलय के कारण हैं। यही परम तत्त्व है जो सद्गुरु की कृपा के बिना समझ में नहीं आ सकता, क्योंकि, यदि सद्गुरु की कृपा न हो तो विषय-त्याग दुर्लभ है, तत्त्व-दर्शन दुर्लभ है, सहजावस्था दुर्लभ है।[4] इससे स्पष्ट है कि निरंजन का साक्षात्कार ही परम पद है। स्वयं कबीरदास की उक्तियों में से ऐसी ढूँढ़ी जा सकती हैं जिनमें उन्होंने निरंजन को परमाराध्य समझा है। पर आगे चलकर कबीर-पन्थ में निरंजन की बड़ी दुर्गति है। निरंजन वहाँ पक्का शैतान बना दिया गया है। इस शब्द का ऐसा विकास कुतूहलजनक है। कबीरदास के नाम पर जो दर्जनों ग्रन्थ प्रचलित हैं, उनमें निरंजन की इस दुर्दशा के समर्थक पद प्रचुर मात्रा में हैं।

---

1. *सदा नादानुसन्धानात् क्षीयन्ते पापसंचयः।*
निरंजने विलीयेते निश्चितं चित्त-मारुतौ॥ —'हठ.', 4-10
2. *यावन्नोत्पद्यते ज्ञानं साक्षात्कारे निरंजने।*
तावत्सर्वाणि भूतानि दृश्यते विविधानि च॥ —'शिव.' 2-48
3. *निखिलोपाधिहीनो वै यदा भवति पुरुषः।*
तदा विवक्षतेऽखंड-ज्ञान-रूपी निरंजनः॥ —'शिव.', 1-68
4. *ईश्वर उवाच—ओंकारं बिन्दुसंयुक्तं नित्यं ध्यायन्ति योगिनः।*
तस्मिन्मध्ये स्थितं तत्त्वं प्रदर्शयति सद्गुरुः॥
तारकं च भवेद् ब्रह्मा दंडकं विष्णुरुच्यते।
कुंडल्यां हि तथा रुद्रोऽर्द्धचन्द्रे स ईश्वरः॥
निरंजनस्तदतीत उत्पत्तिस्थितिकारणम्।
दुर्लभो विषयत्यागो दुर्लभं तत्त्वदर्शनम्॥
दुर्लभा सहजावस्था सद्गुरोः करुणां बिना॥
—कपिलगीता (पद्मपुराणान्तर्गत)

'कबीर मन्सूर' में बताया गया है कि सत्यपुरुष समस्त जगत् का उत्पन्नकर्ता है। वह कभी गर्भ में नहीं आता—सबसे अतीत, सबसे परे, सबसे ऊपर। कबीर साहब उसी सत्यपुरुष के अनागत-वक्ता (भविष्यवक्ता) हैं। इनमें सब गुण वे ही हैं जो उस सत्यपुरुष में हैं। वस्तुत: वे उससे अभिन्न हैं और संसार के त्राणकर्ता हैं। यही कबीर साहब सत्ययुग में 'सुकृति' नाम से, त्रेता युग में 'मुनीन्द्र' नाम से, द्वापर में 'करुणामय स्वामी' नाम से और कलिकाल में 'कबीर' नाम से अवतीर्ण हुए हैं।

तो, सत्यपुरुष ने स्वयं ही जो अपना स्वरूप उत्पन्न किया वह कबीर साहब हैं। इन्हीं कबीर साहब के द्वारा ब्रह्म-सृष्टि (जिसकी चर्चा आगे आ रही है) को सूक्ष्म वेद दिया गया। वह वेद निर्दोष और निष्कलंक था, पर दुर्भाग्यवश सदा ऐसा नहीं रह सका। कारण यह है : सत्यपुरुष ने सृष्टि के लिए छह पुत्र उत्पन्न किये थे—(1) सहज, (2) अंकुर, (3) इच्छा, (4) सुहंग (=सोऽहं), (5) अचिन्त (=अचिन्त्य), और (6) अक्षर। ये छहों बड़े तेजस्वी और तपस्वी हुए। सारा जगत् उस समय जल से परिपूर्ण था और उसमें सत्यपुरुष ने अपनी सातवीं सन्तान, एक अंडे को छोड़ दिया। यह अंडा अक्षर-पुरुष के पास, जो उस समय तपोमग्न था, आकर फूटा और उसमें से दुर्दमनीय कालपुरुष निरंजन पैदा हुआ, जिसे पिता ने पहले से ही असंख्य युगपर्यन्त अखंड राजभोग की अनुज्ञा दे दी थी। इसी अंडे को मन्वादि शास्त्रों में 'हिरण्य-गर्भ' कहा गया है। यह कालपुरुष बड़ा प्रचंड, अभिमानी और प्रतापी हुआ। इसी के नाम नाना शास्त्रों में नाना भाव में आए हैं। कुछ नाम ये हैं : काल, कैल, अंकार, ओंकार, निरंकार, निर्गुण, ब्रह्म, ब्रह्मा, धर्मराय, खुदा, अल्लाह, करीम, अद्वैत, केशव, नारायण, हरि, विश्वम्भर, वासुदेव, जगदीश, जगन्नाथ, परमेश्वर, ईश, विश्वनाथ, खालिक, रव रव्विल आलामी, हक इत्यादि।

पिता (सत्यपुरुष) की आज्ञा से इसी निरंजन ने इस सृष्टि का जाल पसारा। इस सारी सृष्टि को बनाने के मसाले को एक कूर्मजी ने बड़ी सावधानी से अपने पेट में छिपा रखा था। कूर्मजी का आकार कछुए का है और वे सृष्टि के आधार हैं। इनका आकार भी निरंजन से दूना है। खैर, निरंजन तो सृष्टि करने का निश्चय कर चुका था। वह कूर्मजी से मसाले के लिए लड़ पड़ा। कूर्मजी ऐसे दुर्दान्त को सृष्टि का मसाला क्यों देने लगे? लड़ाई हो गई। चालाक निरंजन ने कूर्मजी के तीन सिर चबा डाले और फिर तो रास्ता साफ हो गया। कूर्मजी के पेट में पड़ी हुई सामग्री दिख गई। निरंजन ने उसे चुरा लिया और इस भवजाल को खड़ा करने में समर्थ हो गया। बेचारे कूर्मजी को सत्यपुरुष की आज्ञा बाद में मालूम हुई और वे चुप हो रहे।

अब सृष्टि को पैदा करने के लिए कालपुरुष (निरंजन) ने आद्याशक्ति या माया को उत्पन्न किया और उसके संयोग से सत्त्व-प्रधान ब्रह्मा, रजोगुण-प्रधान विष्णु और तमोगुण-प्रधान शिव की सृष्टि की। ज्यों ही ये तीन देवता उत्पन्न हुए, वह अन्तर्धान होकर अपने लोक में चला गया। जाती बार माया से कहता गया कि

इन पुत्रों को मेरा पता मत बताना। सो, इन्होंने बाद में जब आद्याशक्ति या माया से पूछा कि तू कौन है, तेरा पति कौन है, हम लोग कौन हैं और हमारे पिता कौन हैं, तो माया ने जवाब दे दिया कि वही उनका पिता है; वही माता और वही पत्नी भी! तीनों देवता इस उत्तर से सन्तुष्ट नहीं हुए। बताया गया है कि स्वयं कबीरदास ने पहली रमैनी में इस तत्त्व की ओर इशारा कर दिया है :

तब बरम्हा पूछा महतारी। को तोर पुरुष कवन तैं नारी॥

इस पर माया ने उत्तर दिया :

हम तुम तुम हम और न कोई। तुमहिं पुरुष हमहीं तोर जोई।

—'बीजक', प्रथम रमैनी

इधर जब निरंजन अपने लोक में जाकर समाधिस्थ हुआ था तो उसने सूक्ष्म वेद को हृदय में धारण कर लिया था। उसकी सूक्ष्म बातें तो भीतर ही रह गईं, पर जो स्थूल अंश था वह उसकी नाक से साँस के साथ ही गिर गया। यही 'त्वचा-ज्ञान' वाला प्रचलित वेद है। इसमें रस नहीं, केवल छिलका-भर ही है, इसीलिए कबीरपन्थी लोग इसे त्वचा-ज्ञान कहते हैं। यह स्थूल अंश ही आजकल वेद के नाम पर चल रहा है। जब ब्राह्मण लोग भक्ति-गद्गद स्वर में कहते हैं कि उस परम-पुरुष को नमस्कार है जिसके निःश्वास ही वेद हैं और इन वेदों में ही जिसने इस जगत् का निर्माण किया है[1] तो वे असल में इस धूर्त निरंजन की स्तुति करते हैं। बेचारे जानते भी नहीं कि कितने धोखे में हैं!

सूक्ष्म वेद के यों जो चार वेद-पुत्र हुए सो 'दोषी तथा पाखंडी निरंजन के संसर्ग' से हुए और इसीलिए इनमें कलुष का रह जाना कुछ आश्चर्य की बात नहीं। निरंजन खूब जानता है कि एक बार यदि लोगों को सूक्ष्म वेद का ज्ञान हो जाए तो कोई उसे पूछेगा भी नहीं, इसीलिए, वह बड़ी होशियारी से संसार को अपने जाल में फँसाए हुए है। किन्तु कबीरदास जब इस संसार में भलेमानुसों के उद्धार के लिए प्रकट हुए, तो उन्होंने चारों सूक्ष्म वेदों को फिर से पृथ्वीवासियों के निकट प्रकट कर दिया। इस प्रकार कबीर साहब की :

1. 'कूट-वाणी' ही सूक्ष्म 'ऋग्वेद' है,
2. 'टकसार-वाणी' ही सूक्ष्म 'यजुर्वेद' है,
3. 'मूकज्ञान-वाणी' ही सूक्ष्म 'सामवेद' है, और
4. 'बीजक-वाणी' ही सूक्ष्म 'अथर्ववेद' है।

---

1. *यम्य निःश्वसितं वेदा यो वेदेभ्योऽखिलं जगत्।*
निर्ममे तमहं वन्दे ज्ञानरूपं जनार्दनम्॥

और आजकल जो वेद के नाम पर पुस्तकें चल रही हैं वे ओऽम से निकली हैं। ओऽम की माता कुंडलिनी है, कुंडलिनी महामाया है, महामाया नागिन है और इसीलिए ये स्थूल वेद जहरीली नागिन के जहर से आपादमस्तक सिक्त हैं! कहते हैं, इसी महामाया नागिन को लक्ष्य करके कबीर साहब ने कहा है :

अन्तरजोत सबद एक नारी। हरि ब्रह्मा ताके त्रिपुरारी॥

—'बीजक' प्रथम रमैनी

इस प्रकार आद्या, ब्रह्मा, विष्णु और शिव ने चार खान और चौरासी लाख योनियों की सृष्टि की है। आद्या ने अंडज, ब्रह्मा ने पिंडज, विष्णु ने अश्मज (ऊष्मज) और शिव ने स्थावर सृष्टि की। फिर इनकी शक्तियाँ बनीं, नरक बने, स्वर्ग बने और तीनों लोक इन्हीं की पूजा में व्यस्त हो रहे। गोया ये ही परम दैवत हों! क्वचित् कोई अगर निरंजन को जान गया तो वह अपने को धन्य समझने लगा; परन्तु निरंजन भी तो अत्यन्त निचला स्तर है। यह निरंजन बराबर महात्माओं के मार्ग में विघ्न खड़ा करता रहता है, बराबर ज्ञानप्राप्ति से उन्हें वंचित करने की चेष्टा कर रहा है। अब तक कई बार तो कबीर साहब से ही उसकी मुठभेड़ हो चुकी है। यद्यपि यह माया का स्वामी है, पर निष्कलुष तो नहीं है। वेद बेचारे करें तो क्या? उन्हें निरंजन के ऊपर के किसी की खबर भी तो हो! लेकिन इस व्यापार का सबसे मनोरंजक अंश यह है कि जिस प्रकार निरंजन ने सत्यपुरुष का नाम लोप करके अपनी ही पूजा चलानी चाही थी, उसी प्रकार उसके गुरुमार पुत्रों ने अर्थात् ब्रह्मा, विष्णु और शिव ने निरंजन का नाम भी लोप कर देना चाहा। उन्होंने संसार में अपनी ही पूजा फैलाई। सचमुच ही निरंजन का नाम मद्धिम पड़ गया।

हम लोग जिस कर्मलोक पृथ्वी पर निवास कर रहे हैं, उसके नीचे सात पाताल या नरक हैं। सबसे नीचे जो है उसका नाम पाताल है। उसके ऊपर क्रमशः तलातल, रसातल, महातल, सुतल, वितल, अतल—ये लोक हैं। इनके ऊपर हमारी पृथ्वी है। (1) इसके ऊपर देवताओं और सिद्धों की पुरी है—साधारणतः इसे स्वर्ग कहा जाता है। फिर निम्नलिखित नवलोक एक के ऊपर दूसरे क्रम से विराजित हैं, (2) दह्य अंश का स्थान, जहाँ सालोक्य मुक्ति होती है, (3) विष्णु का वैकुंठ, जहाँ सामीप्य मुक्ति मिलती है, (4) निरंजन का झाँझरी-द्वीप, जहाँ सारूप्य मुक्ति मिलती है, (5) अक्षर का आरण्य-द्वीप, जहाँ सायुज्य मुक्ति की व्यवस्था है, (6) अचिन्त का अचिन्त्य-द्वीप, (7) सोऽहं का सुहंग-द्वीप, (8) इच्छा-पुरुष का इच्छा-द्वीप, (9) अंकुर-पुरुष का अंकुर-द्वीप, और (10) सहज-पुरुष का सहज-द्वीप। इन सबसे ऊपर सत्यपुरुष का सत्यलोक है, जो परम धाम है, जहाँ से समय-समय पर सत्यपुरुष की अनुज्ञा पाकर सद्गुरु कबीर अवतीर्ण हुआ करते हैं। देवताओं और सिद्धों के स्थान के ऊपर की नौ पुरियों को मुसलमानी शास्त्र के साथ सामंजस्य

लगाकर क्रमश : (1) नासूत, (2) मलकूत, (3) जबरूत, (4) लाहूत, (5) हाहूत, (6) बाहूत, (7) साहूत, (8) राहूत, (9) जाहूत कहा गया है।[1]

यहाँ यह उल्लेख-योग्य है कि कुछ सूफियों के अनुसार साधक को चार लोकों को पार करना होता है। ये चार लोक 'आलम' नाम से प्रसिद्ध हैं। नासूत (मानव), मलकूत (अदृश्य लोक), जबरूत (उच्चतम लोक) और लाहूत (परम लोक) : ये चार आलम हैं। पर कुछ दूसरे सूफी पाँच मानते हैं। ये लोग इस सूची में 'समलोक' या 'आलमे मिशाल' को और जोड़ देते हैं। दारा शिकोह ने अपनी प्रसिद्ध पुस्तक 'मजमुल बहरईन' (दो समुद्रों का संगम) नामक ग्रन्थ में उपर्युक्त चार आलमों के साथ वेदान्तियों की चार अवस्थाओं—जाग्रत, स्वप्न, सुषुप्ति और तुरीय की समानता बताई है।[2] यह ठीक समझ में नहीं आया कि कबीर-पन्थ के नौ लोक इन्हीं चार आलमों का विस्तार है या किसी सूफी सम्प्रदाय में सचमुच ही नौ लोकों की कल्पना है। महाराज विश्वनाथसिंहजू देव ने 'हाहूत' को इस्लाम-सम्मत पाँचवाँ स्थान बताया है, जहाँ केवल मुहम्मद साहब की ही गति थी।[3] हम नहीं कह सकते कि उनका वक्तव्य किसी शास्त्रीय ग्रन्थ के आधार पर है या नहीं, पर उन्होंने 'पनाह अता' नामक किसी मुसलिम कवि की एक कविता प्रमाण-स्वरूप उद्धृत की है, जो काफी मनोरंजक है।[4] इनके परिचय में उन्होंने इतना ही कहा है, "पीरान पीर साहब के पास पहुँचे हैं, ऐसे जे हैं सलेल के मालिक पनाह अता तिनकौ कवित्त।"

इस सारे भवजाल को जिसने सिर पर धारण किया है, वह शेषनाग है जो स्वयं शूकर पर आरूढ़ है। शूकर भी एक गौ पर चढ़े हैं और गौजी भी कूर्मजी पर। यही वह कूर्मजी हैं जिनको श्रीसत्पुरुष ने सृष्टि बनाने की सामग्री दी थी और वे उसे बड़ी सावधानी से सँभाल रहे थे! इन्हीं की तीन गर्दनें काटकर निरंजन ने सृष्टि की सामग्री प्राप्त की थी। निरंजन के साथ कबीरदास के जो झगड़े होते रहे हैं, उनकी बात यहाँ नहीं उठाई जा रही है; क्योंकि उससे अनावश्यक विस्तार होगा, पर इतना

---

1. *जुलमत नासूत मलकूत में फिरिस्ते नूर वल्लाल जबरूत में जी।*
लाहूत में नूर जम्माल पहिचानियै हक्क कक्कान हाहूत में जी॥
बका बाहूत साहूत मुर्सिद पार है जो रब्ब राहूत में जी।
कहत कब्बीर अविगति आहूत में खुद्द खाविन्द आहूत में जी॥ —'विश्व.', पृ. 243
2. Majamul Baharain Ep. M. Mahfuzal Huqo, B.A.S. Calcutta, 1929. p. 11
3. विश्व., पृ. 262
4. *देह नासूत सुरै मलकूत और जीव जबरूत की रूह बखानै।*
अरबी में निराकार कहै जेहि लाहुतै मानिकै मंजिल ठानै।
आगे हाहूत-लाहूत है जाहूत खुद खाविन्द लाहूत मैं जानै।
सोई श्रीराम पनाह सबै जग-नाह पनाह अता यह गानै।
तजै कर्म नासूत लहि निरखे तब मलकूत।
तहाँ न मरै न बीछुरै जात न तहँ जमदूत॥

पाठक को हमेशा याद रखना चाहिए कि कबीर साहब ने सदा ज्ञानियों और भक्तों को निरंजन के जाल से छुड़ाने का प्रयत्न किया है। इस कलिकाल में ही अब तक वे लगभग एक दर्जन बार आ चुके हैं। इसी निरंजन के धोखे से बचने के लिए कबीरदास के मुख से यह कहलवाया गया है :

अवधू निरंजन जाल पसारा।
स्वर्ग-पाताल-जीव-मृत मंडल तीन लोक बिस्तारा।
ब्रह्मा-विस्नु-सिव प्रकट कियो है ताहि दियो सिर भारा॥
ठाँव-ठाँव तीरथ-व्रत थाप्यौ ठगने को संसारा।
माया मोह कठिन विस्तारा आपु भयौ करतारा॥
सतगुरु सब्द को चीन्हत नाहीं कैसो होय उबारा।
जारि-भूँजि कोइला करि डारै फिर-फिर लै अवतारा॥
अमरलोक जहाँ पुरुष बिराजै तिनका मूँदा द्वारा।
जिन साहब से भये निरंजन सो तो पुरुष है न्यारा॥
कठिन काल तें बाँचा चाहो गहो सब्द टकसारा।
कहैं कबीर अमर करि राखौ मानो सब्द हमारा॥

—'शब्द', पृ. 34

कबीरदास ने कितनी ही बार कहा है कि जो कुछ पिंड में है, वही ब्रह्मांड में है। पिंड में ब्रह्मांड और ब्रह्मांड में पिंड है। ऊपर जो ब्रह्मांड का विचार किया गया है तदनुसार पृथ्वी के ऊपर के दस मुकामों की स्थिति इस प्रकार हुई :

संख्या	मुकामों के नाम	हिन्दू-समशील नाम[1]	मुसलमानी समशील नाम
1.	सत्यलोक	गो-लोक	
2.	सहज-द्वीप	(द्वितीय) सत्यलोक	आहूत
3.	अंकुर-द्वीप	विष्णुलोक	राहूत
4.	इच्छा-द्वीप	शिवलोक	साहूत
5.	सोऽहं-द्वीप	शक्तिलोक	बाहूत
6.	अचिन्त द्वीप	कौमारलोक	हाहूत
7.	अरण्य-द्वीप	(प्रथम) सत्यलोक	लाहूत
8.	झाँझरी-द्वीप	तप:लोक	जबरूत
9.	बैकुंठ	जनलोक	मलकूत

1. *तु. श्रीसौमित्ररुवाच—*
महर्लोक: क्षितेरूर्ध्वमेककोटिप्रमाणत:।
कोटिद्वियेन विख्यातो जनलोको व्यवस्थित:॥ →

10. दह्यांश	भुव:लोक	नासूत
पृथ्वी	भूलोक	आलमे-फानी

पृथ्वी के नीचे सात नरक-लोक हैं। इन सबकी कल्पना पदतल-एड़ी-गिट्ट-पिंडली-जानु-जंघा और तड़ागी में की गई है, अर्थात् मानव-देह (पिंड) में आधार-चक्र के नीचे सातों नरक हैं। आधार-चक्र पृथ्वी का समकक्ष है। उसके ऊपर 11 अन्य चक्रों की कल्पना की गई है। अब तक हम योगियों के सात चक्र ही जानते आए हैं। इन सात चक्रों में कई नये जोड़कर दो उद्देश्य सिद्ध किये गए हैं। एक तो पिंड और ब्रह्मांड की समशीलता की रक्षा और दसरा योगियों से कबीर-पद का अतिशय उत्कर्ष साधन। ये चक्र इस प्रकार हैं :

13	अक्षर-भगवान	6	अनाहत चक्र
12	ब्रह्मरन्ध्र-देह	5	मनोमहाराज चक्र
11	अलख-निरंजन	4	मन:पौरुष चक्र
10	पूर्णगिरि	3	कुंडलिनी देवता
9	आज्ञा चक्र	2	स्वाधिष्ठान चक्र
8	बलवान चक्र	1	आधार चक्र
7	विशुद्ध-शक्ति चक्र		

इन समस्त में अतीत सत्यपुरुष का स्थान है। मध्ययुग में इन चक्रों को बढ़ाकर दिखाने की प्रवृत्ति दिखाई देती है। प्राय: प्रत्येक सिद्धपुरुष के सम्प्रदाय में यह प्रवृत्ति लक्ष्य की जा सकती है। इन चक्रों को भेद करना परम सिद्धि का प्रमाण माना जाता था। फिर भी सामान्य रूप में यह कहा जा सकता है कि स्वयं सिद्ध-पुरुष लोग चक्रभेद की अपेक्षा भक्ति को ही श्रेष्ठ समझते थे। कबीर की ही भाँति गुरु

→ *चतुष्कोटिप्रमाणं तु तपो लोको विराजित:।*
उपरिष्टात्तत: सत्यमष्टकोटिप्रमाणत:॥
आयु:प्रमाणं कौमारं कोटिषोडशसम्भवम्।
तदूर्ध्वोपरिसंख्यातमुमालोकं सुनिष्ठितम्॥
शिवलोक: तदूर्ध्वं तु प्रकृत्या च समागतम्।
...तदूर्ध्वं सर्वतत्वानां कार्यकारणमानिनाम्॥
निलयं परमं दिव्यं महावैष्णवसंज्ञकम्।
...तदूर्ध्वं तु परं दिव्यं सत्यमन्यद व्यवस्थितम्॥
न्यासिनां योगिनां स्थानं भगवद्भावितात्मनाम्।
महाशम्भुर्मोद्‌तेऽत्र सर्वशक्तिसमन्वित:॥
तदूर्ध्वं तू स्वयं भातं गोलोकं प्रकृते: परम्।

—'विश्व' पृ. 240 में 'सदाशिवसंहिता' के वचन

नानकदेव ने भी कहा था कि "जो ब्रह्मांडे सोई पिंडे, जो खोजे सो पावे।" जिस प्रकार ब्रह्मांड के तीन स्तर हैं : अधोलोक, मध्यलोक और ऊर्ध्वलोक, उसी प्रकार पिंड के भी। इनकी जैसी सुन्दर विवेचना श्री सन्त पूर्णसिंह जी ने की है, वह केवल सिख सम्प्रदाय के ही नहीं, कबीरदास के लोकसंस्थान और पिंड-ब्रह्मांडैक्य को समझने में भी बड़ी सहायक है। उसके आवश्यक अंशों को हम संग्रह कर रहे हैं।

सप्त अधोलोकों का ब्योरा तो वही है जो हम पहले दे चुके हैं, अर्थात् एड़ी से लेकर तड़ागी तक के सात अंगों में सात नरकों की कल्पना की गई है। मध्यलोक में सात लोक हैं जो मानव-देह के सात चक्रों में प्रतीक-रूप से स्थिर हैं : (1) चतुर्दल मूलाधार चक्र में भूलोक; (2) षटदल स्वाधिष्ठान चक्र में भुवलोक; (3) दशदल मणिपुर चक्र में स्वर्लोक [इसी से थोड़ा हटकर अष्टदल चक्र है जिस पर मन भरमा करता है।]; (4) द्वादश दलवाले अनाहत चक्र में महर्लोक; (5) षोडशदल विशुद्ध चक्र में जनलोक; (6) द्विदल आज्ञाचक्र में तपलोक; और (7) आनिक दल सहस्रार-चक्र में सत्यलोक। परन्तु यह स्मरण रखना चाहिए कि यह पहला सहस्रार-चक्र है। साधारण योगियों की यहीं तक गति होती है।

इसके बाद इस पिंड में ब्रह्मांड की ही भाँति ऊर्ध्वलोक है : (1) ब्रह्मांडी मन का स्थान—जो षट्दल कमल के आकार का है और जहाँ त्रैलोक्यपति महान देव का वासस्थान है; (2) शिव शक्ति-समवाय-स्थान जिसे प्रथम शून्य या महाशून्य, मध्यशून्य पद कहते हैं; (3) निरालंब पुरी—अन्त:शून्य पद; (4) शब्द ब्रह्मस्थान—प्रणव तथा बिन्दुपदाधार; (5) निजपद—32 दल का श्वेत कमल या भँवर गुफा; (6) गुरुपद—निरंकार देश; (7) दूसरा सहस्रार-चक्र या पूर्ण पद।

यह जो द्वितीय सहस्रार पद है वह भी अन्तिम पद नहीं है। बहुत-से योगी तो प्रथम सहस्रार को ही परमपद मान लेते हैं, पर जो गोरखनाथ जैसे सिद्ध हैं वे दूसरे सहस्रार तक पहुँच जाते हैं। पर यह भी सब कुछ नहीं है! नानकदेव इसके भी ऊपर कई स्थानों को पार कर महामहिमावती विहंगमपुरी में जा सके थे, जो देश-काल के परिच्छेद से शून्य पारावार रहित अकथ ((अवाच) पद है। विशेष विस्तार के लिए 'प्राण', प्रस्तावना, पृ. 75-84 देखना चाहिए।)

अस्तु, यह तो अवान्तर बात हुई। प्रासंगिक यह है कि कबीरदास ने पृथ्वी के ऊपर दस मुकाम माने हैं, वे दस मुकाम जिस प्रकार ब्रह्मांड में हैं उसी प्रकार पिंड में भी![1] स्वयं कबीर साहब ने इनका साक्षात्कार किया था, इसका प्रमाण उनकी वाणियों में है :

1. *खेल ब्रह्मांड का पिंड में देखिया जगत की भर्मना दूरि भागी।*
बाहर-भीतरा एक आकाशवत सुषुम्ना डोरि तहँ उलटि लागी॥
पवन को उलटि करि सुन्न में घर किया धरिया में अधर भरपूर देखा।
कहै कब्बीर गुरु पूर की मेहर सों तिरकुटी मद्ध दीदार पेखा॥ —'शब्द.', पृ. 105

चला जब लोक को शोक सब छौंड़ि कै हंस को रूप सद्गुरु बनाई।
भृंग ज्यों कीट को पलटि भृंगी किया आप सम रंग दे-ले उड़ाई॥
छोड़ मासूत-मलकूत को पहुँचियाँ विष्णु की ठाकुरी देख जाई।
इन्द्र कुबेर जहाँ रम्भा निरत है देव तेतीस कोटि रहाई॥ 1॥
छोड़ि वैकुंठ को हंस आगे चला शून्य में ज्योति जहाँ जगमगाई।
ज्योति-परकाश में निरख नि:तत्त्व को आप निर्भय हो भय मिटाई॥
अखिल निर्गुन जेहि वेद अस्तुति करै तीनहूँ देव को है पिताई।
भगवान तिनके परे सेत मूरति धरे भाग को आन तिन को रहाई॥ 2॥
चार मुक्काम पर खंड सोरह कहैं अंड को घोर ह्यति रहाई।
अंड के परे स्थान अचिन्त को निरखिया जब उहाँ जाई॥
सहस औ द्वादशै रूह संग में करत कल्लोल अनहद बजाई।
तासु के बदन की कौन महिमा कहौं भासती देह अति नूर लाई॥ 3॥
महल कंचन-बने मनिस तामें जड़े बैठ तहँ कलस आखंड छाजै।
अचिन्त के परे स्थान सोहंग का का हंस छत्तीस तहवाँ विराजै॥
नूर का महल औ नूरक भूम्य है तहाँ आनन्द सों द्वन्द्व भाजै।
करत कल्लोल बहु भाँति के संग यक हंस सोहंग के जो समाजै॥ 4॥
हंस जब जात षट्चक्र को बेधिकै सात मुक्काम में नजर फेरा।
सोहंग के परे सुरति इच्छा कही सहस बामन जहँ हंस हेरा।
रूप की राशि ते रूप उनको बना नहीं उपमा इन्द्रजी निवेरा।
सुरति से भेंटि के शब्द को टेकि चढ़ि देखि मुक्काम अंकूर केरा॥ 5॥
शून्य के बीच में विमल बैठक जहाँ सहज स्थान है गैबकेरा।
नवो मुक्काम यह हंस जब पहुँचिया पलक विलम्ब ह्वाँ कियो डेरा॥
तहाँ से डोरि क्रम तार ज्यों लागिया ताहि चढ़ि हंस गो दे दरेरा।
भये आनन्द से फन्द सब घोड़िया पहुँचिया जहाँ सतलोक मेरा॥ 6॥
हंसनी हंस सब गाय बज्जाय के साजि के कलश वहि लैन आए।
युगन युग बीछुरे मिले तुम आइकै प्रेम करि अंग सों अंग लाए॥
पुरुष ने दर्शन जब दीन्हिया हंस कौ तपनि बहु जनम की तब नसाए।
पलटि के रूप जब एक कीन्हिया मनहुँ तब भानु षोडस उगाए॥ 7॥
पुहुप के दीप पीयूष भोजन करे शब्द की देह जब हंस पाई।
पुहुप के सेहरा हंस और हंसिनी सच्चिदानन्द सिर छत्र छाई॥
दिपैं बहु दामिनी दमक बहु भाँति की जहाँ घन शब्द को घुमड़ लाई।
लगे जहाँ वरषने गरज घन घेरि के उठा तहँ शब्द धुनि अति सोहाई॥ 8॥
सुनै सोइ हंस तहँ यूथ के यूथ ह्वै एक ही नूर इक रंग रागै।
करत बीहार मनभामिनी मुक्ति में कर्म और भर्म सब दूरि भागै॥

रंक और भूप कोई परखि आवै नहीं करत कल्लोल बहु भाँति पागै।
काम औ क्रोध मद लोभ अभिमान एक छाँड़ि पाखंड सत शब्द लागै॥ 9॥
पुरुष के वदन की कौन महिमा कहाँ जगत में ऊपमा कछु न पाई।
चन्द्र और सूरगण ज्योति लागै नहीं एक ही नक्खय परकाश भाई॥
पान परवान जिन वंश का पाइया पहुँचिया पुरुष के लोक जाई।
कहैं कब्बीर यहि भाँति सो पाइहौं सत्य की राह सो प्रगट गाई॥ 10॥

—'विश्व.', पृ. 239-40; 'क. मन.', पृ. 576

ध्यान से देखा जाए तो नाथपन्थी योगियों के सूक्ष्म वेद (दे. ऊपर, पृ. 241), द्वैताद्वैतविलक्षण (दे. ऊपर, पृ. 223-24), निरंजनपद (दे. ऊपर, पृ. 238), नाथपन्थ, (दे. ऊपर, 'हठयोग की साधना' अध्याय) आदि के भीतर ही ऐसी उद्‌भट कल्पना के बीज वर्तमान थे। यह सारा बखेड़ा असल में एक बड़ी पुरानी परम्परा का विकास मालूम पड़ता है। कबीरदास के नाम पर चलनेवाले बहुत-से पद इस कल्पना के पोषक बताए जा सकते हैं। हमने पहले ही एक वाणी में लक्ष्य किया है (ऊपर, पृ. 243-44) कि निरंजन एक महाठग है और उसने सारे जगत् को धोखा देने के लिए यह जाल पसार रखा है। स्वयं 'बीजक' में इस आशय के पद ढूँढ़े जा सकते हैं, जिनमें बताया गया है कि अलख निरंजन के बाँधने से सारा जगत् बँधा हुआ है।[1] उसी ने नाना प्रकार के चक्र बनाए हैं जिनमें संसार चक्कर मार रहा है, उसी ने वेदों और शास्त्रों का, तीर्थों और व्रतों का, दान और पुण्य का चक्का चलाया है। 'बीजक' की इक्कीसवीं रमैनी के अन्त में एक साखी उद्धृत की गई है, "मैं ही सिरजाता हूँ, मैं ही मारता हूँ, मैं ही जलाता हूँ (या जीर्ण करता हूँ), मैं ही खाता हूँ, मैं ही जल और स्थल में रमा हुआ हूँ—मेरा ही नाम निरंजन है।"[2] इन सबसे यह साबित होता है कि निरंजन कोई सचमुच ही वैसा पदार्थ है जैसा हम देख आए हैं। शास्त्रीय विचार के टीकाकार श्री विचारदास ने इस जगह निरंजन का अर्थ 'यम'

1. *अलख निरंजन लखइ न कोई। जेहि बँधे बँधा सब लोई।*
जिहि झूठे बँधा सो अयाना। झूठा वचन साँच करि माना।
बँधा बँधा कीन बेवहारा। करम बिवरजित बसै निनारा।
पट आश्रम षट दरसन कीन्हा। षटरस वस्तु खोट सब चीन्हा।
चारि बिरछि छव साख बखानै। विद्या अगिनित गनै न जानै।
औरो आगम करै विचारा। ते नहिं सूझे वार न पारा।
जप-तीरथ-व्रत कीजै पूजा। दान-पुन्न कीजै बहु दूजा।
साखी : मंदिल तो है नेह का मति कोई पैठे धाय।
जो कोई पैठे धाइसे बिना सिर सेती जाए॥ —रमैनी 22

2. *मैं सिरजौं मैं मारहूँ, मैं जारों मैं खाँव।*
जल-थल में मैं रमि रह्यो, मोर निरंजन नाँव॥ —रमैनी 21 की साखी

किया है। परन्तु एक बार यदि हम चित्त से निरंजन की ऊपर बताई कल्पना हटा दें तो कम-में-कम 'बीजक' के इन पदों से निरंजन का अर्थ सर्वशक्तिमान निर्दोष ब्रह्म किया जा सकता है। उसे शैतान समझने की बिलकुल जरूरत नहीं।

फिर 'बीजक' के 114वें शब्द के अनुसार भी आदिपुरुष-निरंजन-त्रिदेव आदि की परम्परा का समर्थन होता है और यह भी समर्थित होता है कि कबीरदास सचमुच ही इस विपत्ति-सागर से मनुष्यों का उद्धार करने का दावा करते थे।[1] परन्तु प्राचीन पोथियों में पाए गए पदों को पढ़ने से ऐसा लगता है कि निरंजनवाली पौराणिक कल्पना चाहे जितनी प्राचीन परम्परा का विकसित रूप क्यों न हो, कबीरदास उसे ज्यों-का-त्यों नहीं मानते थे। वे ब्रह्म या निरंजन को शैतान तो मानते ही नहीं थे, उलटे उमे परम काम्य समझते थे। वस्तुत: जैसा कि इस अध्याय के आरम्भ में ही बताया जा चुका है, निरंजन या धर्मराय को परम दैवत समझनेवाला सम्प्रदाय बाद में जिस समय कबीरपन्थ में अन्तर्भुक्त हुआ था, उसी समय निरंजन की महिमा घटाने का प्रयत्न किया गया होगा। यह तो हम पहले ही देख चुके हैं कि कबीरदास द्वैताद्वैत-विलक्षणवाद में योगियों में प्रभावित थे (ऊपर, पृ. 223-24), फिर यह भी निश्चित है कि वे उस परम सहजावस्था को महान पद समझते थे जहाँ अल्लाह या राम की गम नहीं होती।[2] कई पदों से स्पष्ट है कि काल से उनका मतलब निरंजन में नहीं है और ब्रह्म न तो उसकी दृष्टि में ठग ही है और न ब्रह्मज्ञान हेय ही।[3]

---

1. *'सार' शब्द से बाँचिहो मानहु इतबारा हो।*
   आदि पुरुष इक वृच्छ है निरंजन डारा हो।
   तिरि देवा साखा भये पत्ता संसारा हो।
   ब्रह्मा वेद सही कियो सिव जोग पसारा हो।
   विस्नु मया उतपति किया उरले व्यवहारा हो।
   तीन लोक दसहूँ दिसा जम रोकिन द्वारा हो।
   कीर भये सब जीयरा लिए विष के चारा हो।
   जोति-सरूपो हाकिमा जिन अमल पमारा हो।
   करम की बंसी लायके पकर्‌यो जग सारा हो।
   अकल मिटावौ तासुकौ पठवौं भव पारा हो।
   कहहिं कबीर निरभय करौ परखो टकसारा हो॥ —'बीजक', शब्द 114
2. *सुर नर मुनि अरु औलिया, ए सब वेलैं तीर।*
   अलह राम की गम नहीं, तहँ घर किया कबीर॥ —'स. क. सा.', पृ. 64
3. *अब मैं पाइबो रे पाइबौ ब्रह्म गियान।*
   सहज समाधैं में सुखमैं रहिबौ, कोटि कलप विश्राम।

   × × ×

   आपै में तब आपा निरख्या अपन पै आपा बूझ्या।
   आपै कहत सुनत पुनि अपना अपन पै आपा बूझ्या।
   अपनै परचै लागी तारी अपन पै आपसमांनां।
   कह कबीर जै आप बिचरे मिटि गया आवन-जांनां॥ —'क. ग्रं.', पद 6

कबीर-ग्रन्थावली में एक ऐसा पद है जिससे पता चलता है कि भिन्न-भिन्न चक्रों में देवताओं के निवास का जो विवरण कबीरदास ने किया है, वह अपेक्षाकृत सहज है और सर्वांश में ऊपर बताई हुई व्यवस्था के अनुकूल नहीं है। षट्‌दल-कमल में काम का अभाव बताया गया है और शायद मन के मोहन बीठुला या विट्‌ठल भगवान का वह निवासस्थान है। अष्टदल कमल में श्रीरंग केलि करते हैं, पर द्वादशदल-विहारी भगवान के रूप का स्पष्ट उल्लेख नहीं किया गया। यह जरूर बताया गया है कि त्रिवेणी-स्नान के (देखिए ऊपर, पृ. 233) बाद सनकादिक का साथ हो जाता है, अर्थात् शायद बैकुंठ-विहारी विष्णु का स्थान नजदीक आ जाता है। फिर गगन-गुफा में अनन्ततार का दर्शन बताया गया है और षोडशदल कमल में बनवारी के मिल जाने की बात है।[1] ऐसा जान पड़ता है कि कबीरदास का मतलब इस पद में उस सहज-समाधि से है जिसमें पद-पद पर भगवान का दर्शन होता है और इस पद में आए हुए विट्‌ठल, श्रीरंग, बनवारी आदि पद परिभाषित नहीं बल्कि सीधे-सादे ढंग में भगवान के वाचक हैं। सच पूछा जाए तो कबीरदास योगमार्ग की क्लिष्ट साधनाओं को भी ब्राह्याचार ही समझते रहे। उनके-जैसा उन्मुक्त विचार का मनुष्य किसी प्रकार की रूढ़ियों का कायल नहीं हो सकता था। बारम्बार वे जिस सहज-समाधि की घोषणा कर गए हैं उसमें नाना प्रकार के प्राणायाम, आसन, समाधि और मुद्राएँ परम-तत्त्व की उपलब्धि के साधन हैं, साध्य नहीं। सहज-समाधि

1. *मन के मोहन बीठुला यहु मन लागो तोहि रे।*
चरनकँवल मन माँनियाँ और न भावै मोहि रे।
षटदल-कँवल-निवासियाँ चहुँ को फेरि मिलाइ रे।
दहुँ के बीच समाधियाँ तहँ काल न व्यापै आई रे।
अष्टकँवल-दल भीतराँ तहाँ श्रीरंग केलि कराइ रे।
सद्‌गुरु मिलै तो पाइए नहीं तौ जन्म अकारण जाइ रे।
कदली-कुसुमदल भीतराँ तहाँ दस अंगुल का बीच रे।
तहाँ दुआदस खोजि ले जनम होत नहिं मींच रे।
बंक नालिके अन्तरै पछिम दिसा की बाट रे।
नीझर छरै रस पीजिए तहाँ भँवर-गुफा के बाट रे।
त्रिवेणी मनाइ न्हवाइये सुरति मिलै जो हाथि रे।
जहाँ न फिर मघ जोइए सनकादिक मिलिहै साथि रे।
गगन गरजि मघ जोइए तहाँ दीसै तार अनन्त रे।
बिजुरी चमकि घन बरषिहैं तहाँ भीजत हैं सब सन्त रे।
षोडश-कँवल जब चेतिया तब मिलि गए श्रीबनवारि रे।
जरा-मरण-भ्रम भाजिया पुनरपि जनम निवारि रे।
गुरु गमितैं पाइये झंखि मरै जनि कोई रे।
तहीं कबीरा रमि रह्या सहज समाधी सोइ रे॥ —'क. ग्रं.' पद 4

से ही अगर वह उद्‌देश्य सिद्ध हो जाता है तो काया को क्लेश देने से क्या लाभ है? आँखें मूँदे बिना, मुद्रा धारे बिना, आसन लगाए बिना, खुली आँखों से परमाराध्य का मनोहर रूप देख सकना ही महज-समाधि है। ऐसे साधक का हिलना-डुलना सब कुछ परिक्रमा है, सोना-बैठना ही दंडवत है, बोलना ही नाम-जप है, खाना-पीना ही पूजा है। एक बार इस सहज-समाधि में जो साधक रम गया वह उस अनहद नाद को निरन्तर सुनता रहेगा, जिसके सुनने मात्र से रोम थकित हो जाते हैं, समस्त इन्द्रिय श्लथबन्ध हो जाते हैं, मन आनन्द से परिपूर्ण हो जाता है।[1] उसी में समस्त कुशलों का कुशल है, जिसमें सहज-समाधि प्राप्त हो जाती है। यह उपाधिमय शरीर सहज-समाधिमय बन जाता है, दु:ख के दुर्ग में सुख का विश्रामागार बन जाता है, शत्रु मित्र हो जाते हैं, शाक्त वैष्णव बन जाते हैं। एक बार यदि साधक आत्माराम बन सके—आप-ही-आप में रम सके, तो फिर कोई विघ्न सता नहीं सकता, मन सनातन हो जाता है, जन्म-मरण का जान हस्तामलक की भाँति सहज हो जाता है। वैसी हालत में न तो साधक से कोई उद्विग्न होता है न किसी और से साधक ही उद्वेग पाता है।[2]

---

1. *साधो सहज समाधि भली ।*
   गुरुप्रताप जा दिन तैं उपजी दिन दिन अधिक चली।
   जहाँ जहाँ डोलों सोइ परिकरमा जो कछु करौं सो सेवा।
   जब सोवों तब करों दंडवत पूजों और न देवा।
   कहों सो नाम सुनों सो सुमिरन खाँव-पियों सो पूजा।
   गिरह-उजाड़ एकसम लेखों भाव न राखों दूजा।
   आँख न मूँदों कान न रूँधों तनिक कष्ठ नहिं धारों।
   खुले नैन पहिचानों हँसि हँसि सुन्दर रूप निहारों।
   सबद निरन्तर से मन लागा मलिन वासना त्यागी।
   ऊठत-बैठत कबहुँ न छूटै ऐसी तारी लागी।
   कह कबीरा यह उनमुनि रहनी सो परगट कर भाई।
   दुख-सुख से कोई परे परम पद तेही रहा समाई। —शब्दा.
2. *अब हम सकल कुसल करि माँनाँ।*
   स्वाँति भई तब गोव्यंद जाँनाँ॥
   तन में होती कोटि उपाधि। उलटि भई सुख सहज समाधि॥
   जमथै उलटि भया है राम। दुख बिसरा सुख किया विश्राम॥
   बैरी उलटि भये हैं मीता। साषत उलटि सजन भये चीता॥
   आपा जानि उलटि ले आप। तो नहीं व्यापै तिन्यूँ ताप॥
   अब मन उलटि सनातन हूवा। तब हम जानाँ जीवत मूवा॥
   कह कबीर सुख सहज समाऊँ। आप न डरौं न और डराऊँ॥

अनुमानत: कबीरदास के समय का एक अपेक्षाकृत सहज मतवाद बाद में चलकर जटिल हो गया है। स्पष्ट है[1] कबीरदास निर्गुण या निरंजन ब्रह्म को शैतान-जैसा नहीं समझते थे। परन्तु यह बात भी सन्देह के परे है कि गोरखनाथ के योगमार्ग में वेदान्त, वेद, अद्वैत और निर्गुण ब्रह्म को द्वैताद्वैत-विलक्षण और सगुण-निर्गुण में अतीत परम तत्त्व की अपेक्षा छोटा समझा गया है और कबीरदास में यह भाव ज्यों-का ज्यों रह जाता है। वस्तुत: कबीर के मत से भगवान के निर्गुण होने का अर्थ सगुणनिर्गुणातीत होना होता है और यह दोनों बातें अर्थात् भगवान को निर्गुण, निरंजन और गुणातीत कहना असंगत नहीं है। यह जानी हुई बात है कि भगवान अलौकिक गुणों के आश्रय हैं और इसीलिए लोक में जो बात परस्पर विरोधी दिखती है, वह भगवान में संगत हुआ करती है।

'निरंजन कौन है' शीर्षक अध्याय का परिशिष्ट

'आदिमंगल' नाम से निम्नलिखित पद्य कबीरदास के नाम पर चलते हैं। ये पद्य विश्वनाथसिंहजू की टीका के आरम्भ में दिये हैं तथा 'कबीर मंसूर' और 'सत्य कबीर की साखी' में भी संगृहीत हैं। इस 'आदिमंगल' से निरंजनवाली कथा का समर्थन किया जाता है। यहाँ 'विश्व' का पाठ दिया जा रहा है। यह ध्यान देने की बात है कि इस आदिमंगल की शैली प्रश्नोत्तर की है और स्पष्ट ही जान पड़ता है कि इसे कबीरदास स्वयं नहीं लिख रहे हैं :

दोहा—

प्रथमे समरथ आप रहे, दूजा रहा न कोइ।
दूजा केहि विधि ऊपजा, पूछत हैं गुरु सोइ॥
तब सतगुरु मुख बोलिया, सुकत सुनो सुजान।
आदि अन्त की पारचै, तोसौं कहौं बखान॥
प्रथम सुरति समरथ कियौ, घट में सहज उचार।
ताते जामन दीनिया, सात करी विस्तार॥
दूजे घट इच्छा भई, चित्त मन सातों कीन्ह।
सात रूप निरमाइया, अविगत काहे न चीन्ह॥
तब समरथ के श्रवण ते, मूल सुरति भई सार।
शब्द कला ताते भई, पाँच ब्रह्म अनुहार॥
पाँचों पाँचै अंड धरि, एक एकमा कीन्ह।
दुइ इच्छा तहँ गुप्त है, सो सुक्रत चित चीन्ह॥

1. आगे भी निरंजन शब्द का थोड़ा विचार किया गया है।
देखिए—'क. ग्रं.', पद 219, 237 और 238।

योगमया यकु कारणे, ऊजे अक्षर कीन्ह।
या अविगति समरथ करी, ताहि गुप्त करि दीन्ह॥
श्वासा सोहं ऊपजे, कीन अभी बंधान।
आट अंस निरमाइया, चीन्हौ सन्त सुजान॥
तेज-अंड अचिन्त्य का, दीन्हों सफल पसार।
अंड सिखा पर बैठिके, अधर दीप निरवार॥
ये अचिन्त के प्रेम तें, उपजी अक्षर सार।
चार अंस निरमाइया, चारि वेद विस्तार॥
तब अक्षर का दीनिया, नींद-मोह-अलमान।
वे समरथ अविगति करी, मरम कोई नहीं जान॥
जब अक्षर कै नींद गइ, दबी सुरति निरवान।
श्याम वर्ण इक अंड है, सो जल में उतरान॥
अक्षर घट में ऊपजे, व्याकुल संशय शूल।
किन अंडा निरमाइया, कहा अंड का मूल॥
तेहि अंड के मुक्ख पर, लगी शब्द की छाप।
अक्षर दृष्टि से फूटिया, दम द्वारै कढ़ि बाप॥
तेहिते ज्योति निरंजनौ, प्रकटे रूप-निधान।
काल अपरबल बीरमा, तीनि लोक परधान॥
तातें तीनों देव भे, ब्रह्मा-बिस्नु महेश।
चारि खानि तीन सिरजिया, माया के आदेश॥
चारि वेद षट शास्त्रऊ, और दस-अष्ट पुरान।
आसा दै जग बाँधिया, तीनों लोक भुलान॥
लख चौरासी धारमाँ, तहाँ जीव दिय वास।
चौदह यम रखवारिया, चारि वेद विश्वास॥
आपु आपु सुख सब रमैं, एक अंड के माहिं।
उतपति परलय दु:ख-सुख, फिरि आवहिं फिरि जाहिं॥
तोहि पाछे हम आइया, सत्य शब्द के हेतु।
आदि-अन्त की उतपती, सो तुमसों कहि देत॥
सात सुरति सब मूल है, प्रलयहु इनकी माहिं।
इनहीं माँ से ऊपजे, इनकी माँह समाहिं॥
सोई ख्याल समरत्थ कर, रहे सो अछप छपाइ।
सोई सन्धि लै आइया, सोवत जगहिं जगाइ॥
सात सुरति के बाहिरे, सोरह संख के पार।
तहँ समरथ को बैठका, हंसन के अधार॥

घर घर हम सबसों कही, शब्द न सुनैं हमार।
ते भवसागर डूबहीं, लख चौरासी धार॥
मंगल-उतपति आदि का, सुनियो सन्त सुजान।
कह कबीर गुरु जाग्रत, समरथ का फुरमान॥

कुछ अन्य शब्दों के भाग्य-विपर्यय

'निरंजन' शब्द के इस भाग्य-विपर्यय को देखकर आश्चर्य नहीं करना चाहिए। भारतवर्ष की जलवायु में ही कुछ ऐसा गुण है कि यहाँ के साधक और पंडित समस्त प्रचलित पौराणिक परम्परा को स्वीकार करते हैं, अपने विशेष, मत की पुष्टि के लिए उससे संगति बैठाते हैं और अपने उपास्य देव को सबके सिर पर बैठा देते हैं। विष्णु को भजनेवाले शिव को विष्णु का दास बनाते हैं और शिव की छाती पर काली का कराल तांडव देखकर भाव-विह्वल हो उठते हैं! यह चिर-परिचित घटना है। निरंजन बेचारे को जरा कड़ा दंड मिला है। वह ईश्वर से शैतान हो गया है—अवश्य ही कबीरदास के हाथों नहीं, बल्कि उनके चेलों की कृपा से! परन्तु इस प्रकार की मनोरंजक परिणति तक कई अन्य शब्दों को भी जाना पड़ा है। दुर्गतों की जमात में निरंजन अकेला नहीं है।

सबसे अधिक मनोरंजक है शून्य और सहज, नाद और बिन्दु तथा खसम और घरनी। शून्य और सहज तो भारतीय साहित्य के अत्यधिक मनोरंजक शब्दों में से हैं। बौद्ध महायान सम्प्रदाय के दार्शनिकों की दो शाखाएँ हैं। एक मानती है कि संसार में सब कुछ शून्य है, किसी की कोई सत्ता नहीं और दूसरी शाखावाले मानते हैं कि जगत् के सभी पदार्थ बाहरी तौर पर असत् होने पर भी चित् के निकट सत् हैं। असत् अर्थात् सत्ता-रहित या 'नॉन-एक्जिस्टेंट' और सत् अर्थात् सत्तवान् या 'एक्जिस्टेंट'। इन दोनों शाखाओं में से पहली को शून्यवाद कहते हैं और दूसरी को विज्ञानवाद। नागार्जुन ने शून्य की व्याख्या करते हुए कहा है कि इसे शून्य भी नहीं कह सकते, अशून्य भी नहीं कह सकते और दोनों (= शून्याशून्य) भी नहीं कह सकते। फिर यह भी नहीं कह सकते कि यह शून्य भी नहीं है और अशून्य भी नहीं है। इसी भाव की प्राप्ति के लिए 'शून्य' का व्यवहार होता है।[1] इस प्रकार यह सिद्धान्त बहुत कुछ अनिर्वचनीयतावाद का रूप ग्रहण कर लेता है। हमने ऊपर देखा है (पृ. 232) कि नाथपन्थी लोग अपने सबसे ऊपरी सहस्त्रार चक्र को 'शून्य-चक्र' कहते हैं। उनके मत से जब जीवात्मा नाना प्रकार की यौगिक क्रियाओं द्वारा इस चक्र में पहुँचता है तो वह समस्त द्वन्द्वों से ऊपर उठता है और 'केवल' रूप में

1. *शून्यमिति न वक्तव्यं अशून्यमिति वा भवेत्।*
उभयं नोभयं नैव प्रज्ञप्त्यर्थं तु कथ्यते॥

विराजता है। यही शून्यावस्था है जिसमें आत्मा को और किसी प्रकार की अनुभूति नहीं होती, न सुख की, न दु:ख की; न राग की, न द्वेष की; न हर्ष की, न अमर्ष की। इन समस्त द्वन्द्वों से रहित केवलावस्था को शून्यावस्था कहना अनुचित नहीं है। पर स्पष्ट ही यह अर्थ बौद्ध अर्थ से कुछ दूर हट गया है। मजेदार बात यह है कि योगी लोग इस केवल 'शून्यावस्था' को 'शून्याशून्य-अवस्था' भी कहते हैं और इस प्रकार शब्दों में नागार्जुन के बताए हुए परम लक्ष्य को ज्यों-का-त्यों स्वीकार करते हुए भी अर्थ में एकदम भिन्न हो गए हैं।

यह जो केवलावस्था है वह और भी पुराने काल से सम्बद्ध है। सहजयानी सिद्ध लोग इसी केवलावस्था को बार-बार शून्य पद से पुकारते हैं ('चर्या.', 13-1, 17-2, 28-5, 31-1 इत्यादि)। इन सहजयानी सिद्धों ने प्राय : 'शून्य' और 'सहज' शब्द का व्यवहार एक साथ किया है। यह परम्परा, अर्थात् 'शून्य'और 'सहज' का साथ व्यवहार करना, नाथपन्थी योगियों में ज्यों-की-त्यों चली आई है और कबीरदास आदि सन्तों ने भी इस परम्परा को लुप्त होने नहीं दिया है। कबीरदास प्राय: 'सहज-शून्य' का एक ही साथ प्रयोग करते हैं और कितनी ही जगह उन्होंने एक ही अर्थ में भी प्रयोग किया है। हम पहले ही देख आए हैं कि सहजावस्था जो नाथपन्थियों की चरम साधना है, इस शून्यावस्था से भिन्न नहीं है। यही बात सहजयानी सिद्धों के विषय में भी कही जा सकती है। इस मत में चार प्रकार के आनन्द माने गए हैं—प्रथमानन्द, परमानन्द, विरमानन्द और सहजानन्द। परन्तु योगियों के 'सहजानन्द' से सहजयानियों के 'सहजानन्द' का तात्त्विक भेद है। योगी को जहाँ इस अवस्था में आत्मोपलब्धि होती है, वह आत्माराम हो जाता है अर्थात् अपने में आप ही रमने लगता है, वहाँ सहजयानी को इस अवस्था में इन्द्रिय-बोध के लोप हो जाने का तो अनुभव होता ही है, अपने-आपको जानने की स्थिति भी लुप्त हो जाती है। वहाँ वह केवल एक ऐसी अवस्था में पहुँच जाता है, जिसे किसी शब्द से कहकर नहीं समझाया जा सकता, जो अनुभवैकगम्य है। सरहपाद यही बात बताने के लिए कह गए हैं :

इंदिअ जत्थ विलअ गउ, णट्ठिउ अप्प सहावा।
सो हले सहज न तनु फुड़, पुच्छहि गुरु पावा॥

कबीरदास के आविर्भाव के अव्यवहित पूर्वकाल में एक ऐसी भी अवस्था बीती है जब सहजयानी सिद्ध लोग शून्य को धनात्मक बताने के लिए एक अन्य शब्द का व्यवहार करने लगे थे। यह शब्द है 'सुखराज या महासुख'। इतना वे भी मानते थे कि सर्वज्ञ भगवान बुद्धदेव ने इस शब्द का कभी प्रयोग नहीं किया और भाव की प्रज्ञप्ति के लिए भी कुछ नहीं कहा। वस्तुत: 'सुखराज' अर्थात् धनात्मक 'सुख' की कल्पना बौद्ध धर्म में बहुत परवर्ती घटना है। परन्तु साथ ही इस मत के माननेवाले बुद्धदेव के मौन का अपने पक्ष की पुष्टि में ही उपयोग करते थे। उनका कहना था

कि यद्यपि भगवान बुद्ध सर्वज्ञ थे तथापि वे इस महासुखराज के विषय में मौन रह गए, वह इसलिए कि यह वाणी में परे था, जय हो इस कारण रहित सुखराज की, जो जगत् के नाशवान चंचल पदार्थों में एकमात्र स्थिर वस्तु है और सर्वज्ञ को भी इसकी व्याख्या करते समय वचन-दरिद्र हो जाना पड़ा था।'

जयति सुखराज एष कारणरहित: सदोदितो जगतां।
यस्य च निगदन-समये वचनदरिद्रो बभूव सर्वज्ञ:॥

सो यह सुखराज ही सार है, यही शून्यावस्था है; क्योंकि इसका न आदि है, न अन्त है, न मध्य है। न इसमें अपना ज्ञान रहता है, न पराए का। न यह जन्म है, न मोक्ष, न भव, न निर्वाण। इसी अपूर्व महासुखराज को सरहपाद ने इस प्रकार कहा है :

आइ ण अन्त मज्झ णउ णउ भव णउ णिव्वाण।
एहु सो परम महासुह णउ पर णउ अप्पाण॥

—'ज. डि. ले.', पृ. 13

किस प्रकार यह सहज मत बाद में चलकर सहजिया वैष्णव सम्प्रदाय में बदल गया, यह साधना के इतिहास में बड़ी मनोरंजक कहानी है, पर हम उधर नहीं जा सकते, क्योंकि वह कबीदास के बाद की घटना है।

कबीरदास ने 'शून्य' और 'सहज' से जिस प्रकार की समाधि की बात कही है वह योगियों की सहजावस्था से भिन्न है। वे उस सन्त को अपना सारा जप-तप दलाली में भेंट कर देने को तैयार थे जो उन्हें सहज सुख के योग्य बना दे, जो उन्हें राम-रस की बूँद चखा दे। यह राम ही उनकी सहजावस्था का सुख है।[1] इस 'राम-रस' का आस्वादन उन्होंने सहज-शून्य में किया था। इसी 'राम-रस' में शिव सनकादिक मत्त हो गए थे। इड़ा और पिंगला की भट्ठी बनाई, उसमें ब्रह्म-अग्नि जला दी, सूर्य और चन्द्र से दसों दरवाजे बन्द कर दिये और उलटी गंगा बहाकर पानी की व्यवस्था की, तब जाकर पाँचों प्राणों को साथ लेकर 'राम-रस' चुआया गया और कबीरदास ने छककर पान किया। सद्‌गुरु न मिले होते तो वह विचित्र रस सम्भव न होता।[2] खैर, कबीरदास

---

1. *है कोउ सन्त सहज सुख उपजै जाकों जप-तप देउँ दलाली।*
   एक बूँद भरि देइ राम-रस, ज्यूँ भरि देइ कलाली। इत्यादि। —'क. ग्रं.', पद 155
2. *बोलो भाई राम की दुहाई।*
   इह रस सिव-सनकादिक माते पीवत अजहूँ न अघाई।
   इला प्यंगुला भाटी कीन्हीं, ब्रह्म अगनि परजारी।
   ससिहर सूर द्वार दस मूँदे लागी जोग जुग तारी।
   मन मतिवाला पीवै राम-रस दूजा कछु ना सुहाई।
   उलटी गंगा नीर बहि आया अंमृत धार चुआई। →

भाग्यशाली थे, उन्हें राम-रस का चस्का लग गया और वे दिन-रात इस महारस में बुद्द बने रहे। इस प्रकार कबीरदास हद्द छोड़कर बेहद्द में पहुँच सके थे और वहाँ 'शून्य' सरोवर में आप्राण मज्जन करके ऐसे महल में विश्राम कर सके थे जहाँ मुनिजन भी नहीं पहुँच पाते।[1] सहजावस्था भी कबीरदास के मत से वह है जहाँ भक्त सहज ही भगवान को पा सके। पुत्र-कलत्र और वित्त का त्याग करना कृच्छ्रता है, कोई एक ऐसा योग है जिसमें ये चीजें स्वयं छूट जाती हैं। कबीरदास ने इसी अनासक्ति योग को अपनाया था और उन्हें अपने पुत्र और कलत्र की ममता और अर्थ-काम की चिन्ता सहज ही चली गई थी—वे 'एकमेक' होकर राम से सहज ही मिल सके थे :

सहजैं सहजैं सब गए, सुत बित कामिणि-काम।
एकमेक ह्वै मिलि रह्यौ, दास कबीरा राम॥
सहज सहज सब कोई कहै, सहज न चीन्हैं कोइ।
जिन्ह सहजैं हरिजी मिलैं, सहज कहीजै सोइ॥

—'क. ग्रं.', 21, 3-4, पृ. 42

किन्तु हमने ऊपर देखा है कि कबीरपन्थी लोगों ने इस 'सहज' शब्द का भी लोक-विशेष के अर्थ में ही प्रयोग किया है। कबीरदास ने यद्यपि यहाँ सहज ही हरि को पा लिया था, पर कबीर के शिष्यों को यह पसन्द नहीं था कि उन्हें सहज ही छोड़ दिया जाए। सो सहज शून्य की नैरात्म्य, कैवल्य, महासुख, राम रस निर्झर से होती हुई सहज लोक तक पहुँचने की यात्रा बड़ी ही मनोरंजक है। फिर भी इतना तो सन्तोष किया ही जा सकता है कि उस परिणति के पश्चात् भी सहजलोक में वास करनेवाला सहज पुरुष निरंजन-जैसा ठग और धोखेबाज नहीं बताया गया है और वह सत्यलोक-रूप परमपद से बस एक ही सीढ़ी नीचे है।

'खसम' शब्द और भी मनोरंजक है। सिद्धों के गानों और दोहों में यह कई जगह आया है। 'सरोजवज्र' की निम्नलिखित चौपाई में यह दो बार आया है। एक जगह केवल 'खसम' है और दूसरी जगह 'खसम-सहावें' या 'खसम-स्वभावेन' के रूप में है :

सब्ब रूअ तहि खसम करिज्जइ।
खसम सहावें मण वि धरिज्जइ॥

→ *पंच जनें सो संग करि लीन्हें चलत खुमारी लागी।*
प्रेम-पियालै पीवन लागै सोवत नागिनि जागी।
सहज सुनि मैं जिन रस चाख्या सतगुरुथै सुधि पाई।
दास कबीरा इहि रस माता कबहूँ उछकि न जाई॥ —'क. ग्रं.' पद 74

1. *हद छाँड़ि बेहद गया, किया सुन्नि असनान।*
मुनिजन महल न पावई, तहाँ किया विश्राम॥ —'क. ग्रं.' 5-11, पृ. 13

दुर्भाग्यवश इस चौपाई पर अद्वयवज्र की टीका खंडित मिली है। आखिरी पंक्ति का अर्थ उन्हें 'मनश्च खसमस्वभावेन धार्यते' अर्थात् 'मन भी खसम स्वभाव से धारण किया जाता है' इस प्रकार किया है। परन्तु इसके बाद की चौपाई की टीका में जो कुछ लिखा है, उससे कोई सन्देह नहीं रह जाता कि 'खसम' वस्तुत: सहजयानी लोगों की सहजावस्था या शून्यावस्था का वाचक शब्द है। 'खसम' का शब्दार्थ भी 'शून्य के समान' या 'आकाश के समान' (नाथपन्थियों के शब्द 'शून्योपम' और 'गगनोपम' से तुलना कीजिए) है। अद्वयवज्र लिखते हैं कि "तथा सोऽपि खसमस्वरूप मन: तस्मिन्मन: क्रियते। एवं य: करोति स उत्तम: पुरुष: सहजस्वभावे रम्यते क्रीडत इति यावत्।" अर्थात् आकाश के समान व्यापक मन में जो साधक अपने मन को लीन कर देता है वह उत्तम पुरुष निश्चय ही स्वभाव से क्रीड़ा करता है। (—'सहजाम्नाय-पंजिका', पृ. 110-111)

इसी तरह शबरपाद के निम्नलिखित पद में 'खसमे-समतला' शब्द आया है :

हेरिषे मेरि तइला वाड़ी-खसमे समतुला
षुकड़ए सेरे कपासु फुटिला।

टीकाकार ने यहाँ 'खसमे समतुला' का अर्थ 'प्रभास्वरतुल्यभूता' अर्थात् 'अत्यन्त उज्ज्वल' किया है। जान पड़ता है कि सहजयानी लोगों में इस शब्द का प्रयोग शून्यावस्था और नैरात्म्य-भाव के लिए किया जाता था। इस भाव के व्यंजक जितने भी पुराने शब्द योगियों और तांत्रिकों के साहित्य में बच रहे हैं उनका अर्थ थोड़ा बदल गया है। नैरात्म्य का स्थान 'भावाभावविनिर्मुक्तावस्था' ने ले लिया है, अर्थात् बौद्ध लोग जहाँ इन शब्दों में आत्मा के लुप्त होने का भाव लिया करते थे (नैरात्म्य), वहाँ योगी और तांत्रिक लोग एक ऐसी अवस्था का अर्थ समझने लगे जिसमें साधक को न भाव का अनुभव होता है, न अभाव का—न तो वह 'है' को महसूस करता है और न 'ना' को (भाव-अभावविनिर्मुक्त-अवस्था)। यही योगियों की दुर्लभा सहजावस्था है। ध्यान देने की बात यह है कि इस अकथा के लिए योगियों ने 'खसम', शब्द के तुल्यार्थ 'गगनोपम' शब्द का व्यवहार किया है। 'अवधूत-गीता' में अवधूत की इस गगनोपमावस्था का विस्तारपूर्वक वर्णन है। गगनोपमावस्था (या ख-सम अवस्था) जहाँ द्वैत और अद्वैत, नित्य और अनित्य, सत्य और असत्य, देवता और देवलोक आदि कुछ भी प्रतीत नहीं होते, जो मायाप्रपंच के ऊपर है, जो दम्भादि व्यापार के अतीत है, जो मन्य और असत्य के परे है, जो ज्ञान-रूपी अमृतपान का परिणाम है :

अद्वैतरूपमखिलं हि कथं वदामि
नित्यं ह्यनित्यमखिलं हि कथं वदामि।

सत्यं ह्यसत्यमखिलं ही कथं वदामि।
ज्ञानामृतं समरसं गगनोपमोऽहम्॥
ब्रह्मादयः सुरगणः कथमत्र सन्ति
स्वर्गादयो वसतयः कथमत्र सन्ति।
यद्येकरूपममलं परमार्थतत्त्वं
ज्ञानामृतं समरसं गगनोपमोऽहम्॥
माया-प्रपंच रचना न च मे विकारः
कौटिल्यदम्भ-रचना न च मे विकारः।
सत्यानृतेति रचना न च मे विकारः
ज्ञानामृतं समरसं गगनोपमोऽहम्।
न शून्यरूपं न विशून्यरूपं
न शुद्ध रूपं न विशुद्धरूपं।
रूपं विरूपं न भवामि किंचिद्
स्वरूप रूपं परमार्थतत्त्वम्॥

जब यह शब्द कबीरदास तक पहुँचा तब तक इससे मिलता-जुलता एक अरबी शब्द खसम (=पति) भारतवर्ष की सीमा में पहुँच चुका था। कबीरदास को यह शब्द दो मूलों से प्राप्त हुआ। हठयोगियों के माध्यम से यह आत्मा के शून्यचक्र में पहुँचकर समभाव की अवस्था को प्राप्त होने के अर्थ में आया और मुसलमानी माध्यम से पति के अर्थ में हमने पहले ही देखा कि कबीरदास योगियों के कृच्छ्राचार द्वारा प्राप्त समाधि को बहुत ऊँची अवस्था नहीं मानते थे। मेरुदंड पर दुलैचा डालकर समाधि लगाने को वे कच्चा योग ही समझते थे :

मेरुदंड पर डारि दुलैचा जोगी तारी लावैं।
सो सुमेर की खाक उड़ैगी कच्चा योग कमावैं॥

'बीजक' के 65वें पद में यह बताया गया है कि योगियों का महाकाल को धोखा देने की धुन में लगे रहना कितना हास्यास्पद है। भला हृदय में भगवद्भक्ति न हो तो शरीर की साधना कहाँ तक साथ दे सकती है? जो रस बँधने में है ही नहीं, उसे टोंटी के रास्ते गिराने का प्रयत्न हास्यास्पद नहीं तो क्या है :

जरि गौ कंथा धज गौ टूटी। भजि गौ डंडे खपर गौ फूटी।
कहहिं कबीर इ कलि है खोटी। जो रहे करवा सौ निकरे टोंटी!!

इसीलिए कबीरदास ने शून्य समाधिवाली गगनोपमावस्था या खसमभाव को क्षणिक आनन्द ही माना है, बड़ी चीज सहज समाधि है, जिसके लिए न डंडे की

जरूरत है, न कंथा की, न मुद्रा आवश्यक है, न आसन (ऊपर, पृ. 250-51, टि.) यही कारण है कि खसम का अर्थ सब समय उन्होंने 'निकृष्ट पति' समझा। इन्द्रिय-वधुओं का खसम के साथ 'सूतने' अर्थात् यौगिक क्रियाओं द्वारा मुग्ध बने रहने को उन्होंने कुछ इसी अर्थ में प्रयोग किया है। फिर खसम वह पति है जो अपनी पत्नी को वश न कर सके और इन्द्रियों के दास मन को भी, इसीलिए कबीरदास ने कभी-कभी खसम कहा है। कम-से-कम कबीरदास के नाम पर चलनेवाले बहुत-से परवर्ती भजनों में इसका इस दूसरे अर्थ में ही प्रयोग अधिक है। टीकाकारों और भक्तों ने अपनी उर्वर कल्पना के बल पर इस शब्द का अर्थ कभी जीव, कभी मन और कभी परमात्मा भी किया है।

मेरा अनुमान है कि कबीरदास 'खसम' शब्द की पुरानी परम्परा से जरूर वाकिफ थे और उन्होंने जान-बूझकर खसमावस्था की तुलना निकृष्ट पति से की है। उद्‌देश्य योगियों की कच्चाई बताना था। तिहत्तरवीं रमैनी में यह शब्द इस प्रकार आया है :

जाड़न मरै सुषैदी सौरी, खसम न चीन्है घरनि भै बौरी।
साँझा-सकारा दियना बारै, खसम छोड़ि सुमिरै लगवारै॥

ठीक इसी प्रकार की युक्तियाँ सिद्धों की वाणियों में से खोजी जा सकती हैं। सिद्ध लोग 'घरणि' या घरनी का अर्थ तीन वृत्तियों में से कोई एक समझते हैं। यद्यपि इन तीन वृत्तियों के नाम उस जमाने की नीच समझी जानेवाली जातियों के नाम पर हैं, पर वे बौद्ध तांत्रिक साधना की बहुत ऊँची अवस्थाओं की द्योतिका हैं। सहजमत की तीन वृत्तियाँ (या मार्ग) ये हैं : (1) अवधूती, (2) चांडाली, (3) डोंबी या बंगाली। अवधूती में द्वैत-ज्ञान बना रहता है, चांडाली में द्वैत-ज्ञान के बने रहने को कह भी सकते हैं, नहीं भी कह सकते; पर डोंबी या बंगाली में विशुद्ध अद्वैत-ज्ञान ही विराजा करता है। एक का रास्ता इड़ा मार्ग से है; दूसरी का पिंगला मार्ग से और तीसरी का सुषुम्ना से। भूसुकपाद ने इसीलिए अपने को सम्बोधित करके कहा है कि 'ऐ भूसुक तूने चंडालिनी घरनी को तो अपना लिया, अब आज बंगालिन घरनी भी बना ले और इस प्रकार सर्वद्वन्द्वविनिर्मुक्त खसम-भाव को प्राप्त हो' :

आजि भूसु बंगाली भइली, णिअ धरणी चांडाली लइली।

इस प्रकार इस साहित्य में 'घरणी' शब्द प्राय: ही तीन वृत्तियों के अर्थ में संकेतित है। इस अर्थ के प्रकाश में कबीरदास की ऊपरवाली रमैनी का विचार किया जाए तो अर्थ बहुत साफ हो जाता है। खसम-भाव को पहचाननेवाली वृत्ति सुषुम्ना वाहिनी है, अन्य मार्ग जो द्वैतज्ञानमूलक हैं, उन्हें यह वृत्ति पहचानती नहीं।

इसी प्रकार निम्नलिखित साखी में भी खसम-भाव की अपेक्षा भक्तिप्रतिपाद्य भगवद्‌भाव को श्रेष्ठ बताया है :

भोरै भूलि खसम कै, कबहुँ न किया विचार।
सतगुरुसाहिब बताइया परबला भरतार॥

परन्तु ऐसा जान पड़ता है कि या तो कभी-कभी कबीरदास स्वयं खसम शब्द परम्परासमर्थित अर्थ में प्रयोग नहीं करते थे या फिर ऐमे पद कबीरदास के नाम पर बाद में चल पड़े होंगे। 'बीजक' में ही खसम शब्द का ऐसा प्रयोग पाया जाता है, जिसका बहुत खींचतान करने पर भी 'खसमावस्था' अर्थ नहीं किया जा सकता।[1] उदाहरणार्थ :

भाई, मैं दूनों कुल उजियारी
बारह खसम नैहर खायो, सोरह खायो ससुरारी। इत्यादि —'शब्द', 62

हमने यह पहले ही देखा है कि कबीरदास जी ने शून्य-सहज में 'राम-रस' पाने का अनुभव किया था। अपने-आपको खसमावस्था या गगनोपम भाव के ऊपर उठाकर प्रेम-प्रवण 'हरिरस' की ओर उन्मुख करने के लिए वे जो कुछ कहते हैं उससे तो खसम शब्द का पुराना अर्थ ही समर्थित होता है :

धीरौ मेरे मनवाँ तोहि धीर टाँगौं, तैं तो कियो मेरे खसमसूँ खांगौं।
प्रेम की जेवरिया तेरे गले बाँधूँ, तहाँ लै जाऊँ जहाँ मेरे माधौ॥
काया नगरी पैसि किया मैं बासा, हरि-रस छाँड़ि विषै-रसि माता।
कहै कबीर तन-मन का ओरा, भाव-भगति हरसूँ गँठ-जोरा॥

इस प्रकार 'सहज' और 'शून्य' की भाँति 'खसम' और 'घरनी' की परिणति भी साधना-साहित्य की एक मनोरंजक घटना है।

---

1. पं. चन्द्रबली पांडेय ने साप्ताहिक 'आज' में एक लेख 'खसम की खोज' नाम से लिखा था। इसमें उन्होंने दिखाना चाहा है कि खसम शब्द का अर्थ कबीरदास की वाणियों में 'निकृष्ट पति' नहीं होता बल्कि पति, स्वामी आदि साधारण अर्थ में ही होता है। पांडेय जी नहीं मानते कि कबीरदास के इस शब्द के प्रयोग में कोई जटिलता है। पांडेय जी के लेख में जानने योग्य बातें हैं पर मुझे अपना मत परिवर्तन करने की कोई आवश्यकता नहीं मालूम हुई।

योगपरक रूपक और उलटबाँसियाँ

कबीरदास के नाम पर बहुत-से योगपरक रूपक और उलटबाँसियों का पाया जाना बड़े भारी भ्रम और विवाद का विषय बन गया है। ऐतिहासिक दृष्टि से न देख सकने के कारण अनेक पंडित इसके वास्तविक रहस्य को नहीं समझ सके। कबीरदास जिस वंश में उत्पन्न हुए थे उसमें योग-चर्चा अत्यन्त मामूली धर्म-चर्चा के समान थी। बाहर भी योगियों का बहुत जबर्दस्त प्रभाव था। इन योगियों की अद्‌भुत क्रियाएँ साधारण जनता के लिए आश्चर्य और श्रद्धा का विषय थीं। परन्तु इन योगियों का किसी भी विषय में साधारण जनता से साम्य नहीं था। बल्कि ये लोग गर्वपूर्वक घोषणा करते फिरते थे कि वे तीन लोक से न्यारे हैं। सारी दुनिया भ्रम में उलटी बही जा रही है, सही रास्ते पर वे ही लोग हैं, जो हठयोग के सिद्धान्तों और व्यवहारों को मानते हैं। 'गोरक्ष-सिद्धान्त-संग्रह' में कहा गया है :

"एक योग-सम्प्रदाय के सिवाय अन्य सभी मतों की बात उलटी है। नाथ का अंश नाद है, नाद का अंश प्राण और उधर शक्ति का अंश बिन्दु है और बिन्दु का अंश शरीर। इससे स्पष्ट है कि नाद और प्राण बिन्दु और शरीर से अधिक महत्त्वपूर्ण हैं, अर्थात् पुत्र-क्रम की अपेक्षा शिष्य-क्रम अधिक मान्य है। दुनिया के लोग ठीक इसके उलटे चलते हैं। उनकी दृष्टि में पुत्र-क्रम ही अधिक मान्य है और शिष्य-क्रम अल्प-मान्य। परन्तु नाथपन्थी लोग शिष्य-क्रम को प्रधान मानते हैं, और यही ठीक भी है। दुनिया का क्रम है : धर्म-अर्थ-काम-मोक्ष; ब्रह्मचर्य-गार्हस्थ्य-वानप्रस्थ-संन्यास; शृंगार-हास्य-करुण-रौद्र-बीभत्स-भयानक-अद्‌भुत-शान्त; पृथ्वी-जल-तेज-वायु-आकाश; ब्रह्मा-विष्णु-शिव इत्यादि अर्थात् सब उलटा!! क्योंकि जो श्रेष्ठ है उसको पहले स्थान देना चाहिए, अपेक्षाकृत कम श्रेष्ठ को बाद में। इस प्रकार वास्तविक क्रम बिलकुल उलटा होगा; यथा मोक्ष-धर्म-अर्थ-काम; संन्यास-वानप्रस्थ-गार्हस्थ्य-ब्रह्मचर्य शान्त-करुण-अद्‌भुत-वीर-रौद्र-हास्य-भयानक-बीभत्स-शृंगार इत्यादि। यही योग-सम्प्रदाय की रीति है, यही तंत्र-सम्प्रदाय की।" (पृ. 58-59) इस साम्प्रदायिक वृत्ति का परिणाम यह हुआ कि योगी और तांत्रिक लोग दुनिया से उलटी बात कहने के अभ्यस्त हो गए। विरोधाभास यह है कि ऐसा कहने से उनकी प्रतिष्ठा बढ़ती ही गई, घटी बिलकुल ही नहीं। और ये लोग अधिकाधिक उत्साह से डंके की चोट सीधी

बात को भी उलटी करके, जटिल करके, धक्कामार बनाकर कहते गए। तुम कहते हो, सूर्य प्रकाश और जीवन देता है? बिलकुल गलत है, वही तो मृत्यु का कारण है। चन्द्रमा से जो कुछ अमृत झरा करता है वह सूर्य ही चट कर जाता है—उसका मुँह बन्द कर देना योगी का परम कर्तव्य है।[1] क्योंकि जो आकाश में तप रहा है वह वास्तव में सूर्य नहीं है, असल में सूर्य नाभि के ऊपर रहता है और चन्द्रमा तालु के नीचे ('हठ.', 3-78)। तुम कहते हो गोमांस भक्षण महापाप है? वारुणी पीना निषिद्ध है? भोले हो तुम। यही तो कुलीन का लक्षण है, क्योंकि 'गो' जिह्वा का नाम है और उसे तालू में उलटकर ब्रह्मरन्ध्र की ओर ले जाना ही 'गोमांस-भक्षण' है। तालू के नीचे जो चन्द्र है उससे जो सोमरस नामक अमृत झरा करता है वही अमर वारुणी है। इसका पाना तो बड़े पुण्य का फल है! ('हठ.,' 3-46, 48)। तुम कहते हो बाल-विधवा सम्मान और पूजा की वस्तु है। सारे समाज को उसके सम्मान की और रक्षा की जिम्मेदारी लेनी चाहिए?—एकदम उलटी बात है। क्योंकि गंगा और यमुना की मध्यवर्ती पवित्र भूमि में वास करनेवाली एक तपस्विनी बाल-विधवा है, उसका बलात्कारपूर्वक ग्रहण करना ही तो विष्णु के परमपद को प्राप्त करने का सही रास्ता है! कारण स्पष्ट है। गंगा इड़ा है, यमुना पिंगला। इन दोनों की मध्यवर्तिनी नाड़ी सुषुम्ना में कुंडलिनी नामक बालरंडा को जबर्दस्ती ऊपर उठा ले जाना ही तो मनुष्य का परम लक्ष्य है।[2] तुम कहते हो कि पंचम-वर्णी अवधूत बनकर मंत्र-तंत्र करने से सिद्धि मिलेगी—बेतुकी बात है यह। अपनी घरनी को लेकर जब तक केलि नहीं करते तब तक बोधि-प्राप्ति की आशा बेकार है। इसी तरुणी घरनी के बिना जप-होम सब व्यर्थ हैं! क्योंकि घरनी तो असल में महामुद्रा है, उसके बिना निर्वाण-पद कैसे मिल सकता है।[3]

योगियों, सहजयानियों और तांत्रिकों के ग्रन्थों से ऐसी उलटबाँसियों का संग्रह किया जाए तो एक विराट् पोथा तैयार हो सकता है। परन्तु हमें अधिक संग्रह करने

---

1. *यत् किंचित्स्रवते चन्द्रादमृतं दिव्यरूपिण:।*
तत्सर्वं ग्रसते सूर्य: तेन पिंडो जरायुत:॥ —'हठ.', 3-76
2. *गंगायमुनयोर्मध्ये बालरंडा तपस्विनी।*
बलात्कारेण गृहणीयात् तद्विष्णो: परमं पदम्॥
इड़ा भगवती गंगा पिंगला यमुना नदी।
इड़ापिंगलयोर्मध्ये बालरंड, तु कुंडली॥ —'हठ.', 3-101, 2
3. *एक्क न किज्जइ मंत न तंत। णिअ घरणी लेइ केलि करन्त॥*
णिअ घर घरणी जाव ण भज्जइ। ताव कि पंचवण्ण विहरिज्जइ॥
एष जप-होमे मंडल-कम्मे। अनुदिन अच्छसि काहिउ धम्मे।
तो विष्णु-तरुणि निरन्तर नेहे। वोहि कि लागइ एण विदेहे॥
—कृष्णाचार्य का दोहा 'बौद्ध.', पृ. 131-2 और इसकी संस्कृत टीका

की जरूरत नहीं। इस प्रकरण में जो प्रसंग उपस्थित किया जा रहा है उसी को सुनकर धैर्य सँभाल रखना आसान काम नहीं है।

सहजयानियों में इस प्रकार की उलटी बानियों का नाम 'संध्या-भाषा' प्रचलित था। म. म. हरप्रसाद शास्त्री के मत से 'संध्या-भाषा' से मतलब ऐसी भाषा से है जिसका कुछ अंश समझ में आए और कुछ अस्पष्ट लगे, पर ज्ञान के दीपक से जिसका सब स्पष्ट हो जाए। इस व्याख्या में 'संध्या' शब्द का अर्थ 'साँझ' मान लिया गया है और यह भाषा अन्धकार और प्रकाश के बीच की—संध्या की भाँति ही कुछ स्पष्ट और अस्पष्ट बताई गई है। किन्तु ऐसे बहुत-से विद्वान हैं जो उक्त भाषा का यह अर्थ स्वीकार नहीं करना चाहते। एक पंडित ने अनुमान भिड़ाया है कि इस शब्द का अर्थ संधि-देश की भाषा है। सन्धि-देश भी, इस पंडित के अनुमान के अनुसार, वह प्रदेश है जहाँ बिहार की पूर्वी सीमा और बंगाल की पश्चिमी सीमा मिलती हैं। यह अनुमान स्पष्ट ही बे-बुनियाद है, क्योंकि इसमें मान लिया गया है कि बंगाल और बिहार के आधुनिक विभाग सदा से इसी भाँति चले आ रहे हैं। म. म. पं. विधुशेखर भट्टाचार्य का मत है कि यह शब्द मूलत: 'संधा भाषा' है, 'संध्या-भाषा' नहीं। अर्थ अभिसन्धि-सहित या अभिप्राययुक्त भाषा है। आप, 'संधा' शब्द को संस्कृत 'संधाय' (= अभिप्रेत्य) का अपभ्रष्ट रूप मानते हैं। बौद्ध-शास्त्र के किसी-किसी वचन ने सहजयान और वज्रयान में यह रूप धारण किया है। असल में, जैसा कि भट्टाचार्य महाशय ने सिद्ध कर दिया है, वेदों और उपनिषदों में से भी ऐसे उदाहरण खोज निकाले जा सकते हैं कि जिनमें संधा भाषा-जैसी भाषा के प्रयोग मिल जाते हैं। परन्तु बौद्ध धर्म की अन्तिम यात्रा के समय यह शब्द और वह शैली अत्यधिक प्रचलित हो गई थी और साधारण जनता पर इसका प्रभाव भी बहुत अधिक था।

हमने ऊपर जिस योग-सिद्धान्त की चर्चा की है उससे ही स्पष्ट है कि योगियों के पारिभाषिक शब्दों में उलटी बानी को प्रभावशाली और अद्भुत बना देने की शक्ति है। हठयोग-प्रदीपिका, शिव-संहिता और घेरंड-संहिता आदि ग्रन्थों में उपमान रूप में निम्नलिखित विषयों के लिए निम्नलिखित संकेत कहे गए हैं। कबीरदास तथा अन्य परवर्ती सन्तों की उलटबाँसियों और योगशास्त्रीय रूपकों को समझने में ये उपमान (या संकेत) काम के सिद्ध हुए हैं। नीचे उनका संग्रह किया जा रहा है :

चित्त — भ्रमर ('हठ.', 4-89), अग्नि ('हठ.', 4-97)

मन — मत्त गजेन्द्र ('हठ.', 4-90), खग ('हठ.', 4-91) पारद ('हठ.', 4-95)

अन्त:करण — ('हठ.', 4-98)

अन्तरंग (अन्त:करण) — भुजंगम ('हठ.', 4-96), हरिण ('हठ.', 93)

वायु — सिंह, गज, व्याघ्र ('हठ.', 3-15)

ब्रह्मनाड़ी	— बिल ('हठ.', 3-88)
नाद	— शिकारी ('हठ.', 4-92), गन्धक ('हठ.', 4-94), काष्ठ ('हठ.', 4-97)
उन्मनी	— कल्पलता
इड़ा	— सूर्य-अंग ('हठ.', 3-15), वरुणा ('शिव.', 5-100), गंगा ('हठ.', 3-102)
पिंगला	— चन्द्र-अंग ('हठ.', 3-15), यमुना ('हठ.', 3-102), असी ('शिव.', 5-123)
सुषुम्ना	— शून्य पदवी (शून्य-मार्ग), राजपथ, ब्रह्मरन्ध्र महापथ, श्मशान, शाम्भवी, मध्यमार्ग ('हठ.', 3-4), ब्रह्मनाड़ी ('हठ.', 3-68), सरस्वती ('शिव.', 4-123)
कुंडलिनी	— कुटिलांगी, भुजंगी, शक्ति, ईश्वरी, कुंडली, अरुंधती ('हठ.', 3-97), बालरंडा ('हठ.', 3-101)
मूलधारपद्म (नाभि के ऊपर)	— सूर्य ('शिव.', 5-106)
ब्रह्मरन्ध्र (तालु के नीचे)	— चन्द्र ('शिव.', 5-103)
चन्द्र का रस	— सोमरस, अमर-वारुणी ('शिव.', तथा 'हठ.', 3, 46-48)
ब्रह्मरन्ध्र	— त्रिवेणी ('शिव.', 5-132), शून्य, कमल, कूप, गगन इत्यादि।[1]

परन्तु रूपकों और उलटबाँसियों को समझने के लिए केवल ऊपर बताए हुए शब्द ही पर्याप्त नहीं हैं। वस्तु धर्म के साथ जिस किसी भी उपमान का साधर्म्य हो सकता है उसे ही अतिशयोक्ति-अलंकार की शैली पर उस वस्तु का वाचक मान लिया गया है। उदाहरणार्थ, चित्त चंचल है, इसलिए हरिण-मच्छ आदि कई चांचल्य-धर्मी उपमानों को चित्त का वाचक मान लिया गया है। इसी तरह संसार में विषयी लोग डूब जाते हैं, इसीलिए वह सागर का समानधर्मा है, जिसमें एक बार पड़ जानेवालों को मार्ग नहीं मिलता। फिर वह गहन वन के समान भी है, जहाँ पद-पद पर हिंस्र जन्तुओं के समान कुवृत्तियों का भय है। इस प्रकार संसार के लिए 'सागर' और 'वन' पर्यायवाची हो गए हैं।

---

1. खोज की जाए तो कबीरदास के पदों में इन शब्दों से मिलते-जुलते संकेतित बहुत-से शब्द ढूँढ़े जा सकते हैं। उदाहरणार्थ, विहंगम ('क. ग्रं.', पद 6); मृग (पद 9); बिल (पद 9); गंगा-यमुना (पद 14 और 18); बेलि (पृ. 26, साखी 58, 3-4); सूर्य (पद 6,18, 173); चन्द्र (पद 6,18,173); त्रिवेणी (पद 4,18); इत्यादि भूरिशः पाए जा सकते हैं।

योगियों के उक्त शब्दों के साथ कबीरदास के अपने शब्द भी मिले हुए हैं। 'बिलैया', 'मूसा', 'पूत', 'बाँझ माता' आदि शब्द योगियों के साहित्य में नहीं मिलते। कम-से-कम मुझे देखने को नहीं मिले। इन स्थानों पर उद्‌देश्य माया और जीव से होता है। इस प्रकार श्री विचारदास जी ने अपनी विद्वत्तापूर्ण पुस्तक में इन शब्दों को संकेतित माना है।

मन — मच्छ, माछ, मीन, जुलाहा, साउज, सियार, रोझ, हस्ती, मतंग, निरंजन आदि।

जीवात्मा — पुत्र, पारथ, जुलाहा, दुलहा, सिंह, मूसा, भौंरा, योगी आदि।

माया — माता, नारी, छेरी, गैया, बिलैया।

संसार — सागर, वन, सीकस।

नरातन — यौवन, दिवस, दिन।

इन्द्रिय — सखी, सहेलरी इत्यादि। —'विचार.', पृ. 40

श्रीविचारदास जी का दावा है कि ये शब्द सम्प्रदाय में स्वीकृत हैं। परन्तु उन्होंने भी यह दावा नहीं किया कि ये ही सब कुछ हैं। इनके अतिरिक्त और भी बहुत-से शब्द हैं जिनकी चर्चा उन्होंने विस्तार-भय से नहीं की है। परन्तु यह बात अच्छी तरह से समझ लेनी चाहिए कि अतिशयोक्ति अलंकार की शैली पर कहे जाने पर भी वे स्वयं अतिशयोक्ति अलंकार नहीं हैं। इनमें कुछ का तो तत्तत् शास्त्र में संकेतितार्थ निश्चित ही है। अर्थात् वहाँ उपमेयोपमान भाव की कल्पना ही नहीं की गई। उदाहरणार्थ, जब इड़ा और पिंगला को गंगा और यमुना कहा गया है तो प्रस्तुत गंगा-यमुना में (उपमान में), अप्रस्तुत इड़ा-पिंगला के (उपमेय के) अर्थ का 'निगिरण-पूर्वक अध्यवसान' नहीं है, जबकि ऐसा होना ही अतिशयोक्ति अलंकार का बीज है,—बल्कि वहाँ गंगा शब्द का संकेतितार्थ ही इड़ा है और पिंगला शब्द का संकेतितार्थ ही यमुना है। इस प्रकार जितनी उलटबाँसियाँ हैं उनमें साधारण तौर से विपरीत भाव दिखाने पर भी योग-शास्त्रीय परिभाषाओं का ही व्यवहार है। परन्तु यही बात रूपकों के बारे में ठीक नहीं है। ('रूपक' से यहाँ अलंकार रूपक का विशिष्ट अर्थ न लेकर सामान्य अर्थ ही लेना चाहिए)। अधिकांश रूपकों में प्रस्तुत अर्थ का निगिरण सचमुच ही हुआ है जिसका परिणाम यह हुआ कि टीकाकारों की कल्पना को यथेष्ट स्वाधीनता मिल गई है। एक ही पद में आए हुए एक ही शब्द को भिन्न-भिन्न टीकाकारों ने भिन्न-भिन्न अर्थों में ग्रहण किया है। इस तरह ऊपर श्री विचारदास द्वारा बताए संकेतों को साम्प्रदायिक संकेत मान भी लें तो इनके अतिरिक्त बहुतेरे शब्द रह जाते हैं जिनके लिए अलग-अलग कल्पना की गुंजाइश रह जाती है।

परम्परा निस्सन्देह किसी तत्त्व के समझने का उत्तम साधन है, पर परम्परा का ऐतिहासिक विकास और भी अधिक महत्त्वपूर्ण साधन है। सहजयानी सिद्धों,

नाथपन्थी योगियों और निर्गुण मत के सन्तों के सांकेतिक शब्दों की तुलना करने पर हम निस्सन्देह इस परिणाम पर पहुँचते हैं कि दूसरी श्रेणी के संकेतितार्थों में—अर्थात् जहाँ प्रस्तुतार्थ का अप्रस्तुतार्थ द्वारा निगिरण हो गया होता है, वहाँ धर्म ही संकेत का कारण है, धर्मी नहीं। दूसरे शब्दों में कहा जाए तो जब ये सिद्ध, योगी और सन्त लोग मन को मच्छ या हरिण कहते हैं तब 'मन' से संकेतित चांचल्य-धर्म होता है, चांचल्यधर्मी हरिण नहीं। वह हरिण किसी अन्य साधर्म्यवश किसी अन्य वस्तु का द्योतक भी हो सकता है। 'हरिण' या 'मच्छ' शब्द से साधर्म्य के प्रसंगवश कई पदार्थ ग्रहण किये जा सकते हैं। उदाहरणार्थ हरिण का भीतियुक्त स्वभाव कभी कमजोर साधक का द्योतक हो सकता है।

अधिक निश्चित उदाहरण के लिए भूसकपाद का यह पद लिया जाए :

अपणा माँसे हरिणा वैरी। खनह न छाड़अ भूकुअहेरी॥
तिण न छुअइ हरिण पिवइ न पाणी। हरिणा हरिणीर निलअ न जाणी।

(हरिण = चित्त, आखेटिक = स्वयं भूसुकपाद [साधक], हरिणी = ज्ञान-मुद्रा।)

इसमें 'हरिण' 'हरिणी' शब्द, जो भिन्न-भिन्न अर्थों में प्रयुक्त हुए हैं वे दो भिन्न धर्मों के कारण, यह बात टीकाकार ने साफ-साफ स्वीकार की है।[1] धर्म भी एक अर्थगत है, दूसरा शब्दगत। चित्त को हरिण इसीलिए कहा गया है कि वह चांचल्यधर्मी है और ज्ञानमुद्रा को हरिणी इसीलिए कहा गया है कि वह विषपान और भवग्रह आदि को हरण करती है और भूसुकपाद अपने को आखेटिक इसीलिए कहते हैं कि उनमें गुरु के वचनरूपी बाणों से चित्त-चांचल्य को वेध सकने योग्य आखेटकत्व धर्म विद्यमान है।

इसी प्रकार कृष्णाचार्य का पद है :

मारिअ सासु ननँद घरे शाली।
माअ मारिअ कान्ह भइल कपाली॥

[सास = स्वास, ननँद = इन्द्रिय, मा = काया, कपाली = स्वयं कृष्णाचार्य (= साधक)[2]।]

इन शब्दों में साधर्म्य की प्रधानता ही संकेत का कारण समझी गई है। उदाहरणों की संख्या और भी बढ़ाई जा सकती है। स्वयं कबीरदास ने भी कभी जीवात्मा को

---

1. अपणेत्यादि। अतएव स्वयं कृतविद्यामात्सर्यदोषेण चांचल्यतया पुन: स एवं चित्तहरिण: सर्वेषां वद्धवैरी। क्षणमपि चित्तहरिणं विहाय भूसुकपाद आखेटिक: सद्गुरु-वचन-वाणेनैनं प्रहरति। विषपानं भवग्रहान् हरति खंडयति। हरिणीति संध्याभाषया सब ज्ञानमुद्रा नैरात्मा।

—'चर्या.', पृ. 12, 13

2. चर्या. 11-5; पृ. 21-22

दूल्हा कहा है और कभी मन को ही इस शब्द से स्मरण किया गया है। कभी उनके राम भी इस दूल्हापद को सुशोभित करते हैं। अगर सर्वत्र 'दुलहा' में एक ही धर्म का आरोप होता तो ऐसा होना सम्भव नहीं था।

'निरंजन' शब्द के बारे में जो साम्प्रदायिक विचार बाद में प्रतिष्ठित हुआ था, उसे देखते हुए निरंजन को मन का वाचक समझ लेना कुछ आश्चर्य की बात नहीं है। हम पहले ही देख चुके हैं कि न तो परम्परा ही और न कबीरदास की पुरानी बानियाँ ही निरंजन को मन (या भगवान के अतिरिक्त और कोई वस्तु) समझने का समर्थन करती हैं। कबीरदास ने तो स्पष्ट रूप में 'निरंजन' से निरुपाधि निर्गुण गोविन्द को सम्बोधित किया है—गोविन्द जिसका कोई रूप नहीं, रेख नहीं, मुद्रा नहीं, माया नहीं, जो मुद्रा भी नहीं, पहाड़ भी नहीं—सबसे विलक्षण, सबसे अतीत[1]। कबीरदास संसार को ही अंजन समझते हैं; उत्पत्ति भी, परिवर्तन भी, आवागमन भी, योग भी—सब कुछ अंजन है, सब कुछ कलुष है। निरंजन या निष्कलुष अकेले राम हैं जो सब घट में समाए हुए हैं। एक अन्य पद में तो निरंजन से मन लगाने का उपदेश देकर उन्होंने मानो साफ घोषणा कर दी है कि निरंजन कोई और है, मन कुछ और[2]। फिर भी यह अस्वीकार नहीं किया जा सकता कि कबीर के उत्साही चेलों ने 'निरंजन' को जिस सीमा तक घसीटा उसके आधार पर सम्प्रदाय में 'निरंजन'[3] का अर्थ मन हो जाना बहुत अन्याय नहीं है।

इतनी नीरस चर्चा के बाद हम कबीरदास की बहुतेरी उलटबाँसियों और अधिकांश योगपरक रूपकों के समझने योग्य अवस्था में आ गए हैं। जहाँ शास्त्रीय संकेतों का ग्रहण किया गया है (अर्थात् गंगा, यमुना, सरस्वती, त्रिवेणी, वाराणसी, सूर्य, चन्द्र, सोमरस, वारुणी, मदिरा, गोमांस, ब्रह्मपथ, भुजंगी, नागिन, बिल, अमृत, श्मशान, बेलि, लता, शून्य, गगन आदि), वहाँ तो विशेष सुविधा है। हम आँख

---

1. *गौव्यंदे, तूं निरंजन, तूं निरंजन तूँ निरंजन राया।*
तेरे रूप नाहीं, रेख नाहीं, मुद्रा नाहीं माया॥
समन्द नाहीं, सिसर नाहीं धरती नाहीं गगनां।
रवि-ससि दोउँ एकै नाहीं, बहत नाहीं पवनां॥
नाद नाहीं, व्यंद नाहीं, काल नाहीं काया।
जलते जल व्यंब न होते तब तूंहि राम राया॥ इत्यादि—'क. ग्रं.', पद 219
2. *अंजन अलय निरंजन सार। यहै चीन्हि नर करहु विचार।*
अंजन उतपति वरतनि लोई। बिना निरंजन मुक्ति न होई॥
अंजन आवै अंजन जाइ। निरंजन सब घटि रह्यो समाई।
जोग-ध्यान-तप सबै विकार। कहै कबीर मेरे राम आधार॥ —'क. ग्रं.', पद 337
3. *ना हज जाऊँ ना तीरथ-पूजा। एक पिछाण्यां तौ क्या दूजा॥*
कहै कबीर भरम सब भागा। एक निरंजन सूँ मन लागा॥ —'क. ग्र'., पद 338

मूँदकर असली रहस्य को समझ सकते हैं। इस प्रकार, पूत के (जीव के) पहले बाँझ माता का (माया का) जन्म, बाँबी का ब्रह्मनाड़ी का) भुजंग को ग्रास कर जाना ('कं. ग्रं.', पद 162) किसी विचित्र बेलि का (उन्मनी का) लहलहाना और (विषय-वारि से) सींचने पर कुम्हला जाना और आकाश (शून्य-चक्र) में फल देना ('क ग्रं.' पृ. 86, साखी 58-3) चन्द्र (तालु के नीचे) और सूर्य के (नाभि के ऊपर) खम्भों में बंकसाल की (कुंडलिनी की) डोरी बाँधकर झूलती हुई सखियों की (इन्द्रियों की) क्रीड़ा से दुलहिन का (मन का) आकर्षित होना; नीचे से ऊपर को बहती हुई गंगा-यमुना (इड़ा-पिंगला—मूलकमल [नाभिकमल] के घाट पर और संगम त्रिवेणी के पास है) और उनमें षट्चक्र की गगरी का भरा जाना ('क. ग्रं.', पद 18), धागे के (ध्यान के) टूटने से गगन का (शून्य समाधि का) विनष्ट होना और शबद का गायब हो जाना ('क. ग्रं.', पद न 32) : जहाँ सूर्य और चन्द्र का प्रकाश नहीं जाता वहाँ (अर्थात् सहस्रार-चक्र में) आनन्द-रूप का दर्शन पाना, ('क. ग्रं.', पद 31); शून्य में अनाहत तूर्य का बजना ('क. ग्रं.', पद 7) : डाइन का (माया का) कुत्ते पर (मन पर) डोरा डालना, पाँच कुटुम्बियों का (तत्त्वों का); शब्द का बजना, रोझ, मृग या शशक का (मन का) पारधी को (जीव को) घेर लेना ('क. ग्रं.', पद 9) आदि बातें अत्यन्त सरल हो जाती हैं।

परन्तु बहुत-सी बातें फिर भी अनुमान-सापेक्ष रह जाती हैं, क्योंकि उनका संकेत निश्चित नहीं है और कौन-सा धर्म उनमें आरोपित करना उचित है, यह सम्पूर्णतया श्रोता पर निर्भर करता है। बहुत बार केवल संख्यावाचक विशेषण ही अर्थावगम का कारण होता है। पाँच कुटुम्ब ('क. ग्रं.', पद 9) में 'पाँच 'शब्द का आना ही सूचित करता है कि या तो ये पाँच इन्द्रियाँ हैं या पाँच तत्त्व। प्रसंगानुसार यह निश्चित करने में विशेष कठिनाई नहीं पड़ती कि वे तत्त्व ही हैं। ऊपर जो योगशास्त्रीय सिद्धान्त बताए गए हैं, और, और भी आगे चलकर जो भक्ति-सम्बन्धी सिद्धान्त कहे जाएँगे, उन्हें ध्यान में रखकर अर्थ करनेवाला कल्पनाशील श्रोता कोई भी सिद्धान्त-सम्मत अर्थ उनमें से निकाल सकता है। एक पद 'बीजक' से उद्धृत किया जा रहा है। यह पद 'कबीर-ग्रन्थावली' में भी थोड़े पाठान्तर के साथ है। प्रधान पाठ-भेद यह है कि जहाँ 'बीजक' में 'सन्तो' सम्बोधन है, वहाँ 'कबीर-ग्रन्थावली' में 'अवधूत'। कहना नहीं होगा कि इस सम्बोधन-भेद से अर्थ में बड़ा अन्तर आ जाता है। पहले लक्ष्य कर चुके हैं कि कबीरदास सन्तों को सम्बोधन करके अपना मत व्यक्त करते हैं, पर अवधूत को सम्बोधन करके उसके मत का खंडन करते हैं। मुझे 'कबीर-ग्रन्थावली' वाला। पाठ ('क. ग्रं.', पृ. 141-142) ठीक जँचता है। अप्रासंगिक होने पर भी यहाँ स्मरण करा दिया जा सकता है कि 'बीजक' का पाठ भी आँख मूँदकर नहीं ग्रहण करना चाहिए। पद इस प्रकार है :

सन्तो, जागत नींद न कीजै[1]।
काल न खाय, कल्प नहिं ब्यापै, देह जरा नहिं छीजै॥
उलटि गंग समुद्रहिं सोखै ओ' सूर गरासै।
नवग्रह मारि रोगिया बैठे जल में बिम्ब प्रकासै॥
बिनु चरनन को दस दिसि धावै, बिन लोचन जग सूझै।
ससा सो उलटि सिंह को ग्रासै, ई अचरज कोउ बूझै॥
औंधे घड़ा नहीं जल डूबै, सूधे सों घट भरिया॥
जेहि कारण नर भिन्न-भिन्न, कुरु गुरुप्रसाद तें तरिया॥
पैठि गुफा में सब पग देखै, बाहर कछुक न सूझै।
उलटा बान पारिधिहि लागे, सूरा होय सो बूझै।
गायन कहै, कबहुँ नहिं गावै, अनबोला नित गावै।
नटवर बाजी पेखनी पेखै, अनहद हेतु बढ़ावै।
कथनी-वदनी निजुकैं जोहैं, ई सब अकथ कहानी।
धरती उलटि आकासहिं बेधैं, ई पुरुषहि की बानी॥
बिनां पियाला अंमृत अचवै, नदी नीर भरि राखै।
कहै कबीर सो जुग-जुग जीवै, राम-सुधारस चाखै॥

—'बीजक', शब्द 2

---

1. 'कबीर-ग्रन्थावली' का पाठ इस प्रकार है :
अवधू, जागत नींद न कीजै।
काल न खाइ कल्प नहीं व्यापै, देही जुरां न छीजै।
उलटी गंगा समुद्रहि सौंखै ससिहर सूर गरासै।
नवग्रिह मारि रोगिया बैठे जलमैं व्यम्ब प्रकासै।
डाल गह्याँथैं मूल न सूझै मह्याँ फल पावा।
बाँवई उलटि शरप कौं लागी धरणि महारस खावा।
बैठि गुफा मैं सब जम देख्या, बाहरि कछू न सूझै।
उलटैं, धनकि पारधी मानयौ यहु अचरज कोई बूझै।
औंधा घड़ा न जल में डूबै सूधा सू भर भरिया।
जाकौं यहु जग घिणकरि चालै ता प्रसादि निस्तरिया।
अम्बर बरसै धरती भीजै, यहु जाँणैं सब कोई।
धरती बरसै, अंबर भीजै बूझै बिरला कोई॥
गाँवणहारा कदैं न गावै, अणबोल्या नित गावै।
नटवर पेखि पेखतां, पेखै अनहद बैंन बजावै।
कहणी-रहणी निज तन जाणैं यहु सब अकथ कहाणी।
धरती उलटि अकासहिं ग्रासैं यहु पुरुषा की बाणी।
बाझ पियालैं अंमृत सोंख्या नदी-नीर भरि राख्या॥
कहै कबीर ते बिरला जोगी धरणि महारस चाख्या॥ —'क. ग्रं.', पद 162

इस पद के सांकेतिक शब्दों का क्या अभिप्राय है, इस बात को भिन्न-भिन्न टीकाकारों के अर्थ पर से तुलना करना मनोरंजक सिद्ध होगा :

सांकेतिक शब्द	अभिप्राय		
	विश्वनाथ	**विचारदास**	**शास्त्रीय परम्परा**
1. उलटी गंगा	संसारमुखी रागरूपी गंगा का ब्रह्म-मुखी होना	ब्रह्मांड में चढ़ाई हुई श्वास	इड़ा
2. समुद्र	संसार	सन्ताप	संसार (भव)
3. शशि	एक जीवात्मा को मानना	इड़ा	इड़ा या नाभि के ऊर्ध्व भाग का सूर्य
4. सूर्य	नाना निरंजनादि ईश्वरनकों मानिबेकौ ज्ञान	पिंगला	पिंगला या तालु के अधोभाग का चन्द्र
5. नवग्रह	वैशेषिक के नौ पदार्थ	नवद्वार	×
6. जल	राग	ब्रह्मांड	×
7. बिम्ब	शुद्ध साहब का अंश	ब्रह्मज्योति	×
8. रोगिया	ग्रह-ग्रस्त संसारी	योगी	×
9. शश	अहब्रह्म विचार	मन	संसारी
10. सिंह	'तैं' (मूढ़)	जीवात्मा	मन
11. औंधा घड़ा	साहब की ओर पीठ किया हुआ मनुष्य	बहिरंग-वृत्ति	जीवात्मा
12. सूधा घड़ा	साहब की ओर मुख किया हुआ मनुष्य	अन्तरंग-वृत्ति	जगत्-मुख शरीर उद्बुद्ध कुंडलीक शरीर
13. गुफा	शरीर	गगन-गुफा	?
14. उलटा बाण	सुरति (जो जगत् मुख, ब्रह्म-मुख, ईश्वर-मुख और जीवात्मा सुख है)	श्वास	प्राणवायु
15. पारधी	पार्थिव परम पुरुष	(वीर) मन	मन
16. नटवर बाजी	निर्गुण ब्रह्म को देखना नट की बाजी के समान धोका है	(नटवर बाज) = अनाहत नाद	×
17. धरती	जड़ माया	पिंडांड	मूलाधार
18. आकाश	ब्रह्म	ब्रह्मांड	शून्यचक्र

19.	प्याला	स्थूल सूक्ष्मादि पंच शरीर	अन्यान्य साधना	इन्द्रिय
20.	अमृत	साहब के प्रति प्रेम	निजानन्द रूप अमृत	अमरवारुणी
21.	नदी	जगत्	आत्माकार वृत्ति	नाड़ी
22.	नीर	राग		श्वास
23.	राम-सुधारस	राग-प्रेम	आनन्दामृत	सहजामृत

इनकी तुलना करने से स्पष्ट ही जान पड़ेगा कि टीकाकारों ने काफी स्वाधीन कल्पना से काम लिया है। ऊपर की दो टीकाओं में से विचारदास जी की टीका विश्वनाथसिंह जी की अपेक्षा परम्परा के अधिक नजदीक है। वस्तुत: जिन शब्दों का संकेतितार्थ शास्त्रीय परम्परा से समर्थित है उनके ही विषय में निश्चित रूप से कहा जा सकता है; बाकी जितने भी संकेत-शब्द हैं उनका तद्गत धर्म के अनुसार ऐसा कोई भी अर्थ किया जा सकता है (और किया भी गया है) जो प्रसंग के अनुकूल हो और कबीरदास के सिद्धान्त के विरुद्ध न हो। इसका मतलब यह हुआ कि यदि कबीरदास के सिद्धान्त का ज्ञान करना है तो योगरूपक और उलटबाँसियाँ बहुत कम सहायता कर सकती हैं, क्योंकि वे अपनी व्याख्या के लिए स्वयं सिद्धान्तों की अपेक्षा रखती हैं। ऊपर के टीकाकारों में श्री विश्वनाथसिंहजू देव साकेतवासी राम को ही कबीर का प्रतिपाद्य समझते हैं जबकि श्री विचारदास जी निर्गुण निराकार ब्रह्म को। दोनों विचार कबीर के नहीं हो सकते। फिर भी अपने-अपने सिद्धान्त की पुष्टि के लिए दोनों ने अपने मनोनुकूल अर्थ लगा लिये हैं। इसीलिए यह दृढ़तापूर्वक कहा जा सकता है कि कबीरदास के सिद्धान्तों की जानकारी के लिए उनकी सीधी-सादी वाणियाँ और पद ही सहायक हो सकते हैं। किसी भी योगपरक रूपक और उलटबाँसी का अर्थ करते समय दो बातों का ध्यान रखना परमावश्यक है—(1) शास्त्रीय परम्परा, और (2) कबीरदास का व्यक्तिगत मत। पहले विषय की चर्चा हमने पिछले अध्यायों में कर ली है, जो थोड़ा बाकी है उसकी अगले अध्याय में कर लेंगे। परन्तु दूसरी बात का कहना जरा कठिन है। शास्त्रीय परम्परा वंशगत प्रभाव और परिपार्श्विक अवस्थाओं की छलनी से छानकर ही हम कबीरदास के व्यक्तित्व का कुछ अनुमान लगा सकेंगे। अगले अध्यायों में उस तरफ हमारा प्रयत्न रहेगा।

योगशास्त्रीय मतों का यह जो ऊपर ब्योरा दिया गया है, उसकी सहायता से ही हम कबीर के योगपरक रूपकों और उलटबाँसियों का अर्थ समझ सकते हैं। तब प्रश्न हो सकता है कि क्या कबीरदास वही मानते थे जो हठयोगी लोग माना करते थे? ऊपर हमने कई बार कहा है कि कबीरदास योगियों के द्वारा प्रभावित तो बहुत हैं, पर वे स्वयं वही नहीं हैं जो योगी हैं। हम यहाँ फिर एक बार कहते हैं कि

कबीरदास यौगिक क्रियाओं को भी बाह्याचार ही मानते थे। वे उन सारी क्रियाओं को सहजावस्था की प्राप्ति का कारण नहीं मानते थे। उनके मत से उन क्रियाओं के द्वारा प्राप्त शून्यभाव (या ख-सम भाव) शराबी के नशे की भाँति अस्थायी है। योग-द्वारा प्राप्त सम-भाव है तो ठीक है, पर शाश्वत नहीं है। शाश्वत है सहज समाधि, सहज भजन। अनहदनाद बजता ठीक है, पर वही परम सत्य नहीं है, चरम वह है जो उसे बजाता[1] है। जो तोड़ भी सकता है और जोड़ भी सकता है, जो बना भी सकता है और बिगाड़ भी सकता है। वह षड्-दर्शन का विषय नहीं है और न छियानबे पाखंडों की पहुँच के भीतर है और न जप-तप-पूजा-अर्चा का ही विषय है। शास्त्र लिख-लिखकर लोगों ने लोगों को धोखा ही दिया है। कबीरदास का कहना है कि योगी हो या जंगम, सब झूठी आशा ले-लेकर ही अपनी साधना कर रहे हैं। जो चरम सत्य और परम तत्त्व है वह भक्ति से ही मिल सकता है।[2] कैसा विपरीत है यह तमाशा! अनहदनाद की दुराशा में फँसकर ये योगी वहाँ चले गए जहाँ शून्य है, जहाँ कुछ भी नहीं है! निरालम्ब शून्य में भटकनेवाले इस जीव (योगी) ने किसी ऐसे लाज बचावनहारे की परवाह तक न की, उसका हाथ भी छोड़ दिया और खुद बेहाथ हो गया! संसार संशय का शिकार है, काल-अहेरी सबको मार रहा है। भलेमानसो राम का सुमरिन करो। काल ने चुटिया पकड़ रखी है, कौन जाने कहाँ और कब दे मारेगा! :

अनहद-अनुभव की करि आसा।
देखौ यह विपरीत तमासा!
इहै तमासा देखहु (रे) भाई।
जहवाँ सुन्न तहाँ चील जाई!
सुन्नहिं बाँध सुन्नहिं गयऊ॥
हाथा छोड़ि बेहाथा भयऊ॥

---

1. *बाजै जंत्र नाद-धुनि हुई, जो बजावैं सो औरे कोई।*
बाजी नाचै कौतिग देखा, जो नचावै सो किनहुँ न पेखा॥ —'क. ग्रं.', पृ. 230-31

2. *भाई रे विरले दोस्त कबीर के, यहु तत बार-बार कासों कहिये॥*
भांगण - घडण - संभारण - संम्रथ ज्यूँ राखै त्यूँ रहियै॥
आलम-दुनी सबै फिरि खोजी हरि-बिन सकल अजानां।
छह-दरसन-छयानबे-पाखंड आकुल किनहूँ न जानां॥
जप-तप-संजम-पूजा-अरचा जोतिग जग बौरानां।
कागद लिखि लिखि जगत भुलाना मन ही मन न समानां॥
कहै कबीर जोगी अरु जंगम ए सब झूठी आसा।
गुरु-प्रसाद रटौ चात्रिग ज्यों निहवै भगति निबासा॥

—'क. ग्रं.', पद 34

संसय सावज सब संसारा।
काल-अहेरी साँझ-सकारा॥
सुमिरन करहू राम का, काल गहे कर केस।
ना जानौं कब मारिहै, का घर का परदेस॥

—'बीजक', रमैनी 19

यह अनहद को बजानेवाले, शरणागत-रक्षक काल-अहेरी का नियामक अपरम्पार महिमाशाली राम कौन है?

ब्रह्म और माया

सभी परम्पराएँ इस बात का समर्थन करती हैं कि कबीरदास का रामानन्द के साथ सम्बन्ध था। कबीरदास ने स्वयं स्वीकार किया है कि रामानन्द ने उन्हें चेताया था; पर क्या चेताया था और स्वयं क्या चेते हुए थे इस विषय में नाना मुनियों के नाना मत हैं। पं. रामचन्द्र शुक्ल ने लिखा है कि "तत्त्व-दृष्टि से रामानुजाचार्य जी के मतावलम्बी होने पर भी अपनी उपासना इन्होंने अलग की। इन्होंने उपासना के लिए बैकुंठ-निवासी विष्णु का स्वरूप न लेकर लोक में लीला-विस्तार करनेवाले उनके अवतार राम का आश्रय लिया। इनके इष्टदेव राम हुए और मूल-मंत्र राम-नाम।...कर्म के क्षेत्र में शास्त्र-मर्यादा इन्हें मान्य थी, पर उपासना के क्षेत्र में किसी प्रकार का लौकिक प्रतिबन्ध ये नहीं मानते थे। सब जाति के लोगों को एकत्र कर राम-भक्ति का उपदेश ये देने लगे और राम-नाम की महिमा सुनाने लगे।...इनकी उपासना दास्य-भाव की थी...(इन्होंने) 'ब्रह्म-सूत्र', पर 'आन्नदभाष्य', 'श्रीमद्‌भगवद-गीताभाष्य', 'वैष्णव-मतान्तर-भास्कर', 'श्रीरामार्चना-पद्धति' आदि कई ग्रन्थों की रचना की, जिनमें से अब बहुतों का पता नहीं लगता।" (शुक्ल, पृ. 122-24)। खेद है कि शुक्ल जी ने यह नहीं लिखा है कि ऊपर बताई हुई पुस्तकों में जो लापता हैं वह कौन-कौन हैं और जो बची हैं वे कौन हैं तथा अपना उक्त मत शुक्ल जी ने किन पुस्तकों के आधार पर स्थिर किया है। उन्होंने 'श्रीरामानन्ददिग्विजय' और 'वैष्णवमतान्तर-भास्कर' से दो श्लोक अपनी पुस्तक में उद्धृत किये हैं और इसलिए यह अनुमान किया जा सकता है कि इस मत को शुक्ल जी ने इन्हीं दो पुस्तकों के आधार पर स्थापित किया होगा। मुझे ये पुस्तकें देखने को नहीं मिली हैं। पर कुछ पंडितों का दावा है कि रामानन्द जी और चाहे जिस दृष्टि से रामानुज के मतावलम्बी क्यों न रहे हों, तत्त्वदृष्टि से वे उनके मतावलम्बी ही नहीं थे। कुछ दूसरे पंडित ठीक इनके विरुद्ध मत का प्रतिपादन करते हैं, वे तत्त्वदृष्टि से तो रामानन्द को रामानुज का अनुयायी मानते हैं पर उपासना-पद्धति में एकदम अलग। इसमें कोई सन्देह नहीं कि सारी परम्पराएँ रामानन्द का रामानुज-सम्प्रदाय से सम्बन्ध बताती हैं, पर साथ ही कुछ ऐसी दलीलें भी उपस्थित की गई हैं जिनसे इस अनुमान की पुष्टि होती है कि दोनों आचार्यों का सम्बन्ध दूर का ही था। कहा गया है कि रामानन्द के प्रवर्तित सम्प्रदाय में राम और सीता को जिस प्रकार

एकमात्र परमाराध्य माना जाता है, उस प्रकार रामानुज के प्रवर्तित श्रीवैष्णव सम्प्रदाय में नहीं। श्रीवैष्णव लोग सभी अवतारों की उपासना करते हैं। फिर रामानन्दी लोगों में जो मंत्र प्रचलित हैं, वह भी रामानुज-सम्प्रदाय के मंत्र से भिन्न है। उनका तिलक भी यद्यपि रामानुजी मत के तिलक से मिलता-जुलता है फिर भी हूबहू वही नहीं है, थोड़ा भिन्न है। स्वयं रामानन्द जी त्रिदंडी संन्यासी नहीं थे, यह भी सिद्ध किया गया है। फिर और भी एक विचारणीय बात है। रामानन्दी सम्प्रदाय का नाम हूबहू वही नहीं है जो रामानुजीय सम्प्रदाय का। इस प्रकार नीचे लिखी तालिका से स्पष्ट हो जाएगा कि दोनों सम्प्रदायों में सभी महत्त्वपूर्ण बातों में भेद है :

	रामानुजीय	**रामानन्दीय**
सम्प्रदाय	श्रीवैष्णव सम्प्रदाय	श्रीसम्प्रदाय
मंत्र	ओ३म नमो नारायणाय	ओं रामाय नम:
भाष्य	श्री-भाष्य	आनन्द-भाष्य

फिर भी परम्परा से रामानन्द का सम्बन्ध रामानुजीय सम्प्रदाय से सिद्ध है। इसका समाधान इस प्रकार किया है : अनुमान कर लिया गया है कि तमिल देश में बहुत पुराने जमाने से कोई राम-सम्प्रदाय चला आ रहा था, जो कभी श्रीवैष्णवों में अन्तर्भुक्त हो गया। रामानन्द उसी सम्प्रदाय के आचार्य थे। कहा गया कि ऐसा मान लेने से सभी बातों की सन्तोषजनक मीमांसा हो जाती है।[1] पहले एक संशय खड़ा करके फिर उसका समाधान करने का प्रयत्न भारतीय साधना और साहित्य के इतिहास में यह अकेला नहीं है।

इधर पं. वैष्णवदास जी द्विवेदी न्यायरत्न, वेदान्ततीर्थ ने 'कल्याण' में एक-लेख लिखा है। उसमें रामानन्दाचार्य के 'आनन्द-भाष्य' के आधार पर बताया गया है कि आचार्य ने (रामानन्द ने) विशिष्टाद्वैत मत को ही ब्रह्म-सूत्र-सम्मत बताया है। अर्थात् तत्त्व-दृष्टि से वे रामानुज के मत को ही मानते थे। इस प्रकार "रामानन्दाचार्य ने अनन्य भक्ति को ही मोक्ष का अव्यवहितोपाय माना है, प्रपत्ति को मोक्ष का हेतु माना है, कर्म को भक्ति का अंग माना है, जगत् का अभिन्न निमित्तोपादानकारण ब्रह्म को माना है। जीवों का परस्पर भेद और नानात्व माना है। तथैव जीवों का स्वरूपत: अणुत्व कर्तृत्व, भोक्तृत्व और ज्ञातृत्व और नियत्व इत्यादि माना है। जीवों का ब्रह्म से भेद माना है। विद्योपकारिका वर्णाश्रम-व्यवस्था को स्वीकार किया है। विवर्तवाद का[2] बारम्बार प्रत्याख्यान किया है। 'नारदपांचरात्र' को बहुधा प्रमाण-रूप से स्वीकार

1. फर्कुहर, पृ. 324-6
2. 'परिणामवाद' अर्थात् अव्यक्त प्रकृति से उत्तरोत्तर विकार या परिणाम द्वारा सृष्टि का विकास अपने-आप होना है, ऐसा सांख्य-शास्त्र का मत है। 'आरम्भवाद', अर्थात् 'ईश्वर की इच्छा से परमाणु द्वारा सृष्टि होती है', ऐसा न्यायशास्त्र का मत है। इन दोनों के विरुद्ध अद्वैत-वेदान्ती→

किया है। 'निर्विशेष-ब्रह्म' का अनेक स्थलों पर निरास करके 'सविशेष-ब्रह्म' का प्रतिपादन किया है। 'सत्ख्यातिवाद'[1] को स्वीकार किया है और वेदों का अपौरुषेयत्व माना है।"[2] इस मत के लिए 'आनन्द-भाष्य' के उद्धरण उद्धृत किये गए हैं, किन्तु 'आनन्द-भाष्य' की प्रामाणिकता के बारे में इधर काफी सन्देह प्रकट किया गया है।

परन्तु एक दूसरी दलील जो फर्कुहर ने पेश की है, काफी वजनदार है। कहा जाता है कि रामानन्द ही पहले-पहल 'अध्यात्म-रामायण' और 'अगस्त्य सुतीक्ष्ण-संवाद' अपने साथ ले आए थे और इस बात में तो कोई सन्देह ही नहीं कि उनके सम्प्रदाय में इन ग्रन्थों का आज भी बहुत समादर है। प्रसिद्ध राम-भक्त गोसाईं तुलसीदास जी के 'रामचरितमानस' पर 'अध्यात्म-रामायण' का प्रभाव सबको मालूम है। आज भी रामानन्दी वैष्णव इन ग्रन्थों को सम्प्रदायमान्य ग्रन्थ मानते हैं और यह आश्चर्य की बात है कि ये ग्रन्थ विशिष्टाद्वैत की अपेक्षा शांकर मत की ओर अधिक झुके हैं (तु. 'अध्यात्म-रामायण', 1, 32-51)। म. म. पं. गिरिधर शर्मा जी ने सप्रमाण सिद्ध किया है कि गोस्वामी जी ने रामायण में अद्वैत मत को ही मान्य समझा है। ('तुलसी ग्रन्थावली', नि. 63-130)। इस प्रकार यह अनुमान असंगत नहीं जँचता कि रामानन्द जी के मत में भक्ति ही सबसे बड़ी चीज थी, तत्त्ववाद नहीं। उनके शिष्यों में और सम्प्रदाय में अद्वैत-वेदान्त का पूर्ण समादर है, तथापि वे स्वयं विशिष्टाद्वैतवाद के प्रचारक थे। इसी तरह उनके शिष्यों में केवल एक बात को छोड़कर अन्य बातों में काफी स्वतंत्रता का परिचय पाया जाता है। वह बात है भक्ति—अनन्य भक्ति। उनके कितने ही शिष्य उनकी भाँति वर्णाश्रम-व्यवस्था को नहीं मानते, जीवों का ब्रह्म से भेद नहीं मानते और कितने ही यह तक नहीं मानना चाहते कि दिव्य गुणों से भगवान का सगुणत्व भी सिद्ध होता है और सम्पूर्ण वेदान्त-शास्त्र सगुण ब्रह्म का ही प्रतिपादक है (1, 1-2)। केवल एक ही बात उनके सर्व शिष्यों में समान भाव से समादृत है : अनन्य भक्ति ही मोक्ष का अव्यवहित उपाय है। प्रपत्ति या शरणागति ही मोक्ष का परम साधन है।

ऐसी हालत में यह प्रश्न बहुत कुछ गौण हो जाता है कि कबीर ने जो कुछ रामानन्द से चेता था वह रामानन्द के चेते हुए ज्ञान का कौन-सा रूप है। रामानन्द के

→ 'विवर्तवाद' को मानते हैं—अर्थात् जगत् ब्रह्म का विवर्त या कल्पित रूप है, ऐसा मानते हैं। सीपी को यदि कोई भ्रमवश चाँदी समझ ले तो चाँदी को सीपी का विवर्त कहा जाएगा। रामानुजीय मत में 'परिणामवाद' को माना जाता है। दूध का विकृत रूप दही है। वह अन्य वस्तु तो हो जाता है, पर यह नहीं कहा जा सकता कि वह दूध से भिन्न ही है। परिणामवाद और विवर्तवाद को 'सत्कार्यवाद' या 'सत्ख्यातिवाद' कहते हैं और आरम्भवाद को 'असत्कार्यवाद'। माध्यवेदान्ती भी नैयायिकों की भाँति 'असत्कार्यवादी' हैं।

1. वही।
2. 'हिन्दुत्व', पृ. 684-87

प्रधान उपदेश अनन्य भक्ति को कबीर ने शिरसा स्वीकार कर लिया था। बाकी तत्त्वज्ञान को उन्होंने अपने संस्कारों, रुचि और शिक्षा के अनुसार एकदम नवीन रूप दे दिया था। अब तक हम उनके संस्कारों की चर्चा करते आए हैं जिनका प्रभाव उनके पदों और साखियों में है और खूब सम्भव है, जिनका ज्ञान उन्हें रामानन्द जी के सत्संग से प्राप्त हुआ था। यही ज्ञान कबीरदास को अक्खड़ सिद्धों और योगियों की परम्परा से अलग कर देता है। कबीर के विद्यार्थी के लिए इसका बहुत महत्त्व है।

यह स्मरण रखना चाहिए कि जब हम शंकर, रामानुज और रामानन्द के वेदान्तमत की चर्चा करते हैं तो हमारा मतलब एक पूरे तत्त्ववाद (फिलासॉफिकल सिस्टम) से होता है; किन्तु कबीर की वाणियाँ वह चीज नहीं हैं। वेदान्त-मत को पाँच मोटे विभागों में बाँट लिया जा सकता है : धर्मविज्ञान (थियोलॉजी) सृष्टितत्त्व (कास्मोलॉजी) अन्त:करणविज्ञान (साइकोलॉजी), मोक्षविज्ञान (लिबरेशन) और जन्मान्तर-व्यवस्था। इनमें प्रथम और अन्तिम के विषय में तो कबीरदास ने स्पष्ट भाषा में अपना मत व्यक्त किया है, पर बाकी तीन के विषय में उनका मत अनुमान-सापेक्ष ही है।

वेदान्तशास्त्र के अनुसार मनुष्य का सबसे बड़ा लक्ष्य या पुरुषार्थ मोक्ष है—मोक्ष अर्थात् छुटकारा। यह संसार दु:खरूप है और मोक्ष ब्रह्म-स्वरूप ही है। अन्य दर्शनों की भाँति वेदान्त इसे प्राप्त नहीं मानता। कहा गया है कि मनुष्य अब जान जाएगा कि वह क्या है और उसके आत्मा का बड़े आत्मा से—अर्थात् परम्परा से क्या सम्बन्ध है तो वह छूट जाएगा। क्योंकि वह जो छूट नहीं रहा है, उसका कारण अज्ञान है या फिर गलत ज्ञान है। इसीलिए सही ज्ञान ही छुटकारा है। इस सही ज्ञान को 'विद्या' कहते हैं। इसलिए 'विद्या' का एकमात्र विषय है 'आत्मा' या 'ब्रह्म' का ज्ञान। यही कारण है कि इस विद्या को 'आत्मविद्या', 'आत्मविज्ञान', 'ब्रह्मविद्या' और 'ब्रह्मजान' शब्द से पुकारते हैं।

यह जो ब्रह्म की जानकारी है वह दो प्रकार की होती है। एक को ऊँची जानकारी या 'परा विद्या' कहते हैं और दूसरी को घटिया जानकारी या 'अपरा विद्या'। पहले प्रकार की जानकारी (परा विद्या) ही ठीक-ठीक समझने (सम्यग्दर्शन) में सहायक है, इसका एकमात्र फल मोक्ष है। दूसरी जानकारी (अपरा विद्या) का लक्ष्य ब्रह्मोपासना है। इससे कर्म-समृद्धि होती है, सुख और कल्याण (अभ्युदय) प्राप्त होते हैं और धीरे-धीरे मुक्ति भी मिल सकती है (क्रममुक्ति। पहली विद्या का विषय परंब्रह्म है, दूसरी का अपरंब्रह्म।

श्रुतियों के परिशीलन से स्पष्ट ही जान पड़ता है कि ऋषियों के मस्तिष्क में ब्रह्म के दो स्वरूप थे : एक गुण, विश्लेषण, आकार और उपाधि से परे—निर्गुण, निर्विशेष, निराकार और निरुपाधि; और दूसरा इन सब बातों से युक्त अर्थात् सगुण, सविशेष, साकार और सोपाधि। पहला परंब्रह्म है और दूसरा अपरंब्रह्म। आपात दृष्टि से ऐसा जान पड़ता है कि यत्र बात एकदम असंगत है कि एक ही वस्तु एक

ही साथ सगुण भी हो और निर्गुण भी, साकार भी हो और निराकार भी, सविशेष भी हो और निर्विशेष भी, सोपाधि भी हो और निरुपाधि भी। इसके उत्तर में वेदान्ती लोग कहते हैं कि ब्रह्म अपने-आपमें तो निर्गुण, निराकार, निर्विशेष और निरुपाधि ही है, परन्तु अविद्या या गलतफहमी के कारण, या उपासना के लिए हम उसमें उपाधियों या सीमाओं का आरोप करते हैं। वस्तुत: सोपाधिक ब्रह्म भ्रममात्र है, ठीक उसी तरह तो नहीं जिस तरह सीपी को चाँदी समझना समझनेवाले का भ्रम-मात्र है, असल में वह आर्यभ्रम है; फिर भी गलती से यदि कोई सीपी को चाँदी समझ ले तो भी सीपी सीपी ही रहेगी, चाँदी नहीं हो जाएगी। इसी प्रकार निर्गुण और निरुपाधि ब्रह्म को जब हम गलती से सगुण और सोपाधि मान लेते हैं तब भी वस्तुत: हमीं भ्रम में होते हैं, ब्रह्म तो निर्गुण का निर्गुण और निरुपाधि का निरुपाधि ही बना रहता है। इसीलिए जो 'परं निर्गुण' ब्रह्म है, उसे श्रुतियाँ बार-बार इस प्रकार प्रकट करती हैं : "वह मोटा भी नहीं, पतला भी नहीं; छोटा भी नहीं, बड़ा भी नहीं; लोहित भी नहीं, स्नेह भी नहीं; छायायुक्त भी नहीं, अन्धकार भी नहीं; वायु भी नहीं, आकाश भी नहीं..." इत्यादि ('वृहदारण्यक', 3-8-8); या "यह भी नहीं, वह भी नहीं, नेति-नेति" (वही, 2-3-6); या "वह शब्द-रहित, स्पर्श-रहित, रूपरहित, व्ययरहित, रसरहित, गन्धरहित है" ('कठ.', 3-15), इत्यादि। किन्तु ये सभी बातें अतद्व्यावृत्ति रूप से कही गई हैं, अर्थात् इस प्रकार के कथन का अर्थ यह है कि 'परंब्रह्म' समस्त ज्ञात वस्तुओं, गुणों और विशेषणों से विलक्षण है। कबीरदास ने इस शैली का आश्रय करके भगवान के विषय में अनेक पद गाए हैं।[1]

भावरूप से कहने के लिए वेदान्ती लोग दो-तीन शब्दों का व्यवहार करते हैं। सर्वाधिक प्रचलित शब्द है, सत् और चित्। इन दो शब्दों से वेदान्ती बताना चाहते हैं कि 'ब्रह्म है' (सत्) और वह 'चैतन्यस्वरूप' (चित्) है। जिस प्रकार नमक के ढेले में बाहर से भीतर तक सर्वज्ञ नमकीनी-ही-नमकीनी है, उसी प्रकार ब्रह्म भी शुरू से आखिर तक केवल चैतन्य-ही-चैतन्य है। इन दो भावरूपों के अतिरिक्त एक और भावरूप भी परवर्ती वेदान्त-ग्रन्थों में महत्त्वपूर्ण स्थान अधिकार कर सका है। वह है आनन्द। अर्थात् ब्रह्म आनन्दस्वरूप है। किसी-किसी पंडित ने कहा है कि शुरू के ग्रन्थों में इस बात को इतना महत्त्वपूर्ण नहीं समझा गया है। शायद इसलिए कि वह दु:खाभाव का ही रूप है; क्योंकि श्रुति में ही कहा गया है कि व्यावहारिक

---

1. तुल.— *रामकै नांइ नींसान बाबा। ताका मरम न जाने कोई।*
भूख-त्रिषा-गुण वाकै नाहीं। घट-घट अन्तरि सोई॥
वेद-विवर्जित भेद-विवर्जित पापरुपुन्यं।
ग्यांन-विवर्जित ध्यान विवर्जित विवर्जित आस्थूल सुन्यं॥
भेष-विवर्जित भीख-विवर्जित विवर्जित उचंभक रूपं।
कहैं कबीर तिहुँ-लोक-विवर्जित ऐसा तत्त अनूपं॥ —'क. ग्रं.', पद 210

रूप में ब्रह्म-भिन्न सब कुछ दुखरूप है ('वृह.' 3-4-2)। इसका मतलब यह हुआ कि जो कुछ हम देख रहे हैं, ब्रह्म उससे भिन्न है और जो कुछ हम देख रहे हैं वह दुःखरूप है इसलिए ब्रह्म दुःखाभाव रूप है।

लेकिन श्रुति में ब्रह्म को और भी दो प्रकार से कहा गया है : (1) "वह सब कुछ करनेवाला है, सब कामनाओं से भरा-पूरा है; सब रसों का आश्रय है, सर्व गन्धमय है"...इत्यादि ('छान्दोग्य', 3-14); फिर "अग्नि उसका सिर है, सूर्य-चन्द्र आँखें हैं, दिशाएँ कान हैं"...इत्यादि। ('मुंडक', 2-1-4)। इन वाक्यों में स्पष्ट ही ब्रह्म में सीमाओं का और गुणों का आरोप किया गया है। यह इसलिए कि यहाँ लक्ष्य ज्ञान नहीं, उपासना है। ब्रह्म का इस प्रकार सोपाधिक सविशेषक और सगुण रूप विचार करनेवाले का उद्देश्य ज्ञान नहीं होता, उपासना हुआ करती है। ऐसा करने से मोक्ष या निःश्रेयस की सिद्धि नहीं होती, अभ्युदय या कल्याण की प्राप्ति होती है। इससे स्वर्ग मिलता है, अपवर्ग नहीं। परन्तु जो साधक उत्तम ज्ञान के अधिकारी नहीं हैं, वे इस मार्ग से चलकर भी धीरे-धीरे मुक्ति पा लेते हैं। (2) कभी-कभी ब्रह्म को श्रुति में छोटे-से-छोटा', 'अंगुष्ठमात्रपुरुष', 'हृदयकमलवासी' और 'वामन' आदि भी कहा गया है। ऐसे स्थलों पर अभिप्राय जीवात्मा से होता है।

यह जो गुणमय अपरंब्रह्म है, उसी पर से वेदान्त-शास्त्र का ईश्वर सम्बन्धी विचार विकसित हुआ है। इस गुणमय ईश्वर से ही संसार का कारबार चलता है। यही जीव को उसके कर्मों के शुभाशुभ फल का दाता है। मायावादी वेदान्ती कहते हैं कि मायोपाधिक चैतन्य ही परमेश्वर है। इसे और माया को ठीक-ठीक समझने के लिए थोड़ा और भी अवान्तर प्रसंग उठाना पड़ेगा।

साधारणतः समस्त भारतीय मनीषियों ने इस गुणमय जगत पर विचार करके यह निष्कर्ष निकाला है कि इसमें दो अत्यन्त स्पष्ट तत्त्व हैं : एक शाश्वत है, दूसरा परिवर्तनशील; एक सदा एक-रस है, दूसरा नाशवान; एक चेतन है, दूसरा जड़। मतभेद तब शुरू होता है जब उनके सम्बन्धों पर विचार किया जाता है। एक तरह के पंडित हैं जो इन दोनों तत्त्वों को स्वतंत्र मानते हैं, इन दोनों का सम्बन्ध केवल योग्यता का सम्बन्ध है, परन्तु दूसरे आचार्य हैं जो मानते हैं कि वस्तुतः इन दोनों की सत्ता नहीं है, दूसरा पहले की ही शक्ति है। पहले को आत्मा कहते हैं, सांख्यवादी उसे 'पुरुष' कहते हैं और दूसरे तत्त्व को 'प्रकृति' या 'माया' कहते हैं। 'गीता' में भगवान ने प्रकृति को अपने ही अधीन बताया है और कहा है कि मेरे द्वारा नियोजित होकर ही प्रकृति इस चराचर सृष्टि को प्रसव करती है ('गीता', 9-10)। वेद-बाह्य बौद्धादि सम्प्रदाय के लोग यह मानते हैं कि यह चेतन सत्ता साधना के द्वारा जब प्रकृति के बन्धनों से मुक्त होती है तो उसी प्रकार लुप्त हो जाती है जिस प्रकार दीपक की लौ; परन्तु इस बात में वे भी विश्वास करते हैं कि शरीर और इन्द्रियादि की अपेक्षा वह वस्तु अधिक स्थायी है। वह सैकड़ों जन्म ग्रहण करने के

बाद सैकड़ों शरीरों और इन्द्रियों से युक्त हो लेने के बाद 'निर्वाण' की अवस्था को अर्थात् बुझ जाने की अवस्था को प्राप्त होती है।

सांख्यशास्त्रियों के मत से पुरुष अनेक हैं और प्रकृति उन्हें अपने मायाजाल में बाँधती है। पुरुष विशुद्ध चेतन-स्वरूप, उदासीन और ज्ञाता है। जब तक उसे अपने इस स्वरूप का ज्ञान नहीं हो जाता, तभी तक वह प्रकृति के जाल में फँसा रहता है। यह दृश्यमान जगत् वस्तुत: प्रकृति का ही विकास है। प्रकृति सत्त्व, रज और तम इन तीनों गुणों की साम्यावस्था का नाम है। सारे दृश्यमान जगत् को सांख्यवादी प्रधानत: चार भागों में बाँटते हैं : (1) प्रकृति, (2) प्रकृति-विकृति, (3) विकृति, (4) न-प्रकृति-न-विकृति। चौथा 'पुरुष' है जो न प्रकृति ही है और न उनका विकार ही ('सांख्यकारिका', 3)। बाकी तीन में 'प्रकृति' तो अनादि ही है। प्रकृति से 'महान्' या 'बुद्धितत्त्व' उत्पन्न होता है, उससे 'अहंकार' और उससे पाँच 'तन्मात्र' (अर्थात् शब्द-तन्मात्र, स्पर्श-तन्मात्र, रूप-तन्मात्र, रस-तन्मात्र, गन्ध-तन्मात्र) उत्पन्न हुए हैं। एक तरफ तो महान् या बुद्धितत्त्व मूल प्रकृति का शिकार है और दूसरी तरफ अहंकार की प्रकृति भी है। इसी प्रकार अहंकार और पंच-तन्मात्र भी एक तरफ तो क्रमश: 'महान्' और अहंकार के विकार हैं और दूसरी तरफ क्रमश: पंच-तन्मात्र और पंचमहाभूतादिकों की प्रकृति भी है। यही कारण है कि सांख्यशास्त्री इन्हें प्रकृति-विकृति कहते हैं। इस तरह महान्, अहंकार और पंच-तन्मात्र ये सात तत्त्व प्रकृत-विकृत हुए। इनमें पाँच ज्ञानेन्द्रियाँ (कान, त्वचा, आँख, रसना, नाक) और पाँच कर्मेन्द्रियाँ (हाथ, पाँव, जीभ, पायु, उपस्थ) हैं। इन दस इन्द्रियों, मन और पाँच महाभूतों (अर्थात् पृथ्वी, जल, तेज, वायु और आकाश) को विकृति कहते हैं। इन्हीं पचीस तत्त्वों से सारी सृष्टि बनी है। किन्तु वेदान्ती लोग प्रकृति और उनके विकार-स्वरूप 23 पदार्थों की स्वतंत्र सत्ता नहीं मानते। उनका मत है कि वस्तुत: एक परंब्रह्म ही वास्तविक सत्ता है। हम अज्ञानवश इस नाम-रूपात्मक जगत् को वास्तविक समझने लगते हैं।

जो हो, इस विषय में भारतीय दार्शनिकों में प्राय: कोई मतभेद नहीं कि आत्मा नामक एक स्थायी वस्तु है जो बाहरी दृश्यमान जगत् के विविध परिवर्तनों के भीतर से गुजरता हुआ सदा एक-रस रहता है। ये सभी पंडित स्वीकार करते हैं कि जब तक ज्ञान नहीं हो जाता, तब तक यह आत्मा जन्म-कर्म के बन्धन से मुक्त नहीं हो सकता। अब प्रश्न यह है कि यदि पुरुष या आत्मा उदासीन है या दु:ख-सुख से परे है और चित्स्वरूप है, तो जन्म और कर्म के बन्धन में पड़ता कैसे है और मृत्यु के बाद एक जन्म का कर्म-फल दूसरे जन्म में ढोकर ले क्योंकर जाता है? जो निर्गुण है, उसे आधार बनाकर पाप और पुण्य के फल कैसे दूसरे जन्म में पहुँच जाते हैं। क्योंकि यह तो सभी मानते हैं कि कर्म-फल जड़ हैं, अत: उनमें इच्छा नहीं होती, इसलिए यह तो साफ प्रकट है कि इच्छापूर्वक आत्मा का पीछा नहीं कर सकते।

फिर यह कैसे सम्भव है कि इस जन्म का कर्म-फल दूसरे जन्म में मिलता ही हो? सीधा जवाब यह है कि ईश्वर इस व्यवस्था को इस ढंग से चला रहा है, परन्तु यह उत्तर युक्तिवादी दाशनिकों को पसन्द नहीं है। वे उसका और कोई कारण बताते हैं। देखा जाए, यह बात कैसे सम्भव होती है?

इस प्रश्न का उत्तर देने के लिए शास्त्रकारों ने लिंग-शरीर की बात बताई है। यह तो निश्चित है कि आत्मा एक शरीर से दूसरे में संक्रमित होता है। 'गीता' में भगवान ने कहा है कि जिस प्रकार मनुष्य पुराने वस्त्र को छोड़कर नया धारण करता है, उसी प्रकार आत्मा जीर्ण शरीर को त्यागकर नवीन-शरीर धारण करता है ('गीता' 2-22)। इसी प्रकार 'वृहदारण्यक' उपनिषद् में बताया गया है कि जोंक जिस प्रकार एक तृण से दूसरे पर जाते समय पहले अपने शरीर का अगला हिस्सा रखती है और फिर बाकी हिस्से को खींच लेती है, उसी प्रकार आत्मा पुराने शरीर को छोड़कर नये शरीर में प्रवेश करता है ('वृहदारण्यक', 4-4-3)। इसमें केवल इतना ही जाना जा सकता है कि आत्मा स्वयं ही दूसरे शरीर में प्रवेश करता है, पर उदाहरण से सिद्धान्त निकालना ठीक नहीं, क्योंकि उदाहरण केवल क्रिया के एक अंश के लिए ही प्रयुक्त होता है। उपनिषदों में बार-बार कहा गया है कि आत्मा के साथ सूक्ष्म या लिंग-शरीर भी जाता है। 'वृहदारण्यक' में बताया गया है कि यह आत्मा विज्ञान, मन, प्राण, श्रोत्र, पृथ्वी, जल, वायु, आकाश, तेजस्, अतितेजस्, काम, अकाम, क्रोध, अक्रोध, धर्म और अधर्म इत्यादि सब कुछ लेकर निर्गत होता है। यह जैसा करता है, वैसा ही फल पाता है ('वृहदारण्यक', 4-4-5)। इसका अर्थ यह हुआ कि आत्मा के साथ-ही-साथ समस्त धर्माधर्म तथा तन्मात्रगत बँधे होते हैं। ('सांख्यकारिका', 40) में करीब-करीब इन सभी बातों को एक शब्द में 'लिंग-शरीर' कहा गया है। बताया है कि प्रकृति के विकार-स्वरूप तेईस तत्त्वों में अन्तिम पाँच तो अत्यन्त स्थूल हैं, बाकी अठारहों तत्त्व मृत्यु के समय पुरुष के साथ-ही-साथ निकल जाते हैं। जब तक पुरुष ज्ञान प्राप्त किये बिना मरता है, तब तक ये तत्त्व उसके साथ-साथ लगे होते हैं। अब, यह तो स्पष्ट ही है कि इन अठारह तत्त्वों में से प्रथम तेरह अर्थात् बुद्धि, अहंकार, मन और दसों इन्द्रिय तो प्रकृति के गुणमात्र हैं, उनकी स्थिति के लिए किसी ठोस आधार की जरूरत है। वे बिना आधार रह ही नहीं सकते। वस्तुत: पंचतन्मात्रों को मृत्यु के समय आत्मा का अनुसरण करते जो बताया गया है, वह इसीलिए कि वे तन्मात्र उक्त तेरह तत्त्वों को वहन करने का सामर्थ्य रखते हैं—ये अपेक्षाकृत ठोस हैं। जब तक मनुष्य जीता होता है, तब तक तो उसका स्थूल शरीर इन गुणों का आश्रय होता है, पर जब वह मर जाता है तब पंचतन्मात्र ही इन गुणों के वाहक होते हैं ('सांख्यकारिका', 41)। उपनिषदों में इसी बात को और ढंग से कहा गया है। इनके अनुसार प्रकृति या माया कोई स्वतंत्र वस्तु नहीं है, केवल ब्रह्म या आत्मा का ही नाम रूपात्मक स्वरूप है। बदलनेवाली वस्तु

नाम और रूप है और स्थिर शाश्वत वस्तु आत्मा है, ठीक उसी प्रकार जिस प्रकार हार, अँगूठी, कंकण आदि में बदलनेवाली वस्तु नाम और रूप है, पर स्थिर वस्तु सोना है। नाम-रूप का आवरण सर्वत्र एक-सा ही नहीं है। कहीं वह गाढ़ा है, कहीं पतला। इसके भी नाना स्तर हैं। जड़ है, चेतन है; फिर चेतन की भी लाखों योनियाँ हैं। इन सब योनियों में मनुष्य-योनि श्रेष्ठ है। आत्मा के दो आवरण हैं। पहला आवरण तो शुक्र-शोणित-निर्मित शरीर है। इसी को उपनिषदों में अन्नमय-कोष कहा गया है। दूसरा आवरण अधिक सूक्ष्म है। उसमें क्रमशः प्राणमय, मनोमय, ज्ञानमय और आनन्दमय कोष हैं ('तैत्तिरीय', 2, 1, 5, 3, 2, 6)। इसका अर्थ यह है कि स्थूल शरीर की अपेक्षा प्राण सूक्ष्म है, उनकी अपेक्षा मन, उनकी अपेक्षा बुद्धि और इन सबकी अपेक्षा सूक्ष्म आत्मा है। भगवान ने 'गीता' में कहा है कि इन्द्रियगण पर (सूक्ष्म) हैं, पर इनसे भी सूक्ष्म मन है और उससे भी सूक्ष्म बुद्धि है और इस बुद्धि से भी सूक्ष्म जो कुछ है, वही वह (आत्मा) है ('गीता', 3, 42)। स्थूल अन्नमय कोष को छोड़कर बाकी जो सब कोष हैं उन्हें, इन्द्रियों और पंचतन्मात्रों को वेदान्ती लोग सूक्ष्म या लिंग-शरीर कहा करते हैं।[1] जब मनुष्य के बाद स्थूल देह से आन्मा का विच्छेद हो जाता है, तब भी लिंग-शरीर से उसका छुटकारा नहीं होता। 'गीता' में कहा गया है कि आत्मा उसी प्रकार प्रकृतिस्थ मन और पाँच ज्ञानेन्द्रियों को खींचकर अपने साथ ले जाता है, जिस प्रकार वायु पुष्पादि आश्रय में गन्ध को ('गीता', 15, 7-8)। इस प्रकार शास्त्रकारों का सिद्धान्त है कि मृत्यु के बाद आत्मा के साथ-ही-साथ एक लिंग-शरीर जाता है, जो समस्त कर्मफलात्मक संस्कारों को साथ ले जाता है। इस लिंग-शरीर में जिन अठारह तत्त्वों का समावेश है, उनमें बुद्धि-तत्त्व ही प्रधान है। वेदान्ती लोग जिसे 'कर्म' कहते हैं, उसी को सांख्यवादी बुद्धि का 'व्यापार', 'धर्म' या 'विकार' कहते हैं। इसी को 'सांख्यकारिका' में 'भाव' कहा गया है। जिस प्रकार फूल में गन्ध और कपड़े में रंग लगा रहता है उसी प्रकार यह 'भाव' लिंग-शरीर में लगा रहता है ('सांख्यकारिका' 40)।

यह कह सकना कठिन है कि यह जगत् कब उत्पन्न हुआ था अर्थात् इस नाम रूपात्मक जड़-जगत् की स्थिति कब से है। यह अनादि है, इसलिए यह कर्म-प्रवाह भी अनादि है। 'वृहदारण्यक' उपनिषद् में नाम और रूप के साथ कर्म की भी

---

1. वेदान्त में कई प्रकार से यह बात बताई गई है। कहीं इसके ये सत्रह अवयव बताए गए हैं : पाँच ज्ञानेन्द्रियाँ, पाँच कर्मेन्द्रियाँ, बुद्धि, मन और पाँच प्राण ('वेदान्त-सार', 13)। फिर आठ पुरियों का उल्लेख है। यह पुर्यष्टक ही लिंग-शरीर बताया गया है। आठ पुरियाँ ये हैं : (1) पाँच ज्ञानेन्द्रिय, (2) पाँच कर्मेन्द्रिय, (3) मन, बुद्धि, अहंकार, चित्त, (4) प्राण, (5) पाँच भूत-सूक्ष्म या तन्मात्र, (6) अविद्या, (7) काम, (8) कर्म (सुरेश्वराचार्य का 'पंचीकरण वार्तिक' 32-37)। इसका और अन्य विधानों का सामंजस्य रामतीर्थ-लिखित 'वेदान्तसार' (13) की विद्वन्मनोरंजनी टीका में देखना चाहिए।

गणना है ('वृहदारण्यक', 1, 6-1)। वेदान्ती लोग यद्यपि इसे सांख्यवादियों की भाँति स्वतंत्र तत्त्व नहीं मानते, तथापि कर्म-प्रवाह को तो अनादि मानते ही हैं। आत्मा को जब अपनी और प्रकृति या माया की वास्तविक सत्ता का ज्ञान हो जाता है, तभी वह कर्म-बन्ध से मुक्त हो जाता है। भगवान ने 'गीता' में कहा है कि ज्ञान की अग्नि समस्त कर्मों को भस्मसात् कर देती है और ज्ञान से बढ़कर कोई वस्तु पवित्र नहीं है (गीता', 4-37-28)। उपनिषदों में ब्रह्म को सत्य-स्वरूप और आनन्द-स्वरूप कहा गया है। ('तैत्तिरीय', 3, 1; 'वृहदारण्यक', 3-6-22)। ऐसा मानने के कारण समूचा हिन्दू-साहित्य ज्ञान को एक विशेष दृष्टिकोण से देखता है। वह यह नहीं मानता कि ज्ञान की प्राप्ति में मनुष्य नित्य अग्रसर होता जा रहा है, उसकी दृष्टि में चरम ज्ञान अपने-आपमें ही है। यद्यपि ज्ञान अनन्त है, पर उनका अपना वास्तविक रूप भी वैसा ही है। इसलिए चरम और अनन्त ज्ञान को पाना असम्भव तो है ही नहीं, उसके साध्य के भीतर ही है। हिन्दू-साहित्य में इसीलिए नित्य नवीन ज्ञान के अनुसन्धान के प्रति एक प्रकार की उदासीनता का भाव है। वह उस विद्या को विद्या ही नहीं मानता जो मुक्ति का कारण न हो,[1] जो मनुष्य को कर्म-बन्धन से छुटकारा न दिला दे। इस बात ने भी सारे हिन्दू-साहित्य को प्रभावित किया है।

शास्त्रकारों ने कर्म को समझने के लिए कई प्रकार के भेद किये हैं। 'मनुस्मृति' में कहा गया है कि कायिक, वाचिक और मानसिक—ये तीन प्रकार के कर्म हैं और उनकी गति भी उत्तम, मध्यम और अधम भेद से तीन प्रकार की होती है ('मनु'., 12-3)। शातातप ने सैकड़ों प्रकार के पापों, उनके फलस्वरूप प्राप्त होनेवाले रोगों का उल्लेख किया है और उनके प्रायश्चित्त का भी विधान किया है। पुराणों में कर्मविपाक के विषय में बहुत कुछ कहा गया है। 'गरुड़पुराण' में विस्तृत रूप से अनेक कर्म और तज्जन्य प्राप्त फलों का उल्लेख है। शास्त्रों में साधारणत: तीन प्रकार के कर्म बताए गए हैं : संचित, प्रारब्ध और क्रियमाण। मनुष्य ने जो कुछ कर्म किया है, उसे 'संचित कर्म' कहते हैं। जिस पुराने कर्म के फल को वह भोग रहा है उसे 'प्रारब्ध कर्म' कहते हैं। जो कुछ वह नये सिरे से करने जा रहा है, उसे 'क्रियमाण कर्म' कहते हैं। ज्ञान होने पर संचित तो नष्ट हो जाते हैं, पर प्रारब्ध कर्म को भोगना ही पड़ता है। ज्ञान की अग्नि से संचित कर्म जलकर दग्ध बीज की तरह निष्फल हो जाते हैं और ज्ञानी प्रारब्ध कर्मों के संस्कारवश उसी प्रकार शरीर धारण किये रहता है, जैसे कुम्हार का चलाया हुआ चक्र दंड उठा लेने पर भी वेगवश कुछ देर चलता रहता है ('सांख्यकारिका', 67)। इन बातों में स्वर्ग और नरक के विचार भी सम्मिलित हैं। कर्मबन्ध के दार्शनिक रूप के साथ स्वर्ग-नरक के पौराणिक विचारों का सामंजस्य भी किया गया है। साधारणत: पुण्य कर्म से आत्मा का कुछ दिन तक स्वर्ग में रहना और फिर पुण्य क्षीण होने पर मर्त्यलोक में आ

1. सा विद्या या विमुक्तये।

जाना ('गीता', 9, 20-21) और इसी तरह पाप-भोग के लिए कुछ दिन नरक में जाना और भोग लेने के बाद फिर मर्त्यलोक में आ जाने की बात भी कही गई है। सांख्यकारिका में बताया गया है ('सा.', 41) कि धर्म (पुण्य) के द्वारा ऊर्ध्वगमन, अधर्म (पाप) के द्वारा अधोगमन होता है। ज्ञान से मोक्ष और अज्ञान से बन्धन होता है। 'महाभारत' में एक विचित्र बात बताई गई है। (स्वर्गारोहण पर्व, 3, 14) कि जो आदमी अधिक पुण्यशाली होता है, वह पहले अपने स्वल्प पापों को भोगने के लिए नरक में जाता है और फिर स्वर्ग में; और जो आदमी अधिक पापी होता है, वह इसी प्रकार अपने स्वल्प पुण्यों को भोगने के लिए पहले स्वर्ग में जाता है और फिर नरक में। कुछ विद्वानों का विचार है कि स्वर्ग-नरक-विचार और मोक्ष-विचार, ये दोनों दो जाति के भारतीय मनीषियों की चिन्ता के परिचायक हैं। पहले विचार वैदिक ऋषियों के हैं और दूसरे वेद-बाह्य आर्येतर मुनियों के। उपनिषद् काल में ये दोनों विचार मिलने शुरू हुए और काव्य-काल में पूर्ण रूप से मिलकर एक जटिल परलोक-व्यवस्था में परिणत हो गए।

यह त्रिगुणात्मिका प्रकृति ही माया है। पर जो माया चैतन्य-रूप ब्रह्म को ईश्वर-रूप में प्रकट करती है वह सत्त्व-गुण-प्रधान है, अर्थात् उसमें रजोगुण और तमोगुण का प्राय: अभाव है। कुछ वेदान्ती आचार्य प्रकृति को दो प्रकार की मानते हैं : विशुद्ध सत्त्वप्रधान और अविशुद्ध सत्त्वप्रधान। पहली को 'माया' कहते हैं, दूसरी को 'अविद्या'। पहली ईश्यर की उपाधि है, दूसरी जीव की ('पंचदशी' 1, 15-16)। इसीलिए कहा जा सकता है कि माया ही संसार को चला रही है, क्योंकि मायोपाधिक चैतन्य ही ईवर है। इसी भाव को लक्ष्य करके कबीरदास ने कहा था कि यह रघुनाथ की माया ही है जो शिकार खेलने निकली है और साम्प्रदायिक जालों में फँसाकर मुनि, पीर, जैन, जोगी, जंगम, ब्राह्मण और संन्यासी को मार रही है।[1] स्पष्ट ही प्रतीत होता है कि कबीरदास का यहाँ 'रघुनाथ' से तात्पर्य वेदान्तियों के परब्रह्म से है। परन्तु कबीरदास के पदों से जान पड़ता है कि उन्होंने 'माया' को 'अविद्या' से अलग करके नहीं देखा। वेदान्त-ग्रन्थों में माया और अविद्या की एकात्मकता के पोषक वाक्य बहुत-से मिल सकते हैं। सो माया ही कबीरदास के मत से जीवों को

---

1. *तू माया रघुनाथ की खेलणा चली अहेड़े।*
चतुर चिकारे चुणि चुणि मारे कोई न छोड्या नेड़े।
मुनिवर पीर दिगम्बर मारे जतन करंता जोगी।
जंगल-महि के जंगम मारे तूँर फिरै वलवन्ती।
वेद पढ़ंता ब्राह्मण मारा सेवा करता स्वामी।
अरथ करंता बिसर पछाड्या तूँर फिरै मैमंती॥
साषित कै तूँ हरता-करता हरिभगतन की चेरी॥
दास कबीर राम कै सरने ज्यूँ लागी त्यूँ तोरी॥ —'क. .ग्र', पद 187

भरमा रही है। वही उन्हें भी भुलवाने पहुँची थी। कबीर ने होशियारी से जवाव दिया था कि 'माया बहन, तू यहाँ से चली जा, कबीर फँसनेवाला जीव नहीं है। तुझे तो पाट-पटम्बर चाहिए और बेचारा कबीर कमीनी जाति का जुलाहा है।' माया सहज ही छोड़ने की नहीं। उसने जवाब दिया, "भई मैं तो अपना काम करती ही जाऊँगी। अपने साहब को मुझे लेखा तो देना ही पड़ेगा।" कबीर बोले, "माया रानी, पत्थर नहीं भीज सकता। कबीर नहीं डिगेगा। जिस मच्छ की तू मच्छी है वह मेरा रखवाला है। जरा भी तेरी ओर नजर डालूँ तो वह नाराज हो जाए। तू और जगह जा।"[1]

और भी आगे बढ़कर कबीर-पन्थ में एक और अध्याय जोड़ा गया था। निरंजन-विषयक विचार हम देख चुके हैं। माया इसी निरंजन की शक्ति है। ब्रह्मांड में जो माया है, पिंड में वही कुंडलिनी है। कुंडलिनी का ही नाम माया है, आद्याशक्ति है, नागिन है, ठगिनिया है और भी कई नाम हैं। इसी नागिन का फुफकार प्रणव है। इसी तरह ब्रह्मांड में जो वस्तु निरंजन है, वही पिंड में मन है। इसी को 'नाग' कहते हैं। इसी 'नाग' और 'नागिन' ने मिलकर यह सारा प्रपंच खड़ा किया है। इसी नागिन की जहरीली फुफकार जो प्रणव है उसकी उपासना में दुनिया भटक रही है। इन्हें जो मार सकता है वही विजयी होता है ('कबीर मंसूर', पृ. 625)।

जैसा कि ऊपर कहा गया है, यह कबीर-पन्थ का नया अध्याय है, क्योंकि कबीरदास के पदों में ओंकार या प्रणव की महिमा खूब गाई गई है। 'ज्ञान-चौतीसा' के आरम्भ में ही जो यह बताया गया[2] है कि ओंकार का जप तो सभी करते हैं, पर उसका मर्म बिरला ही कोई जानता है, उसका सीधा-सादा अर्थ यही है कि लोग बिना समझे-बूझे, ऊपरी मन से या दिखावे के लिए इसका जाप करते हैं। पर इस पद के साम्प्रदायिक व्याख्याकार 'मर्म' शब्द का दूसरा ही अर्थ कर लेते हैं। 'मर्म' का वास्तविक अर्थ महिमा नहीं, बल्कि वास्तविक 'जहरीलापन' है! टीकाकार क्या नहीं कर सकते?

कबीरदास ने माया के सम्बन्ध में जो कुछ कहा है, वह वस्तुत: वेदान्त द्वारा निर्धारित अर्थ में ही। खूब सम्भव है कि कबीरदास ने भक्ति-सिद्धान्त के साथ ही माया सम्बन्धी उपदेश भी रामानन्दाचार्य से ही पाया था, इसीलिए वे बराबर भक्त को मायाजाल से अतीत समझते हैं। यहाँ इतना और कह रखा जाए कि कबीरदास के 'निर्गुण ब्रह्म' में 'गुण' का अर्थ सत्त्व, रज आदि गुण हैं, इसलिए 'निर्गुण ब्रह्म' का अर्थ वे निराकार निस्सीम आदि समझते हैं, निर्विषय नहीं।

ऊपर की चर्चा पर से यदि किसी नतीजे तक पहुँचा जा सकता है तो वह यही है कि (1) आचार्य रामानन्द ने अपने शिष्यों को किसी वेदान्तिकवाद का बन्धन

1. 'क. ग्रं.', पद 270
2. *वो ॐकार आदि जो जानै। लिखिकै मेटै ताहि सो मानै॥*
वो ॐकार कहै सब कोई। जिन्हि वह लखा सो बिरलै होई॥ —'बीजक', 'ज्ञानचौतीसा'

नहीं लगाया था। वे स्वयं यद्यपि विशिष्टाद्वैतवादी थे, पर अद्वैतवादी भक्तिग्रन्थों को बड़े सम्मान की दृष्टि से देखते थे। उनके लिए भक्ति ही बड़ी चीज थी, फिर चाहे वह निर्गुण की हो या सगुण की, द्वैत-भाव से हो या अद्वैत-भाव से। (2) उनकी उपदिष्ट भक्ति भिन्न-भिन्न रुचि, विद्या और संस्कारवाले शिष्यों में नाना रूप में प्रकट हुई; और (3) कबीरदास के पदों से, जैसा कि हम देखेंगे, एकेश्वरवाद, विशिष्टाद्वैतवाद, अद्वैतवाद, द्वैताद्वैतविलक्षणवाद आदि कई परस्परविरोधी मतों के समर्थन हो सकते हैं पर इस विरोध का कारण कबीरदास के विचारों की अस्थिरता नहीं है बल्कि यह है कि वे भगवान को अनुभवैकगम्य और निखिलातीत तथा समस्त ऐश्वर्यों और विभूतियों का आधार समझते थे। इसलिए लौकिक दृष्टि से जो बातें परस्पर विरोधी दीखती हैं, अलौकिक भगवत्स्वरूप में सब घट जाती हैं। यह बात भक्ति की दुनिया में नई नहीं है। भक्त लोग एक ही साथ भगवान के लिए कई परस्पर विरोधी विशेषणों का व्यवहार करते हैं। 'लघुभागवतामृत' (पृ. 317) में बताया गया है कि प्राकृत विशेषणों से भगवान के अचिन्त्य रूप का बोध दुष्कर है। यही कारण है कि उनमें ऐसे अनेक विशेषणों का प्रयोग किया जाता है जो लौकिक दृष्टि से परस्पर विरोधी जँचते हैं। इस अन्तिम बात की विवेचना करने का अवसर हम आगे के अध्याय में भी पाएँगे।

निर्गुण राम

कई बार कबीरदास के आलोचकों ने आश्चर्य प्रकट किया है कि उन्होंने निर्गुण राम की उपासना कैसे वताई। वेदान्त-ग्रन्थों में ब्रह्मज्ञान के कई प्रकार के अधिकारी बताए गए हैं। उत्तम अधिकारी ब्रह्म के चैतन्यमन स्वरूप की उपलब्धि करके जीते-ही-जीते मुक्त हो जाता है, अर्थात् ज्ञान प्राप्त होने के बाद यद्यपि उसका शरीर कुछ दिनों तक आहार, निद्रा आदि विकारों का वशवर्ती रहता है पर वस्तुत: उसका आत्मा छुटकारा पा गया होता है। जिस प्रकार कुम्हार का चक्का डंडे के घूर्णन-वेग के हटा लेने पर भी पुराने वेग के कारण कुछ और देर तक घूमता है उसी प्रकार जीवन्मुक्त का शरीर कुछ और काल तक चलता रहता है, पर असल में उसका आत्मा मुक्त हो गया होता है। "जाग्रत, स्वप्न और सुषुप्ति इन तीन अवस्था-रूप जो माया है वही त्रैलोक्य का कारण है। जो कुछ दिख रहा है वह सभी इस माया के कारण। किन्तु, परब्रह्म के दर्शन के बाद माया की मरीचिका जाती रहती है और जगत् असत्य भासने लगता है। सकल-वस्तु-स्वरूप वह परब्रह्म नाम-रूप और क्रिया से रहित है। किन्तु जो इस जगत् की माया के बल से सृष्टि करता है वह ईश्वर है। वही ईश्वर सब कुछ में प्रविष्ट हो रहा है" ('आत्मज्ञान' 4-5)। उत्तम अधिकारी इस तत्त्व को शम-दम-नियम-संयमादि के अभ्यास के द्वारा आयत्त कर लेता है ('पंच.' 9-20), परन्तु बुद्धि की अत्यन्त मन्दता के कारण या साधनों के अभाववश जो व्यक्ति उत्तम अधिकारी नहीं हो सकता, वह क्या करे? क्या वह सगुण की ही उपासना करे और 'परं निर्गुण ब्रह्म' की आशा छोड़ दे? 'पंचदशी' में विद्यारण्य स्वामी ने उत्तर में कहा है कि नहीं : वह निर्गुण तत्त्व की उपासना करे। यदि कहो कि जो वाणी और मन के गोचर है ही नहीं उसकी उपासना कैसे हो सकती है, तो उलटे तुम्हीं से प्रश्न किया जा सकता है कि जो वस्तु वाणी और मन के परे है, अर्थात् जिस तक न तो वाणी पहुँच पाती है और न मन, उसका अनुभव भी तो सम्भव नहीं है, उसको जान लेना भी तो सम्भव नहीं दीखता। फिर यदि यह सम्भव है तो उपासना क्यों सम्भव नहीं है?[1] विद्यारण्य स्वामी के कथन में

1. *अन्यंतबुद्धिमान्द्याद्वा सामग्रया वाप्यसम्भवात्।*
यो विचारं न लभते ब्रह्मैवोपासीत् सोऽनिशम्॥ →

ही कबीर के आलोचकों का उत्तर पाया जा सकता है, क्योंकि उन्होंने अत्यन्त स्पष्ट भाषा में कहा है कि निर्गुण ब्रह्मत्व की उपासना असम्भव नहीं है (9, 55)।

कुछ साम्प्रदायिक पंडितों की ओर में इस प्रकार के 'रहस्योद्घाटन' का दावा किया गया है कि सन्त-मत के प्रवर्तक आदिगुरु कबीर साहब के विचार हैं कि जो मन्दाधिकारी सत्त्वशुद्धि के अभाव से आत्म-विचार नहीं कर सकता, वह निर्गुण ब्रह्मोपासना भी नहीं कर सकता, क्योंकि महाकाव्यजन्य परोक्षज्ञान से होनेवाली ब्रह्मोपासना मन की कल्पना है। इस कारण उससे हृदय के विकार अहंकारादि की निवृत्ति नहीं हो सकती, प्रत्युत महाअहंकार की उत्पत्ति होती है जो कि वासनावाले मन्दाधिकारियों को हानि पहुँचा सकती है। जो हृदय वासना-पंकिल है, उसमें ब्रह्मदेव की प्रतिष्ठा किस प्रकार हो सकती है? अत: विकारों को दूर करने के लिए भी विषयानित्यता और परिणाम-विरसता (अर्थात् विषय अनित्य है और परिणाम में विरस है) इत्यादिक विचार ही उपयुक्त हैं।...कामनादिक विकारवाले पुरुष पूर्वोक्त विचार के बिना ब्रह्मोपासना से आत्मसाक्षात्कार नहीं कर सकते, अत: विकार-निवृत्ति के लिए विचार करने की अनुमति सद्गुरु ने इस प्रकार दी है :

करु विचार जिहि सब दुख जाई। परिहरि झूठा केर सगाई॥

और

भव अति गरुआ दुख-करि भारी। करु जिय जतन जो देखु बिचारी॥

तथा

खरा-खोट जिन्ह नहिं परखाया। चहत लाभ तिन्ह मूल गँवाया॥

इत्यादि।

वस्तुत: यम-नियमादि अनुष्ठानपूर्वक किये जानेवाले संसारानित्यादि विचार से सत्त्व-शुद्धि हो जाने पर ब्रह्मोपासना की आवश्यकता नहीं रहती।[1]

→ *निर्गुण ब्रह्मतत्त्वस्य न ह्यपास्तेरसम्भव:।*
सगुण ब्रह्मणीवात्र प्रत्ययावृत्तिसम्भवात्॥
अवाङ्गनसगम्यं तन्नोपास्यमिति चेत्तदा।
अवाङ्गनगम्यस्य वेदन न च सम्भवेत्॥
वागाद्यगोचराकारमित्येवं यदि वेत्त्यसौ।
वागाद्यगोचराकारामित्युपासीत नो कुत:॥ —'पंच.', 9, 54-57

1. 'विचार.', पृ. 21-23

इस प्रसंग में विद्यारण्य स्वामी के इस मत पर शंका प्रकट की गई है :

यावच्चिन्त्यस्वरूपत्वाभिमान: स्वस्य जायते।
तावद्विचिन्त्य पश्चाच्च तथैवामृति धारयेत्।[1] —'पंच.', 9-78

इस देश में विद्यारण्य स्वामी के भक्तों और समर्थकों की कमी नहीं है। वे विद्वान और समर्थ भी हैं। निश्चय ही वे इस शंका का जवाब दे लेंगे। हमें यहाँ उस उलझन में पड़ने की कोई जरूरत नहीं है। पर कबीरदास के नाम पर प्रचलित पदों और साखियों का सीधा-सादा अर्थ करने पर हम इस नतीजे पर पहुँचते हैं कि निस्सन्देह कबीरदास ने आत्म-विचार को बहुमान दिया है, पर जो लोग उसके अधिकारी नहीं हैं उनके लिए 'निर्गुण राम' के जपने का उपदेश भी दिया है। निर्गुण राम के जप का अर्थ वही है जो महावाक्यों के चिन्तन का अर्थ है। नाम-जप का महावाक्य-चिन्तन से इतना अन्तर जरूर है कि नाम-जप करनेवाला जहाँ विचार से बिलकुल शून्य रह सकता है, वहाँ महावाक्यों का मनन करनेवाला किसी-न-किसी कोटि के विचार में लगा ही रहेगा। महावाक्यों के स्मरण से अपने में ब्रह्मत्वाभिमान होने का मतलब ही यह है कि अपने को ब्रह्म समझते रहने का अभ्यास करना। हमने पहले ही लक्ष्य किया है कि कबीरदास 'भाई' सम्बोधन के द्वारा साधारण सांसारिक जीवों को सम्बोधन करते हैं और उसे अपना व्यक्तिगत उपदेश देते हैं—हे भाई, निर्गुण राम का जप करो। अविगति की गति लखना सहज नहीं है (तुल-अवाङ्मानसगम्यस्य वेदनं न च समवेत्—'पंच.', 9-56)। वेद और पुराण, स्मृति और व्याकरण, शेष, गरुड़ और कमला भी जिसे नहीं जान सके (उसे जानने की चेष्टा करना साहस का कार्य है) सो, कबीरदास की सलाह है कि हरि की छाया पकड़ो—उन्हीं की शरण में जाओ।[2] अरे ओं पगले, भूला-भूला क्यों फिर रहा है? कामनाओं का त्याग कर हरि का नाम जप, वही अभयपद का दाता है, कबीरा कोरी की यह बात गाँठ बाँध ले।[3]

---

1. उपनिषदों में 'मैं ही ब्रह्म हूँ' ('वृह.' 4-10) 'वह तू ही है' ('छान्दोग्य', 6-7-8) आदि महावाक्यों में ब्रह्म के साथ जीव की अभिन्नता बताई गई। यह अभिन्नता जानने की चीज है। ज्ञान में ही वह प्राप्त होती है। पर जो व्यक्ति इस ज्ञान को प्राप्त नहीं कर सका है उसके लिए यह विधान किया गया है कि वह तब तक इन महाकाव्यों का मनन करता हुआ अपने को ब्रह्म से अभिन्न समझने का प्रयन्न करता रहे जब तक कि उसे अपने में ब्रह्मत्व का अभिमान (—मानना) न हो जाए। उक्त उद्धरण में इसी विचार का विरोध किया गया है।
2. *निर्गुण राम जपहु रे भाई। अविगति की गति लखी न जाई॥*
   चारि वेद जाके सुमृत पुरानां। नौ व्याकरनां मरम न जांनां॥
   सेसनाग जाके गरुड़ समांनां। चरन-कँवला कँवला नहिं जांनां॥
   कहै कबीर जाकै भेदै नाहीं। निज जन बैठे हरि की छांहीं॥ —'क. ग्रं.', पद 49
3. *परिहरि काम रांम कहि नौरे सुनि सिख बन्धू मोरी।*
   हरिकौ नांव अभैपददाता कहै कबीरा कोरी॥ —'क. ग्रं.', पद 346

इस राम के साथ विषों का कुछ अग्नि-तृण का-सा सम्बन्ध है। यह कहना कि पहले वासनाएँ हट जाएँ तभी राम आएँगे, तो 'वासना-पंकिल हृदय में ब्रह्मदेव की प्रतिष्ठा' सम्भव नहीं है, विषयों को राम से जबरदस्त समझने के समान है। कम-से-कम कबीरदास वासना को राम की अपेक्षा जबरदस्त मानने को तैयार नहीं थे। एक बार उनके राम—उनके निर्गुण ब्रह्म जिसके हृदय में आ जाते हैं, वह अनायास ही मति-बुद्धि पा जाता है। लालच और विषय-रस में आपादमस्तक डूबे हुए व्यक्तियों में वे ललकारते हुए कहते हैं कि 'भाई, तरे वही जिन्होंने राम-रस का आस्वादन किया। बकवादी तो डूब मरे, क्योंकि उन्होंने राम को कभी याद ही नहीं किया।[1] ए मेरे मन, तू अविनाशी हरि का भजन कर। उन्हें छोड़कर और कहीं न जा। अगर तू विषय-रूप दीप के पास फिर रहा है तो निश्चय मान कि तू पतिंगा होकर जल जाएगा। जिस प्रकार भ्रमरी के ध्यान में मगन कीट खुद भी भ्रमरी बन जाता है, उसी प्रकार तू राम-नाम में ऐसी लौ लगा कि स्वयं राममय हो जा (तुल.—'पंचदशी', 9-78)। देख भाई, यह संसार बड़ा गुरु-गम्भीर है, इस संसार-सागर में चारों ओर विकार की लहरें तरंगायित हो रही हैं, तुझे आर-पार कुछ भी नहीं सूझता। अरे ओ मेरे मनसाराम इच्छा के इस अपार भवसागर के लिए एकमात्र नैया राम है। बाबा, उसी की शरण जा, फिर देख यह महान संसार-समुद्र बछड़े के खुर के समान छोटा हो जाता है कि नहीं।[2]

राम के इस परम प्रसाद और अनुग्रह की याद दिलानेवाले पद में क्या यही कहा गया है कि वासना-पंकिल हृदयवाला मन्दाधिकारी, जिसे विशाल भव-समुद्र में आर-पार कुछ भी नहीं दिखाई दे रहा, जो चारों ओर तरंगायित विषयवीचि को देखकर हतबुद्धि हो रहा है, निर्गुण उपासना का पात्र नहीं है? बल्कि उलटे इस पद में क्या यह नहीं बताया गया कि अज्ञानपूर्वक ध्यान करने से भी आदमी परमपद पा लेता है? आखिर कीट-भ्रमरी का प्रसिद्ध उदाहरण इसी बात को बताने के लिए

---

1. *रसनां रांम गुन रमि रस पीजै। गुन अतीत निरमोलिक लीजै॥*
निरगुन ब्रह्म कथौ रे भाई। जा सुमिरत सुधि-बुधि-मति पाई॥
विष तजि राम न जपसि अभागे। का बूड़े लालच के लागे॥
ते सब तिरे रांमरसस्वादी। कहै कबीर बूड़े बकवादी॥ —'क ग्रं.', पद 375

2. *अब कछु राम नाम अविनासी। हरि तजि जियरा कतहुँ न जासी॥*
जहाँ जाहु तहाँ होहु पतंगा। अब जनि जरहु समुझि विष संगा॥
राम-नाम लौ लाय सुलीन्हा। भ्रिंगी कीट समुझि मन दीन्हा॥
भव अति गरुआ दुख करि भारी। करि जिय जतन जु देखु बिचारी॥
मन की बात है लहरि बिकाग। तुहि नहिं सूझै वार न पारा॥
साखी-इच्छा के भव-सागरैं, वोहित राम आधार।
कहे कबीर हरि-सरन गहु गोबछ-खुर-विस्तार॥ —'बीजक,' रमैनी 20

ही तो प्रयुक्त होता है। फिर यह क्या आश्चर्य का विषय नहीं है कि इस पद को उपासना के प्रत्याख्यान में प्रमाणस्वरूप पेश किया गया है? कबीरदास ने राम-नाम की अपरम्पार महिमा-वर्णन के प्रसंग में द्विधारहित भाषा में कहा है कि गणिका और अजामिल जैसे अज्ञानी पापी भी पार हो गए।[1]

परन्तु यह राम या हरि कौन है? परंब्रह्म, अपरंब्रह्म ईश्वर या और कुछ? इसमें तो कोई सन्देह नहीं कि हरि, गोविन्द, राम, केशव, माधव आदि पौराणिक नामों को कबीरदाम क्वचित् कदाचित् ही सगुण अवतार के अर्थ में व्यवहार करते हैं। एकदम नहीं करते, ऐसा नहीं कहा जा सकता। पर जब वे अपने परम उपास्य को इन नामों से पुकारते हैं तो सगुण अवतारों से उनका मतलब नहीं होता। उनका 'अल्लाह' अलख निरंजन देव है जो सेवा से परे है; उनका 'विष्णु' वह है जो संसाररूप में विस्तृत है; उनका 'कृष्ण' वह है जिसने संसार का निर्माण किया है; उनका 'गोविन्द' वह है जिसने ब्रह्मांड को धारण किया है; उनका 'राम' वह है जो सनातन तत्त्व है : उनका 'खुदा' वह है जो दस दरवाजों को खोल देता है, 'रब' वह है जो चौरासी लाख योनियों का परवरदिगार है; 'करीम 'वह है जो इतना सब कर रहा है; 'गोरख' वह है जो ज्ञान से गम्य है; 'महादेव' वह है जो मन को जानता है; 'सिद्ध' वह है जो इस चराचर दृश्यमान जगत् का साधक है; 'नाथ' वह है जो त्रिभुवन का एकमात्र यति या योगी है—जगत् के जितने साधक हैं, सिद्ध हैं, पैगम्बर हैं, वे इस एक की ही पूजा करते हैं। अनन्त हैं इसके नाम, अपरम्पार उसका स्वरूप। वही कबीरदास का भगवान है ('क. ग्रं.' पद 327)। यह राम निरंजन है, उसका रूप नहीं, रेखा नहीं, वह समुद्र भी नहीं, पर्वत भी नहीं, धरती भी नहीं, आकाश भी नहीं, सूर्य भी नहीं, चन्द्र भी नहीं, पानी भी नहीं, पवन भी नहीं, समस्त दृश्यमान पदार्थों से विलक्षण, सबसे न्यारा ('क. ग्रं.' पद 299), वह समस्त वेदों से अतीत, भेदों में अतीत, पाप और पुण्य से परे, ज्ञान और ध्यान का अविषय, स्थूल और सूक्ष्म में विवर्जित, भेख और भीख के अगम्य, डिम्भ और रूप से अतीत—अनुपम त्रैलोक्यविलक्षण परम तत्त्व है ('क. ग्रं.', पद 202)।

जैसा कि शुरू में ही कहा गया है, कबीरदास उत्तम अधिकारी के लिए इस अवाङ्मानसगोचर' परंब्रह्म की उपासना को बहुत महत्त्व नहीं देते। परन्तु वे इस बात में खूब सावधान हैं, वे बार-बार याद दिला देते हैं कि यह जो उपासना बताई जा रही है वह सगुण अवतार की नहीं है वरन् 'निर्गुण राम' की है। इस प्रसंग में कुछ वृद्ध पंडितों के विचारों की जानकारी आवश्यक है। उनके विचारों का सारांश यह है कि "निर्गुण और सगुण के विपय में जो विचार-परम्परा पुराणवादियों और वेदान्तवादियों की देखी जाती है पद-पद पर वे (कबीरदास) उसी का अनुसरण

1. *अजामल-गज-गनिका पतित करम कीन्हाँ।*
तेऊ उतरि पार गए रांम-नाम लीन्हा॥ —'क. ग्रं.', पद 320

करते दृष्टिगत होते हैं। कोई पुराण ऐसा नहीं है जिसमें परमात्मा का वर्णन इसी रूप में न किया गया हो। पुराणों का सगुणवाद जैसा प्रबल है वैसा ही निर्गुणवाद भी। वे भी वेदान्त के भावों से प्रभावित हैं और वैष्णव पुराणों में उनका बड़ा ही हृदयग्राही विवेचन है। परन्तु वे जानते हैं कि निर्गुणवाद के तत्त्वों को समझना कतिपय तत्त्वज्ञों का ही काम है, इसलिए, उनमें सगुणवाद का ही विस्तार है, क्योंकि वह बोध-सुलभ है। बिना उपासना किये उपासक सिद्धि नहीं पाता। उपासना-सोपान पर चढ़कर ही साधक उस प्रभु के सामीप्य लाभ का अधिकारी बना है जो ज्ञान-गिरा-गोतीत है। उपासना के लिए उपास्य की प्रयोजनीयता अविदित नहीं। यदि उपास्य अचिन्तनीय अव्यक्त है अथवा ज्ञान का विषय नहीं, तो उसमें भावों का आरोप नहीं हो सकता। ऐसी अवस्था में भक्ति किसकी होगी? प्रेम किससे किया जाएगा? और किनके गुणों का मनन-चिन्तन करके मनुष्य अपनी आत्मा को उन्नत बना सकेगा? इन्हीं बातों पर दृष्टि रखकर परमात्मा के सगुण रूप की कल्पना है। जो यह समझता है कि बिना सगुणोपासना किये हम परमात्मा के निर्गुण-स्वरूप का ज्ञान प्राप्त कर लेंगे वह उसी जिज्ञासु के समान है जो विश्वनियन्ता का तो परिचय प्राप्त करना चाहता है, किन्तु यही नहीं जानता कि विश्व क्या है। पुराण सगुण-पथ का पथिक बनकर निर्गुण प्राप्ति कराते हैं किन्तु बड़ी बुद्धिमत्ता और विवेक के साथ। यही कारण है कि मुख से निर्गुणवाद का गीत गानेवाले भी अन्त में पुराण-शैली की परिधि के अन्तर्गत हो जाते हैं। चाहे कबीर साहब हों अथवा पन्द्रहवीं सदी के दूसरे निर्गुणवादी उन सबके मार्गदर्शक गुप्त रूप से पुराण ही हैं।"[1]

विचारणीय यह है : कबीरदास के उन पदों का जिनमें उन्होंने बारम्बार 'दशरथ सुत तिहुँ लोक बखाना। राम नाम कर मरम है जाना।'—जैसी बातें कहकर पुराणप्रतिपादित सगुण ब्रह्म का प्रत्याख्यान करना चाहा है। क्या ऐसा अर्थ भी लगाया जा सकता है कि मुँह से विरोध करते रहने पर भी कबीरदास असल में पुराण-विरोधी नहीं थे? तुलसीदास जी ने ऐसा नहीं समझा था। रामचरितमानस में 'दशरथ-सुत' वाली उक्ति उद्धृत करके ही उन्होंने उसका सीधी भाषा में प्रत्याख्यान किया है। उनके मत से इस प्रकार कथन करनेवाले वेद और पुराण-प्रतिपादित सद्धर्म के जाननेवाले नहीं थे। बालकांड में पार्वती ने शिव से पूछा :

राम सो अवध नृपति-सुत सोई। की अज अगुण अलख गति कोई॥
जो नृप तनय तो ब्रह्म किमि, नारिबिरह मति भोरि।
देखि चरित महिमा सुनत, भ्रमति बुद्धि अति मोरि॥ 108॥

इसके उत्तर में गोस्वामी तुलसीदास जी ने शिवजी के मुख से जो उत्तर दिलवाया है, वह ध्यान से सुनने लायक है :

1. 'हि.भा. सा. वि.', पृ. 199-200

एक बात नहि मोहि सुहानी। जदपि मोहबस कहे भवानी॥
तुम्ह जो कहा राम कोउ आना। जेहि श्रुति गाव धरहिं मुनि ध्याना॥
कहहिं-सुनहिं अस अधम नर, ग्रसे जे मोह पिसाच।
पाषंडी हरिपद-बिमुख, जानहिं झूठ न साँच॥ 114॥
अग्य अकोबिद अन्ध अभागी। काई विषय मुकुर-मन लागी॥
लम्पट कपटी कुटिल बिसेखी। सपनेहु सन्त-सभा नहिं देखी॥
कहहिं ते वेद-असम्मत बानी। जिन्हके सूझ लाभु नहिं हानी॥
मुकुर मलिन अरु नयनबिहीना। रामरूप देखहिं किमि दीना॥
जिन्हके अगुन न सगुन विवेका। जल्पहिं कल्पित वचन अनेका॥
हरिमाया बस जगत भ्रमाहीं। तिन्हहिं कहत कछु अघटित नाहीं॥
बातुल भूत-बिबस मतवारे। ते नहिं बोलहिं बचन बिचारे॥
जिन्ह कृत महामोह-मद पाना। तिन्ह कर कहा करिअ नहिं काना॥
अस निज हृदय बिचारि, तजि संसय भजु रामपद।
सुनु गिरिराज कुमारि, भ्रमतम-रविकर वचन मन॥ 115॥

× × ×

राम सच्चिदानन्द दिनेसा। नहिं तहँ मोहनिसा लवलेसा॥
सहज-प्रकास-रूप भगवाना। नहिं तहँ पुनि बिग्यान बिहाना॥
हरख-विषाद ज्ञान-अज्ञाना। जीव-धर्म अहमिति-अभिमाना॥
राम ब्रह्म-व्यापक जग जाना। परमानन्द परेस पुराना॥
पुरुष प्रसिद्ध प्रकास-निधि, प्रकट परापरनाथ॥
रघुकुल-मनि मम स्वामि सोइ, कहि सिव नायेउ माथ॥

× × ×

एहि विधि जग हरि-आश्रित रहई। जदपि असत्य देत दुख अहई॥
जो सपने सिर काटै कोई। बिनु जागैं दुख दूर न होई॥
जासु कृपा अस भ्रम मिटि जाई। गिरिजा सोइ कृपालु रघुराई॥
आदि-अन्त कोउ जासु न पावा। मति-अनुमानि निगम अस गावा॥
बिनु पद चलइ सुनइ बिनु काना। कर बिनु करम करइ बिधि नाना॥
आननरहित सकल-रस-भोगी। बिन बानी बकता बड़ जोगी॥
तन बिनु परस नयन बिनु देखा। ग्रहइ घ्रान बिनु बास असेखा॥
अस सब भाँति अलौकिक करनी। महिमा जासु जाइ नहिं बरनी॥
जेहि इमि गावहिं वेद बुध, जाहि धरहिं मुनि ध्यान।
सोइ दसरथ-सुत भगतहित, कोसलपति भगवान॥ 118॥

इस उद्धरण के मोटे टाइप के शब्दों पर ध्यान देकर देखा जाए तो कोई सन्देह नहीं रह जाता कि तुलसीदास के मन में 'दशरथ सुत तिहुँ लोक बखाना, राम-नाम

कर मरम है आना' वाली कबीर-पन्थियों की उक्ति ही थी। बार-बार 'दशरथ-सुत,' 'नृपसुत', 'नृपतनय', 'कोउ आना' आदि पद अचानक नहीं आ गए हैं, जान-बूझकर और सोच-समझकर ले आए गए हैं। इससे यह तो निश्चित है कि तुलसीदास जी इस मत को श्रुतिसम्मत या पुराणमार्गी नहीं मानते थे। इतना ही नहीं, वे इसे अज्ञानजन्य पाखंड ही समझते रहे। यह दूसरी बात है कि उनका समझना ठीक था या नहीं, प्रकृत प्रसंग यह है कि गोस्वामी जी ने द्विधाहीन और संकोचहीन भाषा में इस प्रकार के विचारों को वेद-पुराण-बाह्य माना है।

इस प्रकार कबीरदास के मत को वेद-पुराण-सम्मत न तो गोस्वामी जी-जैसे विरोधियों ने माना है और न उनके पक्के अनुयायी शिष्यों ने। एक के मत से यह प्रबल पाखंड था और दूसरे के मत से स्वयं वेद-पुराण ही पाखंड थे। इन उभय कोटियों में चाहे जो भी असमानता हो, इस बात में कोई सन्देह नहीं कि दोनों ही यह स्वीकार करते हैं कि वेद-पुराण में वही नहीं है जो कबीरदास ने कहा है। फिर जो लोग कबीरदास को एकदम उपनिषद का सोलह आना अनुयायी समझते हैं और घोषणा करते हैं कि "यद्यपि कबीरदास ने मुक्ति का साक्षात् साधन निर्विशेष आत्म-तत्त्वज्ञान को ही माना है तथापि परम्परा-मुक्ति के साधन सात्त्विक पूजा तथा अवतारोपासना योग-जप-तप-संयम-तीर्थ-व्रत-दानादिकों की व्यर्थता उन्होंने कहीं नहीं लिखी, किन्तु धर्मध्वजी पाखंडियों के द्वारा की हुई उनकी दुरुपयोगिता का ही खंडन किया है," वे लोग क्या कहना चाहते हैं, वे ही जानें। कबीरदास ने तो जोरदार भाषा में और साफ-साफ आचार-मात्र का प्रत्याख्यान किया है, फिर चाहे वह परम्परासमर्थित हो या व्यक्तिविशेष के उर्वर मस्तिष्क से उद्भावित।

कबीरदास के राम पुराण-प्रतिपादित अवतार नहीं थे, यह निश्चित है। वे न तो इशरथ के घर उतरे थे और न लंका के राजा का नाश करनेवाले हुए; न तो देवकी की कोख से पैदा हुए थे और न यशोदा ने उन्हें गोद खेलाया था; न तो वे ग्वालों के संग घूमा करते थे और न उन्होंने गोवर्धन पर्वत को धारण ही किया था; न तो उन्होंने वामन होकर बलि को छला था और न वेदोद्धार के लिए वराह-रूप धारण करके धरती को अपने दाँतों पर ही उठाया था; न वे गंडक के शालिग्राम हैं, न वराह, मत्स्य, कच्छप आदि वेषधारी विष्णु के अवतार; न तो वे नरनारायण के रूप में बदरिका आश्रम में ध्यान लगाने बैठे थे और न परशुराम होकर क्षत्रियों का ध्वंस करने गए थे; और न तो उन्होंने द्वारिका में शरीर छोड़ा था और न वे जगन्नाथ-धाम में बुद्ध-रूप में ही अवतरित हुए। कबीरदास ने बहुत विचार करके कहा है कि ये सब ऊपरी व्यवहार हैं। जो संसार में व्याप्त हो रहा है वह राम इनकी अपेक्षा कहीं अधिक अगम अपार है।[1] उसको दूर खोजने की जरूरत नहीं, वह सारे

1. *ता साहिब के लागौं साथा। दुख-सुख मेटि जौ रह्यौ अनाथा।*
नां दशरथघरि औतरि आवा। नां लंका का रांव सतावा। →

शरीर में भरपूर हो रहा है; लोहू झूठ है, चाम झूठ है, सत्य है वह राम जो इस सारे शरीर में रम रहा है।[1]

यह कहना कि "कबीरदास कभी तो अद्वैतवाद की ओर झुकते दिखाई देते हैं और कभी एकेश्वरवाद की ओर, कभी वे पौराणिक सगुणभाव से भगवान को पुकारते हैं और कभी निर्गुणभाव से; असल में उनका कोई स्थिर तात्त्विक सिद्धान्त नहीं था," केवल अश्रद्धाप्रसूत है। ऐसी बातें वही लोग कहते हैं जो शुरू में ही मान बैठते हैं कि कबीरदास एक अशिक्षित जुलाहे थे और उलटी-सीधी अटपटी बानियों से साधारण जनता पर 'प्रभाव जमाना चाहते थे!' ऐसे कथनों का उत्तर देना बेकार है। बिना श्रद्धा-भक्ति लिये जिन किसी भक्त के कथनों को क्यों न पढ़ा जाए, इस प्रकार के निष्कर्ष निकाल लिये जा सकते हैं। वस्तुत: कबीरदास का एकेश्वरवाद उस प्रकार का था ही नहीं जैसा मुसलमानी धर्म में स्वीकृत बताया जाता है। इस मत के अनुसार ईश्वर समस्त जगत् और जीवों से भिन्न और परम समर्थ है। कबीरदास ने स्पष्ट शब्दों में लोगों को सावधान किया है कि वह ब्रह्म व्यापक है सबमें एक भाव से व्याप्त है; पंडित हो या योगी, राजा हो या प्रजा, वैद्य हो या रोगी, वह सबमें आप रम रहा है और उसमें सब रम रहे हैं। यह जो नाना भाँति का प्रपंच दिखाई दे रहा है, अनेक घट और अनेक भांड दिख रहे हैं, सब कुछ उसी का रूप है।[2] सारा

→ *देवैं कख न औतरि आवा। नां जसवै ले गोद खेलावा।*
ना वो ग्वालन के संग फिरिया। गोवरधन ले ना कर धरिया।
बाँबन होय नहीं बलि छलिया। धरनी वेद लेन ऊधरिया।
गंडक सालिगरांम न कोला। मच्छ कच्छ ह्वै जलहि न डोला।
बद्री बैठा ध्यान नहिं लावा। परसराम है खत्री न सतावा।
द्वारमती सरीर न छांड़ा। जगननाथ ले प्यंड न गाड़ा।
कहै कबीर विचार करि, ये ऊले व्यवहार।
याहीथें जे अगम है, सो वरति रह्या संसार। —'क. ग्रं.', पृ. 242-43

1. *कहै कबीर विचारि करि, जिनि कोई खोजै दूरि।*
ध्यान धरौ मन सुद्ध करि, राम रह्या भरपूरि॥
कहै कबीर विचार करि, झूठा लोही चांम।
जा या देहि रहित है, सो है रमिता रांम॥ —'क. ग्रं.', पृ. 243

जबथै आतम तत्त विचारा।
2. *तब निरबैर भया सबहिनथैं काम क्रोध गहि डारा।*
व्यापक ब्रह्म सबनिमैं एकै, को पंडित को जोगी।
रावण-राव कवनसूँ कहिये, कवन बैद को रोगी।
इनमैं आप आप सबहिनमैं आप आपसूँ खेलै।
नाना भाँति पड़े सब भाँड़े रूप धरे धरि मैलै।
सोचि-विचारि सबै जग देखा, निरगुण कोई न बतावै।
कहै कबीर गुणी अरु पंडित मिलि लीला जस गावै। —'क. ग्रं.', पद 186

खलक ही खालिक है और खालिक ही खलक है।[1] मैं और तू, तू और मैं, सब कुछ वे ही हैं। वह आप-ही-आप सब घटों में रम रहा है (पद, 203)।

वस्तुत: जब कबीरदास निर्गुण भगवान का स्मरण करते हैं तो उनका उद्देश्य यह होता है कि भगवान के गुणमय शरीर की जो कल्पना की गई है वह रूप उन्हें मान्य नहीं है। परन्तु 'निर्गुण' से वे केवल एक निषेधात्मक भाव ग्रहण करते हों सो बात भी नहीं है। वस्तुत: वे भगवान को सत्त्व, रज और तमोगुणों से अतीत मानते हैं और इसी गुणातीत रूप को निर्गुण शब्द से प्रकट करते हैं। हे सन्तो, मैं धोखे की बात किससे कहूँ। गुण ही में निर्गुण है और निर्गुण में गुण इस सीधे रास्ते को छोड़कर कहाँ बहता फिरा जाए? लोग उसे अजर कहते हैं, अमर कहते हैं, पर असल बात कोई कहता ही नहीं। वस्तुत: वह अलख है, अगम्य है। निषेधात्मक विशेषण केवल धोखे हैं। यह तो ठीक है कि उसका कोई स्वरूप नहीं है, कोई वर्ण नहीं है, पर यह और भी अधिक ठीक है कि वह सब घट में समाया हुआ है (और इसीलिए सभी रूप उसके रूप हैं और सभी वर्ण उसके वर्ण हैं फिर उसे अल्प या अवर्ण कैसे कहें?)। पिंड और ब्रह्मांड की बातें कही जाती हैं, पर चाहे पिंड हो और चाहे ब्रह्मांड, सभी देश और काल में सीमित हैं पर उसका न तो आदि है और न अन्त। फिर उसे पिंड और ब्रह्मांड में व्याप्त कह ही दिया गया तो उसका ठीक-ठीक परिचय मिल गया? सही बात यह है कि वह पिंड से भी परे है, ब्रह्मांड से भी परे है। कबीरदास कहते हैं कि उनका हरि इन सबसे परे है। वह अगुण और सगुण दोनों के ऊपर है, अजर और अमर दोनों के अतीत है, अरूप और अवर्ण दोनों के परे है, पिंड और ब्रह्मांड दोनों के अगम्य है। यही कबीरदास का निर्गुण राम है।[2]

इतना ही नहीं, वह भाव और अभाव दोनों से परे है, अर्थात् न तो यही कहा जा सकता है कि वह भाव रूप है और न यही कहा जा सकता है कि वह अभाव रूप है, 'भावाभावविनिर्मुक्त:' है।[3] फिर उसे किसी पक्ष-विशेष के द्वारा भी नहीं समझाया जा सकता। न तो वह द्वैत पक्ष का विषय है, न अद्वैत पक्ष का प्रतिपाद्य।

---

1. *लोका जांनि न भूलौ भाई।*
खालिक खलक खलक में खालिक, सब घट रह्यौ समाई। —'क. ग्रं.', पद 5
2. *सन्तौ, धोखा कासूं कहिए।*
गुनमैं निरगुन, निरगुनमैं गुन, बाट छाँड़ि क्यूँ बहिए।
अजर-अमर कथै सब कोई अलख न कथणां जाई।
नाति-स्वरूप-वरण नहिं जाके घटि-घटि रह्यौ समाई।
प्यंड-ब्रह्मांड कथै सब कोई वाकै आदि अरु अन्त न होई।
प्यंड-ब्रह्मंड छाँड़ि जे कहियै कहै कबीर हरि सोई॥ —'क. ग्रं.', पद 180
3. *कह्यां न उपजैं उपजां नहिं जाणैं भाव अभाव बिहूनां।*
उदै अस्त जहाँ मति बुधि नाहीं सहजि रांम ल्यौ लीनां॥ —'क. ग्रं.', पद 179

असल में सयाना साधु वही है जो निष्पक्ष भाव से उसको भजता है। जैसे तिनके से तिनका बँधा होता है वैसे ही लोग-दूसरे से बँधे हुए हैं। जिसे आत्मदृष्टि प्राप्त है वही ठीक-ठीक देख पाता है। वह जानना एकमेक होकर जानना है, एकमेक अर्थात् प्रेम-प्रीति से भरे मन को परम प्रीति के एकमात्र आश्रय भगवान में लीन कर देना। इसे ठीक-ठीक कहकर नहीं समझाया जा सकता। यह पूर्ण की पूर्ण दृष्टि से पूर्ण को ही देखना है।[1] वह अद्वैतवादी की भाँति चिदात्मक ब्रह्म-सत्ता में चैतन्य का विलय नहीं है, बल्कि जैसा कि स्वयं कबीर ने ही कहा है, सहजभाव से एकमेक होकर राम से मिल रहना है। सहज भी ऐसा 'सहज' नहीं—परम प्रेमाश्रय भगवान से सहज ही मिल रहना सहज है।[2]

फिर उसे न तो भीतर कहा जा सकता है, न बाहर। कहो तो सद्गुरु लज्जित होंगे, क्योंकि सद्गुरु रूप में वह भीतर ही बैठा है और समस्त जगत् को जो हम देख रहे हैं और पहचान रहे हैं वह इसीलिए कि वह भीतर बैठा हुआ दिखा रहा है और पहचनवा रहा है, सद्गुरु को हम बाहर कैसे कहें? फिर अगर भीतर कहें तो सारा संसार—समूची बाह्य रूप में दृश्यमान सृष्टि झूठी हो जाती है। असल में वह बाहर में भीतर तक ऐसा व्याप्त हो रहा है कि कहकर समझाया नहीं जा सकता। न तो वह दृष्टि का विषय है (बाह्य) और न मुष्टि का (आन्तर)। वह अलख है, अगम है, अगोचर है। उसे पुस्तक में लिखकर प्रकट नहीं किया जा सकता। उसे वही भली-भाँति जानते हैं जो पहचानते हैं। जो नहीं जानते वे कहने पर विश्वास ही नहीं करेंगे।[3]

---

1. *पपा पपीके पेषणै सब जगत भुलांनां।*
निरपप होई हरि भजै सो साध सयांनां।
ज्यूँ परसूँ पर बाँधियाँ यूँ बँधे सब लोई।
जाके आतम दृष्टि है साचा जन है सोई।
एक-एक जिनि जाणियाँ तिनहीं सच पाया।
प्रेम प्रीति ल्यौलीन मनते बहुरि न आया।
पूरे की पूरी दृष्टि पूरा करि देखै।
कहै कबीर कछु समुझि न परई, या कछु बात अलेख॥ —'क. ग्रं.', पद 181
2. *सहजैं सहजैं सब गए सुत-बित कांमिणि-कांम।*
एकमेक है मिलि रह्या हासि कबीरा रांम॥
सहज सहज सब कोई कहै, सहज न चीन्हें कोइ।
जिन्ह सहजैं हरिजी मिलैं, सहज कहीजै सोइ। —वही, पृ. 43, साखी 408
3. *ऐसा लो तत ऐसा लो, मैं केहि विधि कहौं गभीरा लो।*
बाहर कहौं तो सतगुरु लाजै भीतर कहौं तो झूठा लो।
बाहर-भीतर सकल निरन्तर गुरुपरतापै दीठा लो।
दृष्टि न मुष्टि न अगम अगोचर पुस्तक लिखा न जाई लो।
जिन पहिचाना तिन भल जाना कहै न को पतियाई लो। —इत्यादि। —'पदा.', शब्द 28
यह पद हणवन्त नामक नाथ-सिद्ध के नाम पर मिलता है।

कुछ लोग उपासना तक तो मान लेते हैं, पर प्रार्थना की बात उनकी समझ में नहीं आती। स्व. कविवर रवीन्द्रनाथ ठाकुर ने इस प्रसंग में जो कुछ लिखा है वह विशेष रूप से ध्यान देने योग्य है। यह कहना ही बेकार है कि वे ब्रह्म को निराकार और गुणातीत मानते थे। परन्तु किसी-किसी वैदान्तिक आचार्य की भाँति उसे निष्क्रिय नहीं मानते थे। अपने एक प्रवचन के सिलसिले में उन्होंने कहा था (जिसका प्रामाणिक विवरण बाद में 'शान्तिनिकेतन' नामक प्रबन्ध-संग्रह में छपा था) कि "कुछ लोग कहते हैं कि उपासना में प्रार्थना का कोई स्थान नहीं है—उपासना केवल-मात्र ध्यान है—ईश्वर के स्वरूप को मन-ही-मन उपलब्ध करना है। यह बात मैं स्वीकार कर लेता यदि जगत् में अपनी इच्छा का कोई प्रकाश न देख पाता। हम लोहे से प्रार्थना नहीं करते, पत्थर से प्रार्थना नहीं करते—उसी के निकट अपनी प्रार्थना प्रकट करते हैं जिसमें इच्छा-वृत्ति हो। ईश्वर यदि केवल सत्य-स्वरूप होते, केवल अव्यर्थ नियमों के रूप में ही उनका प्रकाश होता तो उनके निकट प्रार्थना करने की बात हमारे मन में स्वप्न में भी नहीं आती। परन्तु कहा गया है वे 'आनन्दरूपम् अमृतम्' हैं, कहा गया है वे इच्छामय, प्रेममय, आनन्दमय हैं, इसीलिए सिर्फ 'विज्ञान' के द्वारा हम उन्हें नहीं जानते, इच्छा के द्वारा ही इच्छा-स्वरूप और आनन्द-स्वरूप को जानना पड़ता है...

"हमारे भीतर इस इच्छा का निकेतन हृदय है। हमारा वह इच्छामय हृदय क्या शून्य में प्रतिष्ठित है? उसकी पुष्टि मिथ्या से होती है? उसका गम्य स्थान क्या व्यर्थता के बीच में है? फिर भला यह विचित्र उपसर्ग (इच्छा-हृदय) कहाँ से आया? किस उपाय से वह मुहूर्त-भर के लिए यहाँ टिका हुआ है? जगत् में क्या सिर्फ एक ही धोखा है, और वह धोखा हमारा हृदय है? कभी नहीं। हमारा यह इच्छारसमय हृदय जगद्व्यापी इच्छा-रस की नाड़ी के साथ बँधा हुआ है। वहीं से वह आनन्द-रस पाकर जी रहा है, न पाने से उसका प्राण निकल जाता है—वह अन्न-वस्त्र नहीं चाहता, विद्या-शक्ति नहीं चाहता, चाहता है अमृत, चाहता है प्रेम। जो कुछ चाहता है, उसे इसीलिए चाहता है कि वह वस्तु क्षुद्र-रूप से संसार में और चरम-रूप से उन (भगवान) में वर्तमान है—नहीं तो किसी रुद्ध द्वार पर सिर पटककर मरने के लिए उसका जन्म नहीं हुआ है। हृदय अपने को जानता है, इसीलिए यह भी निश्चय रूप से जानता है कि उसकी एक परिपूर्ण कृतार्थता अन्तर में वर्तमान है। इच्छा केवल उसी की ओर है, यह बात नहीं है, दूसरी ओर भी है...दूसरी ओर भी इच्छा न होती तो वह निमेष-भर के लिए भी इधर नहीं रह सकती थी, एक कण-भर भी इधर ऐसी बची न रहती जिससे निश्वास-प्रश्वास रूप प्राण-क्रिया भी चल सकती। इसीलिए उपनिषदों ने इतना जोर देकर कहा है कि—कोह्येवान्यात् क: प्राण्यात् यदेष आकाश आनन्दो न स्यात् एष ह्येवानंदयति।—कौन शरीर की चेष्टा करता और कौन जी सकता था, यदि आकाश में वह आनन्द न होता, वे ही आनन्द के दाता हैं!

"दो इच्छाओं के बीच दूती का कार्य करती है प्रार्थना। यह प्रार्थना-दूती दो इच्छाओं के मध्यवर्ती विच्छेद के ऊपर व्याकुल वेश में खड़ी है। इसीलिए असाधारण साहस के साथ वैष्णव भक्त ने कहा है कि जगत् के विचित्र सौन्दर्य के भीतर भगवान की वंशी जो नाना सुरों में बज रही है वह सिर्फ हमारे लिए उनकी प्रार्थना है—हमारे हृदय को वे इसी अनिर्वचनीय संगीत के द्वारा पुकार रहे हैं। इसीलिए तो यह सौन्दर्य-संगीत हमारे हृदय की विरह-वेदना को जगा देता है।[1]...उनकी ऐसी पुकार पर भी क्या हमारे मन की प्रार्थना नहीं जागेगी? वह क्या उनके विरह की धूलि-आसन पर लोटकर रो नहीं उठेगी? असत्य अन्धकार और मृत्यु के निरानन्द निर्वासन के अभिसार की यात्रा के समय यह प्रार्थना-दूती ही क्या अपनी कम्पित दीपशिखा को लेकर हमारा रास्ता दिखाती हुई आगे-आगे नहीं चलेगी? जितने दिन तक हमारे पास हृदय है, जितने दिन तक प्रेमस्वरूप भगवान अपने नाना सौन्दर्यों द्वारा इस जगत् को आनन्द-निकेतन के रूप में सजा रहे हैं, तब तक उनसे मिलन हुए बिना मनुष्य की वेदना कैसे दूर होगी? तब तक ऐसा कौन सन्देह-कठोर ज्ञानाभिमान है जो मनुष्य की प्रार्थना को अपमानित करके लौटा सके?"[2]

इसी त्रिगुणातीत, द्वैताद्वैतविलक्षण, भावाभावविनिर्मुक्त, अलख, अगोचर, अगम्य, प्रेमपारावार भगवान को कबीरदास ने 'निर्गुण राम' कहकर सम्बोधन किया है। वह समस्त ज्ञान तत्त्वों से भिन्न है फिर भी सर्वमय है। वह अनुभवैकगम्य है, केवल अनुभव से ही जाना जा सकता है। इसी भाव को[3] बताने के लिए कबीरदास ने बार-बार 'गूँगे का गुड़'[4] कहकर उसे याद किया।

---

1. इस भाव के साथ कबीरदास के निम्नलिखित पद की तुलना की जा सकती है :
सतिगुरु हौ महाराज मोपै साँई रंग डारा।
सब्द की चोट लगी मेरे मन में बेध गया तन सारा॥
औषध-मूल कछू नहिं लागै क्या करै बैद बिचारा।
सुरनर-मुनिजन-पीर-औलिया कोई न पावै पारा॥
साहेब कबीर सर्व रंग रँगिया रँग से रँग न्यारा॥ —'शब्दा.', 9
2. 'शान्तिनिकेतन, विश्वभारती' संस्करण, 1341 बगाब्द, प्रथम खंड, पृ. 105-8
3. *बाब अगम अगोचर कैसा, ताते कहि समुझावौ ऐसा।*
जो दीसै सो तो है वो नांहीं, है सो कहा न जाई॥
सैना-बैना कहि समुझाओं गूँगे का गुड़ भाई।
दृष्टि न दीसै मुष्टि न आवै विनसै नाहि नियारा॥
ऐसा ग्यान कथा गुरु मेरे पंडित करो विचारा॥ —'पदा.', शब्द 29
4. *अविगत अकथ-अनूपम देख्या कहताँ कह्या न जाई।*
सैन करै मन ही मन रहसैं गूँगै जाँनि मिठाई। —'क. ग्रं.', पृ. 6
अकथ कहाणी प्रेम की कछु कही न जाई।
गूँगेकेरी सरकरा बैठे मुसुकाई। —'क. ग्रं.', पद 156
सैना बैना कहिं समुझाओं गूँगे का गुड़ भाई। —'पदा.', शब्द 29, इत्यादि

वह किसी भी दार्शनिकवाद के मानदंड से परे है, तार्किक बहस के ऊपर है, पुस्तकी विद्या से अगम्य है, पर प्रेम से प्राप्य है, अनुभूति का विषय है, सहज भाव से भावित है, यही कबीरदास का निर्गुण राम है। भक्त लोग इस राम को जानते हैं और राम भी भक्तों को पहचानते हैं। नैन की व्यथा बैन जानती है, बैन की वेदना श्रवण। पिंड का दु:ख प्राण जानता है, प्राण का दु:ख मरण। आस का दु:ख प्यास को मालूम है, प्यास का दु:ख पानी को। कबीरदास का निश्चित विश्वास है कि इसी प्रकार राम भक्त के दु:ख को जानते हैं।[1]

---

1. *जन की पीर हो राजा रांम जानै कहूँ काहि को मानै।*
नैन का दुख बैन जानै बैन का दुख श्रवनाँ॥
प्यंड का दुख प्रान जानै प्रान का दुख मरनां।
आस का दुख प्यास जानै प्यास का दुख नीर।
भगति का दुख रांम जानै कहैं दास कबीर॥ —'क. ग्रं.', पद 286

बाह्याचार

जिन दिनों कबीरदास का आविर्भाव हुआ था उन दिनों हिन्दुओं में पौराणिक मत ही प्रबल था। परन्तु यह साधारण गृहस्थों का धर्म था। देश में और भी नाना भाँति की साधनाएँ प्रचलित थीं। कोई वेदपाठी था, तो कोई उदासी; कोई ऐसा न था जो दीन बना फिर रहा था तो कोई दान-पुण्य में ही व्यस्त था; कोई मदिरा के सेवन को ही चरम साधना मानता था, तो कोई तंत्र-मंत्र-औषधादि की करामात से ही सिद्ध बना फिरता था; कोई सिद्ध था, कोई तीर्थव्रती था और कोई धूम्रपान से शरीर को काला बना रहा था। सब थे, पर कोई राम-नाम में लीन नहीं था। सद्‌गुरु (= रामानन्द?) की कृपा से कबीरदास को यह महामंत्र मिल गया था।[1] उस समय मुनि थे, पीर थे, दिगम्बर थे, योगी थे, जंगम थे, ब्राह्मण थे, संन्यासी थे, पर सभी माया के चक्कर में पड़े हुए थे।[2] किसी-किसी सम्प्रदाय में तोप-बन्दूकें तक चला करती थीं। कबीरदास हैरान होकर लोगों से कहा करते थे कि भई, यह भी अजब योग है कि महादेव के नाम पर पन्थ चलाया जाता है। लोग बड़े-बड़े महन्त बनते हैं, हाट-बाजार में समाधि लगाते हैं और मौका पाते ही तोप-बन्दूक लेकर पिल पड़ते हैं! भला दत्तात्रेय ने भी कभी मवासियाँ (किले) तोड़ीं या चढ़ाई की थी, शुकदेव ने भी कभी तोप संग्रह किये थे, नारद ने भी कभी बन्दूक दागी थी? अजीब हैं ये विरक्त जिनकी सोने की

---

1. *ऐसौं देखि चरित मन मोह्यो मोर,*
ताथैं निस वासुरि गुन रमौं तोर।
इक पठहि पाठ, इक भ्रमैं उदास, इक नगन निरन्तर, रहै निवास।
इक जोग जुगुति तन हुँहि खीन, ऐसे रांम-नांम संगि रहै न लीन।
इक हूँहि दीन एक देहीं दांन, इक करै कलापी सुरापांन।
इक तंत-मंत औषध (प्र) वांन, इक सकल सिद्ध राषै अपाँन।
इक तीरथ-व्रत करि काय जीति, ऐसे रांम-नांमसँ करैं न प्रीति।
इक धोम ध्यूँटि तन होहिं स्याम, यूं मुकुति नहीं बिन रांमनांम।
सतगुरु तत्त कह्यौ विचार, मूल कह्यौ अनमैं विस्तार।
जुरा मरणथै भये धीर, राम कृपा भई कहि कबीर। —'क. ग्रं.', पद 386
2. 'क. ग्रं.', पद 187

गद्दियाँ जगमगा रही हैं, हाथी-घोड़ों के ठाठ लगे हैं, करोड़पतियों की-सी शान है![1] रंग-ढंग से मालूम होता है कि यह नागा लोगों की कुम्भ की चढ़ाई-जैसी कोई घटना रही होगी। इस प्रकार बहुधा विचित्र बाह्याडम्बर-मूलक साधनाओं के बीच कबीरदास ने अपनी प्रेम-भक्ति की साधना शुरू की थी।

जनता में सर्वाधिक प्रभाव हिन्दू मत या पौराणिक धर्म का था। इसके बाद ही योगियों की प्रबलता थी। ब्राह्मणों के विषय में विशेष कहने की आवश्यकता ही नहीं, क्योंकि जिन लोगों के हृदय में इस पुस्तक के पहुँचने की आशा है वे सभी लोग इस मत को भलीभाँति जानते हैं। योगियों की साधना का उल्लेख पहले ही हो चुका है। यहाँ संक्षेप में उन मोटी बातों की चर्चा कर लेना आवश्यक समझा गया है, जिन्हें कबीरदास पौराणिक ब्राह्मण धर्म की विशेषता मानते थे और बारम्बार प्रत्याख्यान योग्य समझते थे।

सबसे मुख्य बात यह है कि कबीरदास ने पौराणिक हिन्दू धर्म के आचार-बाहुल्य को ही अधिक लक्ष्य किया था। कोई पूजा या उत्सव उनकी दृष्टि में ज्यादा खटकता था, पर उस पूजा या उत्सव के पीछे छिपा हुआ तत्त्ववाद प्राय: ही उनकी दृष्टि में उपस्थित नहीं होता था। मूर्ति की उपासना उनको बुरी लगती थी, पर ऐसा जान पड़ता है कि मूर्तिवाला तत्त्ववाद उन्हें मालूम ही न था। शायद ही किसी दार्शनिक तत्त्ववाद या पौराणिक रहस्य-व्याख्या का उल्लेख उनके ग्रन्थ में पाया जाए।

वेदपाठ, तीर्थस्थान, व्रतोद्यापन, छुआछूत, अवतारोपासना, कर्मकांड इत्यादि सबके विरुद्ध कबीरदास ने लिखा है, पर कहीं भी उनकी गूढ़ व्याख्याओं को या इनकी पृष्ठभूमि के तत्त्ववाद को उल्लेखयोग्य नहीं समझा। वस्तुत: सारा हिन्दूधर्म उनकी दृष्टि में एक बाह्याचार बहुल ढकोसला-मात्र था। उन्होंने योगमार्ग को भी ढकोसला ही समझा था, पर हमने पिछले अध्यायों में देखा है कि इस विषय का वर्णन वे रस लेकर करते हैं और उसकी छोटी-छोटी विशेषताओं की भी जानकारी रखते हैं। परन्तु हिन्दू-मत या तत्त्ववाद की ओर न तो उनकी वैसी जिज्ञासा ही है और न निष्ठा ही। 'बीजक' में करीब एक दर्जन पद सीधे 'पंडित' या 'पांडे' को सम्बोधन करके

---

1. *ऐसा लोग न देखा भाई, भूला फिरै लिए गफिलाई।*
महादेव को पन्थ चलावै, ऐसो बड़ौ महन्त कहावै।
हाट-बजारे लावैं तारी, कच्चे सिद्ध न माया प्यारी।
कब दत्ते मावासी तोरी, कब सुखदेव तोपची जोरी।
नारद कब बन्दूक चलाया, व्यासदेव कब बम्ब बजाया।
करहि लराई मतिकै मन्दा, ई अतीत की तरकस बन्दा।
भये बिरक्त लोभ मन ठाना, सोना पहिरि लजावै वाना।
घोरा-घोरी कीन्ह बटोरा, गाँव पाय जस चलै ककोरा।
साखी-(तिय) सुन्दरि ना सोहई, सनकादिक के साथ।
कबहुँक दाग लगावई, कारी हाँडी हाथ॥ —'बीजक', 69वीं रमैनी

कहे गए हैं। इनमें से कई पद बहुत मामूली परिवर्तन के साथ 'कबीर ग्रन्थावली' में भी आए हैं। इन पदों में वे पंडित से तरह-तरह के प्रश्न पूछते हैं। कहते हैं, छूत कहाँ से आ गई? पवन, वीर्य और रज के सम्बन्ध में गर्भाशय में गर्भ रहता है, फिर वह अष्टकमलदल के नीचे से उतरकर पृथ्वी पर आता है, ऐसी हालत में यह छूत कैसे आ गई? यही वह धरती है जिसमें चौरासी लाख योनि के प्राणियों का शरीर सड़कर मिट्टी हो गया। इस एक ही पाट पर परमपिता ने सबको बिठाया है तो फिर छूत कैसे रही; इत्यादि।[1] यह तर्क निश्चय ही युक्तिसंगत है, पर जिस 'पंडित' से यह प्रश्न पूछा जाता है वह इसका बहुत सीधा जवाब जानता है। उस सीधे जवाब को प्रश्नकर्ता ने एकदम भुला दिया है। गलत हो या सही, 'पंडित' यह विश्वास करता है कि छूत उसकी सृष्टि नहीं है बल्कि एक अनादि कर्म-प्रवाह का फल है। वह विश्वास करता है कि प्राणिमात्र जन्म-कर्म के एक दुर्वार प्रवाह में बहे जा रहे हैं। अगर उसे सचमुच निरुत्तर करना है तो या तो उसे उस अनादि कर्म-प्रवाह की युक्ति के भीतर से समझना चाहिए या फिर जन्म-कर्म-प्रवाह के इस विश्वास को ही निर्मूल सिद्ध कर देना चाहिए। यह अत्यन्त मोटी-सी बात है। पर कबीरदास के निकट 'पंडित' या 'पांडे' इतना अदना-सा और उपेक्षणीय जीव था कि उन्होंने कभी इस रहस्य को समझने की कोशिश नहीं की।

इसी प्रकार वे पूछते हैं, "पंडित, सोधकर बताओ तो सही, किस प्रकार आवागमन छूट सकता है और धर्म-अर्थ-काम-मोक्ष ये सब फल किस दिशा में बसते हैं? अगर गोपाल के बिना संसार का कोई स्थान ही नहीं है तो भला लोग नरक कैसे जाते हैं? देखो भाई, जो नहीं जानता उसके लिए नरक है, स्वर्ग है, परन्तु जो हरि को जानता है उसके लिए कुछ भी नहीं है।"[2] कहना बेकार है कि इस तत्त्व से पंडित

---

1. *पंडित, देखहुँ मन महँ जानी।*
कहु धौं छूति कहाँ ते उपजी तबाह छूति तुम मानी।
बादे बन्दे रुधिर के संगे घट ही महँ घट सपचै।
अस्ट कँवल होय पुहुमी आया छूति कहाँ ते उपजै।
लख चौरासी नाना वासन सो संभ सरि भौ माटी।
एक पाट सकल बैठाए छूति लेत धौं काकी।
छूतिहि जेवन छूतिहि अँचवन छूतिहि जगत उपाया।
कहहि कबीर ते छूति बिबरजित जाके संग न माया। —'बीजक', शब्द 41
2. *पंडित, सोधि कहहु समुझाई, जाँते आवागंवन नसाई।*
अरथ-धरम अरु काम-मोच्छ-फल, कवन दिसा बस भाई॥
उतर कि दच्छिन पुरुब कि पच्छिम सरग-पताल कि माँहीं।
बिनु गोपाल ठवर नरि कबहूँ नरक जात धौं काहीं॥
अनजाने को सरग-नरक है, हरि जाने को नाहीं।
जेहि डरते भव लोग डरतु हैं सो डर हमरे नाहीं॥
पाप-पुन्न की संका नाहीं सरग-नरक नहिं जाहीं।
कहहिं कबीर सुनहु हो सन्तो, जहँ पद तहाँ समाहीं। —'बीजक', शब्द 42

अपरिचित नहीं है। वह भी जानता है कि यह स्वर्ग और नरक की कल्पना अविद्या की उपज है, पर वह कितने ही प्रकार के अधिकारियों के अस्तित्व में विश्वास करता है। उसे निरुत्तर करने के लिए इस अधिकारी-भेद के सिद्धान्तों की ही जड़ खोदनी चाहिए थी। इस प्रकार कबीरदास का 'पंडित' वह पत्राधारी अधकचरा ब्राह्मण है जो ब्राह्मण-मत के अत्यन्त निचले स्तर का नेता है।

जहाँ-जहाँ भी कबीरदास ने पंडित के बाह्याचार का खंडन किया है वहाँ उसे नितान्त अदना आदमी समझ के किया है। वे यह जानते ही नहीं कि पंडित के पास भी तत्त्वज्ञान है, मोक्ष और अपवर्ग की व्याख्या है, व्यावहारिक और पारमार्थिक सत्ता पर बहस है, स्थूल और सूक्ष्म की मर्यादा है, कर्म और बन्ध की धारणा है। यह वे कल्पना भी नहीं करते कि पंडित ऐसे प्रश्नों पर अपने शास्त्रों में विचार भी किया करता है।

यहाँ इस कथन का यह तात्पर्य नहीं है कि कबीरदास ने बाह्याचारों की व्यर्थता समझने में गलती की है। यहाँ इसी बात का उल्लेख किया जा रहा है कि कबीरदास ने 'पंडित' या 'पांडे' को कैसा समझा था या कैसा देखा था। शास्त्रीय आतंकजाल को छिन्न करके और लोकाचार के जंजाल को ढाहकर वे सहज-ही-सहज सत्य तक पहुँच सके थे, इसमें कोई सन्देह नहीं। यहाँ केवल इतना ही प्रकृत है कि कबीरदास का 'पंडित' बहुत अदना आदमी है, स्वर्ग और नरक के सिवाय और कुछ जानता ही नहीं, जात-पाँत और छुआछूत का अन्ध उपासक है, तीर्थ-स्नान और: व्रत-उपवास का ठूँठ समर्थक है—तत्त्वज्ञानहीन, आत्म-विचारविवर्जित विवेकबुद्धिहीन, अटट गँवार।

अब एक बार योगमार्ग के सूक्ष्म ज्ञान के साथ ब्राह्मण-मत के इस अल्पज्ञान की कल्पना की जाए तो उस 'सत्संग सिद्धान्त' का महल बालू की भीत पर खड़ा दिखाई देगा जिसे इतना प्रचारित किया गया है। कहा गया है कि कबीरदास मुसलमान वंश में पैदा होकर भी 'सत्संग' के बल पर हिन्दू शास्त्रीय मतों को इतना जान सके थे। यह सिद्धान्त वस्तुत: किसी दृढ़ प्रमाण पर आधारित नहीं है। यह कहना तो अनुचित है कि कबीरदास सत्संगी नहीं थे—जरूर ही रहे होंगे, पर हिन्दू-धर्म-सम्बन्धी उनका ज्ञान सत्संग करके बटोरा हुआ नहीं था। वस्तुत: योगमत, द्वैताद्वैत-विलक्षण-परमात्म-विश्वास, निर्गुण-निराकार की भावना, समाधि, सहजावस्था, खसम-स्वभाव आदि का सम्पूर्ण ज्ञान उन्हें अपनी कुल-परम्परा और कुल-गुरु-परम्परा से प्राप्त हुआ था। पौराणिक हिन्दू मत को दूर पर बैठे हुए दर्शक की भाँति ही उन्होंने देखा था। इस बात की उन्होंने कोई परवाह ही नहीं की कि उसके भीतर भी कोई आध्यात्मिक तत्त्व है या नहीं।

हमने ऊपर लक्ष्य किया है कि बाह्याचारमूलक जिन धार्मिक कृत्यों का खंडन कबीरदास ने किया है लगभग उन सभी का खंडन उनके पूर्ववर्ती हठयोगियों ने उसी प्रकार की चकनाचूर करनेवाली भाषा में किया है। लेकिन यह परम्परा और

भी पुरानी तथा और भी व्यापक है। योगियों के भी पूर्ववर्ती सहजयानी सिद्धों ने भिन्न-भिन्न मत के बाह्याचार का वैसा ही जोरदार खंडन किया है। सरोरुहपाद कहते हैं कि "ब्राह्मण ब्रह्मा के मुख से पैदा हुए थे, जब हुए थे तब हुए थे। इस समय तो वे भी वैसे ही पैदा होते हैं जैसे दूसरे लोग, तो फिर ब्राह्मणत्व कहाँ रहा? यदि कहो कि संस्कार से ब्राह्मणत्व होता है तो चांडाल को भी संस्कार देकर क्यों नहीं ब्राह्मण हो जाने देते? अगर कहो कि ये लोग हाथ में कुस-जल लेकर घर बैठे हवन करते हैं; यदि आग में घी डाल देने से मुक्ति होती हो तो क्यों नहीं सबको डालने देते? होम करने से मुक्ति हो या नहीं धुआँ लगने ने आँखों को कष्ट जरूर होता है!"[1] इसी प्रकार नग्न साधुओं को लक्ष्य करके सरोरुहपाद कहते हैं कि "ये लोग कपट माया फैलाकर लोगों को ठगा करते हैं। तत्त्व तो ये जानते ही नहीं। मलिन वेश धारण किये फिरते हैं और शरीर को व्यर्थ ही कष्ट देते हैं। नंगे घूमते हैं और केश उखड़वा (लुंचन) देते हैं। यदि नग्न दिगम्बर को मुक्ति मिलती हो तो स्यार-कुत्तों की मुक्ति पहले होनी चाहिए। यदि नग्न दिगम्बर को मुक्ति होती हो तो ऐसे बहुतों की मुक्ति हो जानी चाहिए जिन्हें लोभ है ही नहीं। यदि पिच्छी ग्रहण करने से मुक्ति होती हो तो मयूर इसका प्रथम अधिकारी है। यदि उञ्छ भोजन से मुक्ति होती हो तो हाथी-घोड़ों की मुक्ति पहले होनी चाहिए।"[2] जैन लोगों में भी इस प्रकार के बाह्याचारों के खंडन की प्रवृत्ति मामूली नहीं थी। मुनि रामसिंह के पाहुड़-दोहों में बाह्याचारों की इसी प्रकार की धज्जियाँ उड़ाई गई हैं। बाह्याचार और भेष की व्यर्थता दिखाने के लिए उन्होंने उसे साँप की केंचुली की उपमा दी है। जिस प्रकार ऊपर आवरण के बदलने से सर्प का जहर नहीं जाता, उसी प्रकार बाह्यवेश के परिवर्तन से चित्त-शुद्धि नहीं होती।[3] एक तीर्थ से दूसरे तीर्थ तक घूम

---

1. *ब्रह्मणेहि म जाणंत हि भेऊ। एवइ पढ़िअउ ए च्चउ बेऊ॥ 1॥*
मट्टी पाणी कुस लइ पढ़ंत। घरहिं बइसी अग्गि हुणंत॥
कज्जे विरहइ हुअवह होमें। अक्खि डहाविअ कहुएँ धुम्में ॥ 2॥ —'ज. डि. ले.', पृ. 9
इसी पर अद्वयवज्र की टीका देखिए (वही, पृ. 52-54)

2. *दीह णग्ग जइ मलिणों वेसें। णग्गल होइ उपाडिअ केसें॥*
खवणेहि जाण बिडंबिअ बेस। अप्पण बाहिअ मोक्ख उवेसें॥ 6॥
जइ णग्गा विअ होई मुत्ति ता सुणह सिआलह।
लोमुप्पाडणे अत्थि-सिद्धि ता जुअइ णिअम्बइ॥ 7॥
पिच्छी-गहणे दिट्ठि मोक्ख ता मोरह चारह।
उञ्छे भोअणें होइ जाण ता करिह तुरंगह॥ 8॥ —वही, पृ. 10
और इसी पर अद्वयवज्र की टीका, पृ. 61-2

3. *सप्पि मुक्की कंचुलिय ज विसु तं ण मुएइ।*
भोयहं भाउ ण परिहरइ लिंगग्गहणु करेई॥ 15॥

आने से अधिक-से-अधिक बाहरी शरीर की धुलाई हो जाती है, भीतरी शुद्धि उससे कैसे हो सकती है?[1] मूर्ख लोग मनुष्य के बनाए देवालयों को खोज-खोजकर मरते हैं, परन्तु हदय के उस देवालय को नहीं देखते जहाँ सचमुच के शिव विराजित हैं।[2] ओ पंडित, पोथी पढ़-पढ़कर तेरा तालू सूख गया, भला ऐसा भी एक अक्षर तो पढ़ के देख जिससे शिवपुरी में तुझे आसन मिल सके[3]; झूठा है यह कलह, बेकार है यह टंटा, किससे छूत मानूँ और किसकी पूजा करूँ? जहाँ देखता हूँ वहाँ एक ही आत्मा है?[4] इत्यादि। ऐसे भावों के दर्जनों दोहे पाहुड़-दोहा से संग्रह किये जा सकते हैं। ये दोहे भी सन् ईसवी की प्रथम सहस्राब्दी के अन्त्य भाग के हैं। अर्थात् लगभग उसी समय के हैं जबकि सहजमत के बौद्ध गान और दोहे लिखे जा रहे थे।

इस प्रकार कबीरदास ने बाह्याचारमूलक धर्म की जो आलोचना की है, उसकी एक सुदीर्घ परम्परा थी। इसी परम्परा से उन्होंने अपने विचार स्थिर किये थे। इनके समय में एक और भी प्रधान धर्ममत भारतवर्ष में आ चुका था। उसमें भी बाह्याचार की प्रबलता थी। कबीरदास ने स्वयं इस धर्म द्वारा प्रभावित वंश में जन्म ग्रहण किया था इसलिए उसकी आचार-बहुलता से वे भी परिचित थे। परन्तु मुल्ला और काजी को भी वे 'पंडित' के समान ही अदना और हीनवीर्य समझते रहे। ऐसा नहीं जान पड़ता कि उन्होंने मुसलमान धर्म के बाह्याचारों क्रे सिवाय उसके किसी अंश की गहरी जानकारी प्राप्त करने की चेष्टा की हो। उन्होंने सुन्नत, वॉग और कुरबानी आदि की खरी आलोचना की है। पर चाहे मुसलमानी धर्म के बाह्याचार का खंडन हो या हिन्दू मत के, उन्होंने अपने पूर्ववर्ती अक्खड़ योगियों की भाँति महज खंडन के लिए खंडन नहीं किया। उनका केन्द्रीय विचार भक्ति था। वे भक्ति को प्रधान मानते थे। उसके रहने पर बाह्याचार का होना, न होना गौण बात है। ऐसा जरूर है कि वे भक्ति की

---

1. *तित्थइ तित्थ भमंतयह किण्णेहा कल हूव।*
   बाहिरु सुद्धउ पाणियहं अब्भिंतर किम हूव॥ 162॥
   तित्थइ तित्थ भमेहि बढ़ धोपउ चम्म जलेण।
   एहु मंडु किम बोएसि तुहुँ भइलउ पाब मलेण॥ 163॥
2. *मढ़ा जोबइ देवलइं लोयहिं जाइं कियाइं।*
   देह ण पिच्छइ अप्पणिय जहिं सिउ सन्तु ठियाइं॥ 180॥
3. *बहुयइ पंढ़ियई मूढ़ पर तालू सुक्कइ जेण।*
   एक्कु जि अक्खर तं पढ़हु सिवपुरि जम्मइ जेण॥ 97॥
4. *कासु समाहि करहुँ को अंचउं।*
   छोपु अछोपु भणिवि को बंचउं।
   हल सहि कलह केण सम्माणउं।
   जहिं जहिं जोहउ इंहिं अप्पानउं॥ 139॥

   सभी दोहे 'पाहुड़-दोहा' (प्रो. हीरालाल जैन-सम्पादित), कारंजा (बरार) 1943 से लिये गए हैं।

प्राप्ति के बाद बाह्याचारों का स्वयं नष्ट हो जाना जैसी बात पर विश्वास करते हैं। उनके मत से भक्ति और बाह्याडम्बर का सम्बन्ध सूर्य और अन्धकार का-सा है। एक साथ दोनों नहीं रह सकते। काजी किताब पढ़ते-पढ़ते मर गया, पर तत्त्व कुछ नहीं समझ सका। कबीरदास कहते हैं कि यद्यपि उनका शरीर मुसलमानी आचार से संस्कृत बनाया जाकर मुसलमान बना लिया गया, पर वस्तुत: यह संस्कार बाह्य और अधूरा है। उन्हें इस संस्कार द्वारा मार्जित होने का अफसोस नहीं था। वे तो भक्ति की टेक गहे हुए थे और काजी झख मारके भी उनको उस मार्ग से विचलित नहीं कर सकता। एक बार भक्ति की टेक गह ली तो कोई भी बाह्याचार रास्ता रोकके खड़ा नहीं हो सकता।[1] पंडितों ने कहा है कि कबीरदास की भक्ति में सूफी साधना का प्रभाव है। उनकी प्रेम-विरह-सम्बन्धी उक्तियों में इस प्रभाव का अस्तित्व दिखाया गया है। यह बात ठीक हो सकती है। यद्यपि कबीरदास के खुद के वचनों के बल पर कहा जा सकता है कि प्रेम-भक्ति का बीज उन्हें अन्यत्र से मिला था, पर सूफी साधकों से उनका प्रभावित होना असम्भव नहीं है। परन्तु जो लोग उन्हें मुसलिम प्रभावापन्न सुधारक मानते हैं, वे बहुत ही उथले प्रमाणों पर उड़ती-उड़ती बातें करते हैं। कबीरपन्थियों का और कोई दावा ठीक हो या नहीं, उनका यह दावा सोलह आने संगत है कि कबीरदास मुसलमान नहीं थे, क्योंकि मुसलमानी वंश में जन्म और लालन-पालन होना ही किसी को मुसलमान नहीं बना देता। जन्म से वे मुसलमान रहे हों या नहीं, विश्वास में वे एकदम मुसलमान नहीं थे। उनके ऊपर मुसलमानी संस्कृति और धर्म-विश्वास का कोई गहरा असर नहीं पड़ा था। और उन्होंने कहीं भी अपने को मुसलमान नहीं कहा। मुसलिम धर्म-साधना से उनका सम्बन्ध नाममात्र को ही था। पर मुसलमान वंश में प्रतिपालित होने के कारण उनमें एक प्रकार का साहसिक भाव आ गया था और उस दार्शनिक तर्क-जाल से वे मुक्त थे जो उनके पूर्ववर्ती सिद्धों और योगियों को अभिभूत किये हुए था। इसलिए वे सहज बात को सहज ढंग से—बिना अपरपक्ष की कल्पना किये—कह सके थे। यह मुसलिम-परिवार में पालित होने का उत्तम फल था। नहीं तो जिन खंडनात्मक विचारों के लिए उन्हें मुसलिम-प्रभावापन्न सुधारक माना जाता है उनकी परम्परा बहुत पुरानी थी।

---

1. *काजी कौन कतेब बखानै।*
   पढ़त पढ़त केते दिन बीते गति एकै नहिं जानै॥
   सकति से नेह पकरि करि सूनति यह न बदूं रे भाई।
   जोर खुदाइ तुरक मोहिं करता तौ आपै कटि किन जाई॥
   हौं तौं तुरक किया करि सुन्नति औरतिसौ का कहिए।
   अधर सरीरा नारि न छूटे आधा हिन्दू रहिए॥
   छाँड़ि कतेब राम कहि काजी खून करत हौ भारी।
   पकरी टेक कबीर भगति की काजी रहे झख मारी॥ —'क. ग्रं.' पद 59

पंडितों ने एकेश्वरवाद और अद्वैतवाद की बहस उठाकर यह साबित करने की कोशिश की है कि कबीरदास का अमुक विषय में एकेश्वरवादी मत मुसलमानी भाव का सूचक है। सही बात है कि जब कबीरदास राम और रहीम की एकता की बात करते हैं तो उनका मतलब भारतीय परम्परा के 'अद्वैत ब्रह्म' को सामी धर्म के 'पैगम्बरी खुदा' के साथ घुला देना नहीं होता। वे अत्यन्त सीधी-सी बात अत्यन्त सीधे तौर पर कहते हैं कि सृष्टि के रचयिता भगवान को यही मानते हो तो दो की कल्पना व्यर्थ है। एक ही परमतत्त्व को राम और रहीम कह देने से वह दो नहीं हो जाएगा। माला और तसवीह पर जप करने के कारण यह वस्तु भिन्न नहीं हो जाएगी जो उपास्य है। इस कथन का यह तात्पर्य नहीं कि सृष्टि के रचयिता को उपादान कारण या निमित्त कारण जो भी कहो, दोनों एक ही बात है, या जगत् को ब्रह्म का परिणाम कहो या विवर्त कहो, दोनों एक ही बात है; या खुदा को प्रकृति के कारण मानो या प्रकृति के साथ उसका अनिर्वचनीय सम्बन्ध मानो, दोनों में कोई फर्क नहीं है। बिलकुल नहीं। इस कथन का तात्पर्य यह है कि साधारण जनता, जो दार्शनिक विवाद की खबर कुछ भी नहीं रखती, जिस सर्वसामर्थ्य-युक्त परमात्मा में विश्वास करती है वह एक ही है। उसके सृष्टि-रचना के प्रकार से कोई बहस नहीं है, सृष्टि और प्रकृति के साथ उसके सम्बन्ध को लेकर शास्त्रार्थ नहीं है, सही बात यह है कि नाम के बदलने से वस्तु नहीं बदल जाती। एक समाज का 'भोंदू'[1] मोटे तौर पर जिस परमात्मा की कल्पना करता है, वह दूसरे समाज के 'भोंदू' की कल्पना से भिन्न नहीं है। यही कारण है कि कबीरदास ने उसी अंश पर जोर दिया है जो सर्व-साधारण की समझ के भीतर है :

हमरे राम रहीम करीमा,
कैसो अलह राम सति सोई।
बिसमिल मेटि बिसंभर एकै,
और न दूजा कोई॥

यदि यह एकेश्वरवाद है तो अद्वैतवाद या विशिष्टाद्वैतवाद या कोई और वाद क्यों नहीं है? है? स्वयं कबीरदास अपने को इन 'भोंदुओं' के लिए निर्दिष्ट पद्धति से ऊपर देखते थे। वे भगवान के सभी नामों से एक वस्तु का ध्वनित होना तो मानते थे पर शायद अच्छी तरह ही जानते थे कि इन नामों से अलग-अलग तरह

1. *अरे भाइ दोइ कहाँ से मोहि बतावो।*
विचिही भरम का भेद लगावो।
जोनि उपाइ रेची द्वै धरनीं, दीन एक बीच भई करनीं।
राम रहीम जपत सुधि गई, उनि माला उनि तसवी लई।
कहै कबीर चेत रे भोंदू, बोलनिहारा तुरुक न हिन्दू। —'क. ग्रं.', पद 56

के विचार उलझे हुए हैं। राम कहते ही 'दशरथ-सुत' का याद आ जाना सम्भव है और अल्लाह के साथ बाँग देता हुआ मुल्ला ग्रथित है, इसलिए, स्वयं वे उस परमात्मा को नामातीत भी मानते थे। जिस प्रकार उसका कोई रूप नहीं है, उसी प्रकार कोई नाम भी नहीं है कबीरदास की लौ इसीलिए उस परमतत्त्व पर लगी हुई थी जिसके यहाँ अल्लाह या राम किसी की गम नहीं है—जो भगवत्सम्बन्धी तत्तत् उद्‌भट कल्पनाओं की पहुँच के बहुत ऊपर है :

अलह राम की गम नहीं,
तहाँ कबीर रहा ल्यौ लाय।

किन्तु प्रश्न है कि आखिर वह कौन-सी वस्तु है जिसने कबीरदास को इतना महिमाशाली बना दिया है? हमने अब तक देखा है कि उनके अधिकांश विचार एक पुरानी दीर्घ परम्परा की देन हैं। यह नहीं कि कोई बात परम्परा से आने के कारण ही हीन हो जाती है—सत्य, दया-धर्म, करुणा-भाव आदि बातें अनादिकाल से समादृत हैं, फिर भी आज का सत्यवादी, दयावान और कारुणिक व्यक्ति इस परम्परा-विहित महत्त्व का अधिकारी होने के कारण हीन या कम महत्त्वपूर्ण नहीं होता। कबीरदास ने अगर महान आदर्श पुरानी परम्परा से लिया है तो इसलिए कबीर का महत्त्व कम नहीं हो जाता। इस अध्ययन का उद्‌देश्य भी ऐसा कुछ दिखाना नहीं है, पर कबीरदास का पाठक जानता है कि उनके पदों में उसे एक कोई अनन्य-साधारण बात मिलती है, जो सिद्धों और योगियों की अक्खड़ता-भरी उक्तियों में नहीं है, जो वेदान्तियों के तर्क-कर्कश ग्रन्थों में नहीं है, जो समाज-सुधारकों की 'हाय-हाय' में भी नहीं है। कोई अनन्यसाधारण बात। वह क्या है? फिर वह वस्तु भी क्या है जिसे रामानन्द से पाकर कबीर-जैसा मस्तमौला फक्कड़ हमेशा के लिए उनका कृतज्ञ हो गया? दोनों का एक ही उत्तर है। वह बात भक्ति थी। वह योगियों के पास नहीं थी, सहजयानी सिद्धों के पास नहीं थी, कर्मकांडियों के पास नहीं थी, 'पंडितों' के पास नहीं थी, 'मुल्लाओं' के पास नहीं थी, 'काजियों' के पास नहीं थी। इसी परमाद्‌भूत रत्न को पाकर कबीर कृतकृत्य हो रहे। भक्ति भी किसकी? राम की! राम-नाम रामानन्द का अद्वितीय दान था। उनके पहले उत्तराखंड में राम विष्णु के अवतार जरूर समझे जाते थे, पर 'परात्पर परंब्रह्म' नहीं माने जाते थे। इस त्रिगुणातीत मायाधीश परंब्रह्म-स्वरूप राम की भक्ति को रामानन्द ही ले आए। राम और उनकी भक्ति—ये ही रामानन्द की कबीर को देन है। इन्हीं दो वस्तुओं ने कबीर को योगियों से अलग कर दिया, सिद्धों से अलग कर दिया, पंडितों से अलग कर दिया, मुल्लाओं से अलग कर दिया। इन्हीं को पाकर कबीर 'वीर' हो गए—सबसे अलग, सबसे ऊपर, सबसे विलक्षण, सबसे सरस, सबसे तेज!

ऊपर बताई हुई बाह्याचारबहुल शुष्क साधना की मरुभूमि में कबीर खड़े थे। वे सहज ही गल जानेवाले जीव नहीं थे। उनकी भेदक दृष्टि से वेश और भूषा की

व्यर्थता छिप नहीं सकती थी, थोथा तर्क और कुटिल तत्त्वज्ञान उन्हें भरमा नहीं सकता था, कूट वचन और मधुर शब्दजाल उन्हें फँसा नहीं सकते थे। वे सर्वत्र एक विचित्र प्रकार का अभाव अनुभव कर रहे थे। सारा संसार अपनी-अपनी आग में जल रहा था। ऐसा कोई नहीं मिलता था जिससे लगकर वे रह सकें। कसाला यह था कि जिससे हृदय की बात कहते वही डंक मार देता, निर्भय भाव से, नि:शंक होकर जिस आदमी से दिल की बात कही जा सके, ऐसा कोई मिल नहीं रहा था।[1] वे व्याकुल भाव से कुछ खोज रहे थे, पर पा नहीं रहे थे; सारा मन और प्राण संशय के विष से जर्जर हो गए थे। हृदय बेचैन था; ऐसा प्रेमी मिल नहीं रहा था जिसके प्रेमपूर्ण संसर्ग से यह सारा-का-सारा हलाहल अमृत हो जाता।[2] ठीक ऐसे ही समय में रामानन्द से उनकी भेंट हुई। यह बहुत अच्छा हुआ जो गुरु मिल गए, नहीं तो बड़ी हानि की सम्भावना थी। कौन जानता है, कबीर भी औरों की तरह माया-रूपी दीपक को अपना पूर्ण लक्ष्य समझकर पतंग की तरह न कूद पड़ते? सारी दुनिया तो ऐसी ही है। कौन है जो इस माया-दीपक का पतंग नहीं बन गया? ऐसे बड़भागी अँगुलियों पर ही गिने जा सकते हैं, जो गुरु की कृपा से उबर जाते हैं। कबीरदास ने सद्गुरु को पाकर अपने को बड़भागी समझा, गुरु की सफलता केवल गुरु के ही महत्त्व पर निर्भर नहीं होती। शिष्य भी ऐसा ही कृती चाहिए। कबीर ऐसे ही शिष्य थे।[3]

अनन्त थी इस सद्गुरु की महिमा, अनन्त था उपकार। अनन्त दृष्टि उन्होंने खोल दी और अनन्त को दिखा दिया। क्या था वह अनन्त? राम-नाम। इस महामंत्र की पटतर देने लायक जगत् में कौन-सी चीज है? हाय, कबीरदास के पास ऐसा कौन-सा धन था जिसे देकर वे गुरु की इस महादान-जन्य कृपा पर अपनी कृतज्ञता प्रकट करते।[4]

---

1. *ऐसा कोई ना मिलै जासों रहिये लागि।*
   सब जग जलताँ देखिया अपनी अपनी आगि॥ 5॥
   ऐसा कोई ना मिलै जासों कहूँ निसंक।
   जासों हिरदै की कहूँ सो फिरि मारै डंक॥ 6॥ —'क. ग्रं.', पद 66
2. *प्रेमी ढूँढ़त मैं फिरौं प्रेमी मिलै न कोइ।*
   प्रेमी कौं प्रेमी मिलै तब सब विष अंम्रत होइ॥ 12॥ —वही, पृ. 67
3. *भली भई जा गुर मिल्या नहिं तर होती हांणि।*
   दीपक दिष्टि पतंग ज्यूँ, पढ़ता पूही जांणि॥ 19॥
   माया दीपक नर पतंग भ्रमि भ्रमि इवै पड़ंत।
   कहै कबीर गुरु ग्यान थैं, एक-आध उबरंत॥ 20॥
   सतगुरु बपुरा क्या करै झो सिष ही माहैं चूक।
   भावें त्यूँ प्रमोधि लै, ज्यू बंसि बजाई फूक॥ 21॥ —'क. ग्रं.', पद 3
4. *सतगुरु की महिमा, अनन्त किया उपगार।*
   लोचन अनन्त उघाड़िया, अनन्त दिखावणहार॥ 13॥
   रामनाम कै पटतरै देवै कौं कछु नाहिं।
   क्या ले गुरु संतोषिए, हौंस रही मन माहिं॥ 14॥ —वही, पृ. 1

उन्हें सारा-सूरा तो बहुत मिले थे जो अपनी बाण-विद्या से दूसरों को घायल कर दें, पर ऐसा कोई नहीं मिला था जो स्वयं चोट खाए हुए हो। और तब तक रामभक्ति के दृढ़ होने की आशा ही क्या थी जब तक किसी घायल से मुलाकात न हो जाती![1] इस बार उन्हें ऐसा घायल मिला—घायल जो राम के प्रेम का दीवाना था, जो स्वयं भगवद्विरह की चोट खा चुका था। इस प्रकार के कराल द्वन्द्व से, संशय और दुविधा से छुड़ा सकनेवाले युगगुरु रामानन्द ही थे। इस विषय में उन लोगों को भले ही सन्देह हो जो कबीरदास के नाम उलटा-सीधा मत-मतान्तर चलाना चाहते हों, स्वयं कबीरदास को कोई संशय नहीं था :

सद्गुरु के परताप तें मिटि गयौ सब दुख-दंद।
कह कबीर दुबिधा मिटी, गुरु मिलिया रामानंद॥

—*'स. क. सा.', 1.8*

क्या हुआ जो वे ब्राह्मण थे और कबीरदास जुलाहे; क्या हुआ जो वे काशी के 'आचार्य' थे और कबीरदास कमीनी जाति के 'बन्दे'? प्रेम दूरी नहीं जानता, भेद नहीं मानता, जाति नहीं मानता, कुछ नहीं देखता। कुमुदिनी पानी में बसती है, चाँद आकाश में; फिर भी जो जिसका मनभावन है वह सदा पास में ही रहता है। अगर गुरु वाराणसी में होते और कबीरदास कहीं समुद्र-पार, तो भी उनका वत्सल स्नेह शिष्य के पास पहुँचकर ही रहता, कबीरदास तो बहुत नजदीक थे :

कमोदिनी जल हरि बसै, चन्दा बसै अकास।
जो जाही का भावता, सो ताही कै पास॥
कबीर गुरु बसै बनारसी, सिक्ख समंदर पार।
बिसार्‍या नहिं बीसरै, जे गुण होइ सरीर॥

—'क. ग्रं.', पृ. 67

सो गुरु ने इस राम-नाम के अलौकिक बीज को बो दिया। कबीर ने इसके अंकुर को प्रेम की धारा से सींचा ('क. ग्रं.', पद 216)। धन्य है वह सुन्दरी जिसने वैष्णवपुत्र पैदा किया, जिसने राम-नाम का सुमिरन करके निर्भयता पा ली। सारी दुनिया भटकती ही रह गई।[2] इस प्रकार सारे संमार को ढूँढ़-खोजकर कबीर ने ठोंक-बजाकर देख लिया कि हरि बिना इस दुनिया में अपना कोई नहीं है।[3] इस राम-नाम की महिमा

1. *सारा सूरा बहु मिले, घाइल मिलै न कोइ।*
घाइल ही घाइल मिलै, तब राम-भगति दिढ़ होइ॥ —'क. ग्रं.', पृ. 67
2. *कबीर धनि वै सुन्दरी जिन जाया वैस्नो पूत।*
राम सुमरि निरभै हुआ, सब जग गया अऊत॥ —वही, पृ. 53
3. *कबीर सब जग हंडिया, मंदिल कंधि चढ़ाइ।*
हरि बिन अपना कोइ नहिं देखे ठोकि-बजाइ॥ —वही, पृ. 61

अपरम्पार है। इस मंत्र को पाते ही कबीरदास केवड़े के फूल हो गए और भक्त लोग भौंरों की भाँति इस सौरभशाली के चारों ओर एकत्र हो गए। जहाँ-जहाँ कबीर की भक्ति गई वहाँ-वहाँ राम का निवास हो गया :

कबीर भया है केतकी, भँवर भए सब दास।
जहँ-जहँ भगति कबीर की, तहँ-तहँ राम निवास॥

—'क. ग्रं.', पृ. 53

जन्म-जन्मान्तर से नाना भवचक्र में घूमते हुए कबीरदास थक गए थे, अकारण जीवन का व्यर्थ भार ढोते-ढोते वे हैरान थे, दुख के बोझ ने जब उन्हें लाचार बना दिया था, वे हारे हुए योद्धा की भाँति संसार को सूना देख रहे थे; ठीक ऐसे ही समय गुरु का साक्षात्कार हुआ। प्रेमभक्ति के महारस से गुरु का भांडार परिपूर्ण था, उन्होंने बड़ी कृपापूर्वक वह महारस कबीर को दे दिया। इस प्रेम-भक्ति के असाधारण रस को पीकर वे धन्य हो गए :

धावत जोनि जनम भ्रमि थाके
अब दुखकैं हम हांर्‌यौ रे
कहि कबीर गुरु मिलत महारस
प्रेम-भगति बिस्तार्‌यौ रे॥ —वही, पृ. 292

कबीरदास मनुष्य थे, पर इस प्रेम-रस के पान से देवता हो गए। बलिहारी है उस महागुरु की, जिसने मनुष्य को देखते-देखते देवता बना दिया!

बलिहारी गुर आंपणैं द्यौं-हाड़ी कै बार।
जिनि मानिष तैं देवता, करत न लागी बार॥

—वही, पृ. 17

और इस प्रकार द्रविड़ देश में उपजी हुई जिस भक्ति को रामानन्द उत्तराखंड में ले आए थे उसे कबीर ने सप्त द्वीप और नौ खंडों में व्याप्त कर दिया :

भक्ति द्राविड़ ऊपजी, लाए रामानंद।
परगट किया कबीर ने, सप्तद्वीप-नवखंड॥

—'स. क. सा.', 15.1

'सन्तो, भक्ति सतो गुरु आनी'

कबीरदास ने बार-बार कहा है कि सद्गुरु भक्ति ले आए हैं।[1] यह भक्ति क्या है? कबीरदास की इस भक्ति की व्याख्या करने का प्रयास बहुतों ने किया है। पर या तो उन्हें अपढ़-गँवार समझकर इस प्रकार समाधान कर लिया गया है कि उन्हें निर्गुण-सगुण और द्वैत-अद्वैत आदि किसी भी विषय का ठीक-ठीक ज्ञान नहीं था, या फिर उन्हें सर्वज्ञ सर्वनियन्ता समझकर उनके नाम पर विचित्र-विचित्र बातों का 'सागर' निर्माण किया गया है और मनमानी कथाएँ तैयार करके सम्प्रदाय के लोगों को भुलावा देने का प्रयत्न किया गया है। दोनों ही राहें गलत हैं। प्रथम पक्ष तो यही नहीं समझ पाता कि निर्गुण अद्वैत के साथ भक्ति कैसे चल सकती है? पाठकों ने अब तक देख लिया होगा कि कबीर तात्त्विक दृष्टि से अद्वैतवादी नहीं थे और उनके 'निर्गुण राम' में और वेदान्तियों के पारिभाषिक 'निर्गुण-ब्रह्म' में मौलिक भेद है। फिर भी इसमें तो कोई सन्देह नहीं कि कबीरदास राम को रूप-रेखा, आकार-प्रकार, द्वैत-अद्वैत, भाव-अभाव से परे समझते थे (देखिए ऊपर, पृ. 293-297)। प्रश्न यह है कि क्या ऐसा रूपातीत भगवान भक्ति का विषय हो सकता है?

इस प्रश्न का उत्तर बहुत कठिन नहीं है। सर्ववादि-सम्मत मत यह है कि भक्ति भगवद्विषयक प्रेम को ही कहते हैं। ('नारद-भक्तिसूत्र', 1-2)। 'भक्तिरसामृतसिन्धु' में इसी बात को इस प्रकार कहा गया है कि अनुकूल भाव से भगवान के विषय में अनुशीलन करना ही भक्ति है। यह अनुशीलन ज्ञान और कर्म से ढका हुआ नहीं होना चाहिए और न अनुशीलन करनेवाले के हृदय में भगवान की भक्ति के सिवाय और कोई अभिलाषा होनी चाहिए। भगवद्विषयक यह जो अहेतुक या कारणहित प्रेम है, वह न तो निरुपाधिक स्वरूप के लिए असम्भव है और न अद्वैत भावना के विरुद्ध। 'नारद-पांचरात्र' में स्पष्ट रूप से कहा गया है कि भगवान के सर्वोपाधि-विनिर्मुक्त स्वरूप को तत्पर होकर (अर्थात् अनन्य-भाव से) समस्त इन्द्रियों और मन के द्वारा

1. बीजक, शब्द 1; क. वच., पृ. 125, पद 66

अन्याभिलषिता-शून्यं ज्ञानकर्माद्यनावृतम्।
आनूकूल्येन कृष्णानुशीलनं भक्तिरुत्तमा॥ —भ. र. सि. 1.9

सेवन करना ही भक्ति है।[1] अद्वैत-भावना भक्ति के मार्ग में बाधक नहीं है, इसके प्रमाण हैं तुलसीदास, शंकराचार्य और अन्यान्य बहुतेरे शैव और तांत्रिक साधक। इस भावना के अनुसार जीव वस्तुत: भगवान का ही रूप है जो भ्रमवश अपने को पृथक् समझ रहा है। इस अंश की अपने स्वाभाविक रूप में फिर जाने की जो चेष्टा है वह अभेदमूलक आकर्षण है। नदी के प्रवाह का प्रत्येक बिन्दु जो समुद्र की महान सत्ता में विलीन होने के लिए दौड़ लगा रहा है, वह इसी अभेद-प्रतीति-जन्य प्रेम के कारण।[2] भक्ति के आचार्य मानते हैं कि भगवान का स्वरूप मानवीय चिन्तन-शक्ति के वश का नहीं है। वह अचिन्त्य है। अनन्त है उसकी शक्ति और अगम्य है उसकी मूर्ति। कबीरदास ने इसी बात को समझाने के लिए भगवान को अविगत-अकल-अनुपम कहा है ('क. ग्रं.', पद 6); अचिन्त्य और अकथ बताया है (पद 36); गूँगे का गुड़ (पद 68) और शर्करा (पद 156) कहा है।

भक्त लोग मानते हैं कि इस अनन्त अचिन्त्य भगवान को सच्चिदानन्द कहकर यद्यपि विधिरूप से कथंचित् समझाया जा सकता है (क्योंकि श्रुतियों में नेति-नेति कह-कहकर उसे निषेधरूप में ही समझाया गया है, केवल 'सत्-चित्-आनन्द' कहकर ही उसके विधि-रूप की ओर इशारा किया गया है) फिर भी हम नहीं जानते कि सत्ता (सत्), चैतन्य (चित्) और आनन्द के अतिरिक्त उसमें और क्या है। कितने ही भक्त होते हैं जो उसके अंश-विशेष के साथ ही अपनी अभिन्नता अनुभव करके आत्माराम हो रहते हैं। वे भगवान के केवल चैतन्य अंश के साथ अपने चित्स्वरूप को अभिन्न समझ लेते हैं। ऐसे ही भक्त अद्वैतवेदान्ती हैं। यद्यपि वे अपने को ज्ञानमार्गी कहते हैं तथापि वे भी वस्तुत: भगवान के परम प्रेम के ही साधक हैं। एक और प्रकार के साधक हैं जो माया और परम पुरुष को अलग-अलग कर शक्ति और शक्तिमान के भेद को कभी भूलते ही नहीं। ये ऐश्वर्य रूप के उपासक भी वस्तुत: भगवान के परम प्रेम के ही उपासक हैं। भगवान का प्रेम एक ओर अखंड है। उसके अंश-विशेष के प्रति आसक्ति प्रकट करने मात्र से उसकी अखंडता खंडित नहीं होती। भक्ति के साथ इन साधना-मार्गों का कोई विरोध तो क्या होगा, वे सभी वस्तुत: भक्ति के

---

1. *सर्वोपाधिविनिर्मुक्त तत्परत्वेन निर्मलम्।*
हृषीकेण हृषीकेशं सेवनं भक्तिरुच्यते॥ —भ. र. सि. 1.12

2. तु.— *दरियाव की लहर दरियाव है जी,*
दरियाव औ लहर भिन्न कोयम।
उठे तो तीर है, बैठता नीर है,
कहो किस तरह दूसरा होयम।
उसी के नाम को फेरके लहर धरा,
लहर के कहै क्या नीर खोयम।
जक्त ही फेर सब जक्त है ब्रह्म में,
ग्यान करि देख कब्बीर गोयम। —'क. वच.', पृ. 131-2, पद 80

ही प्रकार हैं। यही दिखाने के लिए श्रीमन् जीवगोस्वामिपाद ने 'भागवत-सन्दर्भ' में पहले ही भगवान के इस अखंड-प्रेमपरिपूर्ण रूप की वन्दना इस प्रकार की है :

यस्य ब्रहोति संज्ञां क्वचिदपि निगमे याति चिन्मात्र-सत्ता-
प्यशो यस्यांशकै: स्वैर्विदधति वशयन्नेव मायां पुमांश्च।
एकं यस्यैव रूप विलसति परमव्योम्नि नारायणाख्यं,
स श्रीकृष्णो विधत्तां स्वयमिह भगवान प्रीति तत्पादभाजाम्॥

—'भागवत-सन्दर्भ', 1.8

जो लोग भक्तिमूलक वाणियों को ऊपर-ऊपर से ही खुरचकर रस निकाल लेना चाहते हैं, उन्हें उस रस का साक्षात्कार नहीं हो सकता। भक्ति भाग्य की चीज है, प्रेम प्रीति का विषय है, वह उसे नहीं पा सकता :

भाग बिना नहिं पाइए, प्रेम प्रीति की भक्त।
बिना प्रेम नहिं भक्ति कछु, भक्ति पर्‌यो सब जक्त॥

—'स. क सा.', 15.11

भक्ति का साहित्य भी प्रेम की अपेक्षा रखता है।[1]

भक्तों का यह भी दावा है कि वेदान्त में जिसे 'ब्रह्म-जिज्ञासा' या 'ब्रह्म की जानकारी की इच्छा' कहा गया है वह वस्तुत: भक्ति ही है, क्योंकि 'कठोपनिषद्' में (2. 22) साफ-साफ कहा गया है कि 'परमात्मा में जिसकी भक्ति-श्रद्धा है उसी से परमात्मा प्रसन्न होने हैं' और वे जिससे प्रसन्न होते हैं वही जिज्ञासा आदि के द्वारा उन्हें प्राप्त करता है। और फिर यह अत्यन्त मोटी-सी बात है कि जब तक श्रद्धा और प्रेम अधिक नहीं हो जाते तब तक जानने की इच्छा (जिज्ञासा) भी नहीं जागती। इसीलिए मानो वेदान्त-दर्शन के प्रथम सूत्र 'अथातो ब्रह्म-जिज्ञासा' की कमी को पूरा करने के लिए ही भक्ति-सूत्रकार ने कहा, 'अथाना ब्रह्म-जिज्ञासा। सा परानुरक्तिरीश्वरे' (अर्थात् ब्रह्म-जिज्ञासा और कुछ नहीं, ईश्वरविषयक परम अनुरक्ति ही है)। 'बोधसार' में आचार्य नरहरिपाद ने भी कहा है कि जिसे वेदान्त में अपरोक्षानुभूति कहते हैं वह वस्तुत: प्रेमलक्षणा भक्ति का ही परिणाम है।[2] और भागवत में अहेतुक निष्काम भक्ति का फल वैराग्य और ज्ञान ही बताया गया है[3], जो वेदान्त का भी लक्ष्य है।

---

1. *नायमात्मा प्रवचनेन लभ्यो न मेधया न बहुना श्रुतेन।*
   यमेवैष वृणुते तेन लभ्यस्तस्यैष आत्मा वृणुते तनं स्वाम्॥ —'अष्टो.', पृ. 6
2. *अपरोक्षानुभूतियां वेदंतेषु निरूपिता।*
   प्रेमलक्षणभक्ते, स परिणाम: स एव हि॥
3. *वासुदेवे भगवति भक्तियोग: प्रयोजित:।*
   जनयत्याशु वैराग्यं ज्ञानं च यदहेतुकम्॥ —'भागवात्.', 1-2-1

अब यह मानी हुई बात है कि प्रेम आश्रय-भेद से भिन्न हो जाता है। रूपगोस्वामिपाद ने कहा भी है कि स्वभाव, संस्कार और रुचिवश भक्त लाखों तरह के हो सकते हैं। इसीलिए भक्ति के अंग और भेद भी अनन्त प्रकार के कल्पना किये जा सकते हैं या फिर एक ही भेद माना जा सकता है। वह इस प्रकार की भक्ति एक ही है, केवल आश्रय-भेद से अनेक प्रकार की दीखती है ('भ र.' 2. 42-3)। भक्तिशास्त्रीय ग्रन्थों में जो अंश और भेद गिनाए गए हैं, वे उपलक्षण-मात्र हैं। वस्तुत: जैसा कि गोस्वामी तुलसीदास जी ने कहा है, हरि भी अनन्त हैं, उनकी कथा भी अनन्त है और श्रुति तथा सन्त उसका अनन्त भाँति से भजन भी करते हैं :

हरि अनंत हरि-कथा अनंता।
बहु प्रकार गावहिं श्रुति-संता।

सो गुरुपदाश्रय प्रभृति जो भेद भक्ति-शास्त्रों में बताए गए हैं, वे अन्तिम और पूर्ण नहीं है। श्रवण-कीर्तन आदि प्रकार भी उपलक्षण-भर ही हैं। भक्ति के लिए केवल एक ही बात आवश्यक है—अनन्यभाव से भगवान की शरणागति, अहेतुक प्रेम, बिना शर्त आत्मसमर्पण। कबीरदास में इन बातों की चरम परिणति हुई है। वे गोविन्द को बार-बार पुकारकर कहते हैं[1], "हे गोविन्द मैं तुम्हारी शरण आया हूँ, क्यों नहीं मुझे उबार देते? वृक्ष के नीचे आदमी छाया के लिए जाता है, अगर उस वृक्ष से ही ज्वाला निकलने लगे तो उपाय ही क्या रह जाएगा? आदमी पानी पीकर शीतल होने के लिए जलाशय में जाता है, पर अगर वहाँ से आग की लपटें निकलने लगें तो क्या किया जा सकता है? हे नाथ, कबीर केवल तुम्हीं को जानता है, वह तुम्हारी ही शरण आया है, पर कैसे आश्चर्य की बात है कि तुम्हीं उसे जला रहे हो! हे गोविन्द, सचमुच ही तुम डरने की चीज बन गए हो। कहाँ तो तुम्हें अपने प्रेम-पीयूष से शरणागत की रक्षा करनी थी, सो तो तुमने की नहीं, उलटे वियोग की वह्नि में झुलसाने लगे।" (पद 112) "अजी हो गुसाईं, मैं गुलाम हूँ मुझे बेच दो। यह सारा तन-मन-धन तेरा है और तेरे ही लिए है। राम ही गाहक है, राम ही सौदागर।

---

1. *गोव्यंदे तुम्हथैं डरपौं भारी।*
सरणाई आयौ क्यूँ गहिए, यह कौन बात तुम्हारी।
धूप-दाझतै छाँह तकाई, मति तरवर सचपाऊँ।
तरवर माहै ज्वाला निकसै, तौ क्या लेइ बुझाऊँ।
बजे बन जलैं त जलकूँ धावै, मति जल सीतल होई।
जल ही माँहि अगिनि जे निकसै, और न दूजा कोई।
तारण तिरण तिरण तू तारण, और न दूजा जानौं।
कहै कबीर सरनाई आयौ, आन देव नहि मानौं॥ —'क. ग्रं.', पद 112

कबीर ने तो तन और मन निछावर करके अपने-आपको राम पर कुर्बान कर दिया है![1] (पद 113)" बालम के बिना कबीरदास की आत्मा तड़प रही है। दिन को चैन नहीं, रात को नींद नहीं। सेज सूनी है, शरीर चरखा बन गया है। आँखें थक गई हैं, राह दिखती नहीं। हाय रे बेदरदी पिया, तूने सुध नहीं ली!"[2] "हाय, वह विरह की मारी वियोगिनी पिऊ-पिऊ करके जान दे रही है। किन्तु निर्गुण है वह पीव, निर्मोही है वह भगवान! शून्य-सनेही राम ही उसके एकमात्र आराध्य हैं, और कौन है जो उस पतिप्राणा का दर्शनीय बन सके!"[3] "हाय, कबीरदास के वे दिन कब आएँगे जब उनका जीवन सफल होगा, देह धरने का फल प्राप्त होगा, जब पिया के साथ अंग-में-अंग मिलाकर रभस आलिंगन का मौका मिलेगा, जब वे प्रिय के साथ हिल-मिलकर खेलेंगे, जब उनके शरीर और इन्द्रिय, मन और प्राण प्रियतम में एक-रूप हो जाएँगे। न जाने रामराजा वह कामना कब पूरी करेंगे।"[4] "हाय, विरह की मारी कबीरदास की आत्मा पिया-मिलन की आशा लेकर कब तक खड़ी रहे? पिया का निवास ऊँचे पर है। वहाँ जाने में कितनी झिझक है, कितनी लज्जा! पैर उठते ही

---

1. *मैं गुलाम मोहिं बेचि गुसाईं।*
   तन-मन-धन मेरा रामजीक ताईं।
   आनि कबीरा हाटि उतारा,
   सोइ गाहक सोइ बेंचनिहारा।
   बेचैं राम तो राखै कौन,
   राखै राम तो बेचैं कौन।
   कहै कबीर मैं तन-मन जार्‌या,
   साहिब अपना छिन न बिसार्‌या।
2. *तलफै बिन बालम मोर जिया।*
   दिन नहिं चैन रात नहिं निंदिया, तलफ-तलफ कै भोर किया!
   तन-मन भोर रहँट-अभ डोलै, सून मेज पर जनम छिया।
   नैन थकित भये पंथ न सूझै, साईं बेदरदी सुध न लिया।
   कहत कबीर सुनो भाई साधो, हरो पीर दुख जोर किया। —'क. वच.', पृ. 141
3. *मैं अबला पिउ पिउ करूँ निर्गुन मेरा पीव।*
   शून्य सनेही राम बिन, देखूँ और न जीव॥ —'स. क. सा.', 27-24
4. *बै दिन कब आवैंगे भाइ।*
   जा कारनि हम देह धरी है, मिलिबौ अंग लगाइ॥
   हौं जानूँ जे हिलि-मिलि खेलूँ, तन मन मन प्रान समाइ।
   या कामनां करौ परिपूरन समरथ हा रांम राइ॥
   मोंहि उदासी माधव चाहैं, चितवत रैनि बिहाइ।
   सेज हमारी स्यंघ भई है, जब सोऊँ तब खाइ॥
   यहु अरदास दास को सुनिए, तन की तपनि बुझाइ।
   कहै कबीर मिले जै सांई, मिलि करि मंगल गाइ॥ —'क. ग्रं.', पद 306

नहीं, उठते हैं तो तलमला जाते हैं। सात्त्विक भाव के कम्प और रोमांच से सारा अंग शिथिल हो जाता है, पैर आगे पड़ते ही नहीं, प्रीति-आशंका से हृदय अस्थिर हो उठता है। हाय, इसने कभी तो उस मधुर मिलन का अनुभव नहीं किया—निपट बारी, निपट अनाड़ी है यह। सँकरा मार्ग है, अटपटी चाल है, मिलन हो तो कैसे हो? सद्गुरु का उपदेश ही इस विपत्ति-काल में सहारा है।"[1] "अरे ओ परदेशी, पिया को पहचान ले। कुछ समझ में नहीं आता कि तुझे हो क्या गया है, कौन-सी बुरी आदत तूने सीख ली है? सारी दुनिया का चक्कर मारकर तूने क्या कर लिया, अरे ओ भलेमानस, लाभ की आशा में मूल ही न गँवा दे। झूठे प्रपंच-जाल में भूले हुए भोले, क्यों दूसरों के हाथ बिका हुआ है? जल्दी अपने असली प्रियतम को पहचान ले। आजकल करके समय नष्ट न कर।"[2] "क्यों सोचता है कि उस अविनाशी पिया की सेज कैसी होगी? वह अनुमान के परे है। उनकी शोभा कहकर समझने की नहीं है, वह देखते ही बनती है। ओ विरहिणी, चल उस अविनाशी प्रियतम की शय्या पर केलि करने के लिए। कबीर साक्षी है कि वहाँ परमानन्द विलास करता है।"[3] "हाय,

1. *पिया-मिलन की आस, रहों कबलौं खरी।*
ऊँचे नहिं चढ़ि जाय, मने लज्जा भरी॥
पाँव नहीं ठहराय, चढ़ूँ गिर गिर परूँ।
फिर फिर चढ़उँ सम्हारि, चरन आगे धरूँ॥
अंग अंग थहराइ, तो बहुविधि, डरि रहूँ।
करम-कपट मग घेरि, तो भ्रम में परि रहूँ॥
बारि निपट अनारि, वे तो झीनी गेल है।
अटपट चाल तुम्हार, मिलन कम होइ है॥
छोरो कुमति-बिकार सुमति गहि लीजिए।
सतगुरु शब्द संहारि, चरन चित दीजिए॥
अंतरपट दे खोल, शब्द उर लावरी।
दिलविच दास कबीर, मिलैं तोहिकों बावरी॥ —'क. वच.', पृ. 141-42

2. *अरे परदेसी पीव पिछानि।*
कहा भयो तोकौं, समझि न परई, लागी कैसी बांनि॥
भोमि बिडारणी में कहा रातौ, कहा कियो कहि मोहि।
लाहै-कारनि मूल गमावै, समझावत हूँ तोहि॥
निस दिन तोहिं क्यों नींद परत है, चितवन नाहीं ताहि।
जम-से वैरी सिर पर ठाढ़े, पर हाथि कहा बिकाई॥
झूठे परपंच में कहाँ लागौ, ऊठै नाहीं चालि।
कहै कबीर कछु बिलम न कीजै कौन देखी काल्हि॥ —'क. ग्रं.', पद 312

3. *अविनासी की सेज का, कैसा है उनमान।*
कहिबे की सोभा नहीं, देखे ही परमान॥
अविनासी की सेज पर, केरै आनंद।
कहै कबीर वा सेज पर, विलसत परमानंद॥ —'स. क. सा.', 18, 74-75

ऐसा कोई परोपकारी क्या नहीं है जो उस प्रियतम से कह सके कि कबीर तेरे विरह में झुलस रहा है? जब तक उस प्रिय के साथ एकमेक होकर मिला नहीं जाता तब तक मन की तपन कहाँ बुझती है?"[1] यही है वह अपूर्व तन्मयता, अहेतुक प्रेम; अनन्य-परायण विश्वास और एकान्त-निष्ठा, जो भक्ति की एकमात्र शर्त है। कबीर निस्सन्देह ऐसे भगवान को मानते थे जो द्वन्द्वातीत है, पक्षातीत है, द्वैताद्वैत-विलक्षण है, त्रिगुणरहित है, 'अपरम्पार पारपुरुसोतिम' है, अकथ है, अकल है, अतीत है, परन्तु कौन भक्त भगवान को ऐसा नहीं मानता? जो लोग शास्त्र-ज्ञान का दावा करते हैं और फिर भी कबीर की भक्ति और अद्वैत-भावना और निर्गुण-प्रेम को परस्पर विरोधी समझते हैं उनका उद्देश्य क्या है, यह वही जानें। हम तो दृढ़ता के साथ कहने का साहस करते हैं कि कबीर की भक्ति और भगवद्भावना में न तो युक्ति से विरोध है और न शास्त्र से। कहीं जो विरोध दीखता है तो उसका ऐतिहासिक कारण है। उसका समाधान कर लेना कठिन नहीं है। कबीरदास योग-मार्ग की ओर झुके हुए थे। उनके कुल में और कुल-गुरु-परम्परा में वह मार्ग प्रतिष्ठित था। बाद में उनका समागम रामानन्द से हुआ। यह बात कुछ असम्भव नहीं कि रामानन्द के प्रभाव में आने के पूर्व उन्होंने ऐसे बहुत-से पद लिखे हों जिनमें योग-सम्प्रदाय की परम्परा-प्राप्त अक्खड़ता ही परिलक्षित होती हो और भक्तिरस का लेश भी न हो। कबीर-जैसा फक्कड़ जिस चीज को गलत समझेगा, उससे इसीलिए अनन्त काल तक चिपका नहीं रहेगा कि वह कुल-परम्परा से आई है :

तातस्य कूपोऽयमिति ब्रुवाणा:
क्षारं जलं का पुरुषा: पिबन्ति।

सो, जिस दिन से महागुरु रामानन्द ने कबीर को भक्ति-रूपी रसायन दी, उस दिन से उन्होंने सहज समाधि की दीक्षा ली, आँख मूँदने और कान रूँधने के टंटे को नमस्कार कर लिया, मुद्रा और आसन की गुलामी को सलामी दे दी। उनका चलना ही परिक्रमा हो गया, काम-काज ही सेवा हो गए, सोना ही प्रणाम बन गया, बोलना ही नाम-जप हो गया और खाने-पीने ने ही पूजा का स्थान ले लिया। हठयोग के टंटे दूर हो गए, खुली आँखों से ही उन्होंने भगवान के मधुर मादक रूप को देखा, खुले कानों से ही अनहद नाद सुना, उठते-बैठते सब समय समाधि का आनन्द पाया और अत्यन्त उल्लास के आवेग में उन्होंने घोषित किया :

साधो, सहज समाधि भली।
गुरु-प्रताप जा दिन तैं उपजी, दिन-दिन अधिक चली॥
जहँ-जहँ डोलों सोई परिकरमा, जो कछु करों सो सेवा।

---

1. *है कोइ ऐसा पर-उपगारी, हरिसूँ कहै सुनाइ रे।*
ऐसे हाल कबीर भए हैं, बिनु देखे जिय वाइ रे॥ —'क. ग्रं.', पद 307

जब सोवों तब करों दंडवत, पूजों और न देवा॥
कहों सो नाम सुनों सो सुमिरन, खाँव-पियों सो पूजा।
गिरह-उजाड़ एक-सम लेखों, भाव न राखौं दूजा॥
आँख न मूँदों कान न रूँधों, तनिक कष्ट नहिं धारों।
खुले नैन पहिचानौं हँसि-हँसि सुन्दर रूप निहारों॥
सबद-निरन्तर से मन लागा, मलिन वासना त्यागी।
ऊठत-बैठत कबहुँ न छूटै, ऐसी तारी लागी।
कह कबीर यह उनमुनि-रहनी, सो परगट करि भाई।
दुख-सुख से कोई परे परमपद, तेहि पद रहौं समाई॥ —शब्दा. शब्द 30

धन्य हैं वे गुरु! वे सचमुच उस भ्रमरी के समान हैं जो निरन्तर ध्यान का अभ्यास कराकर कीट को भी भ्रमरी (तितली) वना देती है। कीड़ा भ्रमरी हो गया, नई पाँखें फूट आईं, नया रंग छा गया, नई शक्ति स्फुरित हुई। उन्होंने जाति नहीं देखी, कुल नहीं विचारा। अपने-आपमें मिला लिया। नाले का पानी गंगा में जाकर गंगा हो जाता है, कबीर गुरु में मिलका तद्रूप हो गए। धन्य हो गुरो, तुमने चंचल मन को पंगु बना दिया, तत्त्व में तत्त्वातीत को दिखा दिया, बन्धन से निर्बन्ध किया, अगम्य तक गति कर दी। केवल एक ही प्रेम का प्रसंग तुमने सिखाया, पर कैसा अचरज है कि इस प्रेममेघ की वर्षा से यह सारा शरीर भींग गया! रससिक्त आत्मा में भक्ति का अंकुर लहलहा उठा :

कबीर बादल प्रेम का, हम परि बरस्या आइ।
अन्तरि भीगीं आत्मा, हरी भई बनराइ॥
पूरे सूँ परचा भया, सब दुख मेल्या दूरि।
निर्मल कीन्हीं आतमा, ताथैं सदा हजूरि॥ —'क. ग्रं.', पृ. 4

व्यक्तित्व-विश्लेषण

कबीरदास की वाणी वह लता है जो योग के क्षेत्र में भक्ति का बीज पड़ने से अंकुरित हुई थी। उन दिनों उत्तर के हठयोगियों और दक्षिण के भक्तों में मौलिक अन्तर था। एक टूट जाता था पर झुकता न था, दूसरा झुक जाता था पर टूटता न था। एक के लिए समाज की ऊँच-नीच-भावना मजाक और आक्रमण का विषय थी, दूसरे के लिए मर्यादा और स्फूर्ति का। और फिर भी विरोधाभास यह कि एक जहाँ सामाजिक विषमताओं को अन्याय समझकर भी व्यक्ति को सबसे ऊपर रखता था, वहाँ दूसरा सामाजिक उच्चता का अधिकारी होकर भी अपने को 'तृणादपि सुनीचेन' (तृण से भी गया-गुजरा) समझता था। योगी डटकर जातिभेद पर आघात करता था, बाह्याचार और तन्मूलक श्रेष्ठता को फटकार बताता था, पर भीतर और बाहर योग-मार्ग का प्रत्येक अनुयायी अपने को समाज के अन्य निकृष्ट जीवों से श्रेष्ठ समझता था, दूसरों की बहिर्मुखी वृत्ति पर तरस खाता था, नाना प्रकार की पेचीदी बातों में उसका मजाक बनाता था और आशा करता था कि लोग उसके अचरज-करिश्मे देखकर दाँतों-तले उँगली दबा लें। भक्त जातिभेद, वर्णाश्रम-व्यवस्था और ऊँच-नीच मर्यादा को शिरसा स्वीकार कर लेता था, अपने को भवसागर में भटकता हुआ गुमराह प्राणी मानता था, अपनी पुरानी पाप-भावना के लिए बार-बार पश्चात्ताप करता था और आशा करता था कि सर्वान्तर्यामी भगवान उसके हार्दिक अनुताप को जरूर सुन लेंगे और भवबन्धन से उसे मुक्त कर देंगे। एक को अपने ज्ञान का गर्व था, दूसरे को अपने अज्ञान का भरोसा; एक के लिए पिंड ही ब्रह्मांड था और दूसरे के लिए समस्त ब्रह्मांड भी पिंड; एक का भरोसा अपने पर था, दूसरे का राम पर; एक प्रेम को दुर्बल समझता था, दूसरा ज्ञान को कठोर; एक योगी था, दूसरा भक्त।

साधारण जनना में इन दोनों से दो प्रकार की प्रतिक्रिया हुई। एक ने श्रद्धालु गृहस्थ के चित्त में शंका का भाव पैदा कर दिया। वह सोचने लगा कि माया विकराल है, इससे छुटकारा पाना कठिन है, सिद्धि का मार्ग विघ्न-संकुल है। योग-क्रिया-हीन व्यक्ति की न जाने कौन-सी दुर्गति होगी, चौरासी लाख योनियों में न जाने कब तक भटकता फिरेगा। भवजाल विकट है, मायाचक्र अनन्त है, साधनमार्ग दुरधिगम्य है, विघ्नों की वाहिनो रास्ता रोके खड़ी है और गृहस्थ लाचार है। दूसरे (भक्त) ने

उसे लापरवाह बना दिया। गलती से भी एक बार हरि-नाम जिसने ले लिया उसे कुछ और करने की जरूरत नहीं, विष्णु का तिलक एक बार अगर सिर पर चढ़ गया तो वैकुंठ का दरवाजा खुला है, तुलसी की माला यदि किसी प्रकार मिल गई तो गोलोक में स्थान निश्चित है। कलियुग सब युगों से अच्छा है, क्योंकि इसमें मानस-पाप का कुछ फल नहीं होता, किन्तु मानस-पुण्य का पूरा फल मिलता है। राम का नाम राम से भी बड़ा है, भय की कोई जरूरत नहीं। योग ने गृहस्थ को जरूरत से ज्यादा संशयालु बना दिया था, भक्ति ने पूरा आशावादी। एक ने मुक्ति को महँगा सौदा बता दिया, दूसरे ने बहुत सस्ता। योग में गलदश्रु भावुकता को कोई स्थान नहीं। जो भक्ति पद-पद पर भक्त को कम्प, आवेग, जड़ता और रोमोद्‌गम की अवस्था में ले आ देती है वह इस क्षेत्र में अपरिचित थी। और यदि सचमुच ही भाग और विभाग कल्पित हैं, कल्प-विकल्प बेकार हैं, संसार मृग-मरीचिका है, परमतत्त्व विभाग और अविभाग से परे है, सूक्ष्म और स्थूल के अतीत है—यदि वह एक-रस है, सम-रस है, तो फिर रोने से होता क्या है? अखंड-चैतन्य-स्वरूप अमायिक परमपुरुष के सामने यह विलाप क्यों? उस गुणहीन, विकारहीन, दया-माया-हीन की पूजा क्या और स्तुति क्या?[1] निर्ममता और अमायिकता योग की पहली शर्त है। इसीलिए वह अपने अनुयायी को अक्खड़ बना देता है। कबीरदास ने यह अक्खड़ता योगियों से विरासत में पाई थी। संसार में भटकते हुए जीवों को देखकर करुणा के अश्रु से वे कातर नहीं हो आते थे बल्कि और भी कठोर होकर उसे फटकार बताते थे। वे प्रहलाद की भाँति सर्वजगत् के पाप को अपने ऊपर ले लेने की वांछा से ही विचलित नहीं हो पड़ते थे बल्कि और भी कठोर, और, और भी शुष्क होकर सुरत और विरत का उपदेश देते थे। संसार में भरमनेवालों पर दया कैसी, मुक्ति के मार्ग में अग्रसर होनेवालों को आराम कहाँ, करम की रेख पर मेख न मार सका तो सन्त कैसा :

ज्ञान का गेंद कर सुर्त का डंड कर
खेल चौगान-मैदान माँहीं।
जगत का भरमना छोड़ दे बालके
आय जा भेष-भगवंत पाहीं॥

---

1. *अविवेक-विवेक-विबोध इति, अविकल्प-विकल्प विबोध इति।*
यदि चैकनिरन्तरबोध इति, किमु रोदिषि मानस-सर्वसम:॥
बहुधा श्रुतय: प्रवदंति यते, विददातरयं मृगतोयसम:।
यदि चैकनिरन्तरसर्वसम: किमु रोदिषि मानस-सर्वसम:॥
सविभक्ति-विभक्तिविहीन परम अनुकाय-विकाय-विहीन परम।
यदि चैकनिरन्तरसर्विशिव: यजनं च कथं स्तवनं च कथम्॥

—'गोरक्षसिद्धान्तसंग्रह' में 'अवधूत-गीता' के वचन, पृ. 25

भेष-भगवंत की शेष महिमा करे
शेष के सीर पर चरन डारै।
कामदल जीति के कँवलदल सोधि के
ब्रह्म को बेधि के क्रोध मारै॥
पदम-आसन करै पौन परिचै करै
गगन के महल पर मदन जारै।
कहत कब्बीर कोई संत-जन जौहरी
करम की रेख पर मेख मारै॥

—'शब्दा.', पृ. 50

परन्तु अक्खड़ता कबीरदास का सर्वप्रधान गुण नहीं है। जब वे अवधू या योगी को सम्बोधन करते हैं तभी उनकी अक्खड़ता पूरे चढ़ाव पर होती है। वे योग के विकट रूपों का अवतरण करते हैं, गगन और पवन की पहेली बुझाते रहते हैं, सुन्न और सहज का रहस्य पूछते रहते हैं, द्वैत और अद्वैत के सत्त्व की चर्चा करते रहते हैं और अवधू के अज्ञान पर कुटिल हँसी-सी हँसा करते हैं :

अवधू, अच्छरहूँ सों न्यारा।
जो तुम पवना गगन चढ़ाओ, करो गुफा में बासा।
गगना-पवना दोनों बिनसैं, कहँ गया जोग तुम्हारा॥
गगना-मद्धे जोती झलके, पानी-मद्धे तारा।
घटिगे नीर बिनसिगे तारा, निकरि गयो केहि द्वारा॥
मेरुदंड पर डारि दुलैची, जोगी तारी लाया।
सोई सुमेर पर खाक उड़ानी, कच्चा योग कमाया॥
इँगला बिनसै, पिंगला बिनसै, बिनसै सुषमनि नाड़ी।
जव उनमनि की तारी टूटै, तब कहँ रही तुम्हारी॥
अद्वैत-विराग कठिन है भाई, अँटके मुनिवर-जोगी।
अच्छर-लौकी गम्म बतावै, सो है मुक्ति-विरागी॥
कह अरु अकह दुहूँ तें न्यारा, सत्त-असत के पारा।
कहैं कबीर ताहि लख जोगी, उतरि जाय भव-पारा॥

इसी भाषा को योगी समझते थे। ठीक भी है, यदि समाधि-मात्रगग्य निर्मम की भजन-पूजा विहित नहीं है तो योगी से भी तो उलट के उसी शुष्कता और उसी निर्ममता के साथ पूछा जा सकता है कि बाबा, उनमान तक तो ठीक है, वहाँ तुमने माना कि अक्षर-पुरुष का साक्षात्कार कर लिया, परन्तु फिर? जब समाधि भंग हुई,—जब उनमनि की तारी टूटी, तब? तब तो फिर उसी भवजाल में लौट आए। अब तुम्हारी क्या गति होगी? सो, कबीरदास अवधूत से बात करते समय

पूरी अक्खड़ता से काम लेते हैं और अपने व्यक्तित्व को बहुत ऊँचे उठाकर बोलते हैं, क्योंकि वे अवधू के इस मनोभाव को पहचानते हैं। एक बार अगर उसे अपने व्यक्तित्व को ऊपर उठा ले जाने की छूट दे दी गई तो फिर उससे पार पाना कठिन है। विरोधी के ही अस्त्र से विरोधी को घायल करने की कला में कबीरदास उस्ताद हैं। गगन और पवन के बल पर आतंक जमानेवाले से यह छोटा-सा प्रश्न कितना सहज और फिर भी कितना तिलमिला देनेवाला है : 'गगना-पवना दोनों बिनसैं कहँ गया जोग तुम्हारा?'

यह उनकी अनधिकार चर्चा नहीं थी। वे समाधिगम्य परमपुरुष का साक्षात्कार कर चुके थे, पवन को उलटकर सहस्रारचक्र में ले जा चुके थे, वहाँ के गगन का अनन्य-साधारण गर्जन सुन चुके थे, अवशेष अमृतवर्षी पावस का अनुभव कर चुके थे, उस महान पद को देख आए थे जहाँ कोई विरला ही जा सकता है, जहाँ वेद और कतेब की गम नहीं है, जहाँ की गगन-गुफा में किसी गैब की चाँदनी छिटकी हुई है, जहाँ उदय और अस्त का नाम भी नहीं है, जहाँ टिन और रात की पहुँच नहीं है, जो प्रेम के प्रकाश का समुद्र है, जो सदानन्द का विशाल निर्झर है, जो भ्रम और भ्रान्ति से परे है, जो एक-रस है, ब्रह्म की छौल में (झूले में) वे निश्चित रूप से झूल चुके थे :

करत कल्लोल दरियाव के बीच में,
ब्रह्म की छौल में हंस झूलै।
अर्ध औ' ऊर्ध्व की पेंग बाढ़ी तहाँ,
पलट मन पवन को कँवल फूलै॥
गगन गरजै तहाँ सदा पावस झरै,
होत झनकार नित बजत तूरा।
बेद-कतेब की गम्म नाहीं तहाँ,
कहैं कब्बीर कोई रमै सूरा॥
गगन की गुफा तहँ गैव का चाँदना,
उदय और अस्त का नाम नाहीं।
दिवस औ' रैन तहँ नेक नहिं पाइए,
प्रेम-परकास के सिंधु माहीं॥
सदा आनंद दुख-दंद ब्यापै नहीं,
पूरनानंद भरपूर देखा।
भर्म और भ्रांति तहँ नेक आवै नहीं,
कहैं कब्बीर रस एक पेखा॥

—'शब्दा.', पृ. 104

परन्तु वे स्वभाव से फक्कड़ थे। अच्छा हो या बुरा, खरा हो या खोटा, जिससे एक वार चिपट गए उससे जिन्दगी-भर चिपटे रहो, यह सिद्धान्त उन्हें मान्य नहीं था। वे सत्य के जिज्ञासु थे और कोई मोह-ममता उन्हें अपने मार्ग से विचलित नहीं कर सकती थी। वे अपना घर जलाकर हाथ मैं मुराड़ा लेकर निकल पड़े थे और उसी को साथी बनाने को तैयार थे जो उनके हाथों अपना भी घर जलवा सके :

हम घर जारा आपना, लिया मुराड़ा हाथ।
अब घर जारों तासु का, जो चलै हमारे साथ॥

—'स. क सा.', 5.8

वे सिर से पैर तक मस्त-मौला थे। मस्त—जो पुराने कृत्यों का हिसाब नहीं रखता, वर्तमान कर्मों को सर्वस्व नहीं समझता और भविष्य में सब कुछ झाड़ू-फटकार निकल जाता है। जो दुनियादार किये-कराए का लेखा-जोखा दुरुस्त रखता है, वह मस्त नहीं हो सकता। जो अतीत का चिट्ठा खोले रहता है, वह भविष्य का क्रान्तदर्शी नहीं बन सकता। जो इश्क का मतवाला है, वह दुनिया के माप-जोख से अपनी सफलता का हिसाब नहीं करता। कबीर-जैसे फक्कड़ को दुनिया की होशियारी से क्या वास्ता? ये प्रेम के मतवाले थे मगर अपने को उन दीवानों में नहीं गिनते थे जो माशूक के लिए सर पर कफन बाँधे फिरते हैं, जो बेकरारी की तड़पन में इश्क का चरम फल पाने का भान करते हैं, क्योंकि बेकरारी उस वियोग में होती है जिसमें प्रिय दूर हो—उसे पाना कठिन हो। पर जहाँ प्यारे से एक क्षण के लिए भी बिछोह नहीं, वहाँ तड़पन कैसी? जो गगरी भरी है उसमें छलकन कहाँ? जहाँ द्वैत-भावना ही मिट गई हो उस अजब मस्ती में बेचैनी कहाँ?

हमन हैं इश्क मस्ताना, हमन को होशियारी क्या।
रहें आजाद या जग से, हमन दुनिया से यारी क्या।
जो बिछुड़े हैं पियारे से, भटकते दर-बदर फिरते।
हमारा यार है हम में, हमन को इन्तजारी क्या।
खलक सब नाम अपने को, बहुत कर सिर पटकता है।
हमन गुठनाम साँचा है, हमन दुनिया से यारी क्या।
न पल बिछुड़े पिया हमसे, न हम बिछुड़ें पियारे से।
उन्हीं से नेह लागी है, हमन को बेकरारी क्या।
कबीरा इश्क का माता, दुई को दूर कर दिल से।
जो चलना राह नाजुक है, हमन सिर बोझ भारी क्या॥

—शब्दा., पृ. 16-17

इसीलिए ये फक्कड़राम किसी के धोखे में आनेवाले न थे। दिल जम गया तो ठीक है और न जमा तो राम-राम करके आगे चल दिये। योग-प्रक्रिया को उन्होंने डटकर अनुभव किया, पर जँची नहीं। उन नकटों के समान चुप्पी साधना उन्हें मालूम न था जिन्होंने इस आशा पर नाक कटा ली थी कि इस बाधा के दूर होते ही स्वर्ग दिखाई देने लगता है। उन्हें यह परवाह न थी कि लोग उनकी असफलता पर क्या-क्या टिप्पणी करेंगे। उन्होंने बिना लाग-लपेट के, बिना झिझक और संकोच के ऐलान किया :

आसमान का आसरा छोड़ प्यारे,
उलटि देख घट अपना जी।
तुम आप में आप तहकीक करो,
तुम छोड़ो मन की कल्पना जी।

—'क. व.', पृ. 133, पद 87

आसमान अर्थात् गगन-चन्द्र की परम ज्योति। जो वस्तु केवल शारीरिक व्यायाम और मानसिक शम-दमादि का साध्य है वह चरम सत्य नहीं हो सकती। योगी लोग एक प्रकार की जड़-समाधि की बात स्वीकार करते हैं जिसमें योगी लक्ष्य-भ्रष्ट होकर जड़ शरीर-विकार को सिद्धि समझने लगता है। परम-पुरुष योग का परम प्रतिपाद्य है, आत्मा-गम्य है, वह आँख-कान का विषय नहीं है। केवल शारीरिक और मानसिक कवायद से दीखनेवाली ज्योति जड़ चित्त की कल्पना मात्र है। वह भी बाह्य है। कबीर ने कहा, और आगे चलो। केवल क्रिया बाह्य है, ज्ञान चाहिए। बिना ज्ञान के योग व्यर्थ है। केवल पिंड में—तत्रापि गगन-गुफा में या शून्यचक्र में यदि घट-घटवासी मिलता है, तो कहीं बिसमिल्ला ही गलत हो गया है। अगर कहते हो कि वह केवल भीतर ही है तो बाहर का यह सारा विश्वब्रह्मांड मारे लज्जा के पानी-पानी हो जाता है। क्या गगन-गुफा के बाहर सब कुछ भगवान के बाहर है, क्या उसके कण-कण में प्रभु व्याप्त नहीं है, क्या वह व्यर्थ ही जगत् में पड़ा हुआ है? पर अगर इसी की ओर ताकें, यही मान लें कि बाहर की सारी दुनिया में ही वह परम-पुरुष रम रहा है और भीतर उससे शून्य है तो यह बात झूठ है। कबीरदास ने कितनी ही बार 'कमल-कुआँ में ब्रह्मरस' का पान किया था, गगन से झरते हुए अमृतरस का आस्वादन किया था। यह झूठ है कि यह परम पुरुष भीतर नहीं है। जो कहता है कि वह भीतर ही है बाहर नहीं, वह सारे बाह्य जगत् को व्यर्थ ही लज्जित करता है और जो कहता है कि वह भीतर है ही नहीं, वह झूठा है। कबीरदास हैरान हैं कि क्या कहकर इस अकथ-कथा को कहें :

ऐसा लो, नहिं तैसा लो।
मैं केहि विधि कथौं, गँभीरा लो।

भीतर कहूँ, तो जगमय लाजै
बाहर कहूँ तो झूठा लो।
बाहर-भीतर, सकल निरंतर
गुरु-परतापैं दीठा लो।

कबीर की यह घर-फूँक मस्ती, फक्कड़ाना लापरवाही और निर्मम अक्खड़ता उनके अखंड आत्मविश्वास का परिणाम थी। उन्होंने कभी अपने ज्ञान को, अपने गुरु को और अपनी साधना को सन्देह की नजरों से नहीं देखा। अपने प्रति उनका विश्वास कहीं भी डिगा नहीं। कभी गलती महसूस हुई तो उन्होंने एक क्षण के लिए भी नहीं सोचा कि इस गलती के कारण वे स्वयं हो सकते हैं। उनके मत से गलती बराबर प्रक्रिया में होती थी, मार्ग में होती थी, साधन में होती थी। शायद उनके नाम पर चलनेवाले हजारों भजनों में से एक भी हमारे इस कथन के प्रतिवाद में नहीं उद्धृत किया जा सकता। उनकी अखंड आत्मनिष्ठा में एक क्षण के लिए भी दुर्बलता नहीं दिखाई दी। वे वीर साधक थे, और वीरता अखंड आत्मविश्वास को आश्रय करके ही पनपती है। कबीर के लिए साधना एक विकट संग्रामस्थली थी, जहाँ कोई विरला शूर ही टिक सकता था। जिसे अपने सिर को उतारकर देने की कला नहीं आती, वह इस मार्ग का राही नहीं बन सकता :

पकरि समसेर मैदान में पैसिये,
देह-परजंत करु जुद्ध भाई।
काट सिर बैरियाँ दाब जहँ का तहाँ,
आय दरबार में सीस नाई॥
करत मतवाल जहाँ संत-जन सूरमा,
घुरत निस्सान तहँ गगन धाई॥
कहै कब्बीर अब नाम सों सुरखरू,
मौज दरबार की भक्ति पाई॥

—'शब्दा.' पृ. 106

कबीर जिस साईं की साधना करते थे वह मुक्त की बातों से नहीं मिलता था। उस राम से सिर देकर ही सौदा किया जा सकता था :

साँई सेंत न पाइए, बाताँ मिलै न कोय।
कबीर सौदा राम सौं, सिर बिन कदै न होय॥

—'स. क सा.', 85-86

रामानन्द की प्रेम-भक्ति का यह एक अभूतपूर्व परिणाम हुआ। भक्ति के अश्रु, स्वेद, कम्प आदि महाभाव हो गए। भगवान का प्रेम बड़ी चीज है, पर उस बड़ी चीज

को पाने की साधना भी बड़ी होनी चाहिए। प्रेम का यह व्यापार कुछ खाला का घर नहीं है कि बात-बात पर मचल गए और फरमाइश पूरी हुई। यहाँ तो वही प्रवेश पाने का हकदार है जो पहले सिर उतारकर धरती पर रख दे :

कबीर यहु घर प्रेम का, खाला का घर नाँहि।
सीस उतारे हाथि करि, सो पैठे घर माँहि॥
कबीर निज घर प्रेम का, मारग अगम-अगाध।
सीस उतारि पगतलि धरै, तब निकटि प्रेम का स्वाद॥

—'क. ग्रं.', पृ. 69

यह प्रेम किसी खेत में नहीं उपजता, किसी हाट में नहीं बिकता, फिर भी जो कोई भी इसे चाहेगा, पा लेगा। वह राजा हो या प्रजा, उसे सिर्फ एक शर्त माननी होगी, वह शर्त है सिर उतारकर धरती पर रख ले। जिसमें साहस नहीं, जिसमें इस अखंड प्रेम के ऊपर विश्वास नहीं, उस कायर के यहाँ दाल नहीं गलेगी। हरि से मिल जाने पर साहस दिखाने की बात करना बेकार है, पहले हिम्मत करो, भगवान आगे आकर मिलेंगे। उथली भावुकता, हिस्टीरिक प्रेमोन्माद और बातूनी इश्क यहाँ बेकार हैं—अपने अधिगम्य पर अखंड विश्वास ही इस प्रेम की कुंजी है—विश्वास, जिसमें संकोच नहीं, द्विधा नहीं, बाधा नहीं :

प्रेम न खेतौं नीपजै, प्रेम न हाट बिकाय।
राजा-परजा जिस रुचे, सिर दे सो ले जाय॥
सूरै सीस उतारिया, छाड़ी तन की आस।
आगेथैं हरि मुलकिया, आवत देख्या दास॥
भगति दुहेली राम की, नहिं कायर का काम।
सीस उतारै हाथि करि, सो लेसी हरि नाम॥

—'क. ग्रं.', पृ. 70

कबीरदास भक्त और पवित्रता को एक कोटि में रखते थे। दोनों का धर्म कठोर है, दोनों की वृत्ति कोमल है, दोनों के सामने प्रलोभन का दुस्तर जंजाल है, दोनों ही कांचन-पदधर्मी हैं—बाहर से मृदु, भीतर से कठोर; बाहर से कोमल, भीतर से परुष। सबकी सेवा में व्यस्त पर एक की आराधिका पतिव्रता ही भक्त के साथ तुलनीय हो सकती है। सती की सिन्दूर-रेखा के बदले काजल नहीं दिया जा सकता और कबीर के नैनों में भी राम रम गया है दूसरा नहीं रम सकता :

कबीर रेख सिंदूर की, काजल दिया न जाइ।
नैन रमइया रमि रहा, दूजा कहाँ समाइ॥

भक्त की यह प्रार्थना केवल सती को ही शोभ सकती है :

नैना अंतर आव तूँ, ज्यों ही नैन झँपेउँ।
ना हौं देखौं और कूँ, ना तुझ देखन देउँ॥
मेरा मुझ में कुछ नहीं, जो कुछ है सो तेरा।
तेरा तुझको सौंपताँ, क्या लागै है मेरा॥

कबीरदास में यह जो अपने प्रति और अपने प्रिय के प्रति एक अखंड अविचलित विश्वास था उसी ने उनकी कविता में असाधारण शक्ति भर दी है। उनके भाव सीधे हृदय से निकलते हैं और श्रोता पर सीधे चोट करते हैं। जो लोग इस रहस्य को नहीं जानते वह व्यर्थ ही पांडित्य-प्रदर्शन से पाठकों का समय नष्ट करते हैं। प्रेम-भक्ति का यह पौधा भावुकता की आँच से न तो झुलसता ही है और न तर्क के तुषारपात से मुरझाता है। वह हृदय के पाताल-भेदी अन्तस्तल से अपना रस संचय करता है। न आँधी उसे उखाड़ सकती है और न पानी उसे ढाह सकता है। इस प्रेम में मादकता नहीं है पर मस्ती है, कर्कशता नहीं है पर कठोरता है। असंयम नहीं है पर मौज है, उच्छृंखलता नहीं है पर स्वाधीनता है, अन्धानुकरण नहीं है पर विश्वास है, उजड्डता नहीं है पर अक्खड़ता है—इसकी प्रचंडता सरलता का परिणाम हैं, उग्रता विश्वास का फल है, तीव्रता आत्मानुभूति का विवर्त है। यह प्रेम वज्र से भी कठोर है, कुसुम से भी कोमल! इसमें हार भी जीत है, जीत भी जीत है।

हारौं तो हरि नाम है, जो जीतूँ तो दाव।
पारब्रह्म सों खेलता, जो सिर जाय तो जाय॥

—'स. क सा.', 95-90

इस सरलता और विश्वास के कारण ही जहाँ वे एक स्थान पर भगवान के निकट अतिशय विनीत और हतदर्प दीखते हैं वहाँ दूसरे स्थान पर चुनौती देते हुए भी दिख जाते हैं। पर कहीं भी उन्होंने शिकायत नहीं की, मचलने का अभिनय नहीं किया, उपालम्भों की झड़ी नहीं लगाई—महान की महत् मर्यादा को उन्होंने कभी अपनी ससीमता से गँदला नहीं किया। साईं के प्रति उनकी भक्ति अडिग है। वे राम के कुत्ते के रूप में अपना परिचय देते नहीं लजाते। कबीर राम का कुत्ता है, नाम उसका मुतिया है। राम ने ही इस मुतिया के गले में एक रस्सी बाँध दी है। सो वह जिधर खींचता है, मुतिया भी उधर ही जाता है। जब वह तो-तो करके पुकारता है तो मुतिया भी उसके पास चला जाता है और जब दुर-दुर करता है तो बेचारे मुनिया को भागने के सिवाय और चारा ही क्या है? कबीरदास कहते हैं कि भगवान जैसे रखें वैसे ही रहना श्रेयस्कर है, वह जो दे दे वही खा लेना कर्तव्य है। निरीह सारल्य का यह चरम दृष्यान्त है :

कबीर कूता राम का, मुतिया मेरा नाउँ।
गले राम की जेवड़ी, जित खैंचै तित जाउँ॥
तो तो कर तो बाहुड़ौं दुरि दुरि करै तो जाउँ।
ज्यूँ हरि राखै त्यूँ रहौं, जो देवै सो खाउँ॥

—'क. ग्रं.', पृ. 20

आत्मसमर्पण की यह हद है। इतने पर भी मन की प्रतीति नहीं होती कि यह प्रेम-रस पर्याप्त है। क्या जाने उस प्रियतम को कौन-सा ढंग पसन्द हो, कौन-सी वेशभूषा रुचिकर हो। हाय, उस अजब मस्ताने प्रिय का समागम कैसा होता होगा :

मन परतीति न प्रेम रस, ना इस तन मैं ढंग।
क्या जाणौं उस पीव-सूँ, कैसी रहसी रंग॥

—'क. ग्रं.', पृ. 20

इस उक्ति को अपने प्रति अविश्वास समझना गलती होगी। इसमें केवल प्रेमातिशय्य और औत्सुक्य प्रकट हुआ है। भक्त को अपने ऊपर पूर्ण विश्वास है, पर प्रिय की उच्चता और महिमा के प्रति उसका विश्वास और भी अधिक है। अविचल प्रेमी ही यह सोचता है कि उसका प्रेमी कहीं अतृप्त न लौट जाए। अपनी अपूर्णता इस उत्सुकता और आशंका का कारण होती है, अपने प्रति अवज्ञा नहीं।

पता नहीं कि कबीरदास ने 'मुतिया' नाम क्यों पसन्द किया। क्या अनुमान किया जाए कि उनका बचपन का नाम मुतिया था? असम्भव नहीं। पर मुतिया नाम है बड़ा जानदार। इस नाम में ही कुत्ते की सारी निरीहता मानो दुम हिलाती हुई सामने खड़ी हो जाती है। कभी-कभी आश्चर्य होता है कि क्या यह वही आदमी है जो बीसियों बार गगन-गुफा का चक्कर लगा लेने के बाद उधर के कोने-कोने से ऐसा परिचित हो गया कि बड़े-से बड़े अवधूत को ललकार सकता है, जो शास्त्र और परम्परा के जटिल जाल में घुसकर इस सफाई के साथ उसकी ग्रन्थियाँ शिथिल कर देता है कि जाल फैलानेवाला ही आश्चर्य-भरी मुद्रा से देखता रह जाता है, जो क्षण-भर के लिए भी अपने ज्ञान को नहीं भूलना चाहता और जिसकी उक्तियाँ प्रतिपक्ष के ऊपर सीधा आघात करती हैं! परन्तु इसमें आश्चर्य की कोई बात नहीं। सरल आदमी ही प्रचंड होता है, विश्वास परायण मनुष्य ही निरीह होता है, निष्ठावान ही विनीत होता है।

कबीर जब 'पंडित' या 'शेख' पर आक्रमण करने को उद्यत होते हैं तो उतने सावधान नहीं होते जितने अवधूत या योगी पर आक्रमण करते समय दिखते हैं। कारण यह है कि 'पंडित' और 'शेख' के ज्ञान-भंडार को उन्होंने उतनी सूक्ष्मता के साथ नहीं देखा जितनी बारीकी से अवधूत की साधना देखी है। इसीलिए यह आक्रमण उतना उग्र भी नहीं होता। वह पंडित और शेख को इस प्रकार पुकारते हैं

गोया वे नितान्त नगण्य जीव हों—केवल बाह्याचारों के गट्ठर, केवल कुसंस्कारों के गुड्डे। साधारण हिन्दू-गृहस्थ पर आक्रमण करते समय वे लापरवाह होते हैं और इसीलिए लापरवाही भरी एक हँसी उनके अधरों पर मानो खेलती रहती है। मानो वे इन अदने आदमियों को इस योग्य भी नहीं समझ रहे हों जिन पर आक्रमण किया जा सके। परन्तु इस लापरवाही के कारण ही इन आक्रमणों में एक सहज-सहज भाव और एक जीवन्त काव्य मूर्तिमान् हो उठा है। यही लापरवाही कबीर के व्यंग्यों की जान है। सच पूछा जाए तो आज तक हिन्दी में ऐसा जबरदस्त व्यंग्यलेखक पैदा ही नहीं हुआ। उनकी साफ चोट करनेवाली भाषा, बिना कहे भी कुछ कह देनेवाली शैली और अत्यन्त सादी किन्तु अत्यन्त तेज प्रकाशन-भंगी अनन्य-साधारण है। हमने देखा है कि बाह्याचार पर आक्रमण करनेवाले सन्तों और योगियों की कमी नहीं है, पर इस कदर सहज और सरस ढंग से चकनाचूर करनेवाली भाषा कबीर के पहले बहुत कम दिखाई दी है। व्यंग्य वह है, जहाँ कहनेवाला अधरोष्ठों में हँस रहा हो और सुननेवाला तिलमिला उठा हो और फिर भी कहनेवाले को जवाब देना अपने को और भी उपहासास्पद बना लेना हो जाता हो। कबीरदास ऐसे ही व्यंग्यकर्ता थे :

ना जाने तेरा साहब कैसा है।
मसजिद भीतर मुल्ला पुकारै, क्या साहब तेरा बहिरा है?
चिउँटी के पग नेवर बाजे, सो भी साहब सुनता है।
पंडित होय के आसन मारै, लम्बी माला जपता है॥
अन्तर तेरे कपट-कतरनी, सो भी साहब लखता है।
ऊँचा-नीचा महल बनाया, गहरी नेंव जमाता है॥
चलने का मनसूबा नाहीं, रहने को मन करता है।
कौड़ी-कौड़ी माया जोड़ी, गाड़ि जमीं में धरता है॥
जेहि लहना है सो लै जइहै, पापी बहि-बहि मरता है।
सतवंती को गजी मिलै नहिं, वेश्या पहिरै खासा है॥
जेहि घर साधू भीख न पावै, भँड़ुआ खात बतासा है॥
हीरा पाय परख नहिं जाने, कौड़ी परखन करता है।
कहत कबीर सुनो भाई साधो, हरि जैसे को तैसा है॥

—'क. व.', पृ. 144

यह भाषा झकझोर देनेवाली है, जितनी सादी उतनी ही तेज। पढ़ते समय साफ मालूम होता है कि कहनेवाला अपनी ओर से एकदम निश्चिन्त है। अगर वह अपनी ओर से इतना निश्चिन्त न होता तो इस तरह का करारा व्यंग्य नहीं कर सकता।

कबीर के पूर्ववर्ती सिद्ध और योगी लोगों की आक्रमणात्मक उक्तियों में एक प्रकार की हीन भावना की ग्रन्थि या 'इनफीरियारिटी कॉम्प्लेक्स' पाया जाता है।

वे मानो लोमड़ी के खट्टे अंगूरों की प्रतिध्वनि हैं, मानो चिलम न पा सकनेवालों के आक्रोश हैं। उनमें तर्क है पर लापरवाही नहीं है, आक्रोश है पर मस्ती नहीं है, तीव्रता है पर मृदुता नहीं। कबीरदास के आक्रमणों में भी एक रस है; एक जीवन है, क्योंकि वे आक्रान्त के वैभव से परिचित नहीं थे और अपने को समस्त आक्रमणयोग्य दुर्गुणों से मुक्त समझते थे। इस तरह जहाँ उन्हें लापरवाही का कवच मिला था वहाँ अखंड आत्मविश्वास का कृपाण भी।

कबीर उस समाज में पालित हुए थे जो न तो हिन्दुओं द्वारा समादृत था, न मुसलमानों द्वारा पूर्णरूप से स्वीकृत। वह कुल-परम्परा से ज्ञानार्जन के अयोग्य समझा जाता था। बाहर के प्रलोभन से हो या भीतर के आघात से, वह मुसलमानी राजत्वकाल में मुसलमान धर्म ग्रहण करने का सौभाग्य प्राप्त कर सका था, पर न तो राज-धर्म के ग्रहण कर लेने के कारण उसमें राजकीय गरिमा का संचार ही हुआ था और न प्राचीन हीनता से उद्धार ही। नाममात्र की मुसलमान इस जुलाहा जाति के रक्त में प्राचीन योगमार्गीय विश्वास पूरी मात्रा में वर्तमान था, पर शास्त्र-ज्ञान प्राप्त करने का दरवाजा उसके लिए रुद्ध हो गया था। ये गरीबी में जनमते थे, गरीबी में ही पलते थे और उसी में ही मर जाया करते थे। ऐसे कुल में पैदा हुए व्यक्ति के लिए कल्पित ऊँच-नीच भावना और जाति-व्यवस्था का फौलादी ढाँचा तर्क और बहस की वस्तु नहीं होती, जीवन-मरण का प्रश्न होता है। कबीरदास इसी समाज के रत्न थे। वे सामाजिक विषमताओं को बौद्धिक तर्कविलास की वस्तु न समझते रहे हों, तो यह आश्चर्य की बात नहीं है। सौभाग्यवश उन्हें वे सब युक्तियाँ नहीं मालूम थीं जो इस स्पष्ट ही अनुचित समाज-व्यवस्था को उचित साबित कर सकती हैं। वे उन शास्त्रीय विचारों से सर्वथा मुक्त थे जो सामाजिक जीवन को स्थितिशील (स्टेटिक) देखने में ही समाज का कल्याण समझते हैं। और भी उनमें आत्मविश्वास परिपूर्ण मात्रा में था। वह जो बाह्याचारों की जीवन्त प्रतिक्रिया, शास्त्रीय विचार की अनभिज्ञता के कारण निर्भीक आक्रमणकारिता और अपनी निर्दोषिता का परिपूर्ण भरोसा है उसने उनके आत्मविश्यास को भी आक्रामक (एग्रेसिव्ह) बना दिया था और उनकी लापरवाही को भी रक्षणात्मक (डिफेंसिव्ह) बना दिया था। इसीलिए वे सीधी बात को भी ललकारने की भाषा में ही बोलते थे। सारी परिस्थिति का विश्लेषण न कर सकनेवाले पंडित इसे अटपटी वाणी समझकर सन्तोष कर लेते हैं या फिर घमंड और दम्भ समझकर कुछ आश्वस्त-से हो लेते हैं।

जो लोग पौराणिक कथाओं को जानते हैं, उन्हें मालूम है कि करीब-करीब सभी देवताओं और ऋषि-मुनियों के नाम ऐसी कहानियाँ मिलती हैं जिनसे उनके चरित्र की विशुद्धता में सन्देह होता है। पर जो लोग पुराणों के तत्त्ववाद के जानकार हैं वे उनमें भी भगवल्लीला का आभास पाते हैं और उन्हें न तो उक्त कथाओं में अविश्वास होता है और न उन मुनियों या देवताओं के चरित्र के विषय में सन्देह।

कबीरदास पौराणिक कथाओं के थोड़े-बहुत जानकार थे, पर तत्त्ववाद के कायल न थे, शायद जानते भी नहीं थे। इसीलिए उन्होंने कथा पर विश्वास करके मुनियों और देवताओं के चरित्र को उसी रूप में स्वीकार किया जिस रूप में लिखा गया है। अपने ऊपर उनका विश्वास प्रबल था और पौराणिक कथाओं ने सुर-नर-मुनि के चरित्रों पर सन्देह करने का अवसर दिया। इसीलिए अत्यन्त सीधी और सहज बात कहते समय भी उनके आत्मविश्वास का आक्रामक रूप प्रकट हो ही गया :

झीनी झीनी बीनी चदरिया
काहे कै ताना काहे कै भरनी, कौन तार से बीनी चदरिया।
इंगला-पिंगला ताना भरनी, सुसमन तार से बीनी चदरिया॥
आठ कँवल दल चरखा डोलै, पाँच तत्त्व गुन तीनी चदरिया।
साईं को सियत मास दस लागै, ठोंक ठोंक के बीनी चदरिया॥
सो चादर सुर-नर-मुनि ओढ़िन, ओढ़ि के मैली कीनी चदरिया।
दास कबीर जतन से ओढ़िन ज्यों की त्यों धर दीनी चदरिया॥

—'शब्दा., पृ. 74

इसमें दम्भ का लेश भी नहीं है, घमंड का स्पर्श भी नहीं है। है केवल अपने अखड विश्वास और पौराणिक कथानकों की सरलतापूर्ण स्वीकृति। सचमुच ही तो इस पंच तत्त्व और तीन गुण की शरीर-चादर सभी मुनियों और देवताओं ने ओढ़ के मैली कर दी है। पुराण तो ऐसा ही बताते हैं और यह भी सच है कि कबीरदास ने उस चादर को मैली नहीं होने दिया। कबीर की अन्तरात्मा इस महासत्य का अविसंवादी साक्षी है। फिर इसमें दम्भ या घमंड कहाँ है? पर जो कोई इसे पढ़ेगा वह इस आत्मविश्वास के आक्रमणकारी पहलू को लक्ष्य किये बिना नहीं रहेगा। सारी बात कुछ इस लहजे में कही गई है कि वह आक्रमणमूलक हो गई है। 'सुर-नर-मुनि' को उँगली दिखाकर कहना और उनकी तुलना में अपने-आपको बैठा देना और फिर उनसे बड़ा बताना निश्चय ही एक ऐसा तीव्र कटाक्ष है जो लक्ष्यभूत श्रोता को चढ़ाए बिना नहीं रह सकता। पर लक्ष्य करने योग्य है कहनेवाले की लापरवाही। वह इतनी बड़ी चिढ़ा देनेवाली बात कह गया है लेकिन कटुता के साथ नहीं, और प्रत्याक्रमण की चिन्ता के साथ तो बिलकुल नहीं।

ऐसे थे कबीर। सिर से पैर तक मस्तमौला; स्वभाव से फक्कड़, आदत से अक्खड़; भक्त के सामने निरीह, भेषधारी के आगे प्रचंड; दिल के साफ, दिमाग के दुरुस्त; भीतर से कोमल, बाहर से कठोर; जन्म से अस्पृश्य, कर्म से वन्दनीय। वे जो कुछ कहते थे अनुभव के आधार पर कहते थे, इसीलिए उनकी उक्तियाँ बेधने वाली और व्यंग्य चोट करनेवाले होते थे। उनके पूर्ववर्ती बाह्याचार-विरोधियों ने स्वयं अपने लिए बाह्याचार का आडम्बर बना रखा था, इसलिए उनमें वह मस्ती-भरी

लापरवाही नहीं थी जो कबीर को इतना आकर्षक बनाए हुए है। फिर उनके पूर्ववर्ती सहजयानी बौद्ध और योगी लोग जितनी भी पोथी की निन्दा क्यों न करें, पोथी उनकी पढ़ी होती थी और भीतर-ही-भीतर वे पोथी की महिमा से अभिभूत होते थे। कबीर के समान निर्भीक आत्म-विश्वास के साथ वे कभी नहीं कह सके कि :

मेरा तेरा मनुआ कैसे इक होइ रे!
मैं कहता हौं आँखिन देखी
तू कहता कागद की लेखी;
मैं कहता सुरझावनहारी
तू राख्यो अरुझाइ रे!

अखंड आत्मविश्वास और अहेतुक भक्ति के बिना इतनी सफाई से कोई नहीं कह सकता कि तू राख्यो अरुझाइ रे! सहन बात को सहज ही न कह व्यर्थ तर्कफेनिल बना देना ही क्या अधिकांश 'कागद की लेखी' का कार्य नहीं है? कबीर के बहुत दिन बाद एक दूसरे भक्त ने कहा था—शुरू से ही कुछ लोग नाना प्रकार के पारिभाषिक शब्दों में सोचने का अभ्यास कर लेते हैं। इनमें जो जितना ही अधिक कल्पना-प्रवीण होता है उतना ही बड़ा पंडित माना जाता है, पर सही बात यह होती है कि इस कौशल से वे भगवान से क्रमश: दूर ही होते जाते हैं और अपनी कल्पनाओं को ही ये तर्क-निष्ठ लोग 'शास्त्र' नाम देते हैं :

अभ्यासाद्य उपाधिजात्यनुमितिव्याप्त्यादिशब्दावले—
र्जन्मारभ्य सुदूरदूरभगवद्वार्ताप्रसंगा अमी।
ये यत्राधिक कल्पनाकुशलिनस्ते तत्र विद्वत्तमा:
स्वीयं कल्पनमेव शास्त्रमिति ये जानन्त्यहो तार्किका:!

—'कविकर्णपूर', 'चैतन्य-चन्द्रोदय' (द्वितीय अंक)

और भी बहुत दिन बाद एक और कवि ने अचरज-भरी मुद्रा में व्यर्थ के तर्कजाल को देखकर हैरान होकर कहा है—उनकी बातें मुझे चक्कर में डाल देती हैं लेकिन तुम्हारी बात मेरी समझ में आ जाती है। तुम्हारा आकाश है और तुम्हारी ही हवा है, यह तो बहुत सीधी-सी बात है :

ओदेर कथाय धाँदा लागे
तोमार कथा आमि बुझि।
तोमार आकाश तोमार बातास
एइ त सबइ सोजासुजि॥

—रवीन्द्रनाथ ठाकुर

कबीर 'ज्ञान के हाथी' पर चढ़े हुए थे, पर 'सहज का दुलीचा' डाले बिना नहीं; भक्ति के मन्दिर में प्रविष्ट हुए थे, पर 'खाला का घर' समझकर नहीं; बाह्याचार का खंडन किया था, पर निरुद्देश्य आक्रमण की मंशा से नहीं; भगवद्विरह की आँच में तपे थे, पर आँखों में आँसू भरकर नहीं; राम को आग्रहपूर्वक पुकारा था, पर बालकोचित मचलन के साथ नहीं—सर्वत्र उन्होंने एकसमता (बैलेंस) रखी थी। केवल कुछ थोड़े-से विषयों में वे समता खो गए थे। अकारण सामाजिक उच्च-नीच मर्यादा के समर्थकों को वे कभी क्षमा नहीं कर सके, भगवान के नाम पर पाखंड रखनेवालों को उन्होंने कभी छूट नहीं दी, दूसरों को गुमराह बनानेवालों को उन्होंने कभी तरह देना उचित नहीं समझा। ऐसे अवसरों पर वे उग्र थे, कठोर थे और आक्रामक थे। पर गुमराह लोगों की गलती दिखाने में उन्हें एक तरह का रस मिलता था। व्यंग्य करने में उन्हें जैसे तृप्ति मिलती थी। निम्नलिखित पद में गंगा नहानेवालियों की कैसी कसकर खबर ली गई है :

चली है कुलबोरनी गंगा नहाय।
सतुवा कराइन बहुरी भुँजाइन घूँघट ओटे भसकत जाय।
गठरी बाँधिन मोटरी बाँधिन, खसम के मूँड़े दिहिन धराय।
बिछुवा पहिरिन औंठा पहिरिन लात खसम के मारिन धाय।
गंगा न्हाइन जमुना न्हाइनउ नौ मन मैल लिहिन चढ़ाय।
पाँच-पचीस कै धक्का खाइन, घरहुँ की पूँजी आई गँवाय।
कहत कबीर हेत कर गुरु सों, नहीं तोर मुकुती जाइ नसाय॥

—क. व., पृ. 144

भक्ति के अतिरेक में उन्होंने कभी अपने को पतित नहीं समझा; क्योंकि उनके दैन्य में भी उनका आत्म-विश्वास साथ नहीं छोड़ देता था। उनका मन जिस प्रेमरूपी मदिरा से मतवाला बना हुआ था वह ज्ञान के गुण से तैयार की गई थी, इसीलिए अन्धश्रद्धा, भावुकता और हिस्टीरिक प्रेमोन्माद का उनमें एकान्त अभाव था। युगावतारी शक्ति और विश्वास लेकर वे पैदा हुए थे और युगप्रवर्तक की दृढ़ता उनमें वर्तमान थी, इसीलिए वे युग-प्रवर्तन कर सके थे। एक वाक्य में उनके व्यक्तित्व को कहा जा सकता है : वे सिर से पैर तक मस्तमौला थे—बेपरवाह, दृढ़, उग्र, कुसुमादपि कोमल, वज्रादपि कठोर।

भारतीय धर्म-साधना में कबीर का स्थान

जिस युग में कबीर आविर्भूत हुए थे उसके कुछ ही पूर्व भारतवर्ष के इतिहास में एक अभूतपूर्व घटना घट चुकी थी। यह घटना इसलाम-जैसे एक सुसंगठित सम्प्रदाय का आगमन था। इस घटना ने भारतीय धर्म-मत और समाज-व्यवस्था को बुरी तरह से झकझोर दिया था। उसकी अपरिवर्तनीय समझी जानेवाली जाति-व्यवस्था को पहली बार जबर्दस्त ठोकर लगी थी। सारा भारतीय वातावरण संक्षुब्ध था। बहुत-से पंडितजन इस संक्षोभ का कारण खोजने में व्यस्त थे और अपने-अपने ढंग पर भारतीय समाज और धर्म-मत को सँभालने का प्रयत्न कर रहे थे।

सबसे पहले यह समझ लिया जाए कि यह घटना अभूतपूर्व क्यों थी और इसमें नवीनता क्या थी। भारतवर्ष कोई नया देश नहीं है। बड़े-बड़े साम्राज्य उसकी धूल में दबे हुए हैं, बड़ी-बड़ी धार्मिक घोषणाएँ उसके वायुमंडल में निनादित हो चुकी हैं, बड़ी-बड़ी सभ्यताएँ उसके प्रत्येक कोने में उत्पन्न और विलीन हो चुकी हैं, उनके स्मृति-चिह्न अब भी इस प्रकार निर्जीव होकर खड़े हैं मानो अट्टहास करती हुई विजयलक्ष्मी को बिजली मार गई हो! अनादिकाल से उसमें अनेक जातियों, कबीलों, नस्लों और घुमक्कड़ खानाबदोशों के झुंड इस देश में आते रहे हैं। कुछ देर के लिए इन्होंने देश के वातावरण को विक्षुब्ध भी बनाया है, पर अन्त तक वे दखल करके बैठ जाते रहे हैं और पुराने देवताओं के समान ही श्रद्धाभाजन बन जाते रहे हैं—कभी-कभी अधिक सम्मान भी पा सके हैं। भारतीय संस्कृति की कुछ ऐसी विशेषता रही है कि उन कबीलों, नस्लों और जातियों की भीतरी समाज-व्यवस्था और धर्म-मत में किसी प्रकार का हस्तक्षेप नहीं किया गया है और फिर भी उनको सम्पूर्ण भारतीय बना लिया गया है। भागवत में ऐसी जातियों की एक पूरी सूची देकर बताया गया है कि एक बार भगवान का आश्रय पाते ही ये शुद्ध हो गई हैं। इनमें किरात हैं, हूण हैं, आंध हैं, पुलिन्द हैं, पुक्कस हैं, आभीर हैं, शुंग हैं, यवन हैं, खस हैं, शक हैं और भी निश्चय ही ऐसी बहुत जातियाँ हैं जिनका नाम भागवतकार नहीं गिना गए।[1] भारतीय संस्कृति इतने अतिथियों को अपना सकी थी, इसका कारण

1. *किरात हूणांध्र-पुलिंदा-पुक्कसा:*
आभीर-शुंगा यवना: खसादय: →

यह है कि बहुत शुरू से ही उसकी धर्म-साधना वैयक्तिक रही है। प्रत्येक व्यक्ति को अलग से धर्मोपासना का अधिकार है। झुंड बाँधकर उत्सव हो सकते हैं, भजन नहीं। प्रत्येक व्यक्ति अपने किये का जिम्मेदार आप है। श्रेष्ठता की निशानी किसी धर्म-मत को मानना या देव-विशेष की पूजा करना नहीं बल्कि आचार-शुद्धि और चारित्र्य है। यदि एक आदमी अपने पूर्वजों के बताए धर्म पर दृढ़ है, चरित्र से शुद्ध है, दूसरी जाति या व्यक्ति के आचरण की नकल नहीं करता बल्कि स्वधर्म में मर जाने को ही श्रेयस्कर समझता है, ईमानदार है, सत्यवादी है, तो वह निश्चय ही श्रेष्ठ है, फिर वह चाहे आभीर-वंश का हो या पुक्कसश्रेणी का। कुलीनता पूर्वजन्म के कर्म का फल है, चारित्र्य इस जन्म के कर्म का प्रतीक है। देवता किसी एक जाति की सम्पत्ति नहीं हैं, वे सबके हैं और सबकी पूजा के अधिकारी हैं। पर यदि स्वयं देवता ही चाहते हों कि उनकी पूजा का माध्यम कोई विशेष जाति या व्यक्ति हो सकता है तो भारतीय समाज को इसमें भी कोई आपत्ति नहीं। ब्राह्मण मातंगी देवी की पूजा करेगा पर मातंग के जरिये। क्या हुआ जो मातंग चांडाल हैं! राहु यदि प्रसन्न होने के लिए डोमों को ही दान देना अपनी शर्त रखते हैं तो डोम ही सही। समस्त भारतीय समाज डोम को ही दान देकर ग्रहण के अनर्थ से चन्द्रमा की रक्षा करेगा! इस प्रकार भारतीय संस्कृति ने समस्त जातियों को उनकी सारी विशेषताओं समेत स्वीकार कर लिया। पर अब तक कोई ऐसा 'मजहब' उसके द्वार पर नहीं आया था। वह उसको हजम कर सकने की शक्ति नहीं रखता था।

'मजहब' क्या है? मजहब एक संघटित धर्म-मत है। बहुत-से लोग एक ही देवता को मानते हैं, एक ही आचार का पालन करते हैं, और किसी नस्ल, कबीले या जाति के विशेष व्यक्ति को जब एक बार अपने संघटित समूह में मिला लेते हैं तो उसकी सारी विशेषताएँ दूर कर उसी विशेष मतवाद को स्वीकार कराते हैं। यहाँ धर्म-साधना व्यक्तिगत नहीं, समूहगत होती है। यहाँ धार्मिक और सामाजिक विधिनिषेध एक-दूसरे में गुँथे होते हैं। भारतीय समाज नाना जातियों का सम्मिश्रण था। एक जाति का एक व्यक्ति दूसरी जाति में बदल नहीं सकता, परन्तु मजहब इससे ठीक उलटा है। वह व्यक्ति को समूह का अंग बना देता है। भारतीय समाज की जातियाँ कई व्यक्तियों का समूह हैं, परन्तु किसी मजहब के व्यक्ति बृहत समूह के अंग हैं। एक का व्यक्ति अलग हस्ती रखता है पर अलग नहीं हो सकता, दूसरे का अलग हो सकता है पर अलग सत्ता नहीं रखता।

मुसलमानी धर्म एक 'मजहब' है। भारतीय समाज-संगठन से बिलकुल उलटे तौर पर उसका संगठन हुआ था। भारतीय समाज जातिगत विशेषता रखकर व्यक्तिगत धर्म-साधना का पक्षपाती था, इस्लाम जातिगत विशेषता को लोप करके समूहगत

→ येऽन्ये च पापास्तदपाश्रयाश्रय:–
शुध्यंति तस्मै प्रभविष्णवे नम:। —'भागवत', 2 4-18

धर्म-साधना का प्रचारक था। एक का केन्द्र-बिन्दु चारित्र्य था, दूसरे का धर्म-मत। भारतीय समाज में यह स्वीकृत तथ्य था कि विश्वास चाहे जो भी हो, चारित्र्य शुद्ध है तो व्यक्ति श्रेष्ठ हो जाता है, फिर चाहे वह किसी जाति का भी क्यों न हो। मुसलमानी समाज का विश्वास था कि इस्लाम ने जो धर्म-मत प्रचार किया है उसको स्वीकार कर लेनेवाला ही अनन्त स्वर्ग का अधिकारी है, जो इस धर्म-मत को नहीं मानता वह अनन्त नरक में जाने को बाध्य है। भारतवर्ष को ऐसे मत से एकदम पाला नहीं पड़ा था। उसने कभी यह विश्वास ही नहीं किया कि उसके आचार और मत को न माननेवाली जाति का कुफ्र तोड़ना उसका परम कर्तव्य है। किसी और का परम कर्तव्य यह बात हो सकती है, यह भी उसे नहीं मालूम था। इसीलिए जब नवीन धर्म-मत ने सारे संसार के कुफ्र को मिटा देने की प्रतिज्ञा की और सभी पाए जानेवाले साधनों का उपयोग आरम्भ किया तो भारतवर्ष इसे ठीक-ठीक समझ ही नहीं सका। इसीलिए कुछ दिनों तक उसकी समन्वयात्मिका बुद्धि कुंठित हो गई। वह विक्षुब्ध-सा हो उठा। परन्तु विधाता को यह कुंठा और विक्षोभ पसन्द नहीं था।

ऐसा जान पड़ता है कि पहली बार भारतीय मनीषियों को एक संघबद्ध धर्माचार के पालन की जरूरत महसूस हुई। इस्लाम के आने के पहले इस विशाल जनसमूह का कोई एक नाम तक नहीं था। अब उसका नाम 'हिन्दू' पड़ा। हिन्दू अर्थात् भारतीय, अर्थात् गैर-इस्लामी मत। स्पष्ट ही गैर-इस्लामी मत में कई तरह के मत थे, कुछ ब्रह्मवादी थे, कुछ कर्मकांडी थे, कुछ शैव थे, कुछ वैष्णव थे, कुछ शाक्त थे, कुछ स्मार्त थे तथा और भी न जाने क्या-क्या थे। हजारों योजनों तक विस्तृत और हजारों वर्षों में परिव्याप्त इस जनसमूह के विचारों और परम्परा-प्राप्त मतों का एक विशाल जंगल खड़ा था। स्मृति, पुराण, लोकाचार और कुलाचार की विशाल वनस्थली में में रास्ता निकाल लेना बड़ा ही दुष्कर कार्य था। स्मार्त पंडितों ने इसी दुष्कर व्यापार को शिरोधार्य किया। सारे देश में शास्त्रीय वचनों की छानबीन होने लगी। उद्‌देश्य था कि इस प्रकार का सर्वसम्मत मत निकाल लिया जा सके, श्राद्ध-विवाह की एक ही रीति-नीति प्रचलित हो सके, उत्सव-समारोह का एक ही विधान तैयार हो सके। भारतीय मनीषा का शास्त्रों को आधार मानकर अपनी सबसे बड़ी समस्या के समाधान का यह सबसे बड़ा प्रयत्न था। हेमाद्रि से लेकर कमलाकर और रघुनन्दन तक बहुतेरे पंडितों ने बहुत परिश्रम के बाद जो कुछ निर्णय किया वह यद्यपि सर्ववादिसम्मत नहीं हुआ, परन्तु निस्सन्देह स्तूपीभूत शास्त्र-वाक्यों की छानबीन से एक बहुत कुछ मिलता-जुलता आचार-प्रवण धर्म-मत स्थिर किया जा सका। निबन्ध-ग्रन्थों की यह बहुत बड़ी देन थी। जिस बात को आजकल 'हिन्दू-सोलिडैरिटी' कहते हैं उसका प्रथम भित्ति-स्थापन इन निबन्ध-ग्रन्थों के द्वारा ही हुआ था। पर समस्या का समाधान इससे नहीं हुआ।

इस प्रयत्न की सबसे बड़ी कमजोरी इसकी आचार-प्रवणता ही थी। जो नया धर्म-मत भारतीय जन-समाज को संक्षुब्ध कर रहा था वह इस आचार को कोई महत्त्व

ही नहीं देता था। उसका संगठन बिलकुल उलटे किनारे से हुआ था। निबन्ध-ग्रन्थों ने जिस आचार-प्रधान 'एकधर्म'-मत का प्रचार किया, उसके मूल में ही सबको स्वीकार करने का सिद्धान्त काम कर रहा था। समस्त शास्त्रीय वाक्यों को नतशिर से स्वीकार करके ही यह असाध्य साधन किया गया था। पर जिस प्रतिद्वन्द्वी से काम पड़ा था वह बहुत वर्जनाग्रही था, अर्थात् वह निर्दयतापूर्वक अन्यान्य मतों को तहस-नहस करने की दीक्षा ले चुका था और धार्मिक वर्जनशीलता ही उसका मुख्य अस्त्र था। यद्यपि वह समाज धार्मिक रूप में वर्जनशील था, पर सामाजिक रूप में ग्रहणशील था, जबकि हिन्दू-समाज धार्मिक रूप में ग्रहणशील होकर भी सामाजिक रूप में वर्जनशील था। हिन्दू-समाज धार्मिक साधना को स्वीकार कर सकता था, पर किसी व्यक्ति-विशेष को धर्म-मत में ग्रहण करने का पक्षपाती नहीं था। उधर मुसलमानी समाज व्यक्ति को अपने धर्म-मत में शामिल कर लेने को परम कर्तव्य समझता था; परन्तु किसी विशेष धर्म-साधना को अपने किसी व्यक्ति के लिए एकदम वर्जनीय मानता था। निबन्ध-ग्रन्थों ने हिन्दू को और भी अधिक हिन्दू बना दिया, पर मुसलमानों को आत्मसात् करने का कोई रास्ता नहीं बताया।

इस प्रकार मुसलमानों के आगमन के साथ-ही-साथ हिन्दू-धर्म प्रधानत: आचार-प्रवण हो गया। तीर्थ, व्रत, उपवास और होमाचार की परम्परा ही उसका केन्द्रबिन्दु हो गई। इस समय पूर्व और उत्तर में सबसे प्रबल सम्प्रदाय नाथपन्थी योगियों का था। हमने पहले ही देखा है कि ये लोग शास्त्रीय स्मार्त-मत को भी नहीं मानते थे और प्रस्थानत्रयी (अर्थात् 'उपनिषद्', 'ब्रह्मसूत्र' और 'गीता') पर आधारित किसी दार्शनिक मतवाद के भी कायल नहीं थे। पर जनता का ध्यान ये आकृष्ट कर सके थे। विविध सिद्धियों के द्वारा वे काफी सम्मान और सम्भ्रम के पात्र बन गए थे। ये गुणातीत शिव या निर्गुण-तत्त्व के उपासक थे। पर इनकी उपासना ध्यान और समाधि के द्वारा होती थी। विविध भाँति की शारीरिक साधनाओं के द्वारा, जिन्हें काया-साधन कहते थे, लोग परम-तत्त्व को पाने के प्रयासी थे। इनमें जो सिद्ध, साधक और अवधूत थे वे घरबारी नहीं होते थे, पर इनके शिष्यों में बहुत-से आश्रमभ्रष्ट गृहस्थ थे जो योगी जाति का रूप धारण कर चुके थे। हिन्दू धर्म इन आश्रमभ्रष्ट गृहस्थों का सम्मान तो करता ही न था, उलटे उन्हें तिरस्कार की दृष्टि से ही देखता था। ये आश्रमभ्रष्ट गृहस्थ न तो हिन्दू थे—क्योंकि वे हिन्दुओं के किसी मत या आचार के कायल न थे—और न मुसलमान—क्योंकि इन्होंने इस्लामी धर्म-मत को स्वीकार नहीं कर लिया था। कुछ काल के इस्लामी संसर्ग के बाद ये लोग धीरे-धीरे मुसलमानी धर्म-मत की ओर झुकने लगे, पर इनके संस्कार बहुत दिनों तक बने रहे। जब वे इसी प्रक्रिया में से गुजर रहे थे उसी समय कबीर का आविर्भाव हुआ था।

यहाँ दो और प्रधान धार्मिक आन्दोलनों की चर्चा कर लेनी चाहिए। पहली धारा पश्चिम में आई। यह सूफी लोगों की साधना थी। मजहबी मुसलमान हिन्दू धर्म

के मर्मस्थान पर चोट नहीं कर पाए थे, वे केवल उसके बाहरी शरीर को विक्षुब्ध कर सकते थे। पर सूफी लोग भारतीय साधना के अविरोधी थे। उनके उदारतापूर्ण प्रेम-मार्ग ने भारतीय जनता का चित्त जीतना आरम्भ किया था। फिर भी ये लोग आचार-प्रधान भारतीय समाज को आकृष्ट नहीं कर सके। उसका सामंजस्य आचार-प्रधान हिन्दू धर्म के साथ नहीं हो सका। यहाँ यह बात स्मरण रखने की है कि न तो सूफी मतवाद और न योगमार्गीय निर्गुण परम-तत्त्व की साधना ही उस विपुल वैराग्य के भार को वहन कर सकी जो बौद्ध संघ के अनुकरण पर प्रतिष्ठित था। देश में पहली बार वर्णाश्रम-व्यवस्था को एक अननुभूतपूर्व विकट परिस्थिति का सामना करना पड़ रहा था। अब तक वर्णाश्रम-व्यवस्था का कोई प्रतिद्वन्द्वी नहीं था। आचार-भ्रष्ट व्यक्ति समाज से अलग कर दिये जाते थे और वे एक नई जाति की रचना कर लेते थे। इस प्रकार सैकड़ों जातियाँ और उपजातियाँ सृष्ट होते रहने पर भी वर्णाश्रम-व्यवस्था एक प्रकार से चलती ही जा रही थी। अब सामने एक जबर्दस्त प्रतिद्वन्द्वी समाज था जो प्रत्येक व्यक्ति और प्रत्येक जाति को अंगीकार करने को बद्धपरिकर था। उसकी एकमात्र शर्त यह थी कि वह उसके विशेष प्रकार के धर्म-मत को स्वीकार कर ले। समाज में दंड पानेवाला बहिष्कृत व्यक्ति अब असहाय नहीं था। इच्छा करते ही वह एक सुसंघटित समाज का सहारा पा सकता था। ऐसे समय में दक्षिण से वेदान्त-भावित भक्ति का आगमन हुआ, जो इस विशाल भारतीय महाद्वीप के इस छोर से उस छोर तक फैल गया। डॉ. ग्रियर्सन ने कहा था, "बिजली की चमक के समान अचानक इस समस्त (धार्मिक मतों के) अन्धकार के ऊपर एक नई बात दिखाई दी। यह भक्ति का आन्दोलन है।" इसने दो रूपों में आत्म-प्रकाश किया। पौराणिक अवतारों को केन्द्र करके सगुण उपासना के रूप में और निर्गुण-परब्रह्म जो योगियों का ध्येय था, उसे केन्द्र करके निर्गुण प्रेम-भक्ति की साधना के रूप में। पहली साधना ने हिन्दू-जाति की बाह्याचार की शुष्कता को आन्तरिक प्रेम से सींचकर रसमय बनाया और दूसरी साधना ने बाह्याचार की शुष्कता को ही दूर करने का प्रयत्न किया। एक ने समझौते का रास्ता लिया, दूसरी ने विद्रोह का; एक ने शास्त्र का सहारा लिया, दूसरी ने अनुभव का; एक ने श्रद्धा को पथ-प्रदर्शक माना, दूसरी ने ज्ञान को; एक ने सगुण भगवान को अपनाया, दूसरी ने निर्गुण भगवान को। पर प्रेम दोनों का ही मार्ग था; सूखा ज्ञान दोनों को अप्रिय था; केवल बाह्याचार दोनों को सम्मत नहीं थे; आन्तरिक प्रेम-निवेदन दोनों को अभीष्ट था; अहेतुक भक्ति दोनों की काम्य थी; बिना शर्त के भगवान के प्रति आत्म-समर्पण दोनों के प्रिय साधन थे! इन बातों में दोनों एक थे। सबसे बड़ा अन्तर इनके लीला-सम्बन्धी विचारों में था। दोनों ही भगवान की प्रेम-लीला में विश्वास करते थे। दोनों का ही अनुभव था कि भगवान लीला के लिए इस जागतिक प्रपंच को सँभाले हुए हैं। पर प्रधान भेद यह था कि सगुण-भाव से भजन करनेवाले भक्त

भगवान को दूर से देखने में रस पाते रहे, जबकि निर्गुण-भाव से भजन करनेवाले भक्त अपने-आप में रमे हुए भगवान को ही परम काम्य मानते थे।

लीला क्या है? भारतीय भक्तों की सबसे ऊँची कल्पना है। हम जानते हैं कि भगवान अगम्य हैं, अगोचर हैं, निरंजन हैं, अकल हैं, अनीह हैं। हम यह भी जानते हैं कि वे अनुभवैकगम्य हैं, केवल अपने स्वरूप से ही उनको साधक अनुभव कर सकता है, वे गूँगे के गुड़ हैं, अनिर्वचनीय हैं। पर यह सब ज्ञान की बातें हैं : भक्त लोग भगवान को ज्ञान के द्वारा अगम्य मानते हैं, क्योंकि मनुष्य की शक्ति सीमित है, उसकी बुद्धि की दौड़ बहुत मामूली है। परन्तु वे प्रेम से गम्य हैं 'ज्ञान के अगम्य तुम प्रेम के भिखारी हो।' क्योंकि ज्ञान सब मिलाकर हमें हमारी अल्पज्ञता को ही दिखा देता है। पर प्रेम सम्पूर्ण त्रुटियों को भर देता है। पुत्र में कितनी ही त्रुटियाँ क्यों न हों, माता उसे अपनी छाती से लगा लेती है; क्योंकि मातृ-स्नेह सभी कमियों को भर देता है। प्रेमी सम्पूर्ण अभावों को अपने प्रेम से भर देता है, 'जो मिलिए सँग सजन तौ धरक नरक हूँ की न।' क्योंकि नरक आखिर कुछ अभावों का ही तो नाम है; दुख तो सुख का अभाव-मात्र है और अभाव को दूर करने का एकमात्र ब्रह्मास्त्र प्रेम है। दरिद्रता, पीड़ा और अभाव, सब एक ही शब्द के पर्याय हैं और युग-युगान्तर के कवि और मनीषी अनुभव करके कह गए हैं कि सम्पूर्ण अभावों को दूर करने की एकमाज शक्ति प्रेम है—'टूट खाट घर टपकत खटियौ टूट। पिय की बाँह उसिसवाँ सुख की लूट!!' कोई पूछे कि ऐसा क्यों होता है तो इसका कोई भी जवाब नहीं है। यह भगवान की माया है। भगवान के समान ही रहस्यपूर्ण, वैसी ही अनिर्वचनीय। और फिर दुबारा यह प्रश्न हो सकता है, माया क्यों? क्यों पूर्ण परमात्मा को अपनी सृष्टि के अभाव को दूर करने के लिए इसी विचित्र वस्तु—माया की जरूरत पड़ी?

इस प्रश्न का उत्तर कठिन है। ज्ञानी इसे भी माया कहता है। विज्ञानी शायद 'इस्टिंक्ट' कह दे; पर एक नाम दे देने से समस्या हल नहीं हो जाती। माया है, यह ठीक है। क्योंकि विश्व-जगत् में हम ऐसे-ऐसे रहस्यों को पाते हैं जो बुद्धि के परे हैं। हृदय के परे हैं। वे रहस्य हैं, माया हैं। पर 'क्यों हैं' का कोई उत्तर नहीं। भक्त इसका उत्तर देता है कि भगवान परम प्रेममय हैं और यह सब उनकी लीला है। जो कुछ भी दिखाई दे रहा है, जो कुछ भी घट रहा है और जो कुछ भी घटना सम्भव है, वह सब कुछ उस परम प्रेममय की लीला है उसे खेलने में आनन्द मिलता है। वह भक्त की सारी अपूर्णताओं को पूर्ण करता है, इसीलिए वह परम-प्रेम-स्वरूप है। परन्तु भक्त क्यों प्रेम करता है? क्योंकि वह अपने को परिपूर्ण करता है। भगवान को क्या कमी है जो प्रेम का भिखारी बना रहता है? भक्त का कहना है कि इसका और कोई कारण नहीं; यह प्रेम-व्यापार भी एक लीला ही है। लीला क्यों?—लीला के लिए। लीला के लिए कौन-सी वस्तु?—लीला ही।—लीला का फल क्या है?—लीला ही। 'नहि लीलाया: किंचित्प्रयोजनमस्ति, लीला एव प्रयोजनत्वात्।' जो इस लीला

को नहीं समझता वही भ्रम में है। लीला भगवान के आनन्द-स्वरूप का प्रकाश है। उपनिषदों ने बताया है कि आनन्द से भूत-मात्र की उत्पत्ति हुई है। जो कुछ दीख रहा है, जो कुछ घटित और घटमान है वह आनन्द से ही है। अगर यह आनन्द न होता तो उत्पन्न होने पर भी प्राणिगण जीवित नहीं रह सकते। आनन्द ही जीवन का आधार है ('तैत्तिरीय', 3-6)। यदि आकाश के कोने-कोने में यह आनन्द भरा न होता तो कोई प्राण धारण नहीं कर सकता था; क्योंकि भगवान आनन्दमय है, रस-स्वरूप है। और फिर भी विशेषता यह कि रस पाकर ही वह आनन्दी होता है। स्वयं रसरूप होकर भी वह रस का चाहक है, और स्वयं आनन्द-रूप होकर भी वह तब तक आनन्दवान नहीं होता जब तक उसे रस न मिल जाए। यह विरोधाभास है, पर भक्तों का दावा है कि उन्होंने अनुभव-रूप में साक्षात्कार किया है :

रसो वै सः। रसं ह्येवायं लब्ध्वानंदी भवति। हो ह्येवान्यात् कः प्राण्यात् यदेव आकाश आनंदो न स्यात्। ('तैत्तिरीय', 2-7)

जो तर्क से इसका अनुसन्धान करना चाहेगा उसके लिए यह बात रहस्य-सी दीखेगी, पर जो प्रेम की दृष्टि से देखेगा उसके लिए इसमें कोई रहस्य नहीं है, कोई असंगति नहीं है और न कोई विरोध ही है। उसके लिए यह भगवान की लीला है। वह स्वयं इस लीला का जाल पसारे हुए है, इसलिए स्पष्ट ही उसे प्रेम की भूख है। यह पूछना बेकार है कि उसे क्या कमी है जो यह भूख लगी? क्योंकि यह सब उसकी लीला है। सही इतना ही है कि वह रस पाए बिना आनन्दी नहीं होता—'रसं ह्येवायं लब्ध्वानन्दी भवति।' इसी लीला के लिए प्रेम-भिखारी साईं राह चलते भक्त पर रंग डाल देता है। जो दुनियादार हैं और जिनकी वृत्तियाँ बहिर्मुखी हैं वे उस रंग की लीला को अनुभव ही नहीं करते, अपने रास्ते चले जाते हैं। पर जो अनुभवी हैं वे व्याकुल हो उठते हैं। उन्हें एक व्याकुल पुकार सुनाई देती है। जैसे प्रियतम ने छेड़खानी करके एक ऐसी पुकार फेंकी है जिसकी चोट सँभालना मुश्किल है। यह पुकार सारे शरीर को बेध डालती है। इसकी कोई औषध नहीं, मंत्र नहीं, जड़ी नहीं, बूटी नहीं,—बेचारा वैद्य क्या कर सकता है? इस प्रकार की चोट जिसे लगी वही अभिभूत हो गया। देवता हो या मनुष्य, मुनि हो या राह चलता आदमी, पीर हो या औलिया, एक बार चोट लगने पर अपने को सँभाल रखना कठिन हो जाता है। कबीरदास गवाह हैं कि साईं के इस रंग का चोट खाया मनुष्य सब रंगों से रँग जाता है और फिर भी इसका रंग सब रंगों से न्यारा होता है। स्वयं कबीरदास रँग चुके थे। वे इस अकारण प्रेम-पुकार से घायल हो चुके थे। व्याकुल भाव से सतगुरु के पास इसका उपाय पूछने गए थे :

सतगुरु हो महाराज, मोपै साईं रंग डारा।
सब्द की चोट लगी मेरे मन में, बेध गया तन सारा।

औषध-मूल कछू नहीं लागै, का करै बैद बेचारा॥
सुर-नर-मुनिजन पीर-औलिया कोई न पावे पारा॥
साहब कबीर सर्व रँग-रँगिया, सब रँग से रँग न्यारा॥

—'शब्दा', 5, पृ. 9

फागुन की ऋतु नजदीक आ जाती है, प्रियतम के रंग डालने से अपने-आपको भूल गया हुआ भक्त व्याकुल भाव से सोचने लगता है—हाय, वह सुख फिर क्या मिल सकेगा? क्या वह अलबेला साईं फिर मिलेगा? फिर उसके रंग की चोट खाने का सौभाग्य भाग्य में बदा है? कौन है जो पिया के पास तक पहुँचा सके? धन्य हैं वे जो प्रिय के साथ एकमेक होकर फाग खेलती हैं, धन्य हैं वे जो उसकी मनभावती हैं और अभागिन है वह सखी जो ऐंचातानी में ही रह गई। प्रिय का रूप क्या वर्णन किया जा सकता है? प्रेम-दीवानी प्रेमिका उसे अलग से कैसे समझाए? वह तो उसी में समा गई है,—तन्मय हो गई है। कबीरदास इस फाग-लीला का आनन्द अनुभव कर चुके थे। उनकी गवाही पर हम विश्वास कर सकते हैं कि वह फाग साधारण फाग नहीं है। इस पृथ्वी पर उसकी तुलना में कोई फाग खड़ा ही नहीं हो सकता है। वह कहने की चीज नहीं है, अनुभव करने की चीज है—'अकथ कहानी' है—विरलों के नसीब में इस परम सुख का अनुभव बदा है :

ऋतु फागुन नियरानी हो,
कोई पिया से मिलावे॥
सोई सुन्दर जाकों पिया को ध्यान है,
सोई पिया की मनमानी,
खेलत फाग अंग नहिं मोड़े,
सतगुरु से लिपटानी।
इक-इक सखियाँ खेल घर पहुँचीं,
इक-इक कुल अरुझानी।
इक-इक नाम बिना बहकानी,
हो रही ऐंचातानी॥
पिय को रूप कहाँ लगि बरनौं,
रूपहिं माहिं समानी।
जो रँग रँगे सकल छवि छाके,
तन-मन सबहि भुलानी।
यों मत जाने यहि रे फाग है,
यह कछु अकथ-कहानी।

कहैं कबीर सुनो भाई साधो,
यह गति विरलै जानी॥

—'शब्दा.', 22, पृ. 15

यह है लीला। इसका रहस्य समझना कठिन है, क्योंकि यह रहस्य का समाधान है। समाधान का समाधान कैसा? भक्त का दावा है कि यह अनुभव से पाई जाती है। लीला ही लीला का मार्ग है। लीला ही साधन है, लीला ही साध्य है। जो साधक एक बार इसकी मस्ती से वाकिफ हो गया वह आठों पहर मतवाला बना रहता है—नहीं, वह आठों पहर को, सम्पूर्ण काल को निचोड़कर उसका रस पीता है। वह आठों पहर मस्ती से मत्त रहता है, ब्रह्म की छौल में वह जीवन धारण करता है। छौल अर्थात् आनन्द। वह भगवदानन्द की लीला में ही वास करता है। उसके लिए सत्य को पकड़ना आसान हो जाता है, क्योंकि वह साँच और काँच के ऊपर उठ जाता है। उसका जन्म और मरण का भ्रम भाग जाता है। उसे कोई भय नहीं होता, दु:ख नहीं होता, वह निर्भय हो जाता है :

आठहूँ पहर मलवाल लागी रहै,
आठहूँ पहर की छाक पीवै।
आठहूँ पहर मस्तान माता रहै,
ब्रह्म की छौल में साध जीवै।
साँच ही कहतु औ साँच ही गहतु है,
काँच को त्याग करि साँच लागा।
कहैं कब्बीर यों साध निर्भय हुआ,
जनम और मरन का भ्रम भागा।

—'शब्दा.', पृ. 103-4

भक्त की भगवान के साथ यह जो आनन्द-केलि या प्रेम-लीला है, वही मध्ययुग के समस्त भक्तों की साधना का केन्द्र-बिन्दु है। भगवान के साथ यह रसमय लीला ही भक्त का परम काम्य है—लीला, जिसका कोई प्रयोजन नहीं, फल नहीं, कारण नहीं, आदि नहीं, अन्त नहीं। इसी बात को मध्य-युग के अन्यतम वैष्णव भक्त विश्वनाथ चक्रवर्ती ने कहा था, 'प्रेम ही परम पुरुषार्थ है—प्रेमा: पुमर्थों महान्।' साधारणत: जिनको पुरुषार्थ कहा जाता है वे धर्म-अर्थ-काम-मोक्ष भक्त के लिए कोई आकर्षण नहीं रखते। और कबीरदास ने इसी बात को और शक्तिशाली ढंग से कहा था :

राता-माता नाम का, पीया प्रेम अघाय।
मतवाला दीदार का, माँगै मुक्ति बलाय॥

—'क. वच.', पृ. 13

और भक्ति के आदर्श की घोषणा करते हुए द्विधाहीन भाषा में कहा :

भाग बिना नहिं पाइए, प्रेम-प्रीति की भक्त।
बिना प्रेम नहीं भक्ति कछु भक्ति-भर्‌यो सब जक्त॥
प्रेम बिना जो भक्ति है, सो निज दम्भ-विचार।
उदर भरन के कारने, जनम गँवायौ सार॥

—'स. क. सा.', पृ. 41

परन्तु कबीरदास अपने युग के सगुण-साधना-परायण भक्तों से कुछ भिन्न थे। यद्यपि दोनों की साधना का केन्द्र-बिन्दु यह प्रेम-भक्ति है,—इसे आनन्दकेलि प्रीति, भक्ति, प्रेमलीला आदि जो भी नाम दे दिया जाए,—तथापि एक बात में वे सबसे अलग हो जाते हैं। हमने ऊपर लक्ष्य किया है कि भारतीय मनीषी उन दिनों स्मृति और पुराणग्रन्थों की छानबीन में जुटे हुए थे। उन्होंने प्राचीन भारतीय परम्परा को शिरोधार्य कर लिया था—अर्थात् सब कुछ मानकर, सबके प्रति आदर का भाव बनाए रहकर अपने चलने का मार्ग तय करना। सगुणोपासक भक्तगण भी सम्पूर्ण रूप से इस पुरानी परम्परा से प्राप्त मनोभाव के पोषक रहे। समस्त शास्त्रों और मुनिजनों को अकुंठ चित्त से अपना नेता मानकर उनके वाक्यों की संगति प्रेम-पक्ष में लगाने लगे। इसके लिए उन्हें मामूली परिश्रम नहीं करना पड़ा। समस्त शास्त्रों का प्रेम-भक्ति-मूलक अर्थ करने में उन्हें नाना अधिकारियों और नाना भजन-शैलियों की आवश्यकता स्वीकार करनी पड़ी, नाना अवस्थाओं और अवसरों की कल्पना करनी पड़ी, शास्त्र-ग्रन्थों के तारतम्य की भी कल्पना करनी पड़ी। सात्त्विक, राजसिक और तामसिक प्रकृति के प्रस्तार से अनन्त प्रकृति के भक्तों और अनन्त प्रणाली के भजनों की कल्पना करनी पड़ी। सबको उन्होंने उचित मर्यादा दी। यद्यपि अन्त तक चलकर उन्हें 'भागवत महापुराण' को ही सर्वप्रधान प्रमाण-ग्रन्थ मानना पड़ा था, पर उन्होंने किसी भी शास्त्र की उपेक्षा या अवहेलना न की। उनकी दृष्टि बराबर भगवान के परम-प्रेममय रूप और उनकी मनोहारिणी लीला पर निबद्ध रही, पर उन्होंने बड़े धैर्य के साथ अन्यान्य शास्त्रों की संगीत लगाई और एक अभूतपूर्व निष्ठा और मर्यादा-प्रेम को समाज में प्रतिष्ठित कराया।

कबीरदास का रास्ता उलटा था। उन्हें सौभाग्यवश सुयोग भी अच्छा मिला था। जितने प्रकार के संस्कार पड़ने के रास्ते हैं वे प्राय: सभी उनके लिए बन्द थे। वे मुसलमान होकर भी असल में मुसलमान नहीं थे, हिन्दू होकर भी हिन्दू नहीं थे, वे साधु होकर भी साधु (= अगृहस्थ) नहीं थे, वे वैष्णव होकर भी वैष्णव नहीं थे, योगी होकर भी योगी नहीं थे। वे कुछ भगवान की ओर से ही सबसे न्यारे बनाकर भेजे गए थे। वे भगवान की नृसिंहावतार की मानव-प्रतिमूर्ति थे। नृसिंह की भाँति वे

नाना असम्भव समझी जानेवाली परिस्थितियों के मिलन-बिन्दु पर अवतीर्ण हुए थे। हिरण्यकशिपु ने वर माँग लिया था कि उसको मार सकनेवाला न मनुष्य हो न पशु; मारे जाने का समय न दिन हो न रात; मारे जाने का स्थान न पृथ्वी हो न आकाश; मार सकनेवाले का हथियार न धातु का हो न पाषाण का—इत्यादि। इसीलिए उसे मार सकना एक असम्भव और आश्चर्यजनक व्यापार था। नृसिंह ने इसीलिए नाना कोटियों के मिलन-बिन्दु को चुना था। असम्भव व्यापार के लिए शायद ऐसी ही परस्पर-विरोधी कोटियों का मिलन-बिन्दु भगवान को अभीष्ट होता है, कबीरदास ऐसे ही मिलन-बिन्दु पर खड़े थे। जहाँ से एक ओर हिन्दुत्व निकल जाता है और दूसरी ओर मुसलमानत्व, जहाँ एक ओर ज्ञान निकल जाता है, दूसरी ओर अशिक्षा; जहाँ पर एक ओर योगमार्ग निकल जाता है, दूसरी ओर भक्तिमार्ग; जहाँ से एक तरफ निर्गुण भावना निकल जाती है, दूसरी ओर सगुण साधना,—उसी प्रशस्त चौरास्ते पर वे खड़े थे। वे दोनों ओर देख सकते थे और परस्पर-विरुद्ध दिशा में गए हुए मार्गों के दोष-गुण उन्हें स्पष्ट दिखाई दे जाते थे। यह कबीरदास का भगवद्दत्त सौभाग्य था। उन्होंने इसका खूब उपयोग भी किया।

जैसा कि शुरू में ही बताया गया है, कबीरदास ने अपनी प्रेम-भक्तिमूला साधना का अभ्यास एकदम दूसरे किनारे से किया था। यह किनारा सगुण साधकों के किनारे से ठीक उलटे पड़ता है। सगुण साधकों ने सब कुछ मान लिया था, कबीर ने सब कुछ छोड़ दिया था। प्रथम श्रेणी के भक्तों की महिमा उनके अथक परिश्रम और अव्यय धैर्य में है और कबीर की महिमा उसके उत्कट साहस में। उन्होंने सफेद कागज पर लिखना शुरू किया था। वे उस पांडित्य को बेकार समझते थे जो केवल ज्ञान का बोझ ढोना सिखाता है, जो मनुष्य को जड़ बना देता है और भगवान के प्रेम से वंचित करता है। भगवत्-प्रेम पर उनकी दृष्टि इतनी दृढ़-निबद्ध थी कि इस ढाई अक्षर (प्रेम) को ही वे प्रधान मानते थे :

पढ़ि पढ़ि के पत्थर भया, लिखि लिखि भया जु ईंट।
कहै कबीरा प्रेम की, लगी न एकौ छींट॥
पोथी पढ़ि पढ़ि जग मुआ, पंडित भया न कोइ।
ढाई अक्षर प्रेम का, पढ़ै सो पंडित होइ॥

यह प्रेम ही सब कुछ है, वेद नहीं, शास्त्र नहीं, कुरान नहीं, जप नहीं, माला नहीं, तस्वीह नहीं, मन्दिर नहीं, मस्जिद नहीं, अवतार नहीं, नबी नहीं, पीर नहीं, पैगम्बर नहीं। यह प्रेम समस्त बाह्याचारों की पहुँच के बहुत ऊपर है। समस्त संस्कारों के प्रतिपाद्य से कहीं श्रेष्ठ है। जो कुछ भी इसके रास्ते में खड़ा होता है, वह हेय है।

उन्होंने समस्त व्रतों, उपवासों और तीर्थों को साथ अस्वीकार कर दिया। इनकी संगति लगाकर और अधिकार-भेद की कल्पना करके इनके लिए भी दुनिया के

मान-सम्मान की व्यवस्था कर जाने को उन्होंने बेकार परिश्रम समझा। उन्होंने एक अल्लाह निरंजन निर्लेप के प्रति लगन को ही अपना लक्ष्य घोषित किया। इस लगन या प्रेम का साधन यह प्रेम ही है; और कोई भी मध्यवर्ती साधन उन्हींने स्वीकार नहीं किया। प्रेम ही साध्य है, प्रेम ही साधन—व्रत भी नहीं, मुहर्रम भी नहीं; पूजा भी नहीं, नमाज भी नहीं; हज भी नहीं, तीर्थ भी नहीं :

एक निरंजन अलह मेरा, हिन्दू तुरुक दुहूँ नहिं मेरा।
राखूँ व्रत न महरम जांनां, तिम ही सुमिरूँ जो रहै निदांनां।
पूजा करूँ न निमाज गुजारूँ, एक निराकार हिरदै नमसकारूँ।
नां हज जाऊँ न तीरथ-पूजा, एक पिछाण्यां तौ क्या दूजा।
कहै कबीर भरम सब भागा, एक निरंजन-सूँ मन लागा।

—'क. ग्रं.', पद 338

जो ये पीर-पैगम्बर, काजी-मुल्ला रोजा-नमाज और पश्चिम की भक्ति हैं, ये सभी गलत हैं और वे जो देव और द्विज, एकादशी और दीवाली पूरब की दिशा की भक्ति हैं, वे भी गलत हैं। भला हिन्दुओं के भगवान तो मन्दिर में रहते हैं और मुसलमानों के खुदा मस्जिद में, पर जहाँ मन्दिर भी नहीं है और मस्जिद भी नहीं है वहाँ किसकी ठकुराई काम कर रही है? कबीरदास ने इन सबको अस्वीकार कर दिया और उन लोगों को भी अस्वीकार कर दिया जो आँख मूँदकर चलना ही पसन्द करते हैं। अपने आत्माराम को ही संगी बनाकर वे निकल पड़े। बोले, 'ओ फकीर, तू अपनी राह चल। मन्दिर में भी मत जा और मस्जिद की ओर भी रुख न कर। काहे को टंटे में पड़ता है। तेरे राम-रहीमा केसौ-करीमा में तो कोई भेद नहीं है, तेरे लिए तो दोनों एक ही हैं, एकमेवाद्वितीयम्' :

हमारे राम-रहीम-करीमा, केसौ-अलह-राम सति सोई।
बिसमिल मेटि बिसंभर एकै, और न दूजा कोई॥
इनके काजी-मुलां, पीर-पैगंबर, रोजा-पछिम-निवाजा।
इनके पूरब-दिसा देव-दिज-पूजा, ग्यारसि-गंग-दिवाजा॥
तुरुक मसीति देहुरै हिंदू, दुहूँठा राम खुदाई।
जहाँ मसीति-देहुरा नाहीं, तहाँ काकी ठकुराई॥
हिंदू-तुरुक दोऊ रह तूटी, फूटी अरु कनराई।
अरध उरध दसहूँ दिस जित तित पूरि रह्या राम राई॥
कहै कबीरा दास फकीरा, अपनी रहि चलि भाई।
हिन्दू तुरुक का करता एकै, ता गीत लखी ना जाई॥

—'क. ग्रं.' पद 58

परन्तु कबीर यहीं नहीं रुके। अगर 'अल्लाह' शब्द मुस्लिम धर्म का प्रतिनिधित्व करता है और 'राम' शब्द हिन्दू संस्कृति का, तो वे इन दोनों को सलाम कर देने को तैयार हैं। आखिर कोई-न-कोई शब्द तो व्यवहार करना ही पड़ेगा। पर अगर अरबी-फारसी के शब्द मुस्लिम संस्कृति की और संस्कृत-हिन्दी के शब्द हिन्दू संस्कृति की अवश्य याद दिला देते हैं, तो कबीरदास इस बुद्धि-भेद को भी पनपने नहीं देते। ये वेद और कुरान के भी आगे बढ़कर कहते हैं :

गगन गरजै तहाँ सदा पावस झरै, होत झनकार नित बजत तूरा।
वेद-कत्तेब की गम्म नाहीं तहाँ, कहै कब्बीर कोई रमै सूरा॥

—'शब्दा.', पृ. 104

इस प्रकार सब बाहरी धर्माचारों को अस्वीकार करने का अपार साहस लेकर कबीरदास साधना के क्षेत्र में अवतीर्ण हुए। केवल अस्वीकार करना कोई महत्त्व की बात नहीं है। हर कोई हर किसी को अस्वीकार कर सकता है। पर किसी बड़े लक्ष्य के लिए बाधाओं को अस्वीकार करना सचमुच साहस का काम है। बिना उद्देश्य का विद्रोह विनाशक है, पर साधु उद्देश्य से प्रणोदित विद्रोह शूर का धर्म है। उन्होंने अटल विश्वास के साथ अपने प्रेम-मार्ग का प्रतिपादन किया। रूढ़ियों और कुसंस्कारों की विशाल वाहिनी से वह आजीवन जूझते रहे, प्रलोभन और आघात, काम और क्रोध भी उनके मार्ग में जरूर खड़े हुए होंगे, उन्होंने उनको असीम साहस के साथ जीता। ज्ञान की तलवार उनका एकमात्र साधन था, इस अद्भुत शमशेर को उन्होंने क्षण-भर के लिए भी रुकने नहीं दिया। वह निरन्तर इकसार बजती रही, पर शील के स्नेह को भी उन्होंने नहीं छोड़ा—यही उनका कवच था। इन कुसंस्कारों, रूढ़ियों और बाह्याचार के जंजालों को उन्होंने बेदर्दी के साथ काटा। वे सिर हथेली पर लेकर ही अपने भाग्य का सामना करने निकले थे। क्षण-भर के लिए भी उनकी भवें कुंचित नहीं हुईं, माथे पर बल नहीं पड़ा। वे सच्चे शूर की भाँति जूझते ही रहे :

एक समसेर इकसार बजती रहै
खेल कोइ सूरमा संत झेलै।
काम-दल जीति करि क्रोध पैमाल करि
परम सुख धाम तहँ सुरति मेलै॥
सील से नेह करि ज्ञान कौ खंग ले
आय चौगान में खेल खेलै।
कहैं कब्बीर सोइ संत जन सूरमा
सीस को सौंप करि करम ठेलै॥

—'शब्दा.', पृ. 106

जो लोग कबीरदास को हिन्दू-मुस्लिम धर्मों का सर्व-धर्म-समन्वयकारी सुधारक मानते हैं वे क्या चाहते हैं, ठीक समझ में नहीं आता। कबीर का रास्ता बहुत साफ था। वे दोनों को शिरसा स्वीकार कर समन्वय करनेवाले नहीं थे। समस्त बाह्याचारों के जंजालों और संस्कारों को विध्वंस करनेवाले क्रान्तिकारी थे। समझौता उनका रास्ता नहीं था। इतने बड़े जंजाल को नाहीं कर सकने की क्षमता मामूली आदमी में नहीं हो सकती। कमजोर स्नायु का आदमी इतना भार बर्दाश्त नहीं कर सकता। जिसे अपने मिशन पर अखंड विश्वास नहीं है वह इतना असम साहसी हो ही नहीं सकता।

कबीर ने जो समस्त बाह्याचारों को अस्वीकार करके मनुष्य को साधारण मनुष्य के आसन पर और भगवान को 'निरपख' भगवान के आसन पर बैठाने की साधना की थी, उसका परिणाम क्या हुआ और भविष्य में वह उपयोगी होगा या नहीं, यह प्रश्न उतना महत्त्वपूर्ण नहीं। सफलता महिमा की एकमात्र कसौटी नहीं है। आज शायद यह सत्य निबिड़ भाव से अनुभव किया जानेवाला है कि सबकी विशेषताओं को रखकर मानव-मिलन की साधारण भूमिका नहीं तैयार की जा सकती। जातिगत, कुलगत, धर्मगत, संस्कारगत, विश्वासगत, शास्त्रगत, सम्प्रदायगत बहुतेरी विशेषताओं के जाल को छिन्न करके ही वह आसन तैयार किया जा सकता है जहाँ एक मनुष्य दूसरे से मनुष्य की हैसियत से ही मिले। जब तक यह नहीं होता तब तक अशान्ति रहेगी, मारामारी रहेगी, हिंसा-प्रतिस्पर्द्धा रहेगी। कबीरदास ने इस महती साधना का बीज बोया था। फल क्या हुआ, यह प्रश्न महत्त्वपूर्ण नहीं है। आधुनिक काल के श्रेष्ठ कवि रवीन्द्रनाथ ने विश्वासपूर्वक गाया है कि 'जीवन में जो पूजाएँ पूरी नहीं हो सकी हैं, मैं ठीक जानता हूँ कि वे भी खो नहीं गई हैं। जो फूल खिलने से पहले ही पृथ्वी पर झड़ गया है, जो नदी मरुभूमि के मार्ग में ही अपनी धारा खो बैठी है, मैं ठीक जानता हूँ कि वे भी खो नहीं गई हैं। जीवन में आज भी जो कुछ पीछे छूट गया है, जो कुछ अधूरा रह गया है, मैं ठीक जानता हूँ वह भी व्यर्थ नहीं हो गया है। मेरा जो भविष्य है, जो अब भी अछूता है, वे सब तुम्हारी वाणी के तार में बज रहे हैं, मैं ठीक जानता हूँ, ये भी खो नहीं गए हैं' :

जीवने यत पूजा हलो न सारा,
जानि हे जानि ताओ हय नि हारा!
ये फुल न फुटिते झरेछे धरणीते
ये नदी मरुपथे हारालो धारा।
जानि हे जानि ताओ हय नि हारा।
जीवने आजो याहा रयेछे पिछे,
जानि हे जानि ताओ हय नि मिछे,
आमार अनागत आमार अनाहत

तोमार वीणा तारे बाजिछे ता'रा।
जानि हे जानि ताओ हय नि हारा।

—'गीतांजलि'

कबीरदास की साधना भी न तो लोप हो गई है, न खो गई है। उनका पक्का विश्वास था कि जिसके साथ भगवान हैं और जिसे अपने इष्ट पर अखंड विश्वास है उसकी साधना को करोड़-करोड़ काल भी झकझोरकर विचलित नहीं कर सकते :

जाके मन विश्वास है, सदा गुरु है संग।
कोटि काल झकझोरहीं, तऊ न हो चित भंग॥

—'स. क. सा.', पृ. 184

भगवत्प्रेम का आदर्श

हमने देखा कि कबीरदास की भक्ति-साधना का केन्द्र-बिन्दु प्रेम-लीला है। किन्तु इस लीला का जो स्वरूप कबीरदास ने उपस्थित किया है, वह बहुत व्यापक और विशाल है। भक्ति-रूपी प्रिया के लिए भगवान-रूपी प्रेमिका ने जो चुनरी सँवार दी है वह मामूली चुनरी नहीं है और उस चुनरी को धारण कर सकने की क्षमता भी मामूली नहीं है। स्वयं प्रिय ही जिस पर प्रसन्न होकर यह चुनरी दे दे वही इसे पा सकता है, वही इसे पहन सकता है—यमेवैष वृणुते तेन लभ्य:। कैसी है वह चुनरी? अष्टप्रहर-रूपी आठ हाथों की वह बनी है और पंचतत्त्व रूपी पाँच रंगों से रँगी है। समूचा काल उसका उपादान है और समस्त जड़ प्रकृति उसकी प्रकाशिका। काल के महान उपादान से जो आवरण-पट तैयार हुआ है उसको प्रकाशित करने के लिए पंचतत्त्व ही उपयुक्त रंग है। काल का अनादि-अनन्त प्रवाह सचमुच ही तब तक व्यक्त नहीं हो सकता था जब तक पंचतत्त्वों के द्वारा हम उस पर लकीर खींच-खींच के न देख लें। काल अविभाज्य है, अगणनीय है, अपरिमेय है। ठोस पदार्थों के द्वारा ही हम उसका विभाग करते हैं, गणना करते हैं, परिमाप करते हैं। सूर्य-चन्द्र-तारा-ग्रह-उपग्रह आदि बाह्य वस्तुओं से और मन-बुद्धि आदि अन्त:करण से हम इस अविभाज्य काल का रस ग्रहण करते हैं। इसीलिए काल-रूप सनातन तत्त्व से बनी हुई चुनरी के लिए पंचतत्त्व (और इसीलिए लक्षण से जड़ प्रकृति) ही उपयुक्त रंग है। इस महान श्रृंगार-पट के आँचल में सूर्य, चन्द्र और तारों की जगमग ज्योति का जलना ही उपयुक्त चित्रण-सामग्री है। इस अनादि-अनन्त चुनरी को किसी ने ताने-बाने पर नहीं बुना—यह सनातन है, चिर नवीन है। पिया ने प्रसन्न होकर जिस प्यारी को यह श्रृंगार-शाटिका दान की हो, धन्य है वह प्रियतमा, बलिहारी है उस प्रियतम की!

चुनरिया हमरी पिया ने सँवारी,
कोई पहिरै पिय की प्यारी!
आठ हाथ की बनी चुनरिया
पँच रँग पटिया पारी।
चाँद सुरुज जामें आँचल-लागे
जगमग जोति उजारी।

बिनु ताने यह बनी चुनरिया
दास कबीर बलिहारी॥

यह विशाल परिधेय-पट जिस प्रिय ने दिया है वह अजीब मस्तमौला है। प्रेम उसका सस्ता भी नहीं है, हल्का भी नहीं है। वह जिसे यह चुनरी देता है उससे बहुत बड़ा मूल्य चुका लेता है। इस चुनरी को पा लेना सौभाग्य की बात है, पर इसको सँभाल के रख लेना हिम्मत का काम है। भक्त-गण साक्षी हैं कि इस महान दान को जिस व्यक्ति ने हल्का और मुलायम समझा वह हमेशा के लिए गया। भगवान ने जिस उपहार को प्रेमपूर्वक दिया हो उसे हल्का और मुलायम समझना गलती है। प्रेम जितना ही महान होगा, उसकी कीमत भी उतनी ही अधिक होगी। यह तो माला नहीं है, यह उसकी तलवार है। भक्त ने भावुकता के आवेश में जिसे भगवान की वरमाला समझा, वह वस्तुत: तलवार निकली! आग के समान है उसकी आँच, वज्र के समान है भार! 'हे प्रिय, तुमने कल की सुहागरात को यह क्या रख दिया है? प्रात:कालीन तरुण प्रकाश ज्यों ही खिड़की के रास्ते तुम्हारी शय्या पर पड़ा त्यों ही मैंने देखा कि यह तो तुम्हारी तलवार है! चहकते हुए सवेरे के पक्षी ने व्यंग्य किया—'नारी, तूने क्या पाया है?' ना, यह माल्य नहीं है, नैवेद्य का पात्र नहीं है, गंधजल की झारी भी नहीं है—'अरे, यह तो तुम्हारी भयंकर तलवार है!' :

ए तो माला नय गो, ए ये
तोमार तरवारि।
ज्वले ओठे आगुन येन
बज्र-हेन भारी—
ए ये तोमार तरवारि।
तरुण आलो जानला बेये
पड़लो तोमार शयन-छेये
भोरेर पाखी शुधाय गेये
'की पेलि तुइ नारी!'
नहे ए माला, ए थाला।
गंधजलेर झारी,
ए ये भीषण तरवारि।

—रवीन्द्रनाथ : 'खेया'

भक्त हैरान है! इसे ही क्या दान कहते हैं? हाय, हाय, उसे वह कहाँ छिपाकर रखे? स्थान कहाँ है? हाय प्यारे, यही क्या तुम्हारा दान है? मैं शक्तिहीना नारी, मुझे क्या यह आभूषण शोभेगा? तुम्हारे इस प्रेमोपहार को रखने का एकमात्र स्थान तो यह

कलेजा है, पर वहाँ रखती हूँ तो प्राण व्यथा से काँप उठते हैं, तो भी हे प्रियतम, तुम्हारे इस दान को मैं इसी कलेजे से लगा लूँगी। मैं जान गई कि तुम जिसे प्यार करते हो उसके लिए फूल की सेज नहीं देते, दुःख का कँटीला मार्ग दिखा देते हो :

ताइ तो आमि भावि बसे
ए कि तोमार दान?
कोथाय एरे लुकिये राखि
नाइ ये हेन स्थान।
ओ गो ए कि तोमार दान?
शक्तिहीना मरि लाजे
ए भूषण कि आमार साजे?
राखते गेले बुकेर माझे
व्यथा ये पाय प्राण।
तबु आजि बइब बुके
एइ बेदनार मान।
निये तोमारि एइ दान।

—रवीन्द्रनाथ : 'खेया'

सो, उस मस्ताने प्रियतम की चुनरी सँभालना भी कठिन काम है। रणरंग का मतवाला सूरा दो-चार क्षण के लिए जूझता है। क्योंकि उसे जो उपहार मिला है, वह स्थूल है, इस उपहार का प्रेम भी स्थूल है। भले वह उपहार राज्य हो, यश हो, मान हो, धन हो। सती का संग्राम एकाध पलक रहता है, वह भी प्रलोभनों से जूझती है, पर जो धर्म उसे उपहार के रूप में मिला है, वह सूक्ष्म होने पर भी सांसारिक है। परन्तु भक्त का संग्राम दिन-रात का जूझना है, मन और प्राण की बाजी है। जरा-सी बाग ढीली हुई कि वह गिरा। उसका गिरना भी मामूली गिरना नहीं है, क्योंकि वह आसमान से गिरता है और धरती पर टुकड़े-टुकड़े होकर बिखर जाता है। इस भयंकर जूझ का कारण यह है कि भक्त को जो प्रेम उपहार में मिला है वह बहुत बेशकीमती है। उसका दाम चुकाना मामुली बात नहीं है। वह फूलों की सेज नहीं है, काँटों का जंगल है। यह दिन-रात का जूझना, दुःख और विपत्ति में बढ़ते जाना, किसी विरले का ही काम है :

साध का खेल तो बिकट बेढा मती
सती और सूर की चाल आगे।
सूर घमसान है पलक दो-चार का
सती घमसान पल एक लागे।

साध संग्राम है रैन-दिन जूझना
देह पर्जन्त का काम भाई।
कहैं कब्बीर टुक बाग ढीली करै
उलटि मन गगन सों जगीं आई।

—'शब्दा.', पृ. 108

तो क्या भगवान का प्रेम किसी एक व्यक्ति को ही प्राप्त होता है? और लोग क्या निपट ठूँठे ही हैं? नहीं, भला कौन है जिसे प्रियतम ने सनातन काल-तत्त्व की बनी हुई और पंच-तत्त्व की रँगी हुई चुनरी नहीं दी है? दी तो है लेकिन सँभाल के रख सकनेवाला ही उसका प्रिय है, उस महान श्रृंगार-पट का मूल्य समझ सकनेवाला धन्य है। बाकी लोग जो उसे मलिन कर रहे हैं, छिन्न-भिन्न कर रहे हैं, हल्का मान बैठे हैं, वे दयनीय नहीं तो क्या हैं? प्रियतम तो बराबर पुकार रहा है—शब्द की चोट से बेध रहा है—कौन है जो उसके साथ आनन्द-केलि को निकल पड़ेगा! चुनरी गन्दी हो गई है या गन्दी हो रही है, इस बात से मन में पश्चात्ताप भी तो हो! अरे ओ सुहागिन, साहब जब तुझे अपनाएगा तो तेरी चुनरी का दाग भी मिट जाएगा। क्यों नहीं तू एक बार उसकी पुकार पर चल पड़ती! :

मोरी चुनरी में परि गयो दाग पिया।
पाँच तत्त की बनी चुनरिया, सोलह सै बन्द लागे जिया।
यह चुनरी मेरे मैके तें आई, ससुरा में मनुआँ खोय दिया।
मलि-मलि धोई दाग न छूटै, ग्यान को साबुन लाय पिया।
कहै कबीर दागन छूटिहैं, जब साहेब अपनाय लिया॥

—'शब्दा.', पृ. 48

इस प्रकार कबीरदास ने इस प्रेम की लीला को एक बहुत ही वीर्यवती साधना के रूप में देखा है। एक बार जिसे भगवान की रहस्य-केलि की पुकार सुनाई दे जाती है वह व्याकुल हो उठता है, प्रिय-मिलन के लिए उसकी तड़पन संसार के किसी और विरह-व्यापार से तुलनीय नहीं हो सकती। चकई का विरह प्रसिद्ध है, पर वह भी तो रात की समाप्ति के बाद प्रिय के साथ आसानी से मिल जाती है। राम का विरह इतना आसान नहीं है। एक बार जो इस विरह की चपेट में आ गया वह कुछ ऐसा बेहाल हो जाता है कि कहकर प्रकाश करना कठिन है। उसे न दिन में सुख मिलता है न रात में; न सपने में, न जागरण में; न धूप में, न छाँह में। राम-विरह का मारा भक्त हर एक साधक से पूछता रहता है कि वह कहाँ है, उसका प्रियतम किधर है, उसके पास जाने का रास्ता क्या है। वह ठीक उसी विरह में ऊबी विरहणी के समान होता है जो हर एक राहगीर से पूछती रहती है कि उसके प्रियतम कब आएँगे :

चकवी बिछुरी रैणि की, आइ मिली परभाति।
वे जन बिछुरे राम से, ते दिन मिलें न राति॥
बासरि सुख ना रैण सुख, ना सुख सपुनै माँहि।
कबीर बिछुट्या रामसूँ, ना सुख धूप न छाँहिं॥
विरहिन ऊभी पंथसिरि, पंथी बूझै धाइ।
एक सबद कहि पीव का, कब रे मिलैंगे आइ॥

—'क. ग्रं.', पृ. 7-8

रवीन्द्रनाथ ने जिसे तलवार कहा है, कबीरदास ने उसी को बाण कहा है। यह बाण जब प्रियतम के कमान से खिंचकर भक्त के कलेजे में लगता है तो अन्तर छेद देता है, कलेजे को बेध देता है। जब तक यह बाण लग नहीं जाता तब तक कुछ पता नहीं चलता और जब एक बार कलेजे में घुस जाता है तो उसकी पीड़ा तक ऐसी मधुर लगती है, कुछ इतनी मनभावनी होती है कि भक्त बार-बार प्रार्थना करता है कि हे प्रिय, इस बाण से फिर छेद दो, फिर इस हृदय-देश को कुरेद डालो। अब तो वह बाण ही जोवन-आधार हो जाता है। उसके बिना भक्त को कल नहीं पड़ती :

कर कमान सर साधि करि, खैंचि जू मार्या माँहि।
भीतरि भिद्या सुमार है, जीवै कि जीवै नाहिं॥
जब हूँ मारा खैंचि करि, तब मैं पाई जाणि।
लागी चोट मरम्म की, कई कलेजा छाँड़ि॥
जिसि सरि मारी काल्हि, सो सर मेरे मन बस्या।
तिहि सरि अजहूँ मारि, सर बिनु सचुपाऊँ नाहीं॥

—'क. ग्रं.', पृ. 8-9

परन्तु वह प्रिय बड़ा ही कठोर है, और जैसा कि रवीन्द्रनाथ ने कहा है, 'दुःख की रात का राजा है, अन्धकार-भरे महल का बादशाह है!' उसे सुख और साज पसन्द नहीं; अपनी प्रेयसी के विरह में वह रस लेता है। वह सहज ही नहीं गलता। जब दुःख की आँधी आती है, तब बिजली की कड़क के साथ वह भक्त प्रेयसी के छिन्न-भिन्न शयन-कंथा पर आ विराजमान होना है। उसका रास्ता दुःख का है, संकट का है, जूझने का है, विपत्ति का है! भोले हैं वे, जो दुःख की इस महिमा को नहीं समझते। अरे कौन है वहाँ पड़ा हुआ? खोल दे दरवाजा, जल्दी खोल दे। मांगल्य-शंख की गम्भीर ध्वनि से मुखरित कर दे दिगंत को। घनी काली गहरी रात में अँधेरे घर का बादशाह आया है। देख, आँधी से दिशाएँ समाच्छन्न हैं, आकाश में बारम्बार वज्र-निनाद हो रहा है, बिजली झलक रही है। खींच ले आ, बिछा दे अपनी फटी गुदड़ी। अचानक दुःख की रात का मेरा राजा आँधी के साथ आ पहुँचा है :

ओरे दुयार खुले दे रे—
बाजा शंख बाजा।
गभीर राते एसेछे आज
आँधार घरेर राजा।
वज्र डाके शून्य तले
विद्युतेर झिलिक झले।
छिन्न शयन टेने एने
आडिना तोर साजा।
झड़ेर साथे हठात् एलो
दुःख-रातेर राजा।

—रवीन्द्रनाथ : 'खेया'

सो, कबीरदास का प्रियतम भी 'दुःख का राजा है'। उसका रास्ता देखते-देखते आँखों में झाईं पड़ गई है, नाम पुकारते-पुकारते जीभ में छाले पड़ गए हैं। रात-दिन आँखों से निर्झर झर रहा है, मुख से पपीहे की रट लगी हुई है—विरह-वेदना से सारा शरीर म्लान हो गया है। यह अजब 'दुःख' है। लोग इसे सांसारिक पीड़ा समझते हैं जो केवल कष्ट देती है, केवल अभाव का प्रतिनिधित्व करती है। लेकिन यह पीड़ा अभावजन्य नहीं है, भाव-स्वरूप है। लोग जिसे दुःख कहते हैं उससे यह भिन्न है। यह जो परमप्रियतम के लिए रो-रोकर आँखें लाल हो गई हैं, यह भी एक अनिर्वचनीय आनन्द है—प्रेमकषायित नयनों की अद्‌भुत खुमारी है। प्रियतम इस दुःख के मार्ग से आता है, रोदन ही उसका मार्ग है। वह हँसी को पसन्द नहीं करता, सुख को नहीं चाहता और इसलिए इस रोदन में भक्त एक प्रकार का उल्लास अनुभव करता है, क्योंकि यह प्रेमी के मिलन का मार्ग है :

अंखड़ियाँ झाँईं पड़ी, पंथ निहारि निहारि।
जीभड़ियाँ छाला पड़्या, राम पुकारि पुकारि॥
नैना नीझर लाइया, रहट बसै निस-जाम।
पपीहा ज्यूँ पिव-पिव करौं, कब रे मिलहुगे राम॥
अंखड़ि प्रेम-कसाइयाँ लोग जाणै दुःखड़ियाँ।
साँईं अपणैं कारणैं, रोई रोई रत्तड़ियाँ॥
हँसि हँसि कंत न पाइए, जिनि पाया तिन रोइ।
जो हँसि हँसि ही हरि मिलै, तो न दुहागिनि कोइ॥

—'क. ग्रं.', पृ. 9

एक बार अगर वह प्रियतम मिल जाए तो भक्त उसे नैनों में इस प्रकार बन्द कर ले कि न वह और किसी को देख सके और न प्रियतम को ही किसी और के देखने का मौका मिले :

नैना अंतरि आव तूँ, ज्यूँ हौं नैन झँपेउँ।
नाँ हौं देखौं औरकूँ, ना तुझ देखन देउँ॥

—'क. ग्रं.', पृ. 19

कबीरदास के प्रेम के आदर्श सती और शूर हैं। जो प्रेम पद-पद परे भाव-विह्वल कर देता है, मन और बुद्धि का मन्थन कर मनुष्य को परवश बना देता है, जो उत्तम भावावेश प्रेमी को हतचेत बना देता है, वह कबीरदास का अभीष्ट नहीं है। भक्त का संग्राम शूर के संग्राम से भी बढ़कर है, सती के आत्मबलिदान से भी श्रेष्ठ है। परन्तु फिर भी यदि भक्त के आत्मबलिदान की झलक कहीं दिख सकती है तो वह सती और शूर में ही दिखती है :

साधु सती और सूरमाँ इन पटतर कोउ नाहिं।
अगथ-पंथ कौं पग धरैं, डिगैं तो कहाँ समाहिं॥ 31॥
साधु सती औ सूरमाँ कबहुँ न फेरैं पीठ।
तीनों निकसि जो बाहुरैं, ताको मुँह मति दीठ॥ 39॥
टूटै बरत अकास सो, कौन कहत है झेल।
साधु सती अरु सूर का, अंनी ऊपर खेल॥ 26॥

—'स. क. सा.', पृ. 220

परन्तु फिर भी,

आगि आँच सहना सुगम
सुगम खड्ग की धार।
नेह निबाहन एकरस
महा कठिन व्यवहार॥ 61॥

यह जो एकरस प्रेम है उसका निबाहना सचमुच कठिन व्यवहार है। एकरस अर्थात् जो भावावेग से उफन न पड़े और विरह-ताप से बैठ न जाए; जो क्षणिक आवेश में ज्ञान और कर्म की मर्यादा न तोड़ दे और चिर-अभ्यास से जड़ आवर्तन का रूप न ग्रहण कर ले। रवीन्द्रनाथ ने इस बात को बहुत ही कवित्वपूर्ण और मार्मिक भाषा में व्यक्त किया है : "हे नाथ, जो भक्ति तुम्हें लेकर अधीर हो उठती है, क्षण-भर में नृत्य-गीत-गाने के रूप में विह्वल हो उठती है, भावोन्माद से मत्त बना देती है, यह ज्ञान को लोप कर देनेवाली (बेहोश कर देनेवाली) उफनती हुई फेनमयी भक्ति की मद-धारा मुझे नहीं चाहिए। हे नाथ, मुझे शान्त भक्तिरूपी स्निग्ध अमृत से भरा हुआ

मंगल-कलश दान करो—मंगल-कलश, जो संसार के भवन-द्वार पर सुशोभित हो,—जो भक्ति मेरे समस्त जीवन में गूढ़ और गम्भीर भाव से फैल जाएगी, समस्त कर्मों में मुझे बल देगी, और हमारी उन सारी शुभ चेष्टाओं को भी आनन्द और कल्याण से भर देगी जो विफल हो चुकी हैं। यह शान्तरस-भक्ति मुझे सब प्रेमों में तृप्ति देगी, समस्त दु:खों में कल्याण देगी, समस्त सुखों में दाहहीन दीप्ति भर देगी। भावना-वेग के आँसुओं को रोककर मेरा चित्त परिपूर्ण, अमत्त और गम्भीर बना रहेगा" :

ये भक्ति तोमारे लये धैर्य नाहि माने,
मुहूर्ते विह्वल हय नृत्य-गीत-गाने,
भावोन्माद मत्तताय, सेइ ज्ञानहारा
उद्भ्रांत उच्छलफेन भक्ति-मद-धारा,
नाहि चाहि नाथ। दाओ-भक्ति शांतिरस
स्निग्ध-सुधापूर्ण करि, मंगल कलस
संसार-भवन द्वारे। ये भक्ति-अमृत
समस्त जीवन मोर हइबे विस्तृत
निगूढ़ गभीर, सर्व कर्मे दिबे बल
व्यर्थ शुभ चेष्टारे ओ करिबे सफल
आनंदे कल्याण। सर्व प्रेमे दिबे तृप्ति
सर्व दु:खे दिबे क्षेम, सर्व सुखे दीप्ति-
दाहहीन। समारिया भाव-अश्रुनीर
चित्त दबे परिपूर्ण अमत्त गंभीर।

—'नैवेद्य'

सो, कबीरदास का आदर्श भी वही है जो क्षण-भर के भावावेश में उफन नहीं पड़ता। यह प्रेम मृत्यु का प्रेम है, सिर उतारकर ही किसी को इस प्रेम-मन्दिर में बैठने का अधिकार मिलता है। अगम्य है इसका मार्ग, अगाध है इसका विस्तार। यह खाला का घर नहीं है जहाँ मचलने और रोने से ही फरमाइश पूरी हो जाती है :

कबीर यहु घर प्रेम का, खाला का घर नाहिं।
सीस उतारै हाथि करि, सो पैठे घर माहिं॥

कबीर निज घर प्रेम का, मारग अगम-अगाध।
सीस-उतारि पगतलि धरै, तब निकटि प्रेम का स्वाद॥

—'क. ग्रं.', पृ. 69

और फिर जिस सती ने हाथ में सिन्दूर की डिबिया ले ली है, उसे मृत्यु का क्या डर? सिन्दूर की डिबिया अर्थात् अचल सौभाग्य की निशानी। भक्त भी भगवान के

साथ अनन्त मिलन का अभिज्ञान जब पा जाता है तो उसे मृत्यु का कोई डर नहीं रहता। मृत्यु उसके लिए आनन्द है, क्योंकि इसी दरवाजे से 'पूरण परमानन्द' का आगमन होता है। मृत्यु तो सीमा के अन्त का नाम है और सीमा का अन्त पाना ही असीम की गोद में जाना है! इसलिए भक्त मृत्यु की परवाह तो करता ही नहीं, उलटे उसे चाहता है, कब वह दिन आएगा जब वह मृत्यु के द्वारा इस सीमा को पार कर जाएगा और असीम 'पूरण परमानन्द' में मिल जाएगा :

अब तो ऐसी ह्वै पड़ी, मनकारु चित कीन्ह।
मरनै कहा डराइये, हाथि स्यँधौरा लीन्ह॥
जिस मरनैंथें जग डरै, सो मेरे आनंद।
कब मरिहूँ कब देखहूँ, पूरण परमानंद॥

—'क. ग्रं.', पृ. 69

मृत्यु? मरना भी कोई चाहेगा? पर भक्त मरना चाहता है, आत्महत्या नहीं। सांसारिक विषयी व्यक्ति आत्महत्या करते हैं। मृत्यु तो संग्राम में होती है, जौहर से होती है—जहाँ मरनेवाला अपने को बलिदान कर देता है। जो अपने को बलिदान नहीं करता वह रोग-शोक का शिकार हो जाता है। उसकी मृत्यु या तो परवश-मृत्यु है या आत्मघात है। पर जो प्रतिक्षण अपने को उत्सर्ग कर सका है, जो सदा सिर हथेली पर लिये हुए है, वह जीता भी है तो मृत्यु का वरण करके। अपना आपा ही तो सीमा है, बन्धन है, भय है। उसको त्याग देना और बलिदान कर देना ही मृत्यु है। सो, कबीरदास इसी मृत्यु को वरण करने की सलाह देते हैं। मरके मरना तो कोई मरना नहीं हुआ, क्यों न जीते ही मरा जाए? अपने-आपको उत्सर्ग कर देना ही जीते हुए मर जाना है?

हौं तोहि पूछौं हे सखी, जीवत क्यों न मराइ।
मूँवा पीछे सत करै, जीवत क्यूँ न कराइ॥

—'क. ग्र.', पृ. 71

कबीर के प्रेम का जो आदर्श है वह कविवर रवीन्द्रनाथ के प्रेम-लीला के आदर्श से मिलता-सा है। रवीन्द्रनाथ ने बहुत अधिक सरस और कवित्वपूर्ण भंगी में जिस प्रेम-लीला को व्यक्त किया है उसे कबीर ने सरल, फक्कड़ाना और अर्थपूर्ण भाषा में व्यक्त किया है। रवीन्द्रनाथ काव्य के सुकुमार माध्यम का सहारा लेते हैं और नये-पुराने, बाहर के और घर के शत-शत विचारों की सहायता से जिस भाव-जगत् का निर्माण करते हैं वह अपूर्व है, परन्तु यह कहने में कोई हर्ज नहीं कि उनके आदर्श का वैसा ही रूप कबीर में मिल जाता है। कभी-कभी रवीन्द्रनाथ की कविताएँ और आलोचनाएँ कबीर को समझने में सहायक होती हैं। फिर भी दोनों में एक बड़ा भारी भेद है जिसे जानना कबीर के पाठक के लिए बड़े काम की चीज है। ऊपर

हमने कई जगह लक्ष्य किया है कि कबीर और रवीन्द्रनाथ दोनों की ही धारणा है कि भगवान भक्त के साथ प्रेम-केलि के लिए व्याकुल रहते हैं। पर रवीन्द्रनाथ की अधिकांश कविताओं और गीतियों में भक्त के पास भगवान स्वयं अभिसार करते हैं जबकि कबीर की अधिकांश कविताओं में भक्त ही अभिसारिका का कार्य करता है। ऐसा तो नहीं है कि रवीन्द्रनाथ में एक जगह भी भक्त अभिसार के लिए नहीं निकला हो और कबीर में कहीं भी भगवान ने अभिसार का प्रयत्न न किया हो, पर सब मिलाकर कबीर का भक्त अभिसार का प्रयत्न स्वयं करता है जबकि रवीन्द्रनाथ का भगवान निरन्तर अभिसार करता रहा है।

कबीरदास की भक्त-रूपी अभिसारिका आरती सजाकर प्रिय को ढूँढ़ने निकल पड़ती है, प्रेम-रस की बूँद से चुनरी भीजती रहती है :

भीजै चुनरिया प्रेमरस-बूँदन।
आरती साज के चली है सुहागिन,
प्रिय अपन को ढूँढ़न। —'शब्दा.', पृ. 9

या फिर वह प्रियतम की ऊँची अटारी तक पहुँचकर भी लज्जा से भरी ऊपर जाने में संकोच करती है, पैर उसके थक गए होते हैं, यदि हिम्मत करके चढ़ने के लिए पैर भी उठाती है तो सीढ़ियों पर ही लड़खड़ा जाती है, अंग-अंग थहरा जाते हैं, चित्त भय से काँप उठता है—अनाड़ी नारी इस महीन ऊँचे-सँकरे मार्ग की थाह ही नहीं पाती! और फिर भी यह कैसा मोह है, सद्गुरु के उपदेश से उसका अन्तरपट ज्यों ही खुलता है त्यों ही ऊँचाई गायब हो जाती है, दूरी दूर हो गई होती है और थकान का पता ही नहीं रहता! प्रियतम हृदय में ही क्रीड़ा करते पाए जाते हैं :

पिया-मिलन की आस रहों कबलौं खरी।
ऊँचे नहिं चढ़ि जाय मने लज्जा भरी॥
पाँव नहीं ठहराय चढ़ूँ गिर गिर परूँ।
फिर फिर चढ़हुँ सम्हारि चरन आगे धरूँ॥
अंग अंग थहराय तो केहि बिधि डरि रहूँ।
करम-कपट मग घेरि तो भ्रम में परि रहूँ॥
बारी निपट अनारि तो झीनी गैल है।
अटपट चाल तुम्हार मिलन कल होइ है॥
छोरो कुमति-विकार सुमति गहि लीजिए।
सतगुरु-शब्द सम्हारि चरन चित दीजिए॥
अंतरपट के खोल शब्द उर लाव री।
दिल-बिच दास कबीर मिलैं तोहिं बावरी॥

—'क. वच.', पृ. 141-42

या फिर वह ऊँचे-रपटीले मार्ग पर व्याकुल भाव से निकल पड़ती है, पाँव डगमगाते रहते हैं, मन लाज और कुल की मर्यादाओं के भंग होने के भय से सशंक बना रहता है, नैहर की बसनेवाली होने के कारण वह नैहर में प्रियसमागम—सो भी अभिसार की लज्जा नहीं छोड़ पाती, ऊँचे महल को देखकर भौचक्का रह जाती है। परन्तु सद्गुरु-रूपी दूती मिलते ही प्रियतम के गले लगना उसके लिए सम्भव हो जाता है :

मिलना कठिन है कैसे, मिलौंगी प्रिय जाय।
समझि-सोचि पग धरौं जतन से, बार-बार डिग जाय।
ऊँची गैल राह रपटीली, पाँव नहीं ठहराय॥
लोक-लाज कुल की मरजादा, देखत मन सकुचाय।
नैहर-बास बसौं पीहर में, लाज तजी नहिं जाय॥
अधर-भूमि जहँ महल पिया का, हम पै चढ़यौ न जाय।
धन भइ बारी पुरुष भले भोला, सुरत झकोरा खाय॥
दूती सतगुरु मिलै बीच में, दीन्हों भेद बताय।
साहब कबीर पिया सो भेट्यौ, सीतल कंठ लगाय॥

—'क. वच.', पृ. 136-37

और सही बात तो यह है कि उसे नैहर अच्छा लगता ही नहीं। उसके प्रियतम की नगरी—जहाँ दिन-रात मोती बरसते हैं, जहाँ प्रिय की मधुर मुरली से दिगन्त मुखरित होता रहता है, जहाँ बिना मूल के कमल-पुष्पों और अन्य नाना-विध कुसुमों के सौरभ से वायुमंडल व्याप्त करता है—वह नगरी उसको खींचती रहती है। वह अभिसार-यात्रा को निकलने को बाध्य है। चातक जैसे चाँद की ओर टक लगाए रहता है वैसे ही वह उस प्रेममयी नगरी को ताकती ही रह जाती है :

मोतिया बरसे रौरे देसवां दिन-राती।
मुरली-शब्द सुनि मन आनंद भयौ, जोति बरै दिन-राती।
बिना मूल के कमल प्रगट भयौ, फुलवा फुलत भाँति भाँती।
जैसे चकोर चन्द्रमा चितवै, जैसे चातक स्वाती॥

—'शब्दा.', पृ. 72

उस परम अद्भुत नगरी के सामने क्या नैहर भा सकता है? कैसी है वह नगरी? परम रमणीय उस अद्भुत नगरी के भीतर कोई पहुँच नहीं पाता। चाँद और सूर्य भी, पवन और पानी भी वहाँ जाने में असमर्थ हैं। इस अगम अगोचर स्थान तक प्रियतम के पास विरह की मारी प्रिया का सन्देश भी तो नहीं कोई पहुँचा सकता! हाय, सखी, कोई उपाय क्यों नहीं सोचती, किस प्रकार उस अजब सासुरे को जाऊँ? लेकिन कबीरदास को निश्चित रूप से मालूम है कि उस नगरी को पहुँचा दे सकनेवाला

साथी एक सद्गुरु ही है। वही वहाँ तक प्रिया को पहुँचा सकता है। नहीं तो प्रियतम का मिलन स्वप्न में भी असम्भव ही है :

नैहरवा हमकाँ नहीं भावै।
साईं की नगरी परम अति सुन्दर, जहाँ कोई जाइ न आवै।
चाँद-सुरुज जहँ पवन न पानी, को संदेस पहुँचावै?
दरद यह साईं, को सुनावै?
आगे चलौं पंथ नहीं सूझै, पीछे दोष लगावै।
केहि विधि ससुरे जाँव मोरी सजनी, बिरहा जोर जनावै।
विषै-रस नाच नचावै।
बिन सतगुरु अपनो नहिं कोई, जो यह राह बतावै।
कहत कबीर सुनो भाई साधो, सपने न प्रीतम पावै।
तपन यह जिय की बुझावै।

—'शब्दा.' , पृ. 72

सिर्फ यात्रा के विषय में ही कबीरदास की परिकल्पित भक्ताभिसारिका स्वयं क्रियात्मक प्रयत्न करती हो, यह बात नहीं है। प्रिय के शान्त-स्निग्ध क्रोड में शयन करने का प्रयत्न भी पहले उसी की ओर से होता है :

ए अँखियाँ अलसानी, पिया हो सेज चलो।
खंभ पकरि पतंग अस डोलै, बोलै मधुरी बानी।
फूलन सेज बिछाइ जो राख्यौ, पिया बिना कुम्हलानी।
धीरे पाँव धरौ पलंगा पर, जागत ननँद-जिठानी।
कहत कबीर सुनो भाई साधो, लोक-लाज बिछलानी॥

—'क. वच.', पृ. 166

परन्तु रवीन्द्रनाथ की भक्त-प्रेयसी और तरह की है। उसके जीवन-देवता उसके हृदय में अपनी प्यास बुझाने के लिए आते हैं :

ओहे अंतरतम
मिटेछे कि तब सकल पियास
आसि अंतरे मम!

अरी ओ अभागिन, तुझे कैसी नींद आ गई थी जो प्रियतम के पास आने पर भी जाग नहीं सकी! वह निस्तब्ध रात्रि में आया था, हाथ में उसके वीणा थी, तेरे स्वप्न में उसने गम्भीर रागिनी बजा दी और तू सोती ही रही? हाय, जागके देखती हूँ, दक्खिनी हवा को पागल बनाकर उसका सौरभ अन्धकार में व्याप्त होकर प्रवाहित हो रहा

है! हाय, क्यों मेरी रात व्यर्थ चली जाती है, उसे नजदीक पाकर भी नहीं पा सकती, क्यों उसकी माला का स्पर्श मेरे वक्षःस्थल को नहीं लगने पाता :

पाशे ऐसे बसेछिल, तबु जागिनि?
की घूम तोरे पेयेछिल, हतभागिनि?
एसे छिल नीरव राते, बीणाखानि छिल हाते,
स्वपन माझे बाजिये गेलो, गभीर रागिणी।
जेगे देखि दखिन-हओया पागल करिया।
गंध ताहार भेसे बेड़ाय आँधार भरिया।
केन आमार रजनी याय, काछे पेछे काछे ना पाय
केन गो तार मालार परश, बुके लागेनि।

—'गीतांजलि'

"शयन के सिरहाने अभी-अभी प्रदीप बुझा था, जाग उठी थी प्रभातकाल के कोकिल के शब्दों से। अलस चरणों से (चलकर) खिड़की पर आकर बैठी थी, शिथिल केशों में माला धारण की थी। ऐसे ही समय में जबकि रास्ता अरुण धूसर हो उठा था, राजमार्ग पर तरुण पथिक दिखाई दिया। सोने के मुकुट पर उषा का आलोक पड़ रहा था। गले में सुसज्जित मुक्ता की माला शोभ रही थी। कातर कंठ से पुकारा—'वह कहाँ है, कहाँ है वह?'—व्यग्र चरणों से मेरे ही द्वार पर उतरकर! मैं लाज से मरी जा रही थी, कैसे कहूँ कि 'ऐ बटोही, वह मैं ही हूँ, वही तो मैं हूँ!'

"गोधूलि-वेला थी, तब भी प्रदीप नहीं जला था, मैं माथे में सोने की बेंदी पहन रही थी—हाथ में सोने का दर्पण लेकर खिड़की पर अपने मन से करबीर बाँध रही थी। ऐसे ही समय में संध्या-धूसर पथ पर वह करुण नयनोंवाला तरुण पथिक रथ से उतरा। फेन और पसीने के कारण घोड़े व्याकुल हो रहे थे। उसके वस्त्रों और भूषणों में धूल भर गई थी। कातर कंठ से उसने पुकारा—'वह कहाँ है? वह कहाँ है?' क्लान्त चरणों से हमारे ही द्वार पर उतरकर! हाय, मैं लाज से मरी जा रही थी। कैसे कहती कि 'ऐ थके बटोही, वह मैं ही हूँ, वही तो मैं हूँ।'

"फागुन की रात है। घर में प्रदीप जल रहा है, दक्षिणी हवा के झकोरे छाती पर लग रहे हैं, यह मुखरा सारिका (मैना) सोने के पिंजड़े में सो रही है, द्वार के सामने द्वारपाल भी सो रहा है। सोहागघर धूप के धुएँ से धूसर हो उठा है। अगरु की गन्ध से सारा शरीर व्याकुल है, मोरपंखी कंचुकी मैंने पहन ली है। दूर्वा के समान उस श्यामल वक्षःस्थल पर आँचल खींचकर विजन राजमार्ग के उस पार देख रही हूँ। धूल में उतरकर खिड़की के नीचे बैठ गई हूँ। अकेली बैठी तीन पहर तक उदास भाव से गान गाती रही हूँ—'हताश पथिक, वह मैं ही तो थी, वही तो मैं थी!" —'भ्रष्ट-लग्न' से अनुवादित

इसी प्रकार, “हे सुन्दर, तुम आज प्रात:काल आए थे, अरुण वर्ण का पारिजात तुम्हारे हाथों में था। सारी नगरी निद्रित थी, रास्ते में कोई पथिक नहीं था। तुम अपने सोने के रथ पर अकेले ही चले गए। सिर्फ एक बार रुक मेरी खिड़की की ओर तुमने करुणाभरी आँखों से देखा था—हाँ, सुन्दर, तुम आज प्रात:काल आए थे!”

सुंदर, तुमि एसेछिले आजि प्राते,
अरुण-वरण पारिजात लये हाते।
निद्रित पुरी, पथिक छिल ना पथे,
एका चलि गेले, तोमार सोनार रथे,
बारेक थामिया मोर वातायनपाने
चेये छिले तव करुण नयन-पाते।
सुंदर, तुमि एसेछिले आजि प्राते।

—‘गीतांजलि’

स्पष्ट ही कबीर और रवीन्द्रनाथ की प्रेम-लीला एक ही प्रकार की होने पर भी दोनों में मौलिक भेद है। एक की केलि यत्न-साधित है, दूसरे की स्वयंप्राप्त; एक अपने को और अपने पौरुष को भूलकर भी भूलना नहीं जानता, दूसरा अपने को और अपनी शक्ति को स्मरण रखकर भी भूल जाता है; एक क्रियात्मक है, दूसरा भावनात्मक; एक का मार्ग साधना का मार्ग है, दूसरे का मार्ग सौन्दर्य का; एक करने में विश्वास करता है, दूसरा होने में; एक प्रधान रूप से सन्त है, दूसरा कवि। परन्तु दोनों में प्रिय से मिलने की व्याकुलता है, दोनों का ही प्रियतम के प्रेम पर अखंड विश्वास है, दोनों में ही आत्मार्पण का भाव प्रबल है, दोनों ही प्रिय-प्राप्ति को सहज-लभ्य व्यापार नहीं मानते, दोनों का ही प्रेम हिस्टीरिक प्रेमोन्माद का परिपन्थी है। दोनों ही कठोर साधना और कोमल भक्ति के हामी हैं। अद्‌भुत है वह प्रेम, अपूर्व है उसकी ज्योति! दु:ख और द्वन्द्व से परे, भ्रम और भ्रान्ति से अतीत यह एकरस प्रेम ही परम-पुरुषार्थ है :

गगन की गुफा तहँ गैब का चाँदना, उदय औ' अस्त का नाम नाहीं।
दिवस औ' रैन तहँ नेक नहिं पाइए, प्रेम-परकास के सिन्धु माहीं।
सदा आनन्द दु:ख-द्वन्द्व व्यापै नहीं, पूरनानन्द भरपूर देखा।
मर्म औ' भ्रान्ति तहँ नेक आवै नहीं, कहैं कब्बीर रस एक पेखा॥

—‘शब्दा.’, पृ. 105

रूप और अरूप, सीमा और असीम

इस संसार में सब कुछ चंचल है। चलता जा रहा है, चूँकि कुछ भी स्थिर नहीं है, सब कुछ गतिशील, परिवर्तनीय है इसीलिए संसार की स्थिति है। यह एक अद्भुत विरोधाभास है, पर है सत्य। समस्त संसरणशील वस्तुओं की अस्थिरता के होते हुए भी यह संसार 'है'। इसका 'है'—भाव ही सूचित करता है कि सब चलमान वस्तुओं के भीतर एक अविचल सत्य प्रतिष्ठित है। "जो लोग अनन्त की साधना करते हैं और जो सत्य की उपलब्धि करना चाहते हैं, उन्हें बार-बार यह बात सोचनी होती है कि वे चारों ओर जो कुछ देख और जान रहे हैं वही चरम सत्य नहीं है, वह अपने-आपमें स्वतंत्र नहीं है और किसी भी क्षण वह अपने-आपको पूर्ण रूप से प्रकाश नहीं कर रहा है। यदि ये वस्तुएँ ऐसी होतीं तो वे सभी स्वयम्भू-स्वप्रकाश होकर स्थिर हो रहतीं। पर उनमें एक अन्तहीन गति है, अविराम अस्थिरता है। ये जो अन्तहीन गति के द्वारा अन्तहीन स्थिति को निर्देश कर रहे हैं वही हमारे चित्त का आश्रय और चरम आनन्द है। अतएव, आध्यात्मिक साधना कभी भी रूप की साधना नहीं हो सकती। यह समस्त रूपों के भीतर से चंचल रूप के बन्धन को अतिक्रम करके, ध्रुव सत्य की ओर चलने की चेष्टा करती है। कोई भी इन्द्रियगोचर वस्तु, जो अपने को ही चरम या स्वतंत्र समझने का भान करती है, वस्तुत: वैसी नहीं है। साधना इस भान के आवरण को भेदकर ही परम पदार्थ को देखना चाहती है, यदि नाम-रूप का यह आवरण चिरन्तन होता तो वह भेद नहीं कर सकती थी। यदि वे अविश्रान्त भाव से नित्य प्रवहमान होकर अपने-आपकी ही सीमा तोड़ते हुए न चलते, तो इन्हें छोड़कर और किसी बात के लिए मनुष्य के मन में स्थान भी न होता। तब इन्हें ही सत्य समझकर हम निश्चिन्त हो रहते, तब विज्ञान और तत्त्वज्ञान इन सारे अचल प्रत्यक्ष सत्यों के भीषण श्रृंखला में बँधकर एकदम मूक और मूर्च्छित हो रहते। इनके पीछे कुछ भी न देख सकते। किन्तु ये सारे खंड-वस्तु-समूह केवल चल ही रहे हैं, कतार बाँधकर खड़े होकर रास्ता नहीं रोके हुए हैं, इसीलिए हम अखंड सत्य का और अक्षय पुरुष का सन्धान पाते हैं।" (रवीन्द्रनाथ)। इसीलिए भक्तजन रूपमात्र के इस निरन्तर गतिशील पहलू पर बराबर जोर देते रहते हैं। मध्य-युग में वैराग्योद्रेक के लिए इस पहलू का अधिक उपयोग किया गया है। कबीर ने भी किया है, पर

कबीर का लक्ष्य उस समस्त अस्थिर रूपराशि के भीतर से स्थिर अरूप-तत्त्व की ओर इशारा करना अधिक रहा है। वे दस दिन के लिए अपनी नौबत बजाकर इस नगर और गली को हमेशा के लिए नमस्कार करके चल देनेवालों को उस परमतत्त्व की बार-बार याद दिला देते हैं जो स्थिर है, शाश्वत है, रूपातीत है :

कबीर नौबत आपणीं, दिन दस लेहु बजाइ।
ए पुर-पाटन ए गली, बहुरि न देखै आइ॥ 1॥
जिनके नौबति बाजती, मैंगल बँधते बारि।
एकै हरि के नाँव बिन, गए जन्म सब हारि॥ 2॥

—'क. ग्रं.', पद 20

इस विनाश की दुनिया में एकमात्र अविनाशी तत्त्व राम है। नष्ट होते हुए शरीर को अगर बचा लेना है तो इसी अविनश्वर की शरण जाओ। नहीं तो इस कच्चे कुम्भ के फूटने में क्या देर है! :

कबीर यह तन जात है, सकै तो लेह बहोड़ि
नागे-हाथें ते गए, जिनके लाख-करोड़ि॥ 37॥
यहु तन काचा कुंभ है, चोट चहूँ दिस खाइ।
एक राम के नाँव बिन जदि तदि परलै जाइ॥ 38॥

—'क. ग्रं.', पृ. 24

परन्तु रूप और सीमा चाहे जितनी भी क्यों न हो, हम उनके द्वारा ही अरूप और असीम को पाने की ओर उन्मुख होते हैं। साधक रूप और सीमा की सहायता से उस शाश्वत अरूप और परिव्याप्त असीम को देखता है, जो उसका चरम प्राप्तव्य है। कवि शब्द और अर्थ का सहारा लेकर अरूप रस की ओर उन्मुख होता है, कलाकार रेखा और रंग की सहायता से रूपातीत भाव की अभिव्यंजना करता है, और भक्त भी नाम और रूप की सीढ़ियों से ही उठकर अनाम और अरूप परमतत्त्व की झाँकी पाता है। यह जो रूप है और सीमा है, वह वस्तुत: जड़ प्रकृति का ही विकार है। इसी को कबीरदास 'गुण' कहते हैं। जो वस्तु गुणातीत है वह गुणों में नही है, ऐसा नहीं कह सकते। यह धोखा है, भ्रम है, जो लोग 'गुण' को 'निर्गुण' का उलटा समझते हैं। 'गुण' 'निर्गुण' की विरोधी वस्तु नहीं है। निर्गुण परमात्मा क्या गुणों में नहीं है? यह जो धरती, आकाश, चन्द्र, तारा दिखाई दे रहे हैं, वे क्या त्रिगुणात्मिका प्रकृति के विकार नहीं हैं और इसीलिए क्या ये परमात्मा से खाली हैं? यह हो नहीं सकता। सो, ये लोग भोले ही हैं, जो गुण को निर्गुण के बाहर या विरुद्ध मानते हैं—वस्तुत: गुण में हम निर्गण का अनुमान करते हैं। दूसरे शब्दों में, रूप हमें अरूप की ओर उन्मुख कर देता है, सीमा असीम का सन्धान बताती है।

गुण और निर्गुण केवल तारतम्य बताने के वास्ते हैं। जब कहा जाता है कि भगवान गुणमय नहीं हैं तो उसका मतलब यही होता है कि जो रूप और सीमा हमें दिख रही है वह अरूप और असीम को ठीक-ठीक प्रकट नहीं कर सकती—भगवान न तो वह रूप ही है, न उसके समान ही है। वह उससे अतीत है, परे है। 'निर्गुण' कहने से यदि यह अर्थ लिया जाता है कि वह दृश्यमान गुणों से बाहर है या विरुद्ध है, तो भ्रम है, धोखा है :

संतो, धोखा काँसूँ कहिए
गुण मैं निरगुंण निरगुंण में गुण,
बाट छाँड़ि क्यूँ बहिए?
अजरा-अमरा कथै सब कोई,
कलख न कथणां जाई,
नाहिं स्वरूप, बरण नहिं जाकै,
घटि घटि रह्यौ समाई॥
प्यंड-ब्रह्मांड छोड़ि वे कथिए,
कहै कबीर हरि सोई॥

—'क. ग्रं.', पद 180

इसीलिए वह अद्‌भुत अनुपम रामतत्त्व कहकर बताया नहीं जा सकता। उसको सगुण-निर्गुण में से किसी भी नाम से पुकार नहीं सकते, पर न तो वह सगुण वस्तु में अविद्यमान है और न निर्गुण वस्तु द्वारा असूचयितव्य। वह इन झमेलों से ऊपर है। ससीम-रूपदर्शा बुद्धि उस तत्त्व को नहीं समझ सकती। उसके मुँह भी नहीं; माथा भी नहीं, रूप भी नहीं और रूपक भी नहीं। वह सूक्ष्म से भी सूक्ष्म है, पुष्प-सौरभ से भी महीन है, वह अनुपम तत्त्व है :

जाकै मुँह माथा नहीं, नाहीं रूपक-रूप।
पहुप-बासथैं पातला, ऐसा तत्त अनूप॥ 4॥

—'क. ग्रं.', पद 60

'मुँह और माथा' तो उपलक्षण-मात्र हैं। वह समस्त रूप और सीमाओं से परे है, वह मन और बुद्धि के भी परे है। उसमें मोह नहीं, माया-ममता नहीं। ऐसे ही निर्मम निर्मोही पिया से प्रेम-क्रीड़ा का व्रत भक्तों ने लिया है। ऐसे प्रिय के मिलन की क्या आशा की जा सकती है! भक्त-रूपी नारी चाहे जैसी भी विरहिणी हो, दिन का भोजन और रात की नींद खो चुकी हो, सहेलियों की रंग-केलि और जातिकुल को, धन-सम्पत्ति को छोड़ आई हो; वनखंड में तपस्या कर चुकी हो और पानी से निकली हुई मछली-सी तड़प रही हो, पर प्रियतम क्यों गलेगा? वह तो आकार-रूप के परे

है, मोह और ममता से ऊपर है, कामना और लालसा के अगम्य है, वह मिलेगा कैसे? ममताभरी प्रेयसी का निर्मम से मेल क्या, लालसा की आँखों से अलख का लखाव क्या, रूप से अरूप का सामंजस्य क्या? यह रहस्यमय प्रेम-केलि चल कैसे सकती है? कबीरदास जवाब में कहते हैं कि सिर्फ एक ही मार्ग है। तुम्हारे शरीर में जो जड़ विकार हैं, जो इन्द्रिय, मन और बुद्धि हैं, उनको तुमने गलती से अपना मान लिया है। ये उस निर्मोही की ओर उन्मुख करने के साधन हैं परन्तु यदि उन्हें ही तुमने उनके मिलने का साधन भी समझा है तो यह भ्रम है। तुम्हारे इस नाशमान ससीम जड़ विकार के बीच एक स्थिर शाश्वत चेतन है, वह इन्द्रिय मन और बुद्धि के अगोचर है, वही उस निर्मोही प्रियतम का वास्तविक आकर्षण-स्थान है। निर्मोही प्रियतम को पाना चाहते हो तो शरीर, मन और बुद्धि को अपना स्वरूप समझने के रूप में जो पर्दा पड़ा हुआ है उसे दूर करो। एक बार इस भ्रम के पर्दे को दूर कर दो तो देखो कि प्रियतम दूर नहीं है, तुम्हारी रग-रग में भीना हुआ है। उस भ्रम के पर्दे में भी है, पर दीखता तब तक नहीं जब तक तुम उस पर्दे को अपना स्वरूप समझते रहो। भगवान और भक्त में अब भेद नहीं रह सकेगा। युग-युगान्तर से ये दोनों एकमेक होकर रह रहे हैं।

कैसे जीवेगी विरहिनी
पिया बिन कीजै कौन उपाय।
दिवस न भूक रैनि नहीं सुख है,
जैसे कलियुग जाम (?)
खेलति फाग छाँड़ि चलु सुंदर
तजु चलु धन औ धाम॥
बन खंड जाय नाम लै लावौ
मिलि पिय से सुख पाय।
तलफत मीन बिना जल जैसे
दरसन लीजै धाय।
बिन आकार रूप नहिं रेखा
कौन मिलेगी आय।
अपना पुरुष समुझि ले सुंदरि
देखो तन निरताप।
सब्द सरूपी जिव पिव बूझौ
छाँड़ो भ्रम की टेक।
कहैं कबीर और नहिं दूजा
जुग जुग हम तुम एक॥

—'शब्दा.', पृ. 10-11

यही कारण है कि कबीरदास ने कामना और लालसा के त्याग को भक्ति की आवश्यक शर्त रखा है। जब भगवान लालसा और कामना की पहुँच के बाहर ही हैं तो क्यों न पहले कामना और लालसा को खत्म किया जाए? जब तक मन में कहीं भी कामना है, तब तक शरीर और मन के प्रति आत्माभिमान का भ्रम है। यह भ्रम और भक्ति एक साथ नहीं रह सकती। सो, कबीरदास पुकार-पुकारकर कह गए कि सकामता का भ्रम छोड़कर ही भक्ति के मैदान में आओ :

और कर्म सब कर्म हैं, भक्ति कर्म निष्कर्म।
कहै कबीर पुकारिकै, भक्ति करो तजि भर्म॥

—'क. वच.', पृ. 11

निष्कर्म अर्थात् निष्काम। निष्कामभाव से ही भक्ति हो सकती है क्योंकि जिस देवता की भक्ति करनी है वह स्वयं निष्काम है :

जब लगि भगति सकामतां, तब लगि निर्फल सेव।
कहे कबीर वै क्यूँ मिलै, निहकांमी निज देव॥

फिर एक बार समस्त कामनाओं का विसर्जन कर जब भक्ति-रूपी सुन्दरी अपने निर्गुण प्रियतम का दर्शन पाती है तो जो अद्भुत कौतुक उसे दिखाई देता है, वह कहकर समझने की बात नहीं है। वह प्रियतम समस्त काल की सीमाओं के परे है इसलिए अनन्त है, समस्त देश के परे है इसलिए असीम है। सो उस अनन्त का प्रकाश अपरम्पार है, सुन्दरी कुतूहल-विस्फारित नयनों से उस अपूर्व तेज को देखती है, मानो कोटि-कोटि सूर्यों की सेना खड़ी हो। वहाँ पाप नहीं, पुण्य नहीं, कर्म नहीं, आचार नहीं, केवल अपरिमेय ज्योति का प्रकाश, अगम्य अगोचर तेज की झिलमिल ज्योति है। ऐसे तेजोमय अद्भुत लोक में प्रवेश करते ही भक्त भी हद छोड़कर बेहद हो जाता है, अपने स्वधर्म और स्वभाव में प्रतिष्ठित हो जाता है :

कबीर तेज अनंत का, मानौ उगी सूरज सेणि।
पति सँग जागी सुंदरी, कौतिग दीठा तेणि॥
पारब्रह्म के तेज का, कैसा है उनमान।
कहिबेकूँ सोभा नहीं, देख्या ही परमान॥
अगम अगोचर गमि नहीं, तहाँ जगमगै ज्योति।
जहाँ कबीर बंदगी (तहाँ) पापपुन्य नहीं छोति॥

और,

हदै छाँड़ि बेहद गया, हुआ निरंतर बास।
कँवल जु फूल्या फूल बिन, को निरषै निज दास॥

—'क. ग्रं.', पृ. 12

जहाँ अनन्त कोटि सूर्य सतत प्रकाशमान हैं, वहाँ केवल ज्योति का ही निर्झर झर रहा है। उस स्थान पर अगर बिना फूले ही कमल फूलता रहे तो आश्चर्य क्या है! फूलने पर कमल के खिलने का तो हिसाब वहाँ है जहाँ रोज अन्धकार आता है और कमल को अनफूला कर जाता है। पर जहाँ सूर्यों की सेना खड़ी हो वहाँ कमल का संकोच कैसा! सो, यह कमल निरन्तर खिला रहता है। पिंड में यही कमल शून्य या सहस्रार-चक्र है और ब्रह्मांड में सर्वतोव्याप्त महा-आकाश! यही परम अवकाश हद छोड़कर बेहद होने का उपयुक्त स्थान है। एक बार पिंडस्थित आकाश (शून्य) में जब भक्त पहुँच जाता है—जब इस विशाल शून्य में स्नान करता है—तो प्रियतम के उस क्रीड़ा-हर्म्य में पहुँचता है, जो सिर्फ योग और तप साधनेवाले मुनियों को दुर्लभ है। यह प्रेम-लोक देवताओं को भी दुर्लभ है, क्योंकि वे कर्म के उपासक हैं; मुनियों को अगम्य है, क्योंकि कबीरदास उन्हें योगमार्ग के पथिक मानते थे; पीर-औलियों को भी दुर्लभ है, क्योंकि उनका मार्ग अल्लाह और राम की भेद-बुद्धि का है; सबकी पहुँच के बाहर जो प्रेम-लोक है वहाँ केवल भक्त को ही प्रवेश पाने का अधिकार है—भक्त जो राम-नाम का छका हुआ है :

सुर-नर मुनिजन-औलिया, एक सब वेलै तीर।
अलह-राम का गम नहीं, तहँ घर किया कबीर।

—'स. क. सा.', पृ. 64

हद्द छाँड़ि बेहद गया, किया सुन्नि असनान।
मुनिजन महल न पावइँ तहाँ किया विश्राम॥
पिंजर प्रेम प्रकासिया, जाग्या जोत अनंत।
संसा खूटा सुख भया, मिल्या पियारा कंत॥

—'क. ग्रं.', पृ. 13

परन्तु इस दुनिया की छोटी-मोटी रूपात्मक कल्पनाओं के आधार पर हम इस अनन्त तेज:पुंज लोक का अनुमान भी नहीं कर सकते। साधारण मनुष्य उस पर्दा-नशीन नववधू की भाँति है जो आधी खुली खिड़की पर खड़ी हुई घूँघट के भीतर से संसार को देख रही है। उसके सामनेवाले रास्ते पर लोग आते रहते हैं, पर वह उसका कुछ भी उद्देश्य नहीं समझ पाती, क्योंकि सम्पूर्ण देखने का उसे अभ्यास नहीं है। कविवर रवीन्द्रनाथ ठाकुर ने इस भाव को अपनी एक कविता में मार्मिकता के साथ प्रकट किया है :

"तुम आधी खुली खिड़की के किनारे खड़ी हो। नई बहू हो क्या? शायद तुम चूड़ीवाले के इन्तजार में हो कि तुम्हारे द्वार पर आएगा। तुम सामने देख रही हो कि बैलगाड़ी धूल उड़ाती हुई चली जाती है, भरी नौकाएँ हवा के जोर से पालों के

सहारे बही जा रही हैं। मैं सोच रहा हूँ कि इस आधी खुली खिड़की पर घूँघट की छाया से ढकी हुई तुम्हारी आँखों को यह विश्व कैसा दिख रहा होगा। निश्चय ही यह छायामय भुवन तुमने स्वप्नों (कल्पनाओं) से गढ़ा होगा, शायद किसी नानी के मुँह से सुनी हुई परियों की कहानी के साँचे में वह ढला होगा—जिसकी लोरियों की बनी कहानी का न आदि है, न अन्त है।

"मैं सोच रहा हूँ कि हठात् यदि एक दिन वैशाख के महीने में आँधी के झोंकों से नदी लाज-शर्म छोड़कर बन्धनहीन सूने आसमान में नाच उठे, यदि उसका पागलपन जाग पड़े और फिर उस आँधी के झोंकों से तुम्हारे घर की सभी जंजीरें खुल जाएँ और तुम्हारी आँखों पर गिरा हुआ घूँघट भी उड़ जाए और फिर यह सारा जगत् विद्युत् की हँसी हँस एक क्षण में शक्ति का वेश धारण करके तुम्हारे घर में घुस पड़े और आमने-सामने खड़ा हो जाए, तो फिर कहाँ रहेगी यह आधे ढके हुए अलस दिवस की छाया, वह खिड़की वाली दृश्यावली और सपनों-सनी अपनी कल्पना से गढ़ी हुई माया?—सभी उड़ जाएँगे।

"सोचता हूँ कि उस समय तुम्हारी घूँघट-रहित काली आँखों के कोने में न जाने किसका प्रकाश काँपेगा अपने-आपमें खोए हुए प्राणों के आनन्द में अच्छा और बुरा सब कुछ डूब जाएगा और तुम्हारे वक्षःस्थल में रक्त की तरंगिनी उत्ताल नर्तन से नाच उठेगी। फिर तुम्हारे शरीर में तुम्हारी यह कंकण और किंकिणी अपने चंचल कम्पनों से कौन-सा सुर बजा देंगी! आज तुम अपने को आधी ढकी रखकर, घर के एक कोने में खड़ी होकर न जाने किस माया के साथ इस जगत् को देख रही हो?—मैं मन-ही-मन यही सोच रहा हूँ। तुम्हारे रास्ते में आज जो आवागमन चल रहा है वह निरर्थक खेल-सा लग रहा है, छोटे दिन के कामों की छोटी-छोटी हँसियाँ और रुलाइयाँ न जाने कितनी उठती हैं और विलीन हो जाती हैं! मन-ही-मन यही सोच रहा हूँ।" —'खेया'

यह जो कल्पना के गढ़े हुए रूप-जगत् का व्यापार है, वह तब तक हमारी दृष्टि को रोके हुए है जब तक अनन्त सत्य का प्रकाश एकाएक आकर उसे छिन्न-भिन्न नहीं कर जाता। जिस दिन छिन्न-भिन्न कर जाएगा उस दिन, कबीरदास गवाह हैं कि, जो दृश्य दिखाई देगा वह एकदम विचित्र होगा। न वहाँ धरती होगी, न गगन; न पानी, न पवन; न तिथि, न वार; न चाँद, न सूर्य; न हाट, न बाट—सबसे परे, सबसे विचित्र। वहाँ काल का बन्धन नहीं है, भूत-भविष्य का भेद नहीं है। जिसे हम लाख युग पहले की बात कहते हैं वह वहाँ प्रत्यक्ष है, जिसे हम कोटि कल्प बाद की बात कहेंगे वह वहाँ विद्यमान है; क्योंकि वहाँ अनन्त स्थिति है, शाश्वत सत्ता है। हमारी आँखें क्षणिक और चलमान जगत् की परिभाषा इनमें ही देखने की अभ्यस्त हैं। उस अनन्त स्थितिशील देश-काल-व्यवच्छेद के अतीत परम प्रकाशमय लोक को हम क्या समझेंगे? :

चाँद नहीं, सूरज नहीं, हता न वो ओंकार।
तहाँ कबीरा रामजन, को जाने संसार॥
धरती-गगन-पवनै नहीं, होत नहीं तिथि-बार।
तब हरि के हरिजन हुतै, कहै कबीर बिचार॥
जा दिन किरतम सा हता, नहीं हाट नहिं बाट।
हता कबीरा संत-जन, (जिन) देखा औघट घाट॥
नहीं हाट नहिं बाट है, नहिं धरती नहिं धीर।
असंख्य युग परले गया, तब ही कहै कबीर॥
पवन नहीं, पानी नहीं, नहिं धरती आकास।
एक निरंजनदेव का कबिरा दास-खवास॥

—'स. क. सा.', पृ. 63-64

उस देश का सब कुछ विचित्र है। वह देश जहाँ बारह महीने वसन्त है, जहाँ प्रेम का निर्झर झरता रहता है, जहाँ अनन्त ज्योतिपुंज से महा-अमृत बरसता रहता है, जहाँ जाति-कुल-वर्ण का विशेषत्व नहीं, जहाँ आकाश और धरती में अन्तर नहीं, जहाँ परब्रह्म की आनन्द-केलि निरन्तर चल रही है, जहाँ अगम्य का दीपक बिना बाती और तेल के ही जल रहा है। अपूर्व है वह देश! कबीर उसी देश के वासी थे :

हम वासी उस देश के, जहाँ बारह मास विलास।
प्रेम झरै विकसै कँवल, तेजपुंज परकास॥
हम वासी उस देश के, जहवाँ नहिं मास बसंत।
नीझर झरै महा अमी, भीजत हैं सब संत॥
हम वासी उस देश के, जहाँ जाति-बरन-कुल नाहिं।
सब्द मिलावा होय रहा, देह मिलावा नाहिं॥
हम वासी वा देश के, जहाँ पारब्रह्म का खेल।
दीपक जरै अगम्य का, बिन बाती बिन तेल॥

—'स. क. सा.', पृ. 64-65

यह कुछ उस प्रकार का देश है जिसे रवीन्द्रनाथ ने 'सब-पाया-है-का देश' कहा है। जहाँ दूर का राही एक रात के लिए आकर देख ही नहीं पाता कि इस 'सब-पा-लिया-है-के देश' में क्या है।

एक रजनीर तरे हेथा, दूरेर पांथ एसे,
देखते ना पाय, कि आछे, एइ सब पेयेछिर देशे?

—'खेया'

कबीर ने बताया है कि उस परिपूर्ण देश में शब्द-मिलावा हो रहा है—केवल-भावरूप में मिलन हो रहा है, देहरूप में नहीं—'शब्द-मिलावा होय रहा, देह मिलावा नाहिं।'

क्योंकि जड़ ससीम देह उस अनन्त भाव-लोक को बर्दाश्त नहीं कर सकती। प्रश्न है कि वहाँ जाकर क्या भक्त उस अनन्त ज्योति और अनन्त प्रेम में लोप हो जाता है? क्या वह भी चिन्मय ब्रह्म में विलय हो जाता है? कबीरदास ऐसे अद्वैत-भाव में विश्वास नहीं करते। मिलन होगा यह ठीक है, पर भक्तजन वहाँ फिर भी साक्षी रूप से वर्तमान रहेंगे। वे दो नहीं होकर रहेंगे, भगवान से एकमेक होकर मिल जाएँगे; परन्तु उस मिलन के आनन्द को अनुभव करते रहेंगे। यह कैसे सम्भव है? क्या एकमेक और पृथक् सत्ता दोनों सम्भव हैं? लौकिक दृष्टि से जो बातें असम्भव दिखती हैं ऐसी बहुतेरी बातें भगवान के विषय में सम्भव हैं। फिर इसी 'द्वैताद्वैत-विलक्षण' भाव को हम कैसे असम्भव मानें? कबीर साक्षी हैं कि गगन में गहरे गम्भीर मेघ गरजते रहते हैं, अमृत की झड़ी लगी होती है और सन्तजन सिहर-सिहरकर इस आनंद-रस की वर्षा में भीजते रहते हैं, उस अनन्त की ज्योति छलकती रहती होती है और परम प्रेम के आनन्द-निकेतन में गुरु की कृपावाले सन्तजन पहुँच जाते हैं। (अवश्य ही, निगुरों की गति वहाँ नहीं है) :

गगन गरजै वरषै अभी बादल गहर गंभीर।
चहुँ दिसि दमके दामिनी, भीजै दास कबीर॥
गगन मंडल के बीच में, तहवाँ छलकै नूर।
निगुरा महल न पावई पहुँचेंगे गुरु पूर॥

—'स. क. सा.', पृ. 62

गगन गरजि अंमृत चवै, कदली-कँवल-प्रकास।
तहाँ कबीरा बंदगी कै, कोई निज दास॥

—'क. ग्रं.', पृ. 15

कबीरदास का यह असीम प्रियतम का प्रेम साधना के साहित्य में अपूर्व है। हद के जीव का बेहद के प्रिय से मिलन में एक ऐसा अलौकिक रस है जो अनुभव द्वारा ही जाना जा सकता है। असीम की सीमा के लिए व्याकुलता का प्रमाण यह सारा विश्व है। अगर असीम अपने-आपमें ही सन्तुष्ट होता तो यह सीमा का सर्जन निरर्थक है। भक्त कबीर ने इस इतने बड़े विश्व-व्यापार को निरर्थक नहीं समझा। उन्होंने उसे इस असीम प्रियतम की लीला का उन्मेषयिता माना है। सीमा मानो उसी को असीम की ओर उठी हुई उँगली है। वह असीम का पथ बताती है, पर स्वयं उसे असीम नहीं माना जा सकता। इसीलिए प्रेम तो ससीम का ही ठीक है, सीमा के प्रति आसक्त जीव उस पीव को नहीं पा सकता :

बेहद अगाधी पीव है, ये सब हद के जीव।
जो नर राते हद्द सों, ते कदी न पावें पीव॥

हममें पीव न पाइए, बेहद में भरपूर।
हम बेहद की गम लखै, तासौं पीव हजूर॥

—'स. क. सा.', पृ. 262

कबीरदास ने इसीलिए सीमा को छोड़कर असीम का प्रेम किया था। उस असीम-रूपी अनन्त अवकाशवान मैदान में वे पैर फैलाकर सो रहे थे :

हद्द छाँड़ि बेहद गया, रहा निरंतर होय।
बेहद के मैदान में, रहा कबीरा सोय॥

—'स. क. सा.', पृ. 263

पैर फैलाकर सोने लायक अवकाश सीमाओं और बन्धनों से भरी दुनिया में और कहाँ मिल सकता है? कविवर रवीन्द्रनाथ अपनी 'सब-पा-लिया-है-के देश' वाली कविता में भी उल्लसित भाव से कहते हैं, "अहा, इस 'सब-पा-लिया-है-के देश' के रास्ते में ठेलमठेल और धक्का-मुक्की नहीं है और बाजार में यहाँ शोरगुल नहीं है अरे ओ कवि, यहीं तू अपनी कुटी बना ले। रास्ते की धूल यहीं झाड़ दे, बोझा उतार दे, अपने सितार के तार ठीक कर ले और अपनी सारी खोज यहीं बन्द कर दे (क्योंकि तू अब अपने गन्तव्य पर पहुँच चुका है)। आज साँझ को यहीं पैर फैलाकर बैठ जा—यहीं इस तारा-भरे आकाश के नीचे 'सब-पा-लिया-है-के देश में'।"

नाइक पथे ठेलाठेलि, नाइक हाटे गोल,
ओरे कवि एइ खाने तोर, कुटीरखानि तोल।
धुये फेल रे पथेर धुलो, नामिये दे रे बोझा,
बेंधे ने तोर सेतार खाना, रेखे दे तोर खोजा।
पा छड़िए बस रे हेथाये, सारा दिनेर शेषे,
तारार भरा आकाशतले, सब पेयेछिर देशे॥

—'खेया'

आखिर इस देश में इतनी निश्चिन्तता क्यों है? कोई इस बेहद्दी मैदान में सो रहता है और कोई पैर फैलाकर बैठ रहता और सितार के तार सँभालने लगता है, ऐसा क्यों? यहाँ क्या मिलता है, क्या दिखता है कि इतने निश्चिन्त मन से सन्त और कवि जम जाते हैं? क्योंकि :

हरि-संगति सीतल भया, मिटी मोह की ताप।
निसि-बासर सुख-निधि लह्या, जब अंतरि प्रगट्या आप॥
तन पाया तन बीसरा, जब मन धरिया ध्यान।
तपन गई सीतल भया, जब सुन्नि किया असनान॥

—'क. ग्रं.', पृ. 15

इस असीम-अनन्त शून्य में स्नान करते ही सारी व्यथा शान्त हो गई। सारे कथन, सारा विज्ञापन यहाँ उपशमित हो गया। जिसे खोजा जा रहा था वह जब स्वयं आ गया, तो ताप कैसा, चांचल्य कैसा? :

थिति पाई मन थिर भया, सतगुरु करी सहाइ।
अनिन कथा तिन आचरी, हिरदै त्रिभुवनराइ॥
सचु पाया सुख ऊपना, अरु दिल-दरिया पूरि।
सकल पाप सहजै गए, जब साईं मिल्या हजूरि॥

—'क. ग्रं.', पृ. 14

जब एक बार इसका चस्का लग गया, जब यह परम प्राप्तव्य रत्न प्राप्त हो गया तब ढिंढोरा पीटने की क्या बात रही? ढूँढ़ने-खोजने को रह क्या गया?

जिन पाया सू गहि रह्या, रसना लागा स्वादि।
रतन निराला पाइवा, जगत ढंढौल्या बादि॥

अब कुछ कहना बाकी नहीं रहा, इस प्रेम-नद के प्रवाह में सारा द्वैतभाव बह गया, साखी भी आज बेकार है, शब्द भी निष्प्रयोजन हैं। जब उस बिछुड़े हुए परमतत्त्व से मिलन हो गया तो इन प्रपंचों से क्या लाभ? यह देखा, वह देखा; यह चलमान है, वह स्थिर है; यह यह है वह वह है—ये सारी बातें अब निरर्थक हैं। परमप्रिय का जब तक मिलन नहीं हुआ था—उसका रस जब तक ज्ञात नहीं था, तभी इनकी कीमत थी; अब इस आनन्द-रस के सामने और सब कुछ फीका है :

कहना था सो कह दिया, अब कछु कहना नाहिं।
एक रही दूजी गई, बैठा दरिया माँहिं॥
साखी-शब्दी जब कही, मौन रहे मन माँहिं॥
बिछुरा था कब ब्रह्म सों, कहिबे को कछु नाहिं॥
साखी-शब्दी जब कही, तब कछु जाना नाहिं।
बिछुरा था तब ही मिला, अब कछु कहना नाहिं॥
या देखा वा देखिया, या देखा वा थीर।
यह-वह दोउ एकै भया, जब सतगुरु मिले कबीर॥

—'स. क. सा.', पृ. 68

यह है कबीर की असीम सत्ता की प्रीति। किन्तु कबीर परम सावधानी के साथ पाठक को शब्दों की संकीर्ण अर्थवत्ता की याद दिला देते हैं। 'बेहद' शब्द में साधारणत: यह भाव है कि जो हद न हो या हद के विरुद्ध हो। यह बात आंशिक रूप में ही सत्य है। वस्तुत: सीमा असीम से बाहर भी नहीं, उसकी विरोधी भी नहीं है; उसका

अभाव तो एकदम नहीं। इसलिए बेहद्दी की प्रीति बताते समय कबीरदास सावधान कर देते हैं। इसे सीमा का विरोधी समझना गलत है। बेहद्द वह है जो सीमा और सीमाभाव दोनों के परे है, जो हद और गैर-हद दोनों के ऊपर है। इस हद-बेहद से अतीत वस्तु को ही भाषा की सीमित शक्ति के कारण कबीरदास 'बेहद्द' कहते हैं। हद्द या सीमा में मनुष्य बसते हैं, बेहद्द या सीमाभाव में साधु बसते हैं, पर असल सन्त वह है जो इन दोनों को छोड़ गया है, जो सीमातीत असीम का प्रेमी है :

हद में रहै सो मानवी, बेहद रहै सो साधु।
हद-बेहद दोनों तजै, तिनका मता अगाधु।
हद-बेहद दोनों तजी, अवरन किया मिलान।
कहैं कबीर ता दास पर, बारौं सकल जहान॥

उपसंहार

कबीर धर्मगुरु थे। इसलिए उनकी वाणियों का आध्यात्मिक रस ही आस्वाद्य होना चाहिए, परन्तु विद्वानों ने नाना रूप में उन वाणियों का अध्ययन और उपयोग किया है। काव्य-रूप में उसे आस्वादन करने की तो प्रथा ही चल पड़ी है। समाज-सुधारक के रूप में, सर्व-धर्मसमन्वयकारी के रूप में, हिन्दू-मुस्लिम-ऐक्य-विधायक के रूप में, विशेष सम्प्रदाय के प्रतिष्ठाता के रूप में और वेदान्त-व्याख्याता दार्शनिक के रूप में भी उनकी चर्चा कम नहीं हुई है। यों तो 'हरि अनंत हरिकथा अनंता, विविध भाँति गावहिं श्रुति-संता' के अनुसार कबीर-कथित हरि की कथा का विविध रूप में उपयोग होना स्वाभाविक ही है, पर कभी-कभी उत्साहपरायण विद्वान गलती से कबीर को इन्हीं रूपों में से किसी एक का प्रतिनिधि समझकर ऐसी-ऐसी बातें करने लगते हैं जो असंगत कही जा सकती हैं।

भाषा पर कबीर का जबरदस्त अधिकार था। वे वाणी के डिक्टेटर थे। जिस बात को उन्होंने जिस रूप में प्रकट करना चाहा है उसे उसी रूप में भाषा से कहलवा लिया—बन गया है तो सीधे-सीधे, नहीं तो दरेरा देकर। भाषा कुछ कबीर के सामने लाचार-सी नजर आती है। उसमें मानो ऐसी हिम्मत ही नहीं है कि इस लापरवाह फक्कड़ की किसी फरमाइश को नाहीं कर सके। और अकह कहानी को रूप देकर मनोग्राही बना देने की तो जैसी ताकत कबीर की भाषा में है वैसी बहुत कम लेखकों में पाई जाती है। असीम-अनन्त ब्रह्मानन्द में आत्मा का साक्षीभूत होकर मिलना कुछ वाणी के अगोचर, पकड़ में न आ सकनेवाली ही बात है। पर 'बेहद्दी मैदान में रहा कबीरा' में न केवल उस गम्भीर निगूढ़ तत्त्व को मूर्तिमान कर दिया गया है, बल्कि अपनी फक्कड़ाना प्रकृति की मुहर भी मार दी गई है। वाणी के ऐसे बादशाह को साहित्य-रसिक काव्यानन्द का आस्वादन करानेवाला समझें तो उन्हें दोष नहीं दिया जा सकता। फिर व्यंग्य करने में और चुटकी लेने में भी कबीर अपना प्रतिद्वन्द्वी नहीं जानते। पंडित और काजी, अवधू और जोगिया, मुल्ला और मौलवी—सभी उनके व्यंग्य से तिलमिला जाते हैं। अत्यन्त सीधी भाषा में वे ऐसी चोट करते हैं कि चोट खानेवाला केवल धूल झाड़के चल देने के सिवाय और कोई रास्ता नहीं पाता। इस प्रकार यद्यपि कबीर ने कहीं काव्य लिखने की प्रतिज्ञा नहीं की

तथापि उनकी आध्यात्मिक रस की गगरी से छलके हुए रस से काव्य की कटोरी में भी कम रस इकट्ठा नहीं हुआ है।

हिन्दी-साहित्य के हजार वर्षों के इतिहास में कबीर-जैसा व्यक्तित्व लेकर कोई लेखक उत्पन्न नहीं हुआ। महिमा में यह व्यक्तित्व केवल एक ही प्रतिद्वन्द्वी जानता है : तुलसीदास। परन्तु तुलसीदास और कबीर के व्यक्तित्व में बड़ा अन्तर था। यद्यपि दोनों ही भक्त थे, परन्तु दोनों स्वभाव, संस्कार और दृष्टिकोण में एकदम भिन्न थे। मस्ती, फक्कड़ाना स्वभाव और सब कुछ को झाड़-फटकार कर चल देनेवाले तेज ने कबीर को हिन्दी-साहित्य का अद्वितीय व्यक्ति बना दिया है। उनकी वाणियों में सब कुछ को छाकर उनका सर्वजयी व्यक्तित्व विराजता रहता है। उसी ने कबीर की वाणियों में अनन्य-साधारण जीवन-रस भर दिया है। कबीर की वाणी का अनुकरण नहीं हो सकता। अनुकरण करने की सभी चेष्टाएँ व्यर्थ सिद्ध हुई हैं। इसी व्यक्तित्व के कारण कबीर की उक्तियाँ श्रोता को बलपूर्वक आकृष्ट करती हैं। इसी व्यक्तित्व के आकर्षण को सहृदय समालोचक सँभाल नहीं पाता और रीझकर कबीर को 'कवि' कहने में सन्तोष पाता है। ऐसे आकर्षक वक्ता को 'कवि' न कहा जाए तो और कहा क्या जाए? परन्तु यह भूल नहीं जाना चाहिए कि यह कविरूप घलुए में मिली हुई वस्तु है। कबीर ने कविता लिखने की प्रतिज्ञा करके अपनी बातें नहीं कही थीं। उनकी छन्दोयोजना, उक्ति-वैचित्र्य और अलंकार-विधान पूर्ण-रूप से स्वाभाविक और अयत्नसाधित हैं। काव्यगत रूढ़ियों के न तो वे जानकार थे और न कायल। अपने अनन्य-साधारण व्यक्तित्व के कारण ही वे सहृदय को आकृष्ट करते हैं। उनमें एक और बड़ा भारी गुण है जो उन्हें अन्यान्य सन्तों से विशेष बना देता है। यद्यपि कबीरदास एक ऐसे विराट् और आनन्दमय लोक की बात करते हैं जो साधारण मनुष्यों की पहुँच के बहुत ऊपर है और वे अपने को उस देश का निवासी बताते हैं जहाँ बारह महीने बसन्त रहता है, निरन्तर अमृत की झड़ी लगी रहती है (दे. ऊपर, पृ. 362-63) फिर भी जैसा कि एवेलिन अंडरहिल ने कहा है, वे उस आत्मविस्मृतिकारी परम उल्लासमय साक्षात्कार के समय भी दैनन्दिन-व्यवहार की दुनिया को छोड़ नहीं जाते और साधारण मानव-जीवन को भुला नहीं देते। उनके पैर मजबूती के साथ धरती पर जमे रहते हैं; उनके महिमा-समन्वित और आवेगमय विचार, बराबर धीर और सजीव बुद्धि तथा सहज भाव द्वारा नियंत्रित होते रहते हैं, जो सच्चे मरमी कवियों में ही मिलते हैं। उनकी सर्वाधिक लक्ष्य होनेवाली विशेषताएँ हैं—(1) सादगी और सहजभाव पर निरन्तर जोर देते रहना, (2) बाह्य धर्माचारों की निर्मम आलोचना, और (3) सब प्रकार के विरागभाव और हेतुप्रकृतिगत अनुसन्धित्सा के द्वारा सहज ही गलत दिखनेवाली बातों को दुर्बोध्य और महान बना देने की चेष्टा के प्रति वैर-भाव। (इसके लिए 'कबीर-वाणी' के 75, 78, 80 और 90 नम्बर के पद देखिए)। इसीलिए वे साधारण मनुष्य के लिए दुर्बोध्य नहीं हो जाते और अपने

असाधारण भावों को ग्राह्य बनाने में सदा सफल दिखाई देते हैं। कबीरदास के इस गुण ने सैकड़ों वर्ष से उन्हें साधारण जनता का नेता और साथी बना दिया है। वे केवल श्रद्धा और भक्ति के पात्र ही नहीं, प्रेम और विश्वास के आस्पद भी बन गए हैं। सच पूछा जाए तो जनता कबीरदास पर श्रद्धा करने की अपेक्षा प्रेम अधिक करती है। इसीलिए उनके सन्त-रूप के साथ ही उनका कवि-रूप बराबर चलता रहता है। वे केवल नेता और गुरु नहीं हैं, साथी और मित्र भी हैं।

कबीर ने ऐसी बहुत-सी बातें कही हैं जिनसे (अगर उपयोग किया जाए तो) समाज-सुधार में सहायता मिल सकती है पर इसलिए उनको समाज-सुधारक समझना गलती है। वस्तुत: वे व्यक्तिगत साधना के प्रचारक थे। समष्टि-वृत्ति उनके चित्त का स्वाभाविक धर्म नहीं था। वे व्यष्टिवादी थे। सर्व-धर्म-समन्वय के लिए जिस मजबूत आधार की जरूरत होती है वह वस्तु कबीर के पदों में सर्वत्र पाई जाती है, वह बात है भगवान के प्रति अहेतुक प्रेम और मनुष्यमात्र को उसके निर्विशिष्ट रूप में समान समझना। परन्तु आजकल सर्व-धर्म-समन्वय से जिस प्रकार का भाव लिया जाता है, वह कबीर में एकदम नहीं था। सभी धर्मों के बाह्य आचारों और अन्तर-संस्कारों में कुछ-न-कुछ विशेष देखना और सब आचारों, संस्कारों के प्रति सम्मान की दृष्टि उत्पन्न करना ही यह भाव है। कबीर इनके कठोर विरोधी थे। उन्हें अर्थ-हीन आचार पसन्द नहीं थे, चाहे वे बड़े-से बड़े आचार्य या पैगम्बर के ही प्रवर्तित हों या उच्च-से-उच्च समझी जानेवाली धर्म-पुस्तक से उपदिष्ट हों। बाह्याचार की निरर्थक पूजा और संस्कारों की विचारहीन गुलामी कबीर को पसन्द नहीं थी। वे इनसे मुक्त मनुष्यता को ही प्रेमभक्ति का पात्र मानते थे। धर्मगत विशेषताओं के प्रति सहनशीलता और सम्भ्रम का भाव भी उनके पदों में नहीं मिलता। परन्तु वे मनुष्यमात्र को समान मर्यादा का अधिकारी मानते थे; जातिगत, कुलगत, आचारगत श्रेष्ठता का उनकी दृष्टि में कोई मूल्य नहीं था। सम्प्रदाय-प्रतिष्ठा के भी वे विरोधी जान पड़ते हैं। परन्तु फिर भी विरोधाभास यह है कि उन्हें हजारों की संख्या में लोग सम्प्रदाय-विशेष के प्रवर्तक मानने में ही गौरव अनुभव करते हैं!

जो लोग हिन्दू-मुस्लिम एकता के व्रत में दीक्षित हैं वे भी कबीरदास को अपना मार्गदर्शक मानते हैं। यह उचित भी है। राम-रहीम और केशव-करीम की जो एकता स्वयं-सिद्ध है उसे भी सम्प्रदाय-बुद्धि से विकृत मस्तिष्कवाले लोग नहीं समझ पाते। कबीरदास से अधिक जोरदार शब्दों में एकता का प्रतिपादन किसी ने नहीं किया। पर जो लोग उत्साहाधिक्यवश कबीर को केवल हिन्दू-मुसलिम एकता का पैगम्बर मान लेते हैं वे उनके मूल-स्वरूप को भूलकर उसके एक-देशमात्र की बात करने लगते हैं। ऐसे लोग यदि यह देखकर क्षुब्ध हों कि कबीरदास ने 'दोनों धर्मों की ऊँची संस्कृति या दोनों धर्मों के उच्चतर भावों में सामंजस्य स्थापित करने की कहीं भी कोशिश नहीं की और सिर्फ यही नहीं, बल्कि उन सभी धर्मगत विशेषताओं की

खिल्ली ही उड़ाई है जिसे मजहबी नेता बहुत श्रेष्ठ धर्माचार कहकर व्याख्या करते है,' तो कुछ आश्चर्य करने की बात नहीं है, क्योंकि कबीरदास इस बिन्दु पर से धार्मिक द्वन्द्वों को देखते ही न थे। उन्होंने रोग का ठीक निदान किया या नहीं, इसमें दो मत हो सकते हैं, पर औषध-निर्वाचन में और अपथ्य-वर्जन के निर्देश में उन्होंने बिलकुल गलती नहीं की। यह औषध है भगवद्विश्वास। दोनों धर्म समान-रूप से भगवान में विश्वास करते हैं और यदि सचमुच ही आदमी धार्मिक है तो इस अमोघ औषध का प्रभाव उस पर पड़ेगा ही। अपथ्य है बाह्य आचारों को धर्म समझना, व्यर्थ कुलाभिमान, अकारण ऊँच-नीच का भाव। कबीरदास की इन दोनों व्यवस्थाओं में गलती नहीं है और अगर किसी दिन हिन्दुओं और मुसलमानों में एकता हुई तो इसी रास्ते हो सकती है। इसमें केवल बाह्याचारवर्जन की नकारात्मक प्रक्रिया नहीं है, भगवद्विश्वास का अविश्लेष्य सीमेंट भी काम करेगा। इसी अर्थ में कबीरदास हिन्दू और मुसलमानों के ऐक्य-विधायक थे। परन्तु जैसा कि आरम्भ में ही कहा गया है, कबीरदास को केवल इन्हीं रूपों में देखना सही देखना नहीं है। वे मूलत: भक्त थे। भगवान पर उनका अविचल अखंड विश्वास था। वे कभी सुधार करने के फेर में नहीं पड़े। शायद वे अनुभव कर चुके थे कि जो स्वयं सुधरना नहीं चाहता उसे जबरदस्ती सुधारने का व्रत व्यर्थ का प्रयास है। वे अपने उपदेश 'साधु' भाई को देते थे या फिर स्वयं अपने-आपको ही सम्बोधित करके कह देते थे। यदि उनकी बात कोई सुननेवाले न मिले तो वे निश्चिन्त होकर स्वयं को ही पुकारकर कह उठते : 'अपनी राह तू चले कबीरा!' अपनी राह अर्थात् धर्म, सम्प्रदाय, जाति, कुल और शास्त्र की रूढ़ियों से जो बद्ध नहीं है, जो अपने अनुभव के द्वारा प्रत्यक्षीकृत है।

कबीरदास का यह भक्त-रूप ही उनका-वास्तविक रूप है। इसी केन्द्र के इर्द-गिर्द उनके अन्य रूप स्वयमेव प्रकाशित हो उठे हैं। मुश्किल यह है कि इस केन्द्रीय वस्तु का प्रकाश भाषा की पहुँच के बाहर है। भक्ति कहकर नहीं समझाई जा सकती, वह अनुभव करके आस्वादन की जा सकती है। कबीरदास ने इस बात को हजार तरह से कहा है। इस भक्ति या भगवान के प्रति अहेतुक अनुराग की बात कहते समय उन्हें ऐसी बहुत-सी बातें कहनी पड़ी हैं जो भक्ति नहीं हैं, पर भक्ति के अनुभव करने में सहायक हैं। मूल वस्तु चूँकि वाणी के अगोचर है, इसलिए केवल वाणी का अध्ययन करनेवाले विद्यार्थी को अगर भ्रम में पड़ जाना पड़ा हो तो आश्चर्य की कोई बात नहीं है। वाणी द्वारा उन्होंने उस निगूढ़ अनुभवैकगम्य तत्त्व की ओर इशारा किया है, उसे 'ध्वनित' किया है। ऐसा करने के लिए उन्हें भाषा के द्वारा रूप खड़ा करना पड़ा है और अरूप को रूप के द्वारा अभिव्यक्त करने की साधना करनी पड़ी है। काव्यशास्त्र के आचार्य इसे ही कवि की सबसे बड़ी शक्ति बताते हैं। रूप के द्वारा अरूप की व्यंजना, कथन के जरिये अकथ्य का ध्वनन, काव्य-शक्ति का चरम निदर्शन नहीं तो क्या है? फिर भी वह ध्वनित वस्तु

ही प्रधान है; ध्वनित करने की शैली और सामग्री नहीं। इस प्रकार काव्यत्व उनके पदों में फोकट का माल है—बाईप्रोडक्ट है; वह कोलतार और सीरे की भाँति और चीजों को बनाते-बनाते अपने-आप बन गया है।

प्रेम-भक्ति को कबीरदास की वाणियों की केन्द्रीय वस्तु न मानने का ही यह परिणाम हुआ है कि अच्छे-अच्छे विद्वान उन्हें घमंडी, अटपटी वाणी का बोलनहारा, एकेश्वरवाद और अद्वैतवाद के बारीक भेद को न जाननेवाला, अहंकारी, अगुण-सगुण-विवेक-अनभिज्ञ आदि कहकर अपने को उनसे अधिक योग्य मानकर सन्तोष पाते रहे हैं। यह मानी हुई बात है कि जो बात लोक में अहंकार कहलाती है वह भगवत्प्रेम के क्षेत्र में, स्वाधीनभर्तृका नायिका के गर्व की भाँति अपने और प्रिय के प्रति अखंड विश्वास की परिचायक है; जो बात लोक में दब्बूपन और कायरता कहलाती है वही भगवत्प्रेम के क्षेत्र में भगवान के प्रति भक्त का अनन्य-परायण आत्मार्पण होती है और जो बातें लोक में परस्पर विरुद्ध जँचती हैं भगवान के विषय में उनका विरोध दूर हो जाता है। लोक में ऐसे जीव की कल्पना नहीं की जा सकती जो कर्णहीन होकर भी सब कुछ सुनता हो, चक्षुरहित बना रहकर भी सब कुछ देख सकता हो, वाणीहीन होकर भी वक्ता हो सकता हो, जो छोटे-से-छोटा भी हो और बड़े-से-बड़ा भी; जो एक भी हो और अनेक भी; जो बाहर भी हो और भीतर भी; जिसे सबका मालिक भी कहा जा सके और सबका सेवक भी; जिसे सबके ऊपर भी कहा जा सके और सर्वमय सेवक भी; जिसमें समस्त गुणों का आरोप भी किया जा सके और गुण-हीनता का भी; और फिर भी जो न इन्द्रिय का विषय हो, न मन का, न बुद्धि का। परन्तु भगवान के लिए सब विशेषण सब देशों के साधक सर्व-भाव से देते रहे हैं। जो भक्त नहीं हैं, जो अनुभव द्वारा साक्षात्कार किये हुए सत्य में विश्वास नहीं रखते, वे केवल तर्क में उलझकर रह जाते हैं; पर जो भक्त हैं, वे भुजा उठाकर घोषणा करते हैं, 'अगुणहिं सगुणहिं नहिं कछु भेदा' (तुलसीदास)। परन्तु तर्कपरायण व्यक्ति इस कथन के अटपटेपन को वदतो-व्याघात कहकर सन्तोष कर लेता है। यदि भक्ति को कबीरदास की वाणियों की केन्द्रीय वस्तु मान लिया जाता तो निस्सन्देह स्वीकार कर लिया जाता कि भक्त के लिए वे सारी बातें बेमतलब हैं जिन्हें कि विद्वान लोग बारीक भेद कहकर आनन्द पाया करते हैं। भगवान के अनिर्वचनीय स्वरूप को भक्त ने जैसा कुछ देखा है वह वाणी के प्रकाशन-क्षेत्र के बाहर है, इसीलिए वाणी नाना प्रकार से परस्पर-विरोधी और अविरोधी शब्दों द्वारा उस परम प्रेममय का रूप निर्देश करने की चेष्टा करती है। भक्त उसकी असमर्थता पर नहीं जाता; वह उसकी रूपातीत व्यंजना को ही देखता है।

भक्ति-तत्त्व की व्याख्या करते-करते उन्हें उन बाह्याचार के जंजालों को साफ करने की जरूरत महसूस हुई है जो अपनी जड़ प्रकृति के कारण विशुद्ध चेतन-तत्त्व की उपलब्धि में बाधक हैं! यह बात ही समाज सुधार और साम्प्रदायिक ऐक्य की

विधात्री बन गई है। पर यहाँ भी यह कह रखना ठीक है कि वह भी फोकट का माल या बाईप्रोडक्ट ही है।

जो लोग इन बातों से ही कबीरदास की महिमा का विचार करते हैं वे केवल सतह पर ही चक्कर काटते हैं। कबीरदास एक जबरदस्त क्रान्तिकारी पुरुष थे। उनके कथन की ज्योति जो इतने क्षेत्रों को उद्भासित कर सकी है सो मामूली शक्तिमत्ता की परिचायिका नहीं है। परन्तु यह समझना कि उद्भासित पदार्थ ही ज्योति है, बड़ी भारी गलती है। उद्भासित पदार्थ ज्योति की ओर इशारा करते हैं और ज्योति किधर और कहाँ है, इस बात का निर्देश देते हैं। ऊपर-ऊपर, सतह पर चक्कर काटनेवाले समुद्र भले ही पार कर जाएँ, पर उसकी गहराई की थाह नहीं पा सकते। इन पंक्तियों का लेखक अपने को सतह का चक्कर काटनेवालों से विशेष नहीं समझता। उसका दृढ़ विश्वास है कि कबीरदास के पदों में जो महान प्रकाशपुंज है, वह बौद्धिक आलोचना का विषय नहीं है। वह म्यूजियम की चीज नहीं है बल्कि जीवित प्राणवान वस्तु है। कबीर पर पुस्तकें बहुत लिखी गई हैं, और भी लिखी जाएँगी, पर ऐसे लोग कम ही हैं जो उस साधना की गहराई तक जाने की चेष्टा करते हों। राम की वानरी सेना समुद्र जरूर लाँघ गई थी, पर उसकी गहराई का पता तो मंदर पर्वत को ही था जिसका विराट् शरीर आपाताल-निमग्न हो गया था :

अब्धिर्लंघित एव वानरभटैः किन्त्वस्य गंभीरताम्
आपाताल - निमग्न - पीवरतनुर्जानाति मंद्राचलः।

सो कबीरदास की सच्ची महिमा तो कोई गहरे में गोता लगानेवाला ही समझ सकता है।

फिर भी लेखक ने इस पुस्तक में जो लम्बी व्याख्या प्रकाशित की है उसके लिए उसे पश्चात्ताप नहीं है। कबीर ने जिन तत्त्वों को अपनी रचना से ध्वनित करना चाहा है, उसके लिए कबीर की भाषा से ज्यादा साफ और जोरदार भाषा की सम्भावना भी नहीं है और जरूरत भी नहीं है। परन्तु कालक्रम से वह भाषा आज के शिक्षित व्यक्ति को दुरूह जान पड़ती है। कबीर ने शास्त्रीय भाषा का अध्ययन नहीं किया था, पर फिर भी उनकी भाषा में परम्परा ने चली आई विशेषताएँ वर्तमान हैं। इसका ऐतिहासिक कारण है। इस ऐतिहासिक कारण को जाने बिना उस भाषा को ठीक-ठीक समझना सम्भव नहीं है! इस पुस्तक में उसी ऐतिहासिक परम्परा के अध्ययन का प्रयास है। यह प्रयास पूर्णरूप से सफल हुआ ही होगा, ऐसा हम दावा नहीं करते; परन्तु वह ग्रहणीय नहीं है, इस बात में लेखक को कोई सन्देह नहीं है।

कबीरदास ने स्वयं अरूप को रूप देने की चेष्टा की थी। परन्तु वे स्वयं कह गए हैं कि ये सारे प्रयास तभी तक थे जब तक परम-प्रेम के आधार प्रियतम का मिलन नहीं हुआ था। साखी, पद, शब्द और दोहरे उसी प्राप्ति के साधन हैं, मार्ग हैं। गन्तव्य तक पहुँच जाने पर मार्ग का हिसाब करना बेकार होता है। फिर इन

साखी, शब्द और दोहरों की व्याख्या के प्रयास को क्या कहा जाए? ये तो साधन को समझाने के साधन—साधन के भी साधन हैं।

प्रसंग-क्रम से इसमें कबीरदास की भाषा और शैली समझाने के कार्य से कभी-कभी आगे बढ़ने का साहस किया गया है। जो वाणी के अगोचर है, उसे वाणी के द्वारा अभिव्यक्त करने की चेष्टा की गई है; जो मन और बुद्धि की पहुँच से परे है; उसे बुद्धि के बल पर समझने की कोशिश की गई है; जो देश और काल की सीमा के परे है, उसे दो-चार-दस पृष्ठों में बाँध डालने की साहसिकता दिखाई गई है। कहते हैं, समस्त पुराण और महाभारतीय संहिता लिखने के बाद व्यासदेव ने अत्यन्त अनुताप के साथ कहा था कि 'हे अखिल विश्व के गुरुदेव, आपका कोई रूप नहीं है, फिर भी मैंने ध्यान के द्वारा इन ग्रन्थों में रूप की कल्पना की है; आप अनिर्वचनीय हैं, व्याख्या करके आपके स्वरूप को समझा सकना सम्भव नहीं है, फिर भी मैंने स्तुति द्वारा व्याख्या करने की कोशिश की है, वाणी द्वारा प्रकाश करने का प्रयास किया है। तुम समस्त-भुवन-व्याप्त हो, इस ब्रह्मांड के प्रत्येक अणु-परमाणु में तुम भिने हुए हो, तथापि तीर्थ-यात्रादि विधान से उस व्यापित्व को खंडित किया है। भला जो सर्वत्र परिव्याप्त है उसके लिए तीर्थ-विशेष में जाने की व्यवस्था क्या? सो हे जगदीश, मेरी बुद्धिगत विकलता के ये तीन अपराध—अरूप की रूपकल्पना, अनिर्वचनीय का स्तुतिनिर्वचन, व्यापी का स्थान-विशेष में निर्देश—तुम क्षमा करो।' क्या व्यास जी के महान आदर्श का पदानुसरण करके इस लेखक को भी यही कहने की जरूरत है? :

रूपं रूपविवर्जितस्य भवतो ध्यानेन यत्कल्पितम्,
स्तुत्या निर्वचनीयताऽखिलगुरोदूरी कृतायन्मया।
व्यापित्वं च निराकृतं भगवतो यत्तीर्थयात्रादिना,
क्षन्तव्यं जगदशी, तद् विकलता-दोषत्रयं मत्कृतम्॥

परिशिष्ट-1

परवर्ती कबीरपन्थी सिद्धान्त

इस पुस्तक के अन्त में कबीर-वाणी नाम से एक संग्रह जोड़ दिया गया है। कई विद्यार्थियों और मित्रों के अनुरोध से उस पर टिप्पणियाँ भी लिखी गई हैं जो संगृहीत पदों को समझने में सहायक हो सकती हैं। प्रथम सौ पदों का महत्त्व रवीन्द्रनाथ के अनुवाद के कारण है। इनमें कुछ पद परवर्ती जान पड़ते हैं। इन परवर्ती पदों को ठीक-ठीक समझने के लिए परवर्ती कबीरपन्थी सिद्धान्तों की जानकारी आवश्यक है। मैंने इस विषय पर अलग पुस्तक लिखी है। यहाँ संक्षेप में इन सिद्धान्तों की चर्चा कर दी जाती है। व्याख्यात्मक टिप्पणियों में जहाँ आवश्यक होगा वहाँ इस परिशिष्ट के अनुच्छेदों का हवाला दे दिया जाएगा।

1. पहले यह जीव जब अपने सत्य-स्वरूप में था, उसकी सत्य-स्वरूप देह थी, पिंड और ब्रह्मांड सत्य-स्वरूप और पक्के थे, पाँच पक्के तत्त्व और गुण थे। पाँच पक्के तत्त्वों के नाम हैं—(1) धर्म, (2) दया, (3) शील, (4) विचार, और (5) सत्य। तीन गुण हैं—विवेक-वैराग्य, गुरु-भक्ति और साधु भाव। इन्हीं पाँच तत्त्वों और तीन गुणों की देह हंसा की थी। इस जीव का प्रकाश और स्वभाव अद्वितीय था। जब इस जीव (हंसा) ने अपनी सुन्दरता का विचार किया तब उसको बड़ा आनन्द हुआ और उसे अपनी देह की सुधि भूल गई। फिर तो पक्की देह पलटकर कच्ची देह बन गई। तत्त्व और प्रकृति सब बदल गए। धर्म से आकाश, शील से अग्नि, विचार से जल, दया से वायु और सत्य से पृथ्वी हो गई। इस प्रकार पक्के गुण से कच्चे गुण हो गए। फिर तो पचीस प्रकृति आदि कच्चे आकार का प्रादुर्भाव हुआ।
2. जिस समय यह अपनी देह की ज्योति, प्रभाव और प्रकाश को देखकर आनन्द में बेसुध हुआ उस समय उसने आँख उठाकर शून्य में देखा। यहाँ उसकी छाया देख पड़ी जो स्त्री-रूप हो गई। इसी से बाद में चलकर उसका संयोग हुआ। इसी को माया और ब्रह्म का संयोग कहते हैं। इसी से समस्त प्रकार की रचना हुई।
3. बाद में इस जीव को अहंकार उत्पन्न हुआ। तब वह जानने लगा कि सब मैं ही हूँ। फिर तो स्वाभाविक 'एकोऽहं बहुस्यां' की स्फुरना उठी। इसी ब्रह्म सच्चिदानन्द

की बात सब वेद, शास्त्र, किताब आदि करते हैं, परन्तु स्वसंवेद ही जानता है कि यह ब्रह्म सच्चिदानन्द स्वयं बन्धन में है और सर्वदा आवागमन में बद्ध है। जब से यह जीव सूक्ष्म में स्थूल देह में आया तभी से भ्रम में पड़ गया और उसी भ्रम की अवस्था में वेद, किताब, ग्रन्थ, वाणी आदि बनाया जिसका कुछ वारापार नहीं।

4. जब एक से अनेक होता है तब अज्ञानी हो जाता है और जब अद्वैत की ओर मुख फेरता है और आत्मज्ञान के हेतु प्रयत्न करता है, तब इसमें पुनः ज्ञान का प्रकाश आ जाता है और संसार लय हो जाता है; क्योंकि जिनकी ओर ध्यान न होगा वह अवश्य ही नाश हो जावेगा, परन्तु अद्वैतमुख होने के बाद भी जीव में वासना बनी ही रहती है। जब तक वासना का बीज नहीं नष्ट हो जाता तब तक मुक्ति कैसे सम्भव है? यही कारण है कि जीव निरन्तर सूक्ष्म से स्थूल और स्थूल से सूक्ष्म की ओर चढ़ता-उतरता चौरासी लाख योनियों के भवजाल में भटकता रहता है। जीव अपने उपायों और युक्तियों से ज्ञानाग्नि को उठाता है तो ज्ञानाग्नि प्रकट होकर कर्मों को जला देती है। जिस प्रकार लाल अंगार थोड़ी देर तक चमक दिखा लेने के बाद ठंडा बनकर कोयला हो जाता है उसी प्रकार ज्ञानाग्नि भी ठंडी हो जाती है और ब्रह्मपद को प्राप्त जीव फिर संसार-चक्र में आ फँसता है। वेद-वेदांग में केवल ब्रह्मत्व-प्राप्ति का उपाय बताते हैं, पर उन्हें बिलकुल पता नहीं कि ब्रह्मत्व जितना बड़ा पद भी क्यों न हो, जीव को स्थायी सुख नहीं दे सकता।
5. पारख गुरु के सिवाय इस भ्रमजाल से छुड़ानेवाला दूसरा कोई नहीं है। जब जीव तीर्थ-व्रत, वेद-कुरान, रोजा-नमाज, उपासना-योग आदि करके थक गया और कुछ करते नहीं बना तब उसने नौ कोशों और छह देहों में अपना घर बनाया। नौ कोश ये हैं—अन्नमय कोश, शब्दमय कोश प्राणमय कोश, आनन्दमय कोश, मनोमय कोश, प्रकाशमय कोश, ज्ञानमय कोश, आकाशमय कोश, विज्ञानमय कोश। छह देह इस प्रकार हैं :
   (क) स्थूल देह—पच्चीस तत्त्वों अर्थात् पृथ्वी, जल, अग्नि, वायु, आकाश, दस इन्द्रिय, पाँच प्राण, चार अन्तःकरण और जीव। इसकी अवस्था का नाम जाग्रत अवस्था है।
   (ख) सूक्ष्म शरीर सत्रह तत्त्वों अर्थात् पाँच प्राण, दस इन्द्रिय, मन और बुद्धि से बनता है। अवस्था स्वप्न है।
   (ग) कारण देह तीन तत्त्वों अर्थात् चित्त, अहंकार और जीवात्मा से बनता है। अवस्था का नाम सुषुप्ति है।
   (घ) महाकारण देह दो तत्त्वों—अहंकार और जीवात्मा—का है। अवस्था तुरीया।
   (ङ) कैवल्य देह एक तत्त्व—चित्—जीवात्मा—से बना है। अवस्था तुरीयातीत है।

(च) हंस-देह—इसमें कोई तत्त्व नहीं है। जिस प्रकाश में यह जीव समष्टि-रूप था उसी प्रकाश को उसने अपना स्वरूप माना। सो ऐसा मानना इसका भ्रममात्र है।

6. बड़े-बड़े धर्माचार्य और मुनि, पैगम्बर ज्यादा-से-ज्यादा इन्हीं नौ कोशों और छह देहों की बात जानते हैं, और निकलने की राह नहीं पा रहे हैं। एकमात्र कबीर साहब इनका भ्रम छुड़ाने का सामर्थ्य रखते हैं। यह स्पष्ट रूप से समझ लेना चाहिए कि हंस-देह भी भ्रम ही है, यद्यपि हंस-रूप (विशुद्ध चैतन्य) ही जीव का स्वरूप है और उसको प्राप्त होना ही कबीरपन्थी साधक का परम काम्य है; क्योंकि जिस ब्रह्म प्रकाश में तम अर्थात् अन्धकार भरा हुआ है उसको जो छठा हंस का शरीर मानते हो और यह भी मानते हो कि हम वही हैं, ऐसा मानकर उसमें निमग्न होने से तुम्हारी दशा चार प्रकार की हुई : बाल, मूक, पिशाच और जड़। बुद्धि ठिकाने न रही, एकदम अचेत हो गए। पूर्ण गुरु के बिना तुमको हंस देह कदापि प्राप्त न होगी। जिसको तुमने हंस-देह अनुमान कर रखा है सो तुम्हारी भूल और भ्रम है। हंस का स्वरूप सद्‌गुरु की दया के बिना कदापि प्राप्त नहीं हो सकता। कहते हैं, स्वयं कबीरदास ने छह देहों का परिचय बताया है और यथा-प्रसंग यह भी कहा है कि हंस-रूप के गुण अकथ हैं।
7. सद्‌गुरु की कृपा से जब इस भ्रान्त जीव को पारख गुरु का सन्निधान प्राप्त होता है तब इसका एक-अनेक का भ्रम नष्ट होता है और वह अपने सत्य-स्वरूप को पा जाता है। पारख से ही इसका मन और बुद्धि स्थिर होती है और आवागमन छूट जाता है। स्वसंवेद के अनुसार वेद ने जो 'तत्त्वमसि' आदि महावाक्यों का उपदेश दिया है, उसके तीनों पद तत्—त्वम्—असि धोखा हैं। इन तीनों के ऊपर पारख पद है। वही सत्य-पद है। उसी से जीवों की मुक्ति होती है। जो कोई उस पारख-पद को प्राप्त कर लेता है वही पारखी कहलाता है। वह पारखी सच्चा गुरु हो सकता है। चूँकि वही एकमात्र ऐसा है कि जीवों के बन्धन को छुड़ा सकता है। इसलिए उसे 'बन्दी छोड़' कहते हैं। वह एक-अनन्त, बाहर-भीतर, पिंड-ब्रह्मांड सबके भेद और कसर-खोट को भिन्न-भिन्न करके परखा देता है। पारख-पद को प्राप्त हुआ पुरुष फिर कभी पतित नहीं होता।
8. कैवल्य शरीर से लेकर स्थूल देह तक सभी नाशमान हैं, निर्मूल हैं; किसी में अन्धकार है, किसी में प्रकाश; किसी में थोड़ा ज्ञान है, किसी में बहुत; किसी में थोड़ा सामर्थ्य है, किसी में बहुत; कोई थोड़े दिन जीता है, कोई दीर्घायु होता है। क्या हुआ, कैसे ही पद को प्राप्त हो, परन्तु जब तक इन पाँच देहों के अहंकार से न छूटेगा तब तक सुख को प्राप्त न हो सकेगा। ये पाँचों अहंकार काल पुरुष के हैं। इन्हीं द्वारा विधि-निषेध, दोनों कर्म के भेद बताए हैं। इसके भेद को हंस कबीर के अतिरिक्त दूसरा कोई नहीं जान सकता।

9. क्षमा, सन्तोष, विचार और सत्संग, ये चारों मुक्ति के पौरिए हैं। इन चारों को जो धारण करेंगे, उन्हें सब कुछ प्राप्त होगा। इनसे अन्त:करण शुद्ध होता है। इन चारों के बिना किसी की मुक्ति का मार्ग नहीं मिल सकता।

परिशिष्ट-2

कबीर-वाणी

[1 से 100 तक आचार्य क्षितिमोहन सेन के संग्रह से उद्धृत और अन्तरराष्ट्रीय ख्याति के वे पद्य हैं जिन्होंने महाकवि रवीन्द्रनाथ ठाकुर जैसे व्यक्ति को आकृष्ट किया, जो उन्हें इस योग्य जँचे कि भारतीय मनीषा के प्रति पाश्चात्य विद्वानों की उपेक्षा और अवज्ञा को दूर कर सकेंगे और इसलिए जिनका अंग्रेजी अनुवाद उन्होंने स्वयं किया। यूरोपीय भाषाओं में इनके अनुवादों से कितने ही चोटी के समीक्षक भारतीय साधना और साहित्य के विषय में अपना मत बदलने को बाध्य हुए।

हिन्दी के पाठकों को इन कविताओं के पढ़ते समय दो बातें ध्यान में रखनी चाहिए :

1. ये कविताएँ मुख्यत: पश्चिमी विद्वानों को दृष्टि में रखकर संगृहीत हुई थीं, और
2. इनके संग्रहकर्ता आचार्य सेन ने छपी पोथियों की अपेक्षा साधुओं के मुँह से सुनी हुई वाणियों को अधिक ठीक माना था। प्रत्येक पद के अन्त में दी हुई दो संख्याएँ आचार्य सेन के संग्रह की जिल्द और पृष्ठ का निर्देश करती हैं।

101 से 256 तक के पद पिछले अध्यायों में प्रतिपादित सिद्धान्तों का और भी अधिक समर्थन करने की दृष्टि से संगृहीत हुए हैं। जिस क्रम से सिद्धान्तों का प्रतिपादन है, उसी क्रम से संग्रह भी।]

[1]

मोकों कहाँ ढूढ़े बन्दे, मैं तो तेरे पास में।
ना मैं देवल ना मैं मसजिद, ना काबे कैलास में।
ना तो कौने किया-कर्म में, नहीं योग बैराग में।
खोजी होय तो तुरतै मिलिहौं, पल भर की तालास में।
कहैं कबीर सुनो भाई साधो, सब स्वाँसों की स्वाँस में॥ —1-13

1. इस पद का भावार्थ यह है कि भगवान देवल (मन्दिर), मस्जिद या तीर्थस्थानों में नहीं मिलते : बाहरी क्रिया-कर्म से या योग-वैराग्य से भी नहीं मिलते। वे मनुष्य के अन्तर में ही वर्तमान हैं। वहीं उन्हें सहज ही पाया जा सकता है। →

[2]

संतन जात न पूछो निरगुनियाँ।
साध ब्राहमन साध छत्तरी, साधै जाती बनियाँ।
साधनमाँ छत्तीस कौम है, टेढ़ी तोर पुछनियाँ।
साधै नाऊ साधै धोबी, साधै जाति है बरियाँ।
साधनमाँ रैदास संत हैं, सुपच ऋषि सों भँगियाँ।
हिंदु-तुर्क दुई दीन बने हैं, कछू नहीं पहचनियाँ। —1-16

→ **विशेष**—प्रथम और दूसरी पंक्ति के बीच में छपी हुई पुस्तकों में इतना अधिक है :

ना मैं छगरी ना मैं भेंड़ी ना मैं छुरी गँड़ास में।
नहीं खाल में नहीं पूँछ में ना हड्डी ना मांस में।

फिर अन्तिम पंक्ति के पहले यह पंक्ति है :

मैं तो रहौं सहर के बाहर मेरी पुरी मवास में। (दे. 'शब्दा.', पृ. 111-12)

अधिक पाई जानेवाली पंक्तियों में भी यही भाव है। बलि देने के या कुर्बानी के जितने उपकरण हैं उनमें भी भगवान नहीं हैं।

मवास का अर्थ 'सरन्' बताया जाता है। 'मैं तो रहों' आदि पंक्ति का मतलब यह है कि भीड़-भाड़ में या दुनिया के काम-काज में नहीं रहता। 'सहर' का तात्पर्य भीड़-भाड़, काम-काज आदि से है। 'मेरी पुरी मवास में' का मतलब यह है कि जो सब कुछ छोड़कर मेरी शरण आ जाता है, मैं उसको सुलभ होता हूँ। मैं अर्थात् भगवान।

2. साध = साधु। साधै = साधु ही। पुछनियाँ = पूछना, प्रश्न करना। सुपच ऋषि = श्वपच सुदर्शन। 'यज्ञसागर', 'उग्रगीता', 'कबीर मन्सूर' आदि कबीरपन्थी ग्रन्थों में बताया गया है कि कलियुग के आरम्भ में जब कबीर साहब इस पृथ्वी पर प्रकट हुए थे तो काशी के सुदर्शन नामक महात्मा ने उनसे दीक्षा ली थी। वे जाति के भंगी थे। युधिष्ठिर ने महाभारत की लड़ाई जीत लेने के बाद भ्रातृ-हत्या के पाप से उद्धार पाने के लिए एक बड़ा यज्ञ किया था। श्रीकृष्णचन्द्र ने इस यज्ञ में एक घंटा बाँध दिया था। जब घंटा सात बार बजे तभी पाप छूटेगा, ऐसा संकेत कर दिया था। हजारों ब्राह्मण और साधु भोजन कर चुके, पर घंटा नहीं बजा; तब श्रीकृष्ण के कहने पर भीम काशी के सुदर्शन भंगी को लिवा लाने गए। भीम के अहंकार के कारण सुदर्शन ने जाना अस्वीकार कर दिया। तब स्वयं युधिष्ठिर जाकर उन्हें ले आए और भोजन कराया। उनके भोजन करने पर घंटा बजा। प्रयाग क्षेत्र में श्रीकृष्ण के कहने से सब लोग गए। वहाँ जल में सबने अपनी छाया देखी। केवल सुदर्शन की छाया मनुष्य की थी, बाकी सबकी कुत्ते आदि निकृष्ट जीवों की।

भंगियाँ = भंगी। दान = धर्म। पहचनियाँ = भेद, पहचान, विशेषता।

इस पद का भाव यह है कि निर्गुण साधु की जाति पूछना बेकार है। सभी जाति के लोग साधु हो चुके हैं। आचार्य क्षितिमोहन सेन ने 'साधै' का अर्थ 'साधन करते हैं' ऐसा किया है।

विशेष—छपी पोथियों में इस पद के अन्त में ये तीन पद और हैं : →

[3]

साधो भाई, जीवत ही करो आसा।
जीवत समझे जीवत बूझे, जीवत मुक्तिनिवासा।
जीवन करम की फाँस न काटी, मुये मुक्ति की आसा।
तन छूटे जिव मिलन कहत है, सो सब झूठी आसा।
अबहुँ मिला तो तबहुँ मिलेगा, नहिं तो जमपुर बासा।
सत्त गहे सतगुरु को चीन्हें, सत्त-नाम विस्वासा।
कहैं कबीर साधन हितकारी, हम साधन के दासा॥ —1-57

[4]

बागों ना जा रे ना जा, तेरी काया में गुलजार।
सहस-कँवल पर बैठ के तू देखे रूप अपार॥ —1-58

→ *लाँखन जाति जगत माँ फैली काल को फंद पसरियाँ।*
सब तत्तनमां संत बड़े हैं सब्द रूप जिन देहियाँ।
कहैं कबीर सुनो भाई साधो सतरूप वहि जनियाँ।

काल को = काल का फन्दा पसारा हुआ है। तत्तनमां = तत्त्वों में। सब्द रूप = जिनकी देह शब्द-रूप है। सत्त...जनियाँ...उन्हें सत्यपुरुष का रूप ही समझो।

3. इस पद का भाव यह है कि जीते-जी ही सदाचार और भक्ति के द्वारा भगवान से मिलने की आशा करो। नाना प्रकार के तीर्थ, व्रत और तप करने के बाद जब मृत्यु होगी तब वैकुंठ, मिलेगा, यह एक मिथ्या आशा है। तन...आसा = जो लोग यह कहते हैं कि शरीर छूटने के बाद जीव का भगवान से मिलन होगा (या परमपद मिलेगा) यह सब झूठी आशा दिखाते हैं। जो इस समय मिला है, वही उस समय (मृत्यु के बाद) भी मिलेगा। सत्त...विस्वासा = सत्य को ग्रहण करे, सतगुरु को पहचाने और सत्य नाम पर विश्वास रखे, तभी मिलने की आशा कर सकता है।

विशेष—छपी पुस्तकों में 'अबहुँ, मिला सो' इस पंक्ति के बाद ये दो पंक्तियाँ अधिक हैं :

दूर दूर ढूँढै मन लोभी मिटै न गर्भ-तरासा।
साध संत की करै न बंदगी कटै करम की फाँसा।

गर्भतरासा = गर्भत्रास, बार-बार जन्म-मरण के चक्कर में पड़ते रहने का डर।

4. इसका भाव भी पद 1 से मिलता-जुलता है। बगीचे का सौन्दर्य देखने के लिए किसी बाहरी उपवन में जाने की जरूरत नहीं है, शरीर में ही फूल खिले हुए हैं। शरीर के भीतर जो सहस्रदल का कमल है, सहस्रारचक्र उसी पर बैठकर अर्थात् पूर्ण समाधि के द्वारा अपार रूप को देख। छपी पोथियों में यह पद इस प्रकार है :

बागों ना जा रे ना जा, तेरी काया में गुलजार।
करनी-क्यारी बोइ कर तू रहनी करु रखवार। →

[5]

अवधू, माया तजी न आई।
गिरह तज के बस्तर बाँधा, बस्तर तज के फेरी।
काम तजे तें क्रोध न जाई, क्रोध तजे तें लोभा।
लोभ तजे अहँकार न जाई, मान-बड़ाई-सोभा॥
मन बैरागी माया त्यागी, शब्द में सुरत समाई।
कहै कबीर सुनो भाई साधो, यह गम बिरले पाई॥ —1-63

→ *दुर्मति कात उड़ाइ के देखै अजब बहार॥*
मन माली परबोधिए करि संजम की बार।
दया पौद सूखे नहीं छिमा सींच जल ढार॥
गुल और चमन के बीच में फूला अजब गुलाब।
मुक्ति कली सतमाल को पहिरु गूँथि-गलहार॥
अष्ट कमल से ऊपजे लीला अगम अपार।
कहै कबीर चित चेत के आवागमन निवार॥

इस पद में बाग का रूपक पूरा-पूरा (सांग) है। इस बगीचे में करनी क्यारी है, रहनी (= रहने का भाव, आचरण) रखवाला है, दुर्मति (कुमति) बगीचे को दूषित करनेवाला काग है। मन माली है, संयम बेड़ा है, दया पौधा है, क्षमा सींचने का जल है। गुल और चमन के बीच में जो गुलाब है वह क्या है, यह बात साम्प्रदायिक व्याख्याओं में देखने को नहीं मिली। चमन (बाग) तो स्पष्ट ही शरीर है, गुल सम्भवत: सहस्रार है और इन दोनों के बीच खिला हुआ अद्‌भुत गुलाब सम्भवत: समाधि या लय है। मुक्ति कली है, जिससे सत्य नाम की माला गूँथी जा सकती है। अप्टकमल = आठ कमल। कबीरपन्थी पुस्तकों में कभी-कभी नौ कमलाकार चक्रों की बात आती है। अन्तिम या नवें कमल पर जब योगी पहुँचता है तो उसके संकल्प-विकल्प का लय हो जाता है, परन्तु बाकी आठ कमलों में वह अनेक लीलाएँ देख सकता है।

5. हे अवधूत, माया छोड़ना कठिन है। गृह छोड़ा तो वस्त्र (भेष) धारण किया और अब वस्त्र छोड़ा तो फेरी देने लगे—भीख माँगने लगे। इम पद्य के 'गिरह' शब्द का अर्थ क्षितिमोहन सेन ने 'गाँठ' किया है। छपी पोथियों में दूसरी पंक्ति के बाद तीन पंक्तियाँ और हैं। इन पंक्तियों से गिरह का अर्थ गृह (गृहस्थी) ही संगत जान पड़ता है। पंक्तियाँ इस प्रकार हैं :

लड़िका तजि के चेला कीन्हा तहुँ मीत माया घेरी।
जैसे बेल बाग में अरुझी माँहि रही अरुझाई।
छोरे से वह छूटे नाहीं कोटिन करै उपाई॥

भाव यह है कि गृहस्थाश्रम में लड़का छोड़ दिया, परन्तु साधु होकर फिर तुमने चेला बनाया और वही माया फिर तुम्हारी बुद्धि को घेरे रही। यह माया उस लता की भाँति है जो पहले बाग में देह से उलझी और फिर बीच में राह-भर उलझी ही रही। किसी तरह छूटी नहीं। काम→

[6]

चंदा झलकै यदि घट माहीं। अंधी आँखन सूझे नाहीं॥
यहि घट चंदा यहि घट सूर। यहि घट गाजै अनहद तूर॥
यहि घट बाजै तबल निशान। बहिरा शब्द सुने नहिं कान॥
जब लग मेरी मेरी करै। तब लग काज एकौ नहिं सरै॥
जब मेरी ममता मर जाय। तब प्रभु काज सँवारै आय॥
ज्ञान के कारन करम कमाय। होय ज्ञान तब करम नसाय॥
फल कारन फूलै बनराय। फल लागै पर फूल सुखाय॥
मृगा हास कस्तूरी बास। आप न खोजै खोजै घास॥ —1-83

→ छोड़ा तौ क्रोध न छूटा, क्रोध भी छोड़ा तो लोभ गले आ पड़ा...इत्यादि। मन वैरागी...समाई = वस्तुत: सच्चा वैराग्य वह है जहाँ मन वैराग्यवश माया को छोड़ देता है। (फिर आदमी चाहे गृहस्थाश्रम में रहे या साधु हो जाए, कोई हर्ज नहीं)—जब मन ही माया छोड़ देता है तो सुरति शब्द में समा जाती है, अर्थात् वह स्मृतिशक्ति जिसे आरम्भ में भगवान ने जीव को अपने में अनुरक्त होने के लिए दी थी परन्तु जिसे वह भ्रमवश संसार में लगाकर भव जाल में फँस गया था, मन के वैरागी होने पर संसार से हटकर शब्द में लग जाती है और फिर वह क्रमश: भगवान की ओर उन्मुख होता है। (तुलनीय आदिमंगल—'प्रथम सुरति समरथ किया' इत्यादि)। आचार्य क्षितिमोहन सेन ने इस पंक्ति का अर्थ इस प्रकार किया है=मन ने वैराग्यवश माया तो छोड़ी पर शास्त्र-वाक्य में उलझा रहा। यह गम = यह रहस्य।

6. सीधा मतलब यह है कि इसी शरीर में वे सभी ज्योतियाँ और सभी मंगलवाद्य वर्तमान हैं जो बाह्य जगत् में दिखते हैं। इसी में वह विश्यव्यापी अनाहत ध्वनि भी सुनाई देती है। परन्तु जिसके भीतर की आँखें नहीं हैं वह इस ज्योति को नहीं देख पाता। जब तक ममता बनी रहती है तब तक तो कोई काम नहीं निकलता, पर ममता के नष्ट होते ही भगवान सहायता करते हैं और बिगड़ा काम बन जाता है। ज्ञान होने पर कर्म का बन्धन नष्ट हो जाता है, जिस प्रकार फल के आने पर फूल सूख जाता है। पर जिस प्रकार फल के लिए ही वृक्ष फूलता है उसी प्रकार ज्ञान के लिए ही साधक कर्म किये जाता है। जिस प्रकार कस्तूरी-मृग के पास कस्तूरी रहती है लेकिन वह अपने में तो उसे खोजता नहीं, घास में खोजता है : उसी प्रकार मनुष्य के भीतर ही परम सत्य वर्तमान है, पर अज्ञान के कारण वह विषयों के पीछे-पीछे भागता फिरता है। चन्द्र, सूर्य, अनहद नाद आदि पारिभाषिक भी हैं। इनके अर्थ के लिए पृ. 234 और 262-64 देखिए। कबीरदास आदि निर्गुणमार्गी सन्त कहते थे कि जो कुछ ब्रह्मांड में है वही पिंड में है। घट का अर्थ पिंड या शरीर है। छपी पोथियों में इस पद में कुछ सन्धाभाषा की उक्तियाँ भी हैं। 'जब मेरी ममता' आदि पंक्ति के बाद ये पंक्तियाँ हैं :

जब लगि सिंघ रहै बन माहिं। तब लगि वह बन फूलै नाहिं॥
उलट स्यार सिंघ को खाय। तब वह बन फूलै हरियाय॥ →

[7]

साधो, ब्रह्म अलख लखाया, जब आप आप दरसाया।
बीज-मद्ध ज्यों बृच्छा दरसै, बृच्छा मद्धे छाया॥
ज्यों नभ-मद्धे सुन्न देखिए, सुन अनंत आकारा।
नि:अच्छरते अच्चर तैसे, अच्छर छर बिस्तारा॥
ज्यों रबि-मद्धे किरन देखिय, किरन मद्ध परकासा।
परमातम में जीव ब्रह्म इमि, जीव-मद्ध तिमि स्वाँसा॥
स्वाँसा-मद्धे शब्द देखिए, अर्थ शब्द के माहीं।
ब्रह्मते जीव जीवते मन यों, न्यारा मिला सदा ही॥
आपहि बृच्छ बीज अंकूरा, आप फूल-फल छाया।
आपहि सूर किरन परकासा, आप ब्रह्म जिउ माया॥
अनंताकार सुन्न नभ आपै, स्वाँस शब्द अरथाया।
नि:अच्छर अच्छर छर आपै, मन जीव ब्रह्म समाया॥
आतम में परमातम दरसे परमातम में झाँई।
झाँई में परछाईं दरसै, लखै कबीरा साँईं॥ —1-85

→ प्रसंग से स्पष्ट है कि यहाँ सिंह ममता और ज्ञान है। पृ. 263-69 से स्पष्ट है कि सिंह आत्मा को कहते हैं, यहाँ लक्षण से अहंकार और ममत्व अर्थ है। स्यार अन्त:करण का प्रतीक है। अन्त:करण में बुद्धि भी है जो ज्ञान का आश्रय है। इस प्रकार यहाँ भाव यह है कि जब तक इस मन में अहंकार-रूपी सिंह है तब तक वह सूखा रहता है, जब ज्ञान का उदय होता है और अहंकार नष्ट हो जाता है तो मन सफल होता है, अपना अभीष्ट पाता है। फूल और हरियाली जिस प्रकार वन में ही रहती है, उसी प्रकार परम प्राप्तव्य भी मनुष्य के भीतर ही है।

7. सम्भवत: यह पद कबीरदास का रचा हुआ नहीं है। पद का भाव यह है कि ब्रह्म ही इस जगत् का एकमात्र कारण है और आत्मा से अभिन्न है। बीज का ही परिणत-रूप वृक्ष है और वृक्ष को छोड़कर छाया नहीं रह सकती; उसी प्रकार ब्रह्म का ही परिणत-रूप वह जगत् है और माया उससे अलग कोई सत्ता नहीं रखती। अलख अर्थात् इन्द्रियातीत जिसे आँख आदि से देखा न जा सके। सुन्न = शून्य, यहाँ आकाश से मतलब है। जिस प्रकार समस्त आकाश महाकाश में ही वर्तमान है, उसी प्रकार जो कुछ भी अनन्त प्रकार की वस्तुएँ दिख रही हैं वह ब्रह्म का ही अंग है। अच्छर = अक्षर = कूटस्थ जीवात्मा। वेदान्त मत में अविद्या में चेतना का आभास पड़ता है, उस अविद्याच्छन्न चेतन को कूटस्थ कहते हैं। कूटस्थ और जीव में भेद यह है कि कूटस्थ अविद्या से अवच्छिन्न सिर्फ चेतन मात्र को कहते हैं, जब यह चेतन के आभास और बुद्धि से युक्त होता है तो इसे जीव कहते हैं। सुख-दु:ख की अनुभूति जीव को ही होती है। 'गीता' में भगवान ने कहा है कि मैं क्षर और अक्षर से अतीत हूँ। इस पर से पंडित लोग अक्षर कूटस्थ को मानते हैं और क्षर नाशवान जगत् को। यहाँ नि:अक्षर से इसी क्षर और अक्षर →

[8]

इस घट अंतर बाग-बगीचे, इसी में सिरजनहारा।
इस घट अंतर सात समुंदर, इसी में नौ लख तारा।
इस घट अंतर पारस मोती, इसी में परखनहारा।
इस घट अंतर अनहद गरजै, इसी में उठत फुहारा।
कहत कबीर सुनो भाई साधो, इसी में साईं हमारा॥ —1-101

[9]

ऐसा लो नहिं तैसा लो, मैं केहि बिधि कथौं गँभीरा लो।
भीतर कहूँ तो जगमय लीजै, बाहर कहूँ तो झूठा लो॥
बाहर-भीतर सकल निरंतर चित्त-अचित दोउ पीठा लो।
दृष्टि न मुष्टि परगट अगोचर, बातन कहा न जाई लो॥ —1-104

→ से अतीत का तात्पर्य जान पड़ता है। सूर्य में किरण है और किरण में प्रकाश है। क्योंकि जिस प्रकार किरण और प्रकाश अभिन्न हैं उसी प्रकार परमात्मा में जीव है और जीव तथा ब्रह्म अभिन्न हैं। जीव में प्राण है, प्राण में शब्द है और शब्द में अर्थ (पदार्थ) हैं। इस प्रकार ब्रह्म से लेकर अर्थ (पदार्थ, विषय—शब्द, स्पर्श, रूप, रस, गन्ध) सभी न्यारे भी हैं और मिले भी हैं। वृक्ष, अंकुर आदि सब वही है। आतम में...साईं = आत्मा में ही परमात्मा है, परमात्मा में झाईं (= आभास) है क्योंकि परमात्मा या ईश्वर वस्तुत: मायाच्छन्न चेतन का ही नाम है, आभास में प्रतिबिम्बरूप समस्त जगत् है। यह कबीर साँई (= स्वामी = देखने में समर्थ) देख रहे हैं। इस पद की अत्यधिक वेदान्तिक शब्दावली और कबीर के साथ प्रयुक्त 'साँईं' शब्द से इसकी प्रामाणिकता में सन्देह होता है।

8. छठे पद के समान भाव है। जो कछु पिंडे सोई ब्रह्मंडे॥
9. व्याख्या के लिए पृ. 321 देखिए। छपी पुस्तकों में अन्तिम पंक्ति का पाठ है :

बाहर भीतर सकल निरंतर गुरु परतापैं दीठा लो।

यहाँ 'चित्त-अचित...लो' पाठ है जिसका भाव यह है कि चेतन और अचेतन दोनों उसकी दो पीठें हैं। दोनों को वह व्याप्त करके वर्तमान है। किसी-किसी ने पीठ का अर्थ पीढ़ा किया है, अर्थात् भगवान चेतन और अचेतन दोनों के अधिष्ठान हैं। दृष्टि न मुष्टि = जो न देखने में आवे न मुट्ठी में पकड़ने में आवे। परगट अगोचर = प्रत्यक्ष भी और अप्रत्यक्ष भी।

[10]

तोहि मोरि लगन लगाए रे फकिरवा।
सोवत ही मैं अपने मन्दिर में,
सब्दन मारि जगाए रे फकिरवा।
बूड़त ही भव के सागर में,
बहियाँ पकरि समुझाए रे फकिरवा।
एकै बचन नहिं दूजा
तुम मोसें बंद छुड़ाए रे फकिरवा।
कहै कबीर सुनो भाई साधो,
प्रानन प्रान लगाए रे फकिरवा। —1-121

[11]

निस-दिन खेलत रही सखियन सँग,
मोहि बड़ा डर लागे।
मोरे साहब की ऊँची अटरिया,
चढ़त में जियरा काँपे॥
जो सुख चहै तो लज्जा त्यागे,
पिया से हिलमिल लागे।
घूँघट खोल अंग भर भेंटे,
नैन आरती साजे॥
कहैं कबीर सुनो सखि मोरी,
प्रेम होय सो जाने।
जिन प्रीतम की आस नहीं है,
नाहक काजर पारे॥ —1-131

---

10. ऐ फकीर, तूने ही मेरी लगन लगा दी। सोवत ही = सोती थी । सब्दन मारि = संगीत की चोट से (क्षितिमोहन सेन)। कई जगह टीकाकारों ने 'सब्द' का अर्थ कबीर साहब की सारवाणी किया है। बूड़त ही = डूबती थी। तुम मोसें...फकिरवा = तुमने मुझे बन्धन-मुक्त किया। जो पारख-पद को प्राप्त कर लेता है वही पारखी गुरु होता है और उसी को 'बन्दी छोड़' कहते हैं। कबीरदास 'बन्दी छोड़' रूप में सम्प्रदाय में प्रसिद्ध हैं। फकीर से तात्पर्य गुरु से है। यदि यह पद कबीरदास का हो तो फकीर का लक्षणार्थ परमात्मा ही हो सकता है।
11. जियरा = जी, हृदय । स्पष्ट है, अन्तिम अंश का अर्थ है कि कबीर कहते हैं कि ऐ सखी, जिसमें प्रेम होता है वही प्रिय को जानता है और उसे ही प्यार करता है। बाहरी साज-सिंगार से क्या होता है। तू व्यर्थ काजल पार रही है (= शृंगार का आयोजन कर रही है)। प्रिय-मिलन की आशा न कर क्योंकि तेरे भीतर प्रेम नहीं है। भाव यह है कि बाहरी पूजा-पाठ से भगवान नहीं मिलते, भीतर का प्रेम चाहिए।

[12]

हंसा करो पुरातन बात।
कौन देस से आया हंसा, उतरना कौन घाट।
कहाँ हंसा बिसराम किया है, कहाँ लगाए आस॥
अब हीं हंसा चेत सबेरा, चलो हमारे साथ।
संसय-सोक वहाँ नहिं व्यापै, नहीं काल के त्रास॥
हिआँ मदन-बन फूल रहे हैं, आवे सोहं बास।
मन भौंरा जिहँ अरुझ रहे हैं, सुख की ना अभिलास॥ —2-24

[13]

अनगढ़िया देवा, कौन करै तेरी सेवा।
गढ़े देव को सब कोई पूजै, नित ही लावै सेवा।
पूरन ब्रह्म अखंडित स्वामी, ताके न जानै भेवा।
दस औतार निरंजन कहिए, सो अपना ना होई।
यह तो अपनी करनी भोगैं, कर्ता औरहि कोई।
जोगी जती तपी संन्यासी, आप आप में लड़ियाँ।
कहैं कबीर सुनो भाई साधो, राग लखै सो तरियाँ। —2-37

[14]

दरियाव की लहर दरियाव है जी
दरियाव और लहर में भिन्न कोयम्।
उठे तो नीर है बैठे तो नीर है
कहो जो दूसरा किस तरह होयम्।
उसी का फेर के नाम लहर धरा
लहर के कहे क्या नीर खोयम्।

---

12. हंसा = विशुद्ध चैतन्य; जीव का वास्तविक सत्य (दे. अनु. 1 और 6) पुरातन = पुरानी। 'संसय सोक...त्रास' में 'वहाँ' पद सत्य लोक का वाचक है। हिआँ = यहाँ = मर्त्यलोक। मदन-बन = कामदेव का वन! सोऽहं = ब्रह्म के साथ जीव की अभिन्नता जो 'हंसा' का भ्रम है। (दे. अनु. 5, 6)
13. अनगढ़िया देवा = जो देवता मूर्ति रूप में नहीं गढ़ा जा सकता और जिसका आरम्भ नहीं है, रूपातीत अनादि। गढ़े देव = मूर्ति, अवतार; मूर्ति हाथ से और अवतार मन से गढ़े गए हैं । निरंजन = सगुण ब्रह्म, ईश्वर (दे. पृ. 288-89) राग लखै सो तरियाँ = जिसने प्रेम को देखा है वह तर गया; राग = प्रेम। छपी पोथियों में राग के स्थान पर राम पाठ है ।
14. समुद्र और समुद्र की तरंग में कोई भेद नहीं है, केवल नाम और रूप का भेद है। इसी प्रकार जगत् ही ब्रह्म है और ब्रह्म ही जगत् है। जक्त = जगत्। अभेदजन्य प्रेम के लिए दे. पृ. 309-10।→

जक्त ही फेर जब जक्त परब्रह्म में
ज्ञान कर देख माल गोयम्॥ —2-56

[15]

जहाँ खेलत बसंत रितुराज
जहाँ अनहद बाजा बजै बाज।
चहुँ दिसि जोति की बहै धार
बिरला जन कोइ उतरै पार।
कोटि कृष्ण जहँ जोड़ें हाथ
कोटि विष्णु जहँ नावैं माथ।
कोटिन ब्रह्मा पढ़ैं पुरान
कोटि महेश धरैं जहँ ध्यान।
कोटि सरस्वती जहँ धरैं राग
कोटि इन्द्र जहँ गगन लाग।
सुर-गंधर्व-मुनि गनै न जायँ
जहँ साहब प्रगटे आय आय।
चोबा चंदन और अबीर
पुहप-वास रस रह्यो गँभीर। —2-57

→ माल गोयम् = परब्रह्म में एक जगत् के बाद दूसरा जगत् इस प्रकार चल रहा है जैसे जपमाला के मनके चलते हैं। छपी पोथी में 'कबीर गोयम्' पाठ है जिसका अर्थ है 'कबीर कहते हैं'।

15. सत्यलोक का वर्णन है। जो कुछ ब्रह्मांड में है वह पिंड में है। हमने पहले ही देखा है कि साधक सहज समाधि के द्वारा सत्यलोक का भी आनन्द अपने में अनुभव कर सकता है। इस सत्यलोक में नित्य वसन्त वर्तमान है, वह परम पुरुष नित्य ही जीवरूप प्रिया के साथ फाग खेल रहे हैं। छपा पोथियों में प्रथम पंक्ति का पाठ इस प्रकार है :

जहँ सतगुरु खेलत रितु वसंत। परम जोत जहँ साधु संत॥
तीन लोक से भिन्न राज। जहँ अनहद बाजा बझै बाज॥

इससे अर्थ अधिक स्पष्ट होता है। यहाँ साधु सन्त ज्योतिरूप में हैं, क्योंकि सत्यलोक में हंस-देह केवल प्रकाश रूप में रहती है, जहाँ अनहद बाजा बजता रहता है, प्रकाश की ऐसी धारा बहती रहती है कि कठिनाई से कोई इस धारा को पार कर सकता है। कोटि-कोटि कृष्ण, विष्णु, इन्द्र, सरस्वती आदि जहाँ हाथ जोड़े रहते हैं, वहाँ अन्य देवताओं, मुनियों और गन्धर्वों की क्या गिनती हो सकती है! साहब = सत्यपुरुष, भगवान। चोबा चन्दन और पुष्पबास तथा फाग खेलने की सामग्री है। फाग खेलना लाक्षणिक प्रयोग है। इसका लक्ष्यार्थ जीव और भगवान का अनन्त प्रेम और मिलनजन्य आनन्द है। छपी पोथियों में दो-तीन पंक्तियाँ और हैं, पर वे महत्त्व की नहीं हैं।

[16]

जहँ चेत-अचेत खंभ दोउ मन रच्या है हिंडोर।
तहँ झूलै जीव जहान, जहँ कतहु नहिं थिर ठौर।
और चंद-सूर दोऊ झूले नाहीं पावै अंत।
चौरासी लच्छहु जिव झूलैं रवि-ससि धाय।
कोटिन कल्प जुग बीतिया आने न कबहुँ हाय।
धरनी अकासहु दोऊ झूलैं, झूलैं पवनहुँ नीर।
धरि देह हरि आपहुँ झूलैं जो लखहीं दास कबीर। —2-59

[17]

I. ग्रह चंद्र तपन जोत बरत है
सुरत राग निरत तार बाजै।
नौबतिया घुरत है रैन-दिन सुन्न में
कहैं कबीर पिउ गगन गाजै॥

---

16. माया-जाल का वर्णन है। जहाँ मन चेतन और अचेतन (जड़ और चेतन के) दो खम्भों पर हिंडोरा लगाकर झूल रहा है। छपी पोथियों में 'लोभ-मोह के खंभ दोउ' पाठ है जो स्पष्ट है। किन्तु छपे पाठ से यही पाठ उत्तम लगता है। जीव-जहान = जीव और जगत्। स्थिर ठौर = स्थिर स्थान, स्थिरता। तीसरी पंक्ति के स्थान पर छपी पोथियों में इस प्रकार पाठ है :

चतुरां झूलैं चतुराइयाँ औ झूलैं राजा सेव।
और चंद सूर दोऊ झूलैं नाहीं पावैं भेव॥

इसमें सेव = सेवक, भेव = भेद, रहस्य।
चौरासी...जिव = चौरासी लाख योनियों में भटकनेवाले जीव। आने न कबहूँ हाय = कोटि-कोटि कल्प से झूम रहे हैं, पर कभी मुँह से 'हाय' नहीं कहते। धीर देह...= स्वयं विष्णु भी बार-बार अवतार लेकर इसी चक्कर में पड़े हुए हैं।

17. इन पदों में सुरत (सुरति) और निरत (निरति) शब्द पारिभाषिक हैं। 'शान्तस्थितिबोध' और 'सन्तोषबोध' आदि साम्प्रदायिक ग्रन्थों में इन शब्दों की जटिल व्याख्याएँ मिलती हैं। निरति जब सुरति में मिलती है और सुरति जब-शब्द में मिलती है तो हंस-देह की प्राप्ति होती है। यह भी कहा गया है कि,

शब्द सुरति और निरति ये कहिबे को हैं तीन।
निरति लौटि सुरतिहिं मिली, सुरति शब्द में लीन।

हमने अपनी नई पुस्तक में इनके अर्थों की विस्तृत विवेचना की है। साधारणत: 'रति' प्रवृत्ति को कहते हैं। निरति, बाहरी प्रवृत्ति की निवृत्ति को और सुरति अन्तर्मुखी वृत्ति को कहते हैं। निरति वस्तुत: अभावात्मक वस्तु है और सुरति भावात्मक। आचार्य क्षितिमोहन सेन ने सुरति का →

II. क्षण और पलक की आरती कौन-सी
रैन-दिन आरती विस्व गावै।
घुरत निस्सान तहँ गैब की झालरा
गैब की घंट का नाद आवै॥

III. कहें कबीर तहँ रैन-दिन आरती
जगत के तख्त पर जगत साँई।
कर्म औ भर्म संसार सब करत है
पीव की परख कोई प्रेमी जानै॥
सुरत औ' निरत धार मन में पकड़कर
गंग और जमन के घाट आनै।
नीर निर्मल तहाँ रैन-दिन झरत है
जनम औ' मरन तब अंत पाई॥

→ अर्थ प्रेम और निरत का वैराग्य किया है। जब बाह्यमुखी वृत्ति अन्तर्मुखी वृत्ति में लीन होती है तो जीव को जीव और ब्रह्म के अभेद की प्रतीति होती है। कबीरपन्थी लोग इसको अन्तिम अवस्था नहीं मानते, क्योंकि यह भी भ्रम है। जब निरति अभेद प्रतीति-रूपी अहंभाव से मुक्त होकर शब्द में लीन होती है तभी जीव अपने सच्चे रूप में स्थित होता है। इस जगत् को अन्त:करण और बाह्यकरणों के द्वारा ही अनुभव किया जाता है। इसीलिए यह सुरति और निरति के ताने-बाने से बना है। निरति निवृत्तिरूपा होने के कारण स्थूल है और सुरति अन्तर्मुखी होने के कारण सूक्ष्म। इसीलिए इस पद के आरम्भ में ही सुरति को राग और निरति को वीणा का तार कहा गया है।

I. तपन = सूर्य। बरत है = जलते हैं। नौबतिया... = शून्य में नौबत बजती रहती है। पिंड... = प्रिय ऐसे शून्य में विराजमान हैं। छपी पोथियों के पाठ से इन पदों में बड़ा अन्तर है (देखिए 'शब्दा.' 96 और आगे), जहाँ आवश्यक है वहीं पाठान्तरों की चर्चा इस टिप्पणी में कर दी गई है, सर्वत्र नहीं।

II. क्षण...गावै = क्षण-भर या पल-भर की आरती वहाँ नहीं होती, सारा संसार दिन-रात आरती उतारता रहता है। घुरत... = निशान बजता है। गैब = विचित्र, अद्भुत। झालरा = झालर, झिलमिल ज्योति।

III. पीव की परख = प्रिय की पहचान; प्रिय में सर्वत्र भगवान का तात्पर्य है। सुरत... आनै = अन्तर्मुखी बहिर्मुखी प्रवृत्तियों को मन में लीन करके इड़ा और पिंगला नाड़ियों के मार्ग में उन्हें ले आवे अर्थात समाधि के लिए उद्बुद्ध करे। गंगा = इड़ा। यमुना = पिंगला। वहाँ निर्मल नीर झरता है। अर्थात् विशुद्ध ज्ञानधारा बह रही है। छपी पोथियों के पाठ से यह भाव अधिक स्पष्ट होता है और पद में तुक भी मिलती है :

कर्म और भर्म संसार सब करतु है पीव की परख कोई संत जानै।
सुरत और निरत मन पवन को पकरि करि गंग और जमुन क घाट आनै॥
पाँच को नाथ करि साथ सोहं लिया अधर दरियाव का सुक्ख मानै।
कहैं कबीर सोई संत निर्भय धरा जन्म और मन का भर्म भानै॥ →

IV. देख वोजूद में अजब बिसराम है
होय मौजूद तो सही पावै।
सुरत की डोर सुख-सिंध का झूलना
घोर की सोर तहँ नाद गावै।
नीर-विन कँवल तहँ देख अति फूलिया
कहैं कबीर मन भँवर छावै॥

V. चक्र के बीज में कँवल अति फूलिया तासु का सुक्ख कोइ संत जान।
शब्द की घोर चहुँ ओर तहँ होत है असीम समुंदर की सुक्ख मानै।
कहैं कबीर यों डूब सुख-सिंध में जन्म और मरन का भर्म भानै।

VI. पाँच की प्यास तहँ देख परी भई तीन की ताप तहँ लगै नाहीं।
कहैं कबीर यह अगम का खेल है गैब का चाँदना देख माहीं।
जनम-मरन जहाँ तारी परत है होत आनंद तहँ गगन गाजै।
उठत झनकार तहँ नाद अनहद घुरै तिरलोक-महल के प्रेम बाजै।

→ इसमें पाँच को नाथने से ज्ञानेन्द्रियों को वश में करने का भाव है। उन्हें भी साथ ले लेने का निर्देश है। अधर दरियाव = शून्य में स्थित समुद्र (आनन्द का सागर)। भानै = बता सकता है या तोड़ (भंग कर) सकता है।

IV. वोजूद (अरबी वुजूद) = सत्ता, अस्तित्व। देख... = उस परम सत्ता (परमात्मा) में अद्‌भुत विश्राम मिलता है। मौजूद = परमात्मा की निकटता की अनुभूति। इस पंक्ति के बाद छपी पोथियों में यह पंक्ति है जो अर्थ को स्पष्ट करती है :

फेर मन पवन को घेर उलटा चढ़ै
पाँच पच्चीस कों उलटि लावै

भाव ऊपर के पद के समान ही है अर्थात् मन और पवन को जगत् की ओर जाने से रोककर उलटा चलावे—समाधि की ओर ले जावे और पाँच (ज्ञानेन्द्रिय) पच्चीस (तत्त्वों) को अन्तर्मुख करे। सुरति अर्थात् अन्तर्मुखी वृत्ति (भगवत्प्रवृत्ति) की डोरी पर सुख-समुद्र (परम आनन्द) का झूला लगावे। नाद (शब्द) वहाँ मेघ की भाँति गरजता रहता है और बिना पानी के ही उस समाधि में कमल खिला दिखता है, मन-रूपी भँवर उस पर छा जाता है।

विशेष—'वज्द', 'वुजूद' और 'मौजूद' सूफी साधकों के पारमार्थिक शब्द हैं। 'वज्द' उल्लासमयी मत्तावस्था को कहते हैं। सूफी साधना में यह साधक के आरुरुक्षुभाव की पाँचवीं अवस्था का नाम है। इस अवस्था में साधक के चित्त में उल्लासजन्य मत्तता का भाव आता है। इसके बाद जो अवस्था शुरू होती है उसे 'वुजूद' या स्थितिरूपा सत्ता कहते हैं। इसमें साधक का चित्त निर्द्वन्द्व होकर अपने में आप ही स्थिति पा जाता है। इसके बाद वाली अवस्था का नाम 'मौजूद' है, जिसमें साधक परमात्मा का सान्निध्य अनुभव करता है और अपने को परमसत्ता में स्थित पाता है।

V. भाव ऊपर के समान ही है।

VI. पाँच की प्यास = विषयों का सुख (ज्ञानेन्द्रियों के पाँच विषय हैं—शब्द, स्पर्श, रूप, रस, गन्ध)। तीन की ताप = आधिभौतिक, आधिदैविक और आध्यात्मिक दु:ख, →

VII. चन्द्र-तपन कोटि दीप बरत हैं तूर बाजै तहाँ संत झूलै।
प्यार झनकार तहँ नूर बरसत रहै रस पीवै तहँ भक्त झूलै।

VIII. जनम-मरन बीच देख अंतर नहीं
दच्छ और बाम यूँ एक आहीं।
कहैं कबीर या सैन गूँगा तईं
वेद कत्तेब की गम नाहीं॥

IX. अधर आसन किया सगम प्याला पिया
जोग की मूल जग जुगुति पाई।
पंथ बिन जाए चल सहर बेगमपुरे
दया जगदेव की सहज आई।
ध्यान धर देखिया नैन-बिन पेखिया
अगम अगाध सब कहत गाई।
सहर बेगमपुरा गम्म को ना लहै
होय बेगम्म जो गम्म पावै।
गुना की गम्म का ना अजब बिसराम है
सैन जो लखै सोइ सैन गावै।

→ दु:खत्रय। जनम...परत है = जन्म और मरण की वहाँ ताली बजती रहती है। उठत...बाजै = अनाहत ध्वनि की झनकार अनुभूत होती रहती है। तिरलोक... = त्रिलोक धाम का प्रेम वहाँ बज उठा है (क्षि. मो. से.)। छपी पोथियों में 'त्रिकुटी-महल' पाठ है।

VII. स्पष्ट है। देखिए ऊपर नं. 1 व्याख्या।

VIII. दच्छ और बाम = जिस प्रकार दाहिना और बायाँ एक ही वस्तु के दो पहलू हैं, उसी प्रकार जन्म और मरण भी एक ही सत्ता के दो पहलू हैं। सैन...नाहीं = गूँगा जिस प्रकार इशारे से कुछ बता सकता है, कहकर नहीं, उसी प्रकार यह रहस्य वचन से नहीं समझाया जा सकता। वेद और कत्तेब (कुरान) शब्दमय हैं, इसलिए उनकी गम्य (पहुँच) वहाँ तक नहीं है।

IX. शून्य के आसन पर (समाधि की अवस्था में आत्मा शून्य या सहस्रार में रहता है) बैठकर साधन के अगम (रहस्यातीत) रस का प्याला पिया और वह योग की इस मूल युक्ति को पा गया है। यह बे-गमपुर शहर अर्थात् जिस शहर में कोई गम नहीं है, केवल आनन्द-ही-आनन्द है, उसमें बिना किसी पन्थ (सम्प्रदाय-विहित उपासना मार्ग) के पहुँच जाता है; क्योंकि उसे जगदेव जगदीश्वर की दया सहज ही मिल जाती है। यहाँ ध्यान के द्वारा वह बिना आँखों की सहायता के ही उस वस्तु को देखता है जिसे अगम और अगाध कहा गया है। इस बे-गमपुर शहर तक पहुँच पाना कठिन है। वही पहुँच पाता है जो बे-गम हो जाता है, निर्द्वन्द्व हो जाता है।

X. मुक्ख बानी तिको स्वाद कैसे कहै
स्वाद पावै सोइ सुक्ख मानै।
कहैं कबीर या सैन गूँगा तईं
होय गूँगा जोई सैन जानै।
XI. छक्याँ अवधूत मस्तान माता रहै
ज्ञान-वैराग्य मुधि लिया पूरा।
स्वाँस-उस्वाँस का प्रेम प्याला पिया
गगन गरजै तहाँ बजै तूरा॥
XII. बिन कर ताँतियाँ नाद गाता रहै
जतन जरना लिया सदा खेलै।
कहैं कबीर प्रान प्रान-सिंध में मिलावै
परम सुखधाम तह प्रान मेलै॥
XIII. आठहू पहर मतवाल लागी रहै
आठहू पहर की छाक पीवै।
आठहु पहर मस्तान माता रहै
ब्रह्म के देह में भक्त जीवै।
XIV. साँच ही कहत और साँच ही गहत है
काँच कूँ त्याग कर साँच लागा।
कहैं कबीर यूँ भक्त निर्भय हुआ
जन्म और मरन का भर्म भागा।
XV. गगन गरजै तहाँ सदा पावस झरै
होत झनकार निन बजत तूरा।
गगन के भवन में गैब का चाँदना
उदय और अस्त का नाँव नाहीं।
दिवस और रैन तहँ नेक नहिं पाइए
प्रेम, परकास के सिंध माहीं।
XVI. सदा आनन्द दुग-दन्द व्यापै नहीं
पूरनानन्द भरपूर देखा।
भर्म और भ्रांति तहँ नेक नहिं पाइए
कहैं कबीर रस एक पेखा॥

X. मुक्ख = मूर्ख। तिको = उसका। गूँगे का सैन के लिए देखिए ऊपर (VIII)
XI. बिन...रहै = बिना हाथ के और बिना ताँत (तंत्री = वीणा) के ही वहाँ नाद गाया करता है (राग बजाया करता है)।
XIII. आठहू पहर...की व्याख्या और छपे पाठ के लिए पृ. 337-38 देखिए।
XV. और XVI. छपी पोथियों का पाठ पृ. 319 पर देखिए।

XVII. खेल ब्रह्मांड का पिंड में देखिया
जगत की भरमना दूर भागी।
बाहरा-भीतरा एक आकासवत
धरिया में अधर भरपूर लागी॥
XVIII. देख दीदार मस्तान मैं होय रह्या
सकल भरपूर है नूर तेरा।
ज्ञान का थाल और प्रेम-दीपक अहै
अधर आसन किया अगम डेरा।
कहैं कबीर तहँ भर्म भासे नहीं
जनम और मरन का मिटा फेरा॥ —2-61

[18]

मद्ध अकास आप जहँ बैठे, जोत सब्द उजियारा हो।
सेत सरूप राग जहँ फूलै, साईं करत बिहारा हो।
कोटिन चंद-सूर छिप जैहैं, एक रोम उजियारा हो।
वही पार एक नगर बसुत है, बरसत अमृत-धारा हो।
कहैं कबीर सुनो ध्रमदासा, लखो पुरुष दरबारा हो। —2-77

[19]

परमातम गुरु निकट विराजैं
जाग जाग मन मेरे।
धाय के पीतम चरनन लागै
साईं खड़ा सिर तेरे।
जुगन जुगन तोहि सोबत बीता
अजहु न जाग सबेरे। —2-20

XVII. ब्रह्मांड में जो लीला है वही पिंड में भी। धरिया में अधर = सीमा में असीम।

XVIII. देख...तेरा = तेरा दर्शन पाकर मैं मस्त बन गया हूँ। तेरी ही ज्योति (नूर) सर्वत्र व्याप्त है। ज्ञान का... = ज्ञान की थाली में प्रेम की बत्ती जलाई है, शून्य के आसन पर अगम्य को डेरा बनाया है। दे. ऊपर (IX)

18. आप = स्वयं भगवान। जोत शब्द उजियारा = प्रकाशरूप शब्द का उजेला—अविरत चलनेवाले शब्द (संगीत, राग) का प्रकाश। सेतसरूप राग = उज्ज्वल संगीत।

19. परमातम गुरु = परमात्मा-रूप गुरु।

[20]

मन, तू पार उतर कहँ जैहौ।
आगे पंथी पंथ न कोई कूच-मुकाम न पैहौ।
नहिं तहँ नीर, नाव नहिं खेवट, ना गुन खैंचनहारा।
धरनी-गगन-कल्प कुछ नाहीं, ना कछु वार न पारा।
नहिं तन, नहिं मन, नहीं अपनपौ सुन्न में सुद्धि न पैहो।
बलीवान होय पैठो घट में, वाहीं ठौरें होइहौ।
बार-हि बार बिचार देख मन, अंत कहूँ मत जैहौ।
कहैं कबीर सब छाड़ि कलपना, ज्यों के त्यों ठहरैहौ। —2-22

[21]

घर घर दीपक बरै, लखै नहिं अंध है।
लखत लखत लखि परै, कटै जम फंद है॥
कहन-सुनन कछु नाहिं, नहीं कछु करन है।
जीते जी मरि रहै, बहुरि नहिं मरन है॥
जोगी पड़े बियोग, कहैं घर दूर है।
पासहि बसत हजूर, तू चढ़त खजूर है॥
बाह्मन दिच्छा देता घर घर घालिहै।
मूर सजीवन पास, तू पाहन पालिहै॥
ऐसन साहब कबीर सलोना आप है।
नहीं जोग नहीं जाप पुन्न नहीं पाप है॥

---

20. गुन = नाव खींचने की रस्सी। सुन्न में = शून्य में सुधि या खोज। पद का भाव यह है कि जीवात्मा अपने को ही ब्रह्म मान लेता है तो वह अभेदजन्य भ्रान्ति का शिकार हो जाता है। अपनी कल्पना से ही वह अपने को शून्यस्वरूप समझने लगता है और उसमें अपने रूप को ही नहीं खोज पाता है। (दे. अनुच्छेद 4)। कबीरदास कहते हैं कि सब कल्पना छोड़ो, तभी अपने वास्तविक स्वरूप में स्थिर होगे।

21. घर घर दीपक... = प्रत्येक घर में दीपक जलता है, अर्थात् प्रत्येक व्यक्ति के भीतर भगवान की ज्योति है। लखत... = देखने का अभ्यास करने से वह दिखाई देता है। जीते जी... = जो जीते जी ही मर गया—इच्छा-द्वेष से परे हो गया, वह फिर नहीं मरने का। जोगी... = योगी भगवान को न पाकर वियोग में पड़े रहते हैं और घर को—अपने लक्ष्य को—दूर बताते हैं। पास ही भगवान हैं; क्योंकि वे अंग-अंग में व्याप्त हैं, तो भी खजूर पर चढ़ते हैं, अर्थात् समाधि लगाते हैं। दिच्छा = दीक्षा, शिष्य को मंत्र देना। घालिहै = चौपट करेगा। मूर सजीवन = संजीवनी बूटी। पाहन = पत्थर = मूर्ति, शालिग्राम आदि। ऐसन... = कबीर का साहब ऐसा सलोना (सुन्दर) है कि उसे पाने के लिए न जोग की, न जाप की, न पुण्य की, न पाप की ही जरूरत है, वह सहज ही मिलता है। —दे. पृ. 315।

[22]

साधो, सो सतगुरु मोहिं भावै।
सत्त प्रेम का भर भर प्याला, आप पिवै मोंहि प्यावै।
परदा दूर करै आँखिन का, ब्रह्म दरस दिखलावै।
जिस दरसन में सब लोक दरसै, अनहद सब्द सुनावै।
एकहि सब सुख-दुख दिखलावै, सब्द में सुरत समावै।
कहैं कबीर ताको भय नाहीं, निर्भय पद परसावै। —2-38

[23]

तिंविर साँझ का गहिरा आवै, छावै प्रेम मन-तन में।
पच्छिम दिस की खिड़की खोलो, डूबहु प्रेम-गगन में।
चेत-कँवल-दल रस पीयो रे, लहर लेहु या तन में।
संख घंट सहनाई बाजै, शोभा-सिंध महल में।
कहैं कबीर सुनो भाई साधो, अमर साहब लख घट में। —2-40

[24]

जिससे रहनि अपार जगत में, सो प्रीतम मुझे पियारा हो।
जैसे पुरइनि रहि जल-भीतर, जलहि में करत पसारा हो।
वाके पानी पत्र न लागै, ढलकि चलै जस पारा हो।

---

22. सत्त प्रेम = वास्तविक प्रेम। शब्द में सुरत = देखिए 17वें पद की व्याख्या।

23. तिंविर = अन्धकार। सायंकाल का अन्धकार पश्चिम दिगंत की ओर से गहरा होता आ रहा है, पश्चिम की खिड़की खोल दो, प्रेम के आकाश में अपने को डुबा दो। सायंकाल प्रिय-समागम की तैयारी का समय है। पिंड में 'पश्चिम' का अर्थ है पीठ की ओर—सुषुम्ना मार्ग। भक्तरूपी प्रेयसी का तन और मन रोमांच और औत्सुक्य से भर गया है—छावै प्रेम मन-तन में। चित्तरूपी कमल दल का रस पान करो—मन ही में उस परम सुख का साक्षात्कार करो। शरीर में प्रेम की लहरें तरंगित हों। शोभा का समुद्र जो यह महल है-अन्त:करण है—वहाँ मिलन का सूचक शंख-घंटा और शहनाई आदि बाजे बज रहे हैं। कबीरदास कहते हैं कि ऐ साधु, तू अमर साहब को—अक्षय सुहाग देनेवाले स्वामी को अपने भीतर ही देख।
सायंकाल का अँधेरा अनेक सन्तों के काव्य में बुढ़ापे का प्रतीक है। किन्तु इस पद में यह प्रियसमागम-काल का प्रतीक है। पिंड में इसका योगपरक अर्थ इस प्रकार होगा—सुषुम्ना-मार्ग खोल दो और इस प्रकार गगन (शून्य, सहस्रार) में समाधिजन्य प्रेम का अनुभव करो। इस समाधिकाल में शंख, घंटा, काहल आदि की ध्वनि पहले सुनाई देती है, फिर वह उपरत हो जाती है और साधक परम-ज्योति की अपूर्व शोभा देखता है और परमात्मा को घट में ही प्राप्त करता है।

24. रहनि अपार = अनन्त काल के लिए रहना; शाश्वत स्थिति। पुरइनि = कमल का पत्ता, जिस पर से पानी पारे की तरह ढरक जाता है। कमलपत्र की उपमा उन लोगों के लिए दी जाती→

जैसे सती चढ़े अगिन पर, प्रेम-वचन ना टारा हो।
आप जरै औरनि को जारै, राखै प्रेम-मरजादा हो।
भवसागर इक नदी अगम है, अहद अगाह धारा हो।
कहैं कबीर सुनो भाई साधो, बिरले उतरे पारा हो। —2-48

[25]

हरि ने अपना आप छिपाया।
हरि ने नफीज कर दिखराया॥
हरि ने मुझे कठिन बिच घेरी।
हरि ने दुविधा काटी मेरी॥
हरि ने सुख-दुख बतलाए।
हरि ने सब दुंद मिटाए॥
ऐसे हरि पै तन-मन बारूँ।
प्राणहिं तजूँ हरि नहीं बिसारूँ॥ —2-45

[26]

ओंकार सबै कोई सिरजै, रागस्वरूपी अंग।
निराकार निर्गुन अबिनासी, कर वाही को संग॥
नाम निरंजन नैनन-मद्धे नाना रूप धरंत।
निरंकार निर्गुन अबिनासी, अपार अथाह अंग॥
महासुक्ख मगन होइ नाचै, उपजै अंग तरंग।
मन और तन थिर न रहतु है, महा सुक्ख के संग॥
सब चेतन सब अनंद सब हैं दुःख गहंत।
कहाँ आदि कह अंत आप सुक्ख बिच धरंत॥ —2-75

→ है जो संसार में रहकर भी संसार के मोह में नहीं फँसते।

25. हरि ने...= भगवान ने अपने-आपको छिपा रखा है। नफीज = नफीस, सुन्दर।

26. ओंकार जो सबकी सृष्टि करता है, भगवान का रागरूपी—शब्दरूपी अंग है। नाम... धरन्त = यद्यपि उनका नाम निरंजन है तथापि वे नानारूप धारण करते रहते हैं। महासुक्ख... संग = महा-आनन्द में मग्न होकर वे नाच रहे हैं। उनके मिलनरूपी महासुख के साथ मन और तन स्थिर नहीं रहते। आप...धरन्त = ये स्वयं अपने आनन्द के भीतर से ही धारण किये हुए हैं।

[27]

सतगुरु सोई दया करि दीन्हा।
तातै अन-चिन्हार मैं चीन्हा॥
बिन पग चलना बिन पर उड़ना, बिना चूँच का चुगना।
बिन नैनन का देखन-पेखन, बिन सरवन का सुनना।
चंद न सूर दिवस नहिं रजनी, तहाँ सुरत लौ लाई।
बिना अन्न अमृत-रस-भोजन, बिन जल तृषा बुझाई।
जहाँ हरस तहँ पूरन सुख है, यह सुख कासौं कहना।
कहैं कबीर बल बल सतगरु की, धन्न सिष्य का लहना। —2-81

[28]

निरगुन आगे सरगुन नाचैं
बाजै सोहँग तूरा।
चेला के पाँव गुरुजी लागैं,
यही अचंभा पूरा॥ —2-85

[29]

प्रश्न

कबीर, कब से भये बैरागी।
तुम्हारी सुरति कहाँ को लागी॥

उत्तर

बइचित्रा का मेला नाहीं, नहीं गुरू नहीं चेला।
सकल पसारा जिन दिन नाहीं, जिहि दिन पुरुष अकेला॥
गोरख, हम तबके अहैं बैरागी।
हमारी सुरति ब्रह्म सों लागी।

---

27. अनचिन्हार = अपरिचित। चूँच = चोंच। सुरत लौ = अन्तर्मुखी समाधि। कहै...ललना = बलिहारी है उस सत्यगुरु की और धन्य है उस शिष्य का ऐसे गुरु को पाना।

28. निर्गुण के आगे सगुण नाच रहे हैं और सोऽहं का तूयं बज रहा है। सोऽहं = 'वह मैं ही हूँ' ऐसी अभेद की प्रतीति। यहाँ 'वह' निर्गुण ब्रह्म है और 'मैं' जीव है। जीवन का अहंकार ही उसे ब्रह्म के साथ एक अनुभव करता है, ऐसा कबीरपन्थी मन है (दे. अनु. 4)। यह ऐसा हुआ मानो गुरु (परब्रह्म) चेला (जीव) के पैरों पड़ते हैं। क्योंकि सोऽहं में स: (= वह = ब्रह्म) दूर का होने से अप्रधान होता है और अहं (मैं = जीव) निकट का होने से प्रधान।

29. बइचित्रा = वैचित्र्य, नानात्व, एक का अनेक होना। ब्रह्मा...टीका = ब्रह्मा ने सब सृष्टि-रचना का अधिकार नहीं पाया था और विष्णु ने भी पालन करने का अधिकार नहीं पाया था। →

ब्रह्मा नहिं जब टोपी दीन्हीं, विष्णु नहीं जब टीका।
शिव-सक्ती कै जनमै नाहीं, तबै जोग हम सीखा॥
कासी में हम प्रगट भये हैं, रामानंद चेताए।
प्यास अहद की साथ हम लाए, मिलन-करन को आए॥
सहजै सहजै मेला होइगा, जागी भक्ति उतंगा।
कहैं कबीर सुनो हो गोरख, चलो गीत के संगा॥ —2-87

[30]

या तरिवर में एक पखेरू, भोग सरस वह डोलै रे।
वाकी संध लखैं नहिं कोई, कौन भाव सों बोलै रे।
दुर्म्म-डार तहँ अति घन छाया, पंछी बसेरा लेई रे।
आवै साँझ उड़ि जाय सवेरा, मरम न काहू देई रे।
सो पंछी मोंहि कोई न बतावै, जो बोलै घटमाँही रे।
अबरन-बरन रूप नहिं रेखा, बैठा प्रेम के छाँही रे।
अगम अपार-निरंतर बासा, आवत-जात न दीसा रे।
कहैं कबीर सुनो भाई साधो, यह कछु अगम कहानी रे।
या पंछी के कौन ठौर है, बूझो पंडित ज्ञानी रे। —2-95

[31]

निस-दिन सालै घाव, नींद आवै नहीं।
पिया-मिलन की आस, नैहर भावै नहीं॥
खुल गए गगन-किवाड़, मन्दिर उजियार भयो।
भयो है पुरुष से भेंट तन-मन वार दयो॥ —2-100

→ टोपी देना = राज्य पाना। टीका लेना = सिंहासन पर अभिषिक्त होना। प्यास अहद की = असीम को पाने की तृष्णा। उतगा = ऊँची।

गीत = शब्द-राग। यह पद गोरखनाथ और कबीर के संवाद के रूप में लिखा गया है और परवर्ती जान पड़ता है। इसका भाव है कि आत्मा ब्रह्मा, विष्णु और शिव के सृष्ट होने के पूर्व भी विद्यमान था। इस भाव के दोहे 'क. ग्रं.' में भी मिलते हैं (दे. पद. 117)।

30. इस पद के पखेरू और पंछी (पक्षी) शब्द जीवात्मा (हंस) के वाचक हैं। भोग रे = सरस सम्भोग के रस से मस्त होकर वह झूम रहा है। सन्ध = सन्धान, खोज, परिचय। दुर्म्म = द्रुम, पेड़, यहाँ मनुष्य के शरीर से मतलब है। मरम...रे = किसी को अपना मर्म (रहस्य) नहीं जानने देता।

31. गगन किवाड़ = शून्य का दरवाजा, यानी साधना के पक्ष में समाधि।

[32]

नाचु रे मेरे मन मत्त होय।
प्रेम को राग बजाय रैन-दिन शब्द सुनै सब कोइ।
राहु-केतु नवग्रह नाचै जन्म जन्म आनन्द होइ।
गिरी-समुंदर धरती नाचै, लोक नाचै हँस रोइ।
छापा-तिलक लगाइ बाँस चढ़, हो रहा जग से न्यारा।
सहस कला कर मन मेरौ नाचै, रीझै सिरजनहारा॥ —2-103

[33]

मन मस्त हुआ तब क्यों बोले।
हीरा पायो गाँठ गठियायो, बार बार वाको क्यों खोले।
हलकी थी तब चढ़ी तराजू, पूरी भई तब क्यों तोले।
सुरत-कलारी भई मतवारी मदवा पी गई बिन तोले।
हंसा पाए मानसरोवर, ताल तलैया क्यों डोले।
तेरा साहब है घर माहीं, बाहर नैना क्यों खोले।
कहैं कबीर सुनो भाई साधो, साहब मिल गए तिल ओले। —2-105

[34]

मोंहि-तोंहि लागी कैसे छूटे।
जैसे कमलपत्र जल बासा,
ऐसे तुम साहिब हम दासा॥
जैसे चकोर तकत निस चंदा,
ऐसे तुम साहिब हम बंदा॥

---

32. भाव यह है कि सृष्टि के आनन्द से समस्त चराचर ब्रह्मांड नाच रहा है, ग्रह तारिकाएँ, पहाड़-समुद्र सब उल्लास के साथ नाच रहे हैं। हँसकर या रोकर सारा लोक ही नाच रहा है। फिर, ऐ मेरे मन, क्यों न मेरे साथ तू भी मत्त होकर नाचे? नाचना तो पड़ेगा ही, फिर प्रसन्न होकर आनन्द का नृत्य कर। छापा-तिलक लगानेवाले अपने को दुनिया से विशेष समझते हैं। उनका अपने को अलग समझना वैसा ही उपहासास्पद है जैसा धरती-पहाड़ को नाचते देख कोई आदमी धरती में बाँस गाड़कर ऊपर जा बैठे और समझ ले कि वह इस विकट नृत्य से छुटकारा पा गया। मेरा मन सहस्र कला पर नाच रहा है और इस नाच से सिरजनहार रीझ रहा है, क्योंकि उसने लीला ही के लिए तो सब कुछ सिरजा है।
33. इस पद के भीतरी अर्थ के लिए पृ. 364-65 देखिए। सुरतकलारी...तोले = सुरति रूपी कलारी (मद्य बेचनेवाली) ने मत्त होकर बिना तौले ही बहुत पी लिया। तिल ओले = तिल की ओट में।

मोंहि-तोंहि आदि-अंत बन आई,
अब कैसे लगन दुराई॥
कहैं कबीर हमरा मन लागा,
जैसे सरिता सिंध समाई॥ —2-110

[35]

बालम आवो हमारे गेह रे।
तुम बिन दुखिया देह रे।
सब कोई कहे तुम्हारी नारी, मोकों लागत लाज रे।
दिल से नहीं दिल लगायो, तब लग कैसा सनेह रे।
अन्न न भावै नींद न आवै, गृह-बर धरै न धीर रे।
कामिन को है बालम प्यारा, ज्यों प्यासे को नीर रे।
है कोई ऐसा पर-उपकारी, पिवसों कहै सुनाय रे।
अब तो बेहाल कबीर भयो है, बिन देखे जिव जाय रे॥ —2-113

[36]

जग पियारी अब का सोवै।
रैन गई दिन काहे को खोवै॥
जिन जागा तिन मानिक पाया।
तैं बौरी सब सोय गँवाया॥
पिय तेरे चतुर तू मूरख नारी।
कबहुँ न पिय की सेज सँवारी॥
तैं बौरी बौरापन कीन्ही।
भर-जोबन पिय अपन न चीन्ही॥
जाग देख पिय सेज न तेरे।
ताहि छाँड़ि उठि गए सबेरे॥
कहैं कबीर सोई धुन जागै।
शब्द-बान उर-अंतर लागै॥ —2-126

[37]

I. सूर-परकास, तहँ रैन कहँ पाइए
रैन-परकास नहिं सूर भासै,

---

37. I. जिस प्रकार सूर्य का प्रकाश होने से रात नहीं रहती और रात जहाँ होती है वहाँ सूर्य का प्रकाश नहीं रहता, उसी प्रकार जहाँ ज्ञान का प्रकाश होता है वहाँ अज्ञान नहीं रहता और→

ज्ञान-परकास अज्ञान कहँ पाइए
होय अज्ञान तहँ ज्ञान नासै
काम बलवान तहँ प्रेम कहँ पाइए
प्रेम जहाँ होय तहँ काम नाहीं।
कहैं कबीर यह सत्त विचार है
समझ विचार कर देख माँहीं।

II. पकड़ समसेर संग्राम मैं पैसिये
देह-परजंत कर जुद्ध भाई।
काट सिर बैरियाँ दाब जहँ का तहाँ
आय दरबार में सीस नवाई॥

III. सूर संग्राम को देख भागै नहीं,
देख भागै सोई सूर नाहीं।
काम और क्रोध मद लोभ से जूझना,
मचा घमसान तन-खेत माँहीं।
सील और साँच सन्तोष साही भये,
नाम समसेर तहाँ खूब बाजे।
कहैं कबीर कोइ जूझिहै सूरमा
कायराँ भीड़ तहँ तुर्त भाजे॥

IV. साधको खेल तो बिकट बेंड़ा मती
सती और सूर की चाल आगे।
सूर घमसान है पलक दो-चार का
सती घमसान पल एक लागै।
साध संग्राम है रैन-दिन जूझना
देह परजंत का काम भाई॥ —1-34

→ अज्ञान जहाँ रहता है वहाँ ज्ञान नहीं होता। इसी प्रकार जहाँ काम बलवान है वहाँ प्रेम नहीं और जहाँ प्रेम बलवान होता है वहाँ काम नहीं रहता। ज्ञान और अज्ञान का तथा प्रेम और काम का सम्बन्ध प्रकाश और अन्धकार के सम्बन्ध के समान है।

II. समसेर = तलवार। (दे. पृ. 341-42)

III. शूर युद्ध से भागता नहीं और जो भागता है वह शूर नहीं। तनरूपी खेत (मैदान) में काम-क्रोध आदि शत्रुओं से घमासान मची हुई है। साही = साथी।

IV. दे. पृ. 345-46। बिकट बेंड़ा = अत्यन्त कठिन।

[38]

भ्रम का ताला लगा महल रे, प्रेम की कुंजी लगाव।
कपट-किवड़िया खोल के रे, यहि बिधि पिय को जगाव॥
कहैं कबीर सुनो भाई साधो, फिर न लगै अस दाव॥ —1-50

[39]

साधो, यह तन ठाठ तँबूरे का।
ऐंचत तार मरोरत खूँटी, निकसत राग हजूरे का॥
टूटे तार बिखरगे खूँटी, हो गया धूरम-धूरे का।
कहैं कबीर सुनो भाई साधो, अगम पंथ काई सूरे का॥ —1-59

[40]

अवधू, भूले को घर लावै।
सो जन हमको भावै॥
घर में जोग भोग घर ही में, घर तज बन नहिं जावै।
घर में जुक्त मुक्त घर ही में, जो गुरु अलख लखावै।
सहज सुन्न में रहै समाना, सहज समाधि लगावै।
उन्मुनि रहै ब्रह्म को चीन्है, परम तत्त्व को ध्यावै।
सुरत-निरत सों मेला करके, अनहद नाद बजावै।
घर में बसत बस्तु भी घर है, घर ही बस्तु मिलावै॥
कहैं कबीरा सुनो हो साधू, ज्यों का त्यों ठहरावै॥ —1-65

---

39. यह शरीर तँबूरे का तार है। ऐंचत...का = जिस प्रकार तँबूरे की खूटियाँ मरोड़ने से और तार खींचने से सुन्दर ध्वनि निकलती है, उसी प्रकार इन्द्रिय-दमन और मन के संयम से भगवान का राग इसमें से प्रकट होता है। राग में श्लेष है। (1) संगीत (2) प्रेम। टूटे... = जब इन्द्रिय और मन-बुद्धि आदि का समवाय नष्ट हो जाता है, यह स्थूल और सूक्ष्म-शरीर चूर्ण-विचूर्ण हो जाता है, तब जीव निज स्वरूप में स्थिर होता है। यह अगम पन्थ किसी शूर का ही हो सकता है।
40. सच्चा योग गृहस्थाश्रम में ही सम्भव है। सहज सुन्न... = सहज ही शून्य में समा जाए (हठयोग आदि की क्रिया से नहीं), सहज समाधि लगावे (दे. पृ. 250-51)। उनमुनि = उन्मनी (दे. पृ. 237)। सुरत-निरत (देखिए ऊपर पद 17 की व्याख्या)। ज्यों का त्यों = निजरूप, हंस देह (दे. अनु. 4)।

[41]

संतो, सहज समाधि भली।
साँईं ते मिलन भयो जा दिनतें सुरत न अंत चली॥
आँख न मूँदूँ कान न रूँधूँ, काया कष्ट न धारूँ।
खुले नैन मैं हँस हँस देखूँ, सुंदर रूप निहारूँ॥
कहूँ सो नाम सुनूँ सो सुमिरन, जो कुछ करूँ सो पूजा।
गिरह-उद्यान एकसम देखूँ, भाव मिटाऊँ दूजा॥
जहँ जहँ जाऊँ सोई परिकरमा, जो कुछ करूँ सो सेवा।
जब सोऊँ तब करूँ दंडवत, पूजूँ और न देवा॥
शब्द निरंतर मनुआ राता, मलिन बचन का त्यागी।
ऊठत-बैठत कबहुँ न बिसरै, ऐसी तारी लागी॥
कहैं कबीर यह उनमुनि रहनी, सो परगट कर गाई।
सुख-दुख के इक परे परम सुख, तेहि में रहा समाई॥ —1-76

[42]

तीरथ में तो सब पानी है होवे नहीं कछु अन्हाय देखा।
प्रतिमा सकल तो जड़ हैं भाई, बोलें नहीं बोलाय देखा।
पुरान कोरान सबै बात है, या घट का परदा खोल देखा।
अनुभव की बात कबीर कहैं यह, सब है झूठी पोल देखा॥ —1-79

[43]

पानी बिच मीन पियासी।
मोहिं सुन सुन आवै हाँसी॥
घर में वस्तु नजर नहिं आवत।
बन बन फिरत उदासी॥
आतमज्ञान बिना जग झूँठा।
क्या मथुरा क्या कासी॥ —1-82

---

41. (देखिए पृ. 315)
43. भाव यह है कि भगवान तो घट-घटवासी हैं, फिर भी मूर्ख लोग उन्हें बाहर खोजते फिरते हैं। आत्मज्ञान से ही वह मिलते हैं, तीर्थव्रत से नहीं।

[44]

गगन मठ गैब निमान उड़े।
चंद्रहार चँदवा जँह टाँगे, मुक्ता-मानिक मढ़े।
महिमा तासु देख मन थिरकर, रवि-सीस जोत जरे।
कहैं कबीर पियै जोई जन, माना फिरत मरे। —1-97

[45]

साधो, को है कहँसें आयो।
तेहि के मन धौं कहाँ बसत है, को धौं नाच नचायो॥
पावक सर्व अंग काठहिमे, को धौं डहक जगायो।
हो गया खाक तेज पुनि वाको, कहुँ धौं कहाँ समायो॥
अहै अपार पार कछु नाहीं, सतगुरु जिन्है लखायो।
कहैं कबीर जेहि सूझ-बूझ जस, तेई तस आज सुनायो॥ —1-94

[46]

साधो, सहजै काया सोधो।
जैसे बट का बीज ताहि में पत्र-फूल-फल-छाया।
काया मद्धे बीज बिराजे, बीजा मद्धे काया।
अग्नि-पवन-पानी-पिरथी-नभ, ता-बिन मिलै नाहीं।
काजी पंडित करो निरनय को न आपा माहीं।
जल-भर कुंभ जलै बिच धरिया, बाहर-भीतर सोई।
उनको नाम कहन को नाहीं, दूजा धोखा होई।
कहैं कबीर सुनो भाई साधो, सत्य-शब्द निज सारा।
आपा-मद्धे आपै बोलै, आपै सिरजनहारा। —1-98

---

44. गैब = अद्‌भुत।

45. पावक... = काठ में सर्वत्र अग्नि है, फिर यह प्रकट कैसे होती है और प्रकट होने के बाद काठ को भस्म करके कहाँ लीन हो जाती है? भाव यह है कि भगवान भी सर्वव्यापक हैं; साधना से मिलते हैं और साधक के स्थूल शरीर को समाप्त करके फिर भी सर्वव्यापक बने रहते हैं। साधक के भीतर भगवान की ही ज्योति जलती है।

46. काया (शरीर) की शुद्धि सहज ही होती है, कृच्छ्राचार से नहीं। जिस प्रकार वट के बीज में ही उसके वृक्ष की सत्ता रहती है और उस सत्ता के अभाव में वृक्ष भी नहीं होता और पवन-पानी आदि भी नहीं पा सकता, उसी प्रकार आपा (= आत्मा) में ही सब कुछ है। जीवात्मा वस्तुत: परमात्मा से भिन्न नहीं है। जल से भरा हुआ घड़ा जैसे समुद्र में डुबाया जाए वैसे भगवान की असीम सत्ता के भीतर ही इस शरीर से आच्छन्न भगवदंश जीव है। उनका... = उनका नाम लेना उचित नहीं; क्योंकि नाम लेने से भ्रम हो सकता है कि वे मुझसे भिन्न हैं।

[47]

तरवर एक मूल बिन ठाढ़ा, बिन फूले फल लागे।
साखा-पत्र कछू नहिं ताके, सकल कमल-दल गाजे।
चढ़ तरवर दो पंछी बोले, एक गुरू एक चेला।
चेला रहा सो रस चुन खाया, गुरू निरंतर खेला।
पंछी के खोज अगम परगट, कहैं कबीर बड़ी भारी।
सब ही मूरत बीज अमूरत, मूरत की बलिहारी॥ —1-102

[48]

चलत मनसा अचल कीन्ही, मन हुआ रंगी।
तत्त्व में निहतत्त्व दरसा, संग में संगी॥
बँधते निर्बंध कीन्हा, तोड़ सब तंगी।
कहैं कबीर अगम गम कीया, प्रेम रंग रंगी॥ —1-107

[49]

जो दीसै सो तो है नाहीं, है सो कहा न जाई।
बिन देखै परतीत न आवै, कहै न को पतियाना।
समझ होय तो शब्दै चीन्है, अचरज होय अयाना।
कोई ध्यावै निराकार को, कोई ध्यावै आकारा।
या विधि इस दोनों तें न्यारा, जानैं जाननहारा।
वह राग तो लखा न जाई, मात्रा लगै न काना।
कहैं कबीर सो पढ़ै न परलय, सुरत-निरत जिन जाना। —1-105

[50]

मुरली बजत अखंड सदा से, तहाँ प्रेम झनकारा है।
प्रेम-हद्द तजी जब भाई, सत्त लोक की हद्द पुनि आई॥
उठत सुगंध महा अधिकाई, जाको वार न पारा है।
कोटि भान राग को रूपा, बीन सत-धुन बजै अनूपा॥ —1-126

---

47. तरवर = संसार; मूल बिना खड़ा है अर्थात् मायाजन्य है। गुरु = भगवान। चेला = जीव। रस चुन खाया = भोग भोगता रहा। गुर...खेला = भगवान लीला करते रहे। मूरत...बलिहारी = समस्त मूर्तियों यानी रूपों में वह अमूरत (अमूर्त, रूपहीन) होकर वर्तमान है, बलिहारी है उसकी इस मूर्ति (स्वरूप) की।

[51]

सखियो, हमहुँ भई बलमासी।
आयो जोबन बिरह सतायो, अब मैं ज्ञान गली अठिलाती।
ज्ञान-गली में खबर मिल गए, हमें मिली पिया की पाती।
वा पाती में अगम सँदेसा, अब हम मरने को न डराती।
कहत कबीर सुनो भाई प्यारे, बर पाए अविनासी। —1-129

[52]

साईं बिन दरद करेजे होय।
दिन नहिं चैन रात नहिं निंदिया, कासे कहूँ दुख होय।
आधी रतियाँ पिछले पहरवा, साईं बिना तरस रही सोय।
कहत कबीर सुनो भाई प्यारे, साईं मिले सुख होय। —1-130

[53]

कौन मुरली-शब्द सुन आनंद भयो
जोत बरे बिन बाती।
बिना मूल के कमल प्रगट भयौ
फुलवा फुलत भाँति भाँती।
जैसे चकोर चंद्रमा चितवै
जैसे चातक स्वाँती।
तैसे संत सुरत के होके
हो गए जनम सँघाती॥ —1-122

[54]

सुनता नहीं धुन की खबर, अनहद का बाजा बाजता।
रस मंद मंदिर बाजता, बाहर सुने तो क्या हुआ।
इक प्रेम-रस चाखा नहीं, अमली हुआ तो क्या हुआ॥
काजी किताबें खोजता, करता नसीहत और को।
महरम नहीं उस हाल से, काजी हुआ तो क्या हुआ।
जोगी दिगम्बर सेवड़ा, कपड़ा रँगे रँग लाल से।
वाकिफ नहीं उस रंग से, कपड़ा रँगे से क्या हुआ॥

---

51. भई बलमासी = बालम को पाने की उत्कट अभिलाषावाली हो गई।
54. अमली = नशा सेवन करने का अभ्यस्त। महरम = परिचित। सेवड़ा = श्वेटपट, श्वेताम्बर जैन साधु।

मंदिर-झरोखा-रावटी, गुल चमन में रहते सदा।
कहते कबीरा हैं सही हर-दम में साहिब रम रहा॥ —1-112

[55]

भक्ति का मारग झीना रे।
नहिं अचाह नहिं चाहना, चरनन लौ लीना रे।
साधन के रस-धार में, रहे निस-दिन भीना रे।
राग में स्रुत ऐसे बसे, जैसे जल मीना रे।
साँई सेवन में देत सिर, कुछ बिलम न कीना रे।
कहैं कबीर मत भक्ति का, परगट कर दीना रे। —1-73

[56]

भाई, कोई सतगुरु संत कहावै।
नैनन अलख लखावै॥
प्राण पूज्य किरियाते न्यारा, सहज समाधि सिखावै।
द्वार न रूँधे पवन न रोके, नहिं भवखंड तजावै।
यह मन जाय यहाँ लग जब ही परमातम दरसावै।
करम करै नि:करम रहै जो, ऐसी जुगत लखावै।
सदा विलास त्रास नहिं तन में, भोग में जोग जगावै।
धरती-पानी आकाश-पवन में अधर मँड़ैया छावै।
सुन्न सिखर के सार सिला पर, आसन अचल जमावै।
भीतर रहा सो बाहर देखै, दूजा दृष्टि न आवै। —1-68

[57]

साधो, शब्द-साधना कीजै।
जे ही शब्द ते प्रगट भये सब, सोई शब्द गहि लीजै॥
शब्द गुरु शब्द सुन सिख भये, शब्द सो बिरला बूझै।
सोई शिष्य सोई गुरु महातम, जेहि अंतर-गति सूझै॥
शब्दै वेद-पुरान कहत हैं, शब्दै सठ ठहरावै।
शब्दै सुर-मुनि-संत कहत हैं, शब्द-भेद नहिं पावै॥
शब्दै सुन सुन भेष धरत हैं, शब्दै कहै अनुरागी।
षट-दर्शन सब शब्द कहत हैं, शब्द कहै बैरागी॥
शब्दै काया जग उतपानी, शब्दै केरि पसारा।
कहै कबीर जहँ शब्द होत है, भवन भेद है न्यारा॥ —1-66

[58]

पीले प्याला हो मतवाला
प्याला नाम अमीरस का रे।
कहैं कबीर सुनो साधो
नख सिख पूर रहा विष का रे। —1-63

[59]

खसम न चीन्हैं बावरी, का करत बड़ाई।
बातन लगन न होयँगे, छोड़ौ चतुराई।
साखी शब्द संदेश पढ़ि, मत भूला भाई।
सार-प्रेम कछु और है, खोजा सो पाई॥ —1-52

[60]

सुखसिंध की सैर का स्वाद तब पाइ है,
चाह का चौतरा भूल जावै।
बीज के माँहि ज्यों बीज विस्तार यों
चाह के माँहि सब रोग आवै। —1-56

[61]

सुख सागर में आय के मत जा रे प्यासा।
अजहुँ समझ नर बावरे, जम करत निरासा॥
निर्मल नीर भरे तेरे आगे, पी ले स्वाँसो स्वाँसा।
मृगतृस्ना-जल छाँड़ बावरे, करो सुधारस आसा॥
ध्रु-प्रह्लाद-शुकदेव पिया, और पिया रैदासा।
प्रेमहि संत सदा मतवाला, एक प्रेम की आसा।
कहैं कबीर सुनो भाई साधो, मिट गई भय की बासा॥ —1-48

---

58. मनुष्य का शरीर नख से शिखा तक विषयरूपी विष से भरा है। उसमें रक्षा पाने का साधन नामरूपी अमृत-रस का पान करना ही है।
59. खसम = पति, परमात्मा।
60. चाह के माँहि = इच्छा के भीतर।
61. सुधारस = भगवान से प्रेम। मृगतृष्णा = विषय-सुख।

[62]

सती को कौन सिखावता है,
सँग स्वामी के तन जारना जी।
प्रेम को कौन सिखावता है,
त्याग माँहि भोग का पावना जी। —1-35

[63]

अरे मन धीरज काहे न धरै।
पसु-पंछी जीव कीट-पतंगा सबकी सुद्ध करै।
गर्भ-बास में खबर लेतु है बाहर क्यों बिसरै।
मन तू हसन से साहेब के भटकत काहे फिरै।
प्रीतम छाँड़ और को धारै, कारज इक न सरै॥ —1-39

[64]

साँई से लगन कठिन है भाई।
जैसे पपीहा प्यासा बूँद का, पिया पिया रट लाई।
प्यासे प्राण तड़फै दिन-राती, और नीर ना भाई।
जैसे मिरगा शब्द-सनेही, शब्द सुनन को जाई।
शब्द सुनै और प्रानदान दे, तनिको नाहिं डराई।
जैसे सती चढ़ी सत-ऊपर, पिया की राह मन भाई।
पावक देख डरे वह नाहीं, हँसत बैठे सदा माई।
छोड़ो तन अपने की आसा, निर्भय ह्वै गुन गाई।
कहत कबीर सुनो भाई साधो, नाहिं तो जनम नसाई। —1-117

---

63. हसन से साहेब के = सुन्दर प्रभु के रहते हुए।

64. साँई, प्रिय, बालम आदि शब्दों से कबीरदास का मतलब परमात्मा से है। ये पद समासोक्ति पद्धति पर लिखे गए हैं। एक-दो विशेषणों से ही इन पदों के वाच्यार्थ के साथ-ही-साथ अप्रस्तुत अर्थ उपस्थित हो जाता है। श्लेष इनमें नहीं है। इसीलिए प्रत्येक पद के दो-दो अर्थ खोजना ठीक नहीं होता। ये रूपक भी नहीं है; इसलिए प्रत्येक पद में किसका आरोप किया है यह प्रश्न भी ठीक नहीं है। ये सीधे प्रेम-ख्यापक पद हैं जिनमें कुछ विशेषणों का प्रयोग इस प्रकार किया गया है जिससे अप्रस्तुत भगवत्प्रेम प्रधान होकर स्वयं उपस्थित हो जाता है। 73, 85, 88, 95,98 आदि पद ऐसे ही हैं।

[65]

जब मैं भूला रे भाई
मेरे सतगुरु जुगत लखाई।
किरिया-करम-अचार छाँड़ा, छाँड़ा तीरथ का न्हाना।
सगरी दुनिया भई सयानी, मैं ही इक बौराना।
ना मैं जानूँ सेवा-बँदगी, ना मैं घंटा बजाई।
ना मैं मूरत धरी सिंहासन, ना मैं पुहुप चढ़ाई।
ना हरि रीझैं जप तप कीन्हें, ना काया के जारे।
ना हरि रीझैं धोती छाँड़े, ना पाँचों के मारे।
दया राखि धरम को पालै, जग सो रहे उदासी॥
अपना-सा जिव सबको जानै, ताहि मिलै अविनासी।
सहै कुशब्द बाद को त्यागै, छाँड़े गर्व-गुमाना।
सत्त नाम ताही को मिलिहै कहै कबीर सजाना॥ —1-22

[66]

मन ना रँगाए रँगाए जोगी कपड़ा।
आसन मारि मंदिर में बैठे
ब्रह्म-छाँड़ि पूजन लागे पथरा॥
कनवा फड़ाय जटवा बढ़ौले
दाढ़ी बढ़ाय जोगी होई गैले बकरा।
जंगल जाय जोगी धुनिया रमौले
काम जराय जोगी होय गैले हिजरा॥
मथवा मुँड़ा जोगी कपड़ा रंगौले,
गीता बाँच के होय गैले लबरा।
कहहिं कबीर सुनो भाई साधो,
जम दरवजवा बाँधल जैबे पकड़ा॥ —1-20

[67]

ना जानै तेरा साहब कैसा है।
मुल्ला होकर बाँग जो देवै,
क्या तेरा साहब बहरा है।

---

66. कनवा फड़ाय = कनफटे योगी कान चीरकर कुंडल धारण करते हैं। धुनिया रमौले = धूनी रमाई। लबरा = झूठा। बढ़ौले = बढ़ाया। गैले = गया।

कीड़ी के पग नेवर बाजे
सो भी साहब सुनता है।
माला फेरी तिलक लगाया,
लंबी जटा बढ़ाता है।
अंतर तेरे कुफर-कटारी,
यों नहिं साहब मिलता है॥ —1-9

[68]

हमसों रहा न जाए मुरलिया कै धुनि सुनि के।
बिना बसंत फूल इक फूलै भँवर सदा बोलाय।
गगन गरजै बिजुली चमकै, उठती हिये हिलोर।
बिगसत कँवल मेघ बरसाने चितवन प्रभु की ओर।
तारी लागी तहाँ मन पहुँचा, गैब धुजा फहराय।
कहैं कबीर आज प्रान हमारा, जीवत ही मर जाय॥ —3-102

[69]

जो खोदाय मसजीद बसतु है और मुलुक केहि केरा।
तीरथ-मूरत राम-निवासी बाहर करे को हेरा।
पूरब दिसा हरी कौ वासा पच्छिम अलह मुकामा।
दिल में खोज दिलहि में खोजौ इहैं करीमा-रामा।
जेते औरत-मरद उपानी सो सब रूप तुम्हारा।
कबीर पोंगड़ा अलह-राम का सो गुरु पीर हमारा। —3-2

[70]

सील-संतोष सदा समदृष्टि, रहनि गहनि में पूरा।
ताके दरस-परस भय भाजै, होइ कलेस सब दूरा॥

---

68. मुरलिया कै धुन = ब्रह्मांड में व्याप्त अनाहत नाद, जिसे साधक लोग भगवान की पुकार कहा करते हैं। इस पद की व्याख्या समाधि के पक्ष में हो सकती है। बिना वसन्त का फूलनेवाला फूल शून्य का सहस्रार चक्र है। भँवर का लक्ष्यार्थ मन है। मेघ बरसाने = समाधि की पूर्णता की हालत में 'धर्म मेघ' की धारासार वृष्टि होती है। उस समय योगी समस्त क्लेशों और कर्मों से निवृत्त हो जाता है ('पातंजल सूत्र', 4.29)। यहाँ उसी से मतलब है। तारी लगना = समाधि लगाना।
69. पौंगड़ा (पौगंड) = बालक।

निसि-बासर चरचा चित-चंदन, आन कथा न सोहावै।
करनी-धरनी संगीत गावै, प्रेम रंग उड़ावै॥
राग-स्वरूप अखंडित अविचल, निर्भय बेपरवाई।
कहैं कबीर ताहि पग परसो, घट घट सब सुखदाई॥ —3-9

[71]

साध-संगत पीतम उहाँ चल जाइए।
भाव-भक्ति-उपदेश तहाँ ते पाइए॥
संगत ही जरि जाव न चरचा नाम की।
दूलह बिना बरात कहो किस काम की॥
दुबिधा को कर दूर पीतम को ध्याइए।
आन देव की सेव न चित्त लगाइए॥
आन देव की सेव भली नाहिं जीव को।
कहैं कबीर विचार न पावै पीव को॥ —3-13

[72]

तोर हीरा हिराइल बा किचड़े में।
कोई ढूँढ़ै पूरब कोई ढूँढ़ै पच्छिम
कोई ढूँढ़ै पानी-पथरे में।
दास कबीर ये हीरा को परखैं
बाँध लिहलै जीयरा के अँचरे में। —3-26

[73]

आयौ दिन गौने कै हो, मन होत हुलास।
डोलिया उठावे बीजा बनवाँ हो, जहँ कोई न हमार॥
पइयाँ तोरी लागौं कहरवा हो, डोली घर छीन बार।
मिल लेवैं सखिया सहेलर हो, मिलौं कुछ परिवार॥
दास कबीर गावैं निरगुन हो, साधो करि ले बिचार।
नरम-गरम सौदा करि ले हो, आगे हाट ना बाजार॥ —3-26

---

72. हिराइल बा = खो गया है। बाँध लिहलै = बाँध लिया।

[74]

अरे दिल,
प्रेमनगर का अंत न पाया, ज्यों आया त्यों जावैगा।
सुन मेरे साजन सुन मेरे मीता, या जीवन में क्या क्या बीता॥
सिर पाहन को बोझा लीता, आगे कौन छुड़ावैगा।
परली पार मेरा मीता खड़िया, उस मिलने का ध्यान न धरिया।
टूटी नाव उपर जो बैठा, गाफिल गोता खावैगा॥
दास कबीर कहैं समुझाई, अंतनाल तेरा कौन सहाई।
चला अकेला संग न कोई, किया आपना पावैगा॥ —3-30

[75]

बेद कहे सरगुन के आगे निरगुन का बिसराम।
सरगुन-निरगुन तजहु सोहागिन, देख सबहि निज धाम।
सुख दुख वहाँ कछू नहिं ब्यापै, दरसन आठो जाम।
नर ओढ़न नूरै डासन, नूरै का सिरहान।
कहैं कबीर सुनो भाई साधो, सतगुरु नूर तमाम। —3-55

[76]

I. तू सूरत नैन निहार वह अंड में सारा है।
तू हिरदे सोच बिचार यह देश हमारा है।
सतगुरु दरस होय जब भाई,
वह दें तुमको प्रेम चिताई,
सुरत-निरत के भेद बताई,
तब देखे अंड कै पारा है॥ 1॥

सकल जगत में सत की नगरी,
चित्त भुलावै बाँकी डगरी,
सो पहुँचे चाले बिन पग री,
ऐसा खेल अपार है॥ 2॥

---

74. परली पार = उस पार। टूटी नाव का लक्ष्यार्थ गलत साधना मार्ग है।
75. वेद केवल सगुण के आगे निर्गुण ब्रह्म को बताकर कहता है कि वहीं विश्राम मिलता है। पर यह भी ठीक नहीं। वह निर्गुण सगुण से परे है। निर्गुण के भी आगे जीव सत्यपुरुष को पाता है, वही उसका अपना धाम है। (ऊपर दे. अनु. 4)। नूरै = प्रकाश ही। नूर तमाम = परिपूर्ण ज्योति।
76. I. अंड = ब्रह्मांड। सुरति-निरति (दे. पद 17 की टिप्पणी)।

II. लीला सुक्ख अनंत वहाँ की
जहाँ रास-विलास अपारा है,
गहन-तजन छूटे यह पाई
फिर नहिं पाना सताना है॥ 3॥
पद निरबान है अनंत अपारा
सुरति मूरति लोक पसारा,
सत्तपुरुष नूतन तन धारा
साहिब सकल रूप सारा है॥ 4॥
बाग-बगीचे खिली फुलवारी
अमृत-लहरैं हो रहीं जारी
हंसा केल करत तहँ भारी
जहँ अनहद घूरै अपारा है॥ 5॥
तामध अधर सिंहासन गाजै
पुरुष महा तहँ अधिक विराजै
कोटिन सूर रोम इक लाजै
ऐसा पुरुष दीदारा है॥ 6॥
पंथ बिना सतराग उचारैं
जो बेधत हिये मँझारा है।
जन्म जन्म का अंमृत धारा
तहँ अधर-अंमृत फुहारा है॥ 7॥
सत से सत्त सुन्न कहलाई,
सत्त भँडार याही के माँहीं,
नि:तत रचना ताहि रचाई
जो सबहिन तें न्यारा है॥ 8॥
अहद लोक वहाँ है भाई,
पुरुष अनामी अकह कहाई।
जो पहुँचे जानेंगे वाही
कहन सुनन ते न्यारा है॥ 9॥
रूप-सरूप कछू वहँ नाहीं,
ठौर-ठाँव कछु दीसै नाहीं।
अजर-तूल कछु दृष्टि न आई
कैसे कहूँ सुमारा है॥ 10॥

---

76. II. गहन-तजन = ग्रहण और त्याग।

जापर किरपा करिहै साईं
अनहद मारग गावै ताहीं।
उद्‌भव परलय पावत नाहीं
जब पावै दीदारा हो॥ 11॥
कहैं कबीर मुख कहा न जाई
ना कागद पर अंक चढ़ाई।
मानों गूँगे सम गुड़ खाई
कैसे बचन उचारा हो॥ 12॥ —3-48

[77]

चल हंसा वा देस जहँ पिया बसै चितचोर।
सुरत सोहागिन है पनिहारिन, भरे ठाढ़ बिन डोर॥
वहि देसवाँ बादर ना उमड़ै रिमझिम बरसै मेह।
चौबारे मैं बैठ रहो ना, जा भीजहु निर्देह॥
वहि देसवा में नित्त पूर्निमा, कबहुँ न होय अँधेर।
एक सुरज कै कवन बतावै, कोटिन सुरज उँजेर॥ —3-60

[78]

कहैं कबीर सुनो हो साधो, अंमृत-बचन हमार।
जो भल चाहो आपनो, परखो करो बिचार॥
जे करतातैं ऊपजै, तासों परि गयो बीच।
अपनी बुद्धि विवेक-बिन, सहज बिसाही मीच॥

---

77. सुरत डोर = सुरति रूपी सुहागिन जहाँ बिना डोरी के ही पानी भरती है। डोरी यहाँ ध्यान के लिए व्यवहृत है (तु. धागा टुटिया गगन बिनसिगा)। भाव यह है कि वहाँ सहज ही भगवान के प्रति प्रीति बनी रहती है। मोह = आनन्दवर्षा, समाधि के पक्ष में धर्ममेघ (दे. 68 पद की टिप्पणी)। चौबारे...निर्देह = वहाँ ओसारे में बैठ रहने की जरूरत नहीं है, वहाँ बिना देह के ही उस आनन्द-वृष्टि में भीगना उचित है; क्योंकि देह वहाँ होती ही नहीं।

78. परखो = परीक्षा करो। पारख पद के लिए (दे. अनु. 7)। जे... मीच = जिस कर्ता से उत्पन्न हुए उससे अज्ञान के कारण तुम भिन्न हो गए हो। अपनी ही या विवेकशून्य बुद्धि के कारण तुमने अनायास ही मृत्यु विसाही है (विसाहना = खरीदना)। यहि में ते...संदेस = इसी बुद्धि में से सब मत और सब उपदेश निकले हैं (जो सब अज्ञान से उत्पन्न होने के कारण भ्रान्त हैं)। तुम निश्चय करो और (सत्य को ग्रहण करके) निर्भय रहो और परम सत्य का सन्देश सुनो। धमार = गान-विशेष, हुड़दंग। दूरहि करता...आस = कर्ता को दूर रखकर उससे विरुद्ध दूर की बात की आशा लगाते हो। बिसूर = पछताकर, दु:ख करके।

यहि में ते सब मत चलै, यही चल्यौ उपदेस।
निश्चय गहि निर्भय रहो, सुन परम तत्त संदेस॥
केहि गावो केहि ध्यावहू, छोड़ो सकल धमार।
यह हिरदे सबको बसे, क्यों सेवो सुन्न-उजाड़॥
दूरहि करता थापिकै, करी दूर की आस।
जो करता दूरै हुतै, तो को जग सिरजै पास॥
जो जानो यहँ है नहीं, तो तुम धावो दूर।
दूर से दूर भ्रमि भ्रमि, निष्फल मरो बिसूर।
दुरलभ दरसन दूर के, नियर सदा सुख-बास॥
कहैं कबीर मोंहि व्यापिया, मत दुख पावै दास।
आप अपनपौ चीन्हहू नख-सिख सहित कबीर।
आनंद-मंगल गावहू, होहि अपनपौ थीर॥ —3-63

[79]

नाहीं धर्मी नाहीं अधर्मी, ना मैं जती न कामी हो।
ना मैं कहता ना मैं सुनता, ना मैं सेवक-स्वामी हो।
ना मैं बँधा ना मैं मुक्ता, ना मैं बिरत न रंगी हो।
ना काहू से न्यारा हूआ, ना काहू के संगी हो।
ना हम नरक-लोक को जाते, ना हम सुर्ग सिधारे हो।
सब ही कर्म हमारा कीया, हम कर्मन तें न्यारा हो।
या मत को कोई बिरलै बूझै, सो अटर हो बैठे हो।
मत कबीर काहू को थापै, मत काहू को मेटे हो। —3-66

[80]

सत्त नाम है सबतैं न्यारा।
निर्गुन-सर्गुन शब्द-पसारा॥
निर्गुन बीज सर्गुन फल-फूला।
साखा ज्ञान नाम है मूला॥
मूल गहेंतें सब सुख पावै।
डाल-पात में मूल गँवावै।
साईं मिलानी सुख दिलानी।
निर्गुन-सर्गुन भेट मिटानी॥ —3-69

---

79. अटर = अटल।

[81]

प्रथम एक जो आपै आप। निरकर निर्गुन निर्जाप॥
नाहिं तव आदि-अंत-मध-तारा। नहिं तव अंध-धुंध उजियारा॥
नहिं तव भूमि-पवन-आकासा। नहिं तव पावक-नीर-निवास॥
नहिं तव सुरसुति-जमुना-गंगा। नहिं तव सागर-समुद्र-तरंगा॥
नहिं तव पाप-पुन्न नहिं वेद-पुराना। नहिं तव भयो कतेब-कुराना॥
कहैं कबीर विचारिकै, तब कुछ किरपा नाहिं।
परम पुरुष तहँ आपही, अगम-अगोचर माहिं॥
करता कछु खावै नहिं पीवै। करता कबहूँ मरै न जीवै।
करता के कुछ रूप न रेखा। करता के कछु बरन न भेखा॥
जाके जात-गोत कछु नाहीं। महिमा बरनि न जाय मो पाहीं।
रूप-अरूप नहीं तेरा नाँव। बर्न-अबर्न नहीं तेहि ठाँव॥ —3-74

[82]

कहैं कबीर विचारिके, जाकै बर्न न गाँव॥
निराकार और निर्गुना, है पूरन सब ठाँव॥
करता आनंद खेल लाई, ओंकारते सृष्टि उपाई॥
आनंद धरती आनंद आकास। आनंद चंद-सूर परकास॥
आननंद आदि-अंत-मध-तारा। आनंद अंधकूप उजियारा॥
आनंद सागर-समुद्र-तरंगा। आनंद सुरसुति जमुना-गंगा॥
करता एक और सब खेल। मरत-जनम बिरह-मेल॥
खेल जल-थल-सकल जहाना। खेल जानौं जमी असमाना॥
खेल का यह सकल पसारा। खेल माँहि रहै संसारा॥
कहैं कबीर सब खेलन माहीं। खेलनहारकों चीन्हैं नाहीं॥ —3-76

[83]

झी झी जंतर बाजै।
कर चरन बिहूना नाचै।
कर बिनु बाजै सुनै श्रवन बिनु

---

82. करता... = कर्ता ने आनंद से ही सब कुछ उत्पन्न किया है और सब कुछ आनंद ही है। खेल = लीला।

83. कर चरन बिहूना = बिना हाथ-पैर के। पाट न सुबास = न कोई पाट है न सुवास है। पाट = राज-सिंहासन। सुवास = प्रजा के बसाने का काम। सभा बिनु अवसर = कोई सभा नहीं है (जो नाच देखे)। किन्तु अवसर (सर्वावसर = आम दरबार) है। पाँचवीं पंक्ति का पाठ 'पाट →

श्रवन श्रोता लोई।
पाट न सुबास सगा बिनु अवसर
बूझौ मुनि-जन सोई॥ —3-84

[84]

मोर फकिरवा माँगि जाय,
मैं तो देखहू न पौल्यों।
मंगन से क्या माँगिए,
बिन माँगे जो देय।
कहैं कबीर मैं हौं वाही को,
होनी होय सो होय॥ —3-89

[85]

नैहर से जियरा फाट रे।
नैहर नगरी जिनके बिजड़ी, उसका क्या घर-बाट रे।
तनिक जियरवा मोर न लागै, तन-मन बहुत उचाट रे।
या नगरी में लख दरवाजा, बीच समुंदर घाट रे।
कैसेकै पारा उतरिहैं सजनी, अगम पंथ का घाट रे।
अजब तरह का बना तंबूरा, तार लगै मन मात रे।
खूँटी टूटी तार बिलगाना, कोउ न पूछत बात रे।
हँस हँस पूछौ मातु-पिता सों, भोंरें सासुर जाब रे।
जो चाहैं सो वो ही करिहैं, पत वाही के हाथ रे।
न्हाय-धोय दुल्हिन होय बैठी, जोहै पिय की बाट रे।
तनिक घुघटवा दिखाव सखी री, आज सोहाग की रात रे।
कहैं कबीर सुनो भाई साधो, पिया-मिलन की आस रे।
भोर होत बंदे याद करोगे, नींद न आवे खाट रे। —3-99

→ बिनु वास, सभा बिनु अवसर' ठीक जान पड़ता है। अवसर = दरबार। भाव यह है कि राज-पाट तो उसके नहीं हैं पर उसने सबको वास दिया है और सभा अर्थात् दरबारी बैठक-घर तो उसके पास नहीं है पर उसका खुला दरबार लगा हुआ है।

84. मेरा फकीर मुझसे कुछ माँग गया और मैं उसे देख भी नहीं पाया। हाय, मैं स्वयं भिखारी हूँ, मंगन से क्या माँगना! फिर उस मंगन से माँगने का तो कोई प्रश्न ही नहीं उठता जो बिना माँगे ही अपना सर्वस्व दे दे। फकीर कहते हैं कि मैं तो उसी का हूँ अब जो होना हो सो होवे।

85. तंबूरा से शरीर का लक्ष्य है (दे. पद 39 की टिप्पणी)। खूँटी-तार इन्द्रिय और अन्त:करण की ओर इशारा करते हैं। नैहर से इस दुनिया का और सासुर से परलोक का अर्थ लक्षित है।

[86]

जीव महल में सिव पहुनवाँ कहाँ करत उनमांद रे।
पहुछा देवा करिलै सेवा, रैन चली आवत रे।
जुगन जुगन करै पतीछन, साहब का दिल लाग रे।
सूझत नाहिं परम सुख-सागर, बिना प्रेम बैराग रे।
सरवन सुर बुझि साहेब से, पूरन प्रगट भाग रे।
कहैं कबीर सुनो भाग हमारा, पाया अचल सोहाग रे॥ —3-96

[87]

गगनघटा घहरानी साधो, गगनघटा घहरानी।
पूरब दिस से उठी है बदरिया, रिमझिम बरसत पानी।
आपन-आपन मेंड़ सम्हारो, बह्यौ जात यह पानी।
सुरत-निरत का बेल नहायन, करै खेत निर्वानी।
धान काट मार घर आवै, सोई कुसल किसानी।
दोनों थार बराबर परसैं, जेवैं मुनि और ज्ञानी॥ —1-71

[88]

आज दिनके मैं जाऊँ बलिहारी।
पीतम साहेब आहे मेरे पहुना, घर-आँगन लगे सुहौना॥
सब प्यास लगे मंगल गायन, भये मगन लखि छवि मनभावन॥
चरन पखारूँ बदन निहारूँ, तन-मन-धन सब साईं पै वारूँ॥
जा दिन पाए पिया धन सोई, होत अनंद परम सुख होई॥
सुरत लगी सत नाम की आसा, कहैं कबीर दासन के दासा॥ —3-118

[89]

कोई सुनता है ज्ञानी राग रागन में, आवाज होती पानी।
सब घट पूरन पूर रहा है, सब सुरन के खानी।

---

86. पहुनवाँ = अतिथि। सिव = परमात्मा। सरवन...से = जो शब्द कानों से सुना था उसे साहब से समझ लो।

87. गगनघटा (समाधि पक्ष में) समाधि-काल की धर्म-मेघ की वृष्टि। पूरब दिन से = पूर्वजन्म के पुण्य से। मेंड़ सँभालने से संयम-नियम की ओर इशारा है। धान काटना = परम पुरुषार्थ को पाना। दोनों थार = सुरति-निरति की थालियाँ।

89. पानी = तीव्र, गम्भीर। छपी पोथियों में 'झीनी' पाठ है। जो तन...तपानी = जिसने शरीर पाकर भी अपने-आपको खंडसत्य ही दिखाया उसकी तृष्णा कभी शान्त नहीं हुई। क्योंकि उसने→

जो तन पाया खंड देखाया, तृस्ना नहीं बुझानी।
अंमृत छोड़ खंडरस चाखा, तृस्ना ताप तपानी॥
ओं अंग सो अंग बाजा बाजे, सुरत-निरत समानी।
कहैं कबीर सुनो भाई साधो, यही आपकी बानी॥ —1-100

[90]

मैं कासों कहों आपन पिय की बात री।
कहैं कबीर बिछुड़ नहिं मिलिहौ
ज्यों तरवर छोड़ बनधाम री॥ —1-108

[91]

संसकिरत भाषा पढ़ि लीन्हा, ज्ञानी लोक कहो री॥
आसा तृस्ना में बहि गयो सजनी, काम के ताप सहो री॥
मान-मनीकी मटुकी सिर पर, नाहक बोझ मरो री॥
मटुकी पटक मिलो पीतम से, साहेब कबीर कहो री॥ —3-12

[92]

चरखा चलै सुरत बिरहिन का।
काया नगरी बनी अति सुंदर, महल बना चेतन का।
सुरत भाँवरी होत गगन में, पीढ़ा ज्ञान-रतन का।
मिहीन सूत बिरहिन कातैं, माँझा प्रेम भगति का।
कहैं कबीर सुनो भाई साधो, माला गूँथो दिन रैन का।
पिया मोर ऐहैं पगा रखिहैं, आँसू भेंट देहौं नैन का। —3-110

→ सम्पूर्ण सत्य के अमृतरस को छोड़कर खंडरस का ही आस्वादन किया। ओं अंग सो अंग = 'वे ही यह है और यही वे हैं' (क्षि. मो. से.)। छपी पोथियों में 'ओहं सोहं' पाठ है और पूरा पद योगमूलक है। कबीर सम्प्रदाय में तीन ध्वनियों की चर्चा है—ओहं सोहं, और झंकार। इन तीनों की विरति होने पर शुद्ध शब्द सुनाई देता है और उसमें सुरति और निरति का लय हो जाता है।

91. मान-मनी = मानना-मनाना।

92. सुरतिरूपी विरहिनी का चरखा चल रहा है। सुरत भाँवरी = प्रेम की भाँवर जो ब्याह के समय वर-कन्या देते हैं। माँझा = वर-कन्या के वे पीले वस्त्र जो हल्दी चढ़ने पर पहने जाते हैं। माला गूँथों... = दिन और रात की माला (वर-माला) गूँथूँ (उन्हीं महीन सूतों से)। पगा रखिहैं = चरण रखेंगे, पधारेंगे। आँसू... = आँखों का आँसू उपहार दूँगा।

[93]

कोटिन भानु-चंद्र तारा-गन छत्र की छाँह रहाई।
मन में मन नैनन में नैना, मन नैना इक हो जाई।
सुरत सोहागिन मिलन पिया को, तनकै नयन बुझाई।
कहैं कबीर मिलै प्रेम-पूरा, पिता में सुरत मिलाई। —3-111

[94]

अवधू बेगम देस हमारा।
राजा-रंक-फकीर-बादसा, सबसे कहौं पुकारा।
जो तुम चाहो परम पद को, बसिहो देस हमारा॥
जो तुम आए झीने झोके, तजो मन की भारा।
धरन-अकास-गगन कछु नाहीं, नहीं चंद्र नहिं तारा॥
सत्त-धर्म की हैं महताबें, साहेब के दरबारा।
कहैं कबीर सुनो हो प्यारे, सत्त-धर्म है सारा॥ —1-92

[95]

साँई के संग सासुर आई।
संग ना रही स्वाद ना जान्यो, क्यों जोबन सुपने की नाईं।
सखी-सहेली मंगल गावें सुख दुख माथे हरदी चढ़ाई।
भयौ विवाह चली बिन दूलह, बाट जात समधी समझाई।
कहैं कबीर हम गौने जैबे, तरब कत लै तूर बजाई। —1-109

[96]

समुझ देख मन मीत पियरवा,
आसिक होकर सोना क्या रे।
पाया हो तो दे ले प्यारे,
पाय पाय फिर खोना क्या रे।
जब अँखियन में नींद घनेरी,
तकिया और बिछौना क्या रे।
कहैं कबीर प्रेम का मारग,
सिर देना तो रोना क्या रे। —1-75

---

94. बेगम देस = बिना गम का देश; समासोक्ति से बेगम (रानी) का देश जिसके लिए बादशाह और राजा व्याकुल रहते हैं। मन की भारा = मन की कल्पना को बोझ। जो तुम... = तुम यदि सूक्ष्म रूप में आए हो तो मानसिक कल्पनाओं के भार को छोड़ दो। महताबें = ज्योतियाँ।

[97]

साहेब हममें साहेब तुममें, जैसे प्राना बीज में।
मत कर बंदा गुमान दिल में, खोज देख ले तन में।
कोटि सूर जहँ करते झिलमिल, नील सिंध सोहे गगन में।
सब ताप मिट जाँय देही के, निर्मल होय बैठी जग में।
अनहद घंटा बजै मृदंगा, तन सुख लेहि पियार में।
बिन पानी लागी जहँ बरषा, मोती देखि नदीन में।
एक प्रेम ब्रह्मांड छाय रह्यो है, समझे विरले पूरा।
अंध भेदी कहा समझेंगे, ज्ञान के घर तैं दूरा।
बड़े भाग अलमस्त रंग में, कबिरा बोलै घट में।
हंस-उबारन दुःख-निवारन, आवागमन मिटै छन में। —209

[98]

रितु फागुन नियरानी, कोई पिया से मिलावे।
पिया को रूप कहाँ लग बरनूँ, रूपहिं माँहि समानी।
जो रंगरंगे सकल छबि छाके, तन-मन सभी भुलानी।
यों मत जाने यहि रे फाग है, यह कुछ अकह-कहानी।
कहैं कबीर सुनो भई साधो, यह गत बिरले जानी॥ —2-98

[99]

नारद, प्यार सो अंतर नाहीं।
प्यार जागै तौही जागूँ प्यार सोवै तब सोऊँ॥
जो कोई मेरे प्यार दुखावै जड़ा-मूल सों खोऊँ॥
जहाँ मेरा प्यार जस गावै तहाँ करौं मैं बासा॥
प्यार चले आगे उठ धाऊँ मोहि प्यार की आसा॥
बेहद्द तीरथ प्यार के चरननि कोट भक्त समाय॥
कहैं कबीर प्रेम की महिमा प्यार देत बुझाय॥ —2-111

99. जो कोई... = जो कोई मेरे प्यार को कष्ट देता है उसे जड़-मूल से वंचित कर देता हूँ। बेहद्द... चरननि = प्रिय के चरणों में अनेक तीर्थ बसते हैं। कोट...समाय = वहाँ (चरण-तल में) करोड़ों भक्त समा जाते हैं।

[100]

कोई प्रेम की पेंग झुलावै।
भुज के खंभ और प्रेम के रस से,
तन-मन आजु झुलाव रे।
ननद बादर की झर लाओ,
श्याम घटा उर छाव रे।
आवत आवत श्रुतकी राह पर,
फिकर पिया को सुनाव रे।
कहतु कबीर सुनो भाई साधो,
पिया को ध्यान चित लाव रे। —1-122

[101]

मैं बुनि करि सिरांनां हो राम, नालि करम नहीं ऊबरे।
दखिन कूंट जब सुनहा भूँका, तब हम सुगन बिचारा।
लरके परके सव जागत हैं, हम घरि चोर पसारा हो राम॥
तांनां लीन्हां बांनां लीन्हां, लीन्हें गोडके पउवा।
इत-उन चितवत कठवत लीन्हां माँड चलवनां डउवा हो राम॥
एक पग दोइ पग त्रेपग, संधे संधि मिलाई।
करि परपंच मोट बँधि आयो, किलिकिलि सबै मिटाई हो राम॥
ताना तनि करि बांनां बुनि करि, छाक परी मोहि ध्यान।
कहैं कबीर पैं बुनिकै सिरांनां, जानत हैं भगवांनां हो राम॥

---

100. भुज के खंभ...रे = दोनों भुजाओं के खम्भे पर प्रेम के रस से तन और मन को झुलाओ। आवत...रे = कान के पास आ-आकर प्रिय को व्याकुलता की बात सुनाओ।

101. हे राम, मैं बुनकर थक गया हूँ, पर यह नाल का काम खतम नहीं होता। (नाली = नाल, जुलाहों की नली, छूँछा)। दक्षिणी खूँट (किनारे) पर जब सुनहा (= कुत्ता) भौंका तब मैंने सगुन विचारा। (मुझे मालूम हुआ कि यद्यपि) लड़के-पड़के (बाल-बच्चे) सभी जगे हुए हैं तथापि मेरे घर में चोर पैठ गया है (मृत्यु का प्रवेश हो गया है)। ताना = कपड़ा बुनने के लिए लम्बाई में तना हुआ सूत। बाना = चौड़ाई में बुना जानेवाला सूत। गोड = टेढ़ी बँधी हुई दो कमठी या लकड़ियाँ जो ताने को दोनों तरफ से थामे रहती हैं। पउवा = 'गोड' का आधारकाष्ठ; कठवत = कठौती, काठ का बर्तन। इसे जुलाहे माँडी सानने के लिए व्यवहार करते हैं। डउवा = डोआ, काठ की करछुल। एक पग... = एक पग दो पग तीन पग बनता हुआ, मैंने सन्धि में सन्धि मिलाई, जोड़ बैठाया परन्तु सब प्रपंच करने पर मोट बँध आया (कपड़ा बन नहीं सका) तब मैंने सब टंटा मिटा दिया। (अब) ताना तान लेने के बाद और बाना बुन लेने के बाद मुझे मस्ती (छाक, छकने का भाव) का ध्यान आया है। हे राम! अब तो मैं बुनकर हार गया, भगवान ही जानते हैं।
विशेष— जुलाहे से मतलब चपल वृत्तिवाले मनुष्य से है। कपड़ा बुनना—सांसारिक प्रपंच में पड़ना। चोर = मृत्यु। छाक = सांसारिक प्रपंचों से हाथ खींचकर भगवद्भजन में निमग्न होना। (दे. पद 104)।

[102]

को बीनै प्रेम लागौ री माई को बीनै।
राम रसाइण-माते री माई को बीनै।
पाई पाई तूँ पतिहाई, पाई की तुरियाँ बेंचि खाई
री माई को बीनै।
ऐसें पाई पर बिथुराई, त्यूँ रस आनि बनायौ
री माई को बीनै॥
नीचे ताना नीचै बाना, नाचै कूँच पुरानां
री माई को बीनै॥
करगहि बैठि कबीरा नाचै चूहै काट्या तानां
री माई को बीनै॥

[103]

अंमृत बरिसै हीरा निपजै
घंट पड़ै टकसाल।
कबीर जुलाहां भया पारषू
अनभै उतर्‌या पार॥ 1॥
कबीर हरि-रस यों पिया,
बाकी रही न थाकि।
पाका कलस कुम्हार का
बहुरि न चढ़ई चाकि॥ 2॥

---

102. कौन बुने यह कपड़ा! माई री, मुझे प्रेम का चस्का लग गया है, मैं राम-रसायन पीकर मतवाली बन गई हूँ। (पाई = सूत को सुलझाकर कूँचे से साफ करने की क्रिया। पतिहाई = पतिया गई, विश्वास कर लिया। तुरियाँ = तुरी, कूँचा) पाई...खाई = मैंने कूँचे से सूत साफ करने की क्रिया पा ली है, यह बात तूने विश्वास कर ली, लेकिन मैं तो पाई की तुरिया भी बेचकर खा गई! उस क्रिया का साधन भी हजम कर गई। माई री कौन बुने! ऐसे...इस प्रकार (इस प्रेम का) कुछ ऐसा रस बन आया कि मैंने पाई पर यह सारा रस फैला दिया है, कौन बुने यह कपड़ा! (इस रस से मत्त होने के कारण मुझे दिख रहा है कि) ताना नाच रहा है, बाना नाच रहा है, कूँचा और भरना (ताना को भरनेवाला सूत) भी नाच रहे हैं और करिगह (बुनने के स्थान) में बैठा हुआ कबीर भी नाच रहा है। माई री, इस ताने को चूहा काट गया है (यह कपड़ा बुनने के काम लायक रहा ही नहीं), कौन बुने भला इसे!

103. भगवान का साक्षात्कार होने पर जीव अपने वास्तविक स्वरूप में स्थित हो जाता है। उस समय अमृत की धारासार वर्षा होती है। उस वर्षा में हीरा (सबसे बहुमूल्य उज्ज्वल और अटूट होने के कारण हीरा परम पद का सूचक है) उपजता है, उसकी प्रामाणिकता सूचित करने के लिए टकसाल का घंटा बजता रहता है (गुरु की सार-वाणी की ध्वनि सुनाई देती है)। →

[104]

जोलाहा बीनहु हो हरिनामा, जाके सुर-नर-मुनि धरे ध्याना॥
ताना तिनको अहुँठा लीन्हौ, चरखी चारिहु बेदा॥
सर-खूँटी एक रामनरायन, पूरन, प्रगटे कामा॥
भवसागर एक कठवत कीन्हौं, तामहँ, माँड़ी साना॥
माँड़ी के मन माँड़ि रहा है माँड़ी बिरले जाना॥
चाँद-सुरज दुई गोड़ा कीन्हौं, माँझ-दीप कियो माँझा॥
त्रिभुवननाथ जो माँजन लागे, स्याम मुररिया दीन्हा॥
पाई करि जब भरना लीन्हौं, बै बाँधे को रामा॥
बै भरा तिहुँ लोकहिं बाँधै, कोई न रहता उबाना॥
तीनि लोक एक करिगह कीन्हों दिगमग कीन्हौं ताना॥
आदि पुरुष बैठावन बैठे, कबिरा जोति समाना॥

→ कबीर जुलाहा इसी प्रकार पारखी हुआ है (दे. परिशिष्ट 1, अनु. 7) और अनुभव से ही पार उतर गया॥ 1॥ थाकि स्थिति; कबीर ने हरि-रस इस प्रकार पिया है कि अब कोई जीने-मरने की स्थिति उसके लिए नहीं रह गई है। वह कुम्हार के उस पक्के कलश के समान हो गया है जो फिर से चाक पर नहीं चढ़ता। (वह आवागमन के चक्कर से मुक्त हो गया है!)

104. यह 'बीजक' का प्रसिद्ध पद (शब्द 64) है। टीकाकारों ने इसके विस्तृत अर्थ दिये हैं। अहूँठा = वस्त्र मापने का गज; यहाँ साढ़े तीन हाथ माप का शरीर। चरखी, वह यंत्र है जिस पर सूत लपेटा जाता है। सर-खूँटी = सरकंडे की लकड़ियाँ जो ताने को अलग-अलग किये रहती हैं। राम = चैतन्य। नारायण = चैतन्य का अधिष्ठान जड़। माँड़ी = कपड़े में कलफ देने का मसाला विशेष। चाँद-सूर्य = इड़ा और पिंगला नाड़ियाँ। माँझ-दीप = मध्यवर्ती द्वीप, सुषुम्ना। त्रिभुवननाथ = मन। मुररिया = 1. माँजते समय सूत टूट जाने पर जब उसे बाँधते हैं तो 'मुरेरा 'देना कहते हैं, 2. मुरली को स्मरण दिलाता है। पाई = सूत साफ करने की क्रिया। भरना = कमठियों के बीच से सूत निकालकर ताना भरा जाता है। बै बाँधै = ताना के आधे-आधे सूत नीचे-ऊपर ले जाने के लिए राछ की कमचियों के छेदों से एक-एक तागा निकालकर बाँधते हैं उसे बै बाँधना कहते हैं। माझा = सूत को माँजकर साफ करना। तिहुँ लोक = तीन फेरी करके सूत को गाँस देते हैं उसे तिलोक कहते हैं (विश्व.)। उबान = कपड़े में जो सूत बाहर रह जाता है उसे उबान कहते हैं। करिगह = कपड़ा बुनने का स्थान। दिगमग = जहाँ-तहाँ डाल देना (विश्व); दूसरे टीकाकार 'डगमग' अर्थात् चंचल अर्थ करते हैं। बैठावन = कपड़े को समेटकर जुलाहा सूतों को बैठावन बैठाता है अर्थात् जमाता है। पद का भाव यह है कि ऐ चपल वृत्तिवाले मनुष्य (जुलाहा), हरि-नाम का कपड़ा बुनो जिसका देवता, मनुष्य और मुनि ध्यान करते हैं। इस शरीर के भीतर अंगुष्ठमात्र जीव को मापने का गज बनाओ, उन चारों वेदों को चरखी बनाओ जिनमें सद्-विचार के सूत लिपटे हुए हैं, चेतन (राम) और अचेतन (नारायण) को सर और खूँटी बनाओ, भवसागर को कठौता बनाओ→

[105]

जहिया किरतम ना हता, धरती हती न नीर।
उतपति परलय ना हता, तब की कहैं कबीर॥

[106]

हौं तो सबही की कहों मोकों कोउ न जान।
तबौ भला अब भी भला, जुग जुग होउँ न आन॥ 1॥
कलि खाटा, जग आँधरा, सब्द न मानै कोय।
जाहि कहौं हित आपुना, सो उठि बैरी होय॥ 2॥
मसि-कागज छूयो नहिं, कलम गही नहिं हात।
चारिउ जुग को महातम मुखहि जनाई बात॥ 3॥
बोली हमरी पूर्व की, हमें लखै नहिं कोय।
हमको तो साईं लखै, धुर पूरब का होय॥ 4॥

→ और उस कठौते में इस त्रिगुणात्मक शरीर को ही माँड़ी समझो। कोई बिरला ही इसे जानता है, क्योंकि यद्यपि यह कपड़े की माँड़ी की भाँति फलस्वरूप है तो भी कपड़े की माँड़ी के समान ही माँजने पर निर्मल बना देने का साधन भी है। जुलाहे कपड़े में माँड़ी देकर माँजते हैं जिससे कपड़े की मैल कट जाती है। यहाँ मन ही माँजनेवाला है। इस कपड़े के ताने को इड़ा और पिंगला नाड़ियों के गोड़े से फैलाओ और मन के द्वारा उनकी मध्यवर्ती नाड़ी सुषुम्ना का शोधन करो (माँजो)। माँजते समय यदि सूत टूट जाए तो श्याम नाम की गाँठ बाँध दो जो श्याम की मुरली के समान तुम्हारा ध्यान अपनी ओर खींचे रहेगा। कूँचे से सूत साफ करके जब इस हरि-नाम के वस्त्र का भरना भरो तो 'राम' नाम के दो अक्षरों का बै बाँध लो। जिस प्रकार जुलाहे बै भरने के बाद तिलोका बाँधते हैं, उसी प्रकार तुम भी त्रैलोक्य को इन नाम में बाँध लो, तब तो कहीं कोई वस्तु उबान न रह जाएगा। तीनों लोक को ही करिगह बनाओ, फिर ताना को उठाकर अलग रखो और यदि पुरुष का बैठावन बैठाओ, अर्थात् इस हरिनाम के वस्त्र के प्रत्येक सूत को इस प्रकार जमाकर बैठाओ कि आदिपुरुषमय हो जाए और तुम्हें अपना सच्चा रूप सूझ जाए। कबीरदास कहते हैं कि इसी प्रकार का कपड़ा बुनकर वे ज्योति में समा गए हैं।

105. जहिया = जिस दिन। किरतम = करनेवाला, कर्ता। किसी-किसी टीकाकार ने कृत्रिम अर्थ किया है और किसी ने कार्य। परन्तु करनेवाला ही ठीक जान पड़ता है (तु. ऊपर 29वाँ पद)। हती = थी।

106. पूर्व की = 1. पूर्व दिशा की, 2. प्राचीन युग की।

[107]

आसन-पवन कियै दृढ़ रहु रे, मन का मैल छाँड़ि दे बौरे।
क्या सींगी-मुद्रा चमकाएँ, क्या विभूति मब अंग लगाएँ।
सो हिंदू सो मुसलमान, जिसका दुरस रहै ईमान।
सो ब्राह्मन जो कथै ब्रह्मगियान, काजी सो जानै रहेमान।
कहैं कबीर कछु आन न कीजै, राम-नाम जपि लाहा लीजै।

[108]

अवधू मेरा मन मतिवारा।
उन्मुनि चढ़ा गगन-रस पीवै, त्रिभुवन भया उजियारा।
गुड़ करि ज्ञान ध्यान करि महुवा, भव-भाठीं करि भारा।
सुषमन-नारी सहज समानीं, पीवै पीवनहारा।
दोई पुड़ जोड़ि चिगाई, भाठी चुआ महारस भारी।
काम-क्रोध-दुइ किया पलीता, छूटि गई संसारी।
सुनि मंडल में मँदला बाजै, तहँ मेरा मन नाचै।
गुरुप्रसादि अंमृत फल पाया, सहजि सुषमनां काछै।
पूरा मिल्या तबै सुख उपज्यो तप की तपनि बुझानी।
कहैं कबीर भवबंधन छूटै, जोतिहि जोति समानी।

---

107. लाहा = लाभ। सींगी मुद्रा आदि के लिए दे. पृ. 220-21

108. उन्मुनि = समाधि। गगनरस = शून्य चक्र में प्राप्य आनन्द, भावाभाव-विनिर्मुक्ता अवस्था (दे. पृ. 258)। गुड़ करि...संसारी = (मदिरा रूपक है) ज्ञान के गुड़ और ध्यान के महुआ से संसार-रूपी भट्ठी में महारस (आनन्द) की मदिरा चुआई। दोनों लोक में दो पुटों को जोड़कर यह रस चुआया गया है। भट्ठी को जलाने के लिए काम और क्रोध के दो पलीते बनाए हैं। सुषुम्ना नाड़ीरूपी नारी सहज में समाकर इस रस को पिला रही है और पीनेवाला छककर पी रहा है। इस महारस के पान से संसार के बन्धन—संकोच, झिझक, लज्जा—छूट गए हैं। सुंनि...शून्य चक्र में मादल बज रहा है और वहाँ मेरा मन नाच रहा है। गुरुप्रसादि...काछै = गुरु के प्रसाद से सहज ही सुषुम्ना के पास मैंने अमृन रस पा लिया। काययोग के द्वारा जो रस मिलता है वह क्षणिक होता है, किन्तु जब तक सहज समाधि की अवस्था प्राप्त नहीं होती, जब तक ज्ञान और ध्यान का बना हुआ महारस नहीं पी लिया जाता तब तक पूर्ण मिलन नहीं होता। पूरे के मिलन में ही वास्तविक आनन्द मिलता है। तप अर्थात् कृच्छ्र-साधना का ताप दूर होता, भव-बन्धन छूट जाता है और ज्योति-में-ज्योति मिल जाती है।

इस पद में बनाया गया है कि मदिरा (पंचमकार का एक प्रधान उपादान) से मत्त बनना कोई बड़ी बात नहीं है। ज्ञान और ध्यान के द्वारा सहज ही भगवान का जो परिचय मिलता है, वही वास्तविक सुख का कारण होता है। कृच्छ्र-तपों से केवल ताप ही बढ़ता है। अन्तर के ज्ञान से ही भगवत्प्राप्ति का परिपूर्ण आनन्द मिला है और परम ज्योति में आत्मज्योति मिल जाती है।

[109]

अवधू, भजन भेद है न्यारा।
क्या गाए क्या लिखि बतलाए, क्या भर्मे संसारा।
क्या संध्या-तर्पण के कीन्हें, जो नहिं तत्त विचारा।
मूँड़ मुड़ाए सिर जटा रखाए, क्या तन लाये छारा।
क्या पूजा पाहन की कीन्हें, क्या फल किए अहारा।
बिन परिचे साहिब हो बैठे, विषय करै ब्यौपारा।
ग्यान-ध्यान का मर्म न जानै, वाद करै अहँकारा।
अगम अथाह महा अति गहिरा, बीज न खेत निवारा।
महा सो ध्यान मगन ह्वै बैठे, काट करम की छारा।
जिनके सदा अहार अंतर में केवल तत्त विचारा।
कहैं कबीर सुनो हो गोरख तारौं सहित परिवारा।

[110]

रस गगन गुफा में अजर झरै।
बिन बाजा झनकार उठै जहँ समुझि परै जब ध्यान धरै।
बिना ताल जहँ कँवल फुलाने, तेहि चढ़ि हंसा केलि करै।
बिन चंदा उँजियारी दरसै जहँ-तहँ हंसा नजर परै।
दसवें द्वारे तारी लागी, अलख पुरुष जाको ध्यान धरै।
काल कराल विकट नहिं आवै काम-क्रोध-मद लोभ जरै।
जुगन-जुगन की तृषा बुझानी, कर्म-भर्म-अथ-व्याधि टरै।
कहैं कबीर सुनो भाई साधो, अमर होय कबहूँ न मरै।

---

109. बिन-परिचे...ब्यौपारा = बिना परिचय के ही तुम साहेब (मालिक) हो बैठे और विषयों का व्यापार करने लगे! वाद करै = व्यर्थ ही अहंकार करते हो। अगम...छारा = इन दम्भी भेषों ने "भजनभेद रूपी बीज को, जो अगम, अथाह और महा गहिरा है, अपने हृदय-रूपी खेत में नहीं बोया; जिन सच्चे भक्तों ने उसे महा अर्थात् मथा वह कर्म की मैल को काटकर ध्यान में मगन हो बैठे।" ('शब्दा', पृ. 49) जिनके...विचारा = आहार सदा केवल अन्तर का तत्त्वविचार ही है।

110. गगन-गुफा = पिंड का सर्वोच्च स्थान, सत्यलोक (दे. पृ. 244 आ.) अज़र = जराहीन, नित्य नवीन। दसवें...धरै = दसवें द्वार पर समाधि लगी, तब वह अलख पुरुष दिखा जिसका (योगी लोग) ध्यान करते हैं (दे. पृ. 246)। बिना ताल...परै = बिना सरोवर के कमल, कमल के बिना फूल, चन्द्र के बिना ज्योत्सना आदि से कबीर का तात्पर्य यह है कि प्रफुल्लता या आह्लादकता प्रभृति धर्म लोक में बिना ठोस गुणमय आधार के नहीं दिखते, किन्तु जिस आनन्दलोक की बात वे बता रहे हैं वहाँ प्रफुल्लता आदि धर्म तो हैं पर उनके ठोस आधार पुष्प की आकृति आदि नहीं हैं और न उनके ठोस गुणमय हेतु सरोवर आदि हैं वहाँ। प्रफुल्लता, आह्लादकता आदि अनवच्छिन्न एब्सट्रैक्ट धर्म की विभूति मात्र होती है।

[111]

चुवत अमीरस भरत ताल जहँ, शब्द उठै असमानी हो।
सरिता उमड़ सिंधु को सोखै, नहिं कछु जात बखानी हो॥
चाँद-सुरज-तारागण नहिं वहँ, नहिं वहँ बिहानी हो।
बाजे बजें सितार-बाँसुरी, ररंकार मृदु बानी हो॥
कोट झिलमिली जहँ वह झलकै, बिन जल बरसत पानी हो॥
शिव-अज-बिस्नु-सुरेश-सारदा, निज-निज मति अनुमानी हो॥
दस अवतार एक तत राजें, असतुति सहज सयानी हो।
कहैं कबीर भेद की बातैं, बिरला कोई पहिचानी हो।
कर पहचानि फेर नहिं भावै, जम जुलमी की खानी हो॥

[112]

अवधू, कुदरति की गति न्यारी।
रंक निवाज करै वह राजा, भूपति करै भिखारी॥
ये ते लवंगहिं फल नहिं लागे, चंदन फूल न फूलै।
मच्छ शिकारी रमै जंगल में, सिंह समुद्रहि झूलै॥
रेड़ा रूख भया मलयागिर, चहूँ दिसि फूटी बासा।
तीन लोक ब्रह्मांड खंड में देखै अंध तमासा॥
पंगुल मेरु समेर उलंघै त्रिभुवन मुक्ता डोलै।
गूँगा ज्ञान-विज्ञान प्रकासै अनहद बानी बोलै॥
बाँधि अकास पताल पठावै सेस सरग पर राजै।
कहैं कबीर राम हैं राजा जो कछु करें सो छाजै॥

---

111. अमीरस = अमृत रस। आसमानी शब्द = अनाहत नाद। सरिता...सोखै = नदी उमड़कर समुद्र को सुखा लेती है अर्थात् भक्ति भवसागर को सुखा देती है, सांसारिक ताप दूर कर देती है। ररंकार = ध्वनिविशेष। कबीर-सम्प्रदाय में तीन ध्वनियों के सुनाई देने की चर्चा आती है—सोहं (ओम) और ररंकार। कोट... = पानी—करोड़ों बिजली की झिलमिलाहट वहाँ झलकती रहती है और दिन-रात (आनन्द-वारि की) वर्षा होती रहती है। एक तत राजैं = एक समान विराजते हैं।

112. सीधा अर्थ यह जान पड़ता है कि राम की माया, चाहे तो रंक को राजा कर दे; राजा को रंक; लौंग में फल लगा दे, चन्दन में फूल; रेंड़ को मलयागिरि बना दे और उससे सुगन्धी निकलने लगे; अन्धा तीन लोक ब्रह्मांड खंड में तमासा देखने लगे, पंगु (लँगड़ा) मेरु सुमेरु लाँघने लगे और मुक्त (निर्बाध) होकर संसार में डोलता फिरे, गूँगा ज्ञान-विज्ञान प्रकाशित करता फिरे और अनहद बानी बोलने लगे, आकाश को बाँधकर पाताल में पठा दे और शेषनाग को स्वर्ग में भेज दे। कबीर कहते हैं कि राम ही राजा हैं। जो कुछ कहें वही उन्हें शोभता है। साम्प्रदायिक व्याख्याओं के लिए दे. शब्द 23 पर त्रिज्या और विश्व।

[113]

अगिनी जु लागी नीर में, कंदू जलिया झारि।
उतर-दखिन के पंडिता, रहे बिचारि बिचरि॥ 1॥
गुरु दाझा चेला जला, बिरहा लागी आगि।
तिणका बपुरा ऊबर्‌या, गलि पूरेकै लागि॥ 2॥
अहेड़ी दौं लाइया, मिरग पुकारे रोइ।
जा बन में क्रीड़ा करी, दाझत है बन सोइ॥ 3॥
पाणीं माहै परजली भई अप्रबल आगि।
बहती सलिला रह गई, मच्छ रहे जल त्यागि॥ 4॥
समंदर लागी आगि, नदियाँ जलि कोयला भईं।
देखि कबीरा जागि, मच्छी रूखा चढ़ि गईं॥ 5॥

[114]

कासों कहों को सुने को पतियाय, फुलवा के छुवे के भँवर मरि जाय।
गगन-मंडल महँ फल एक फूला, तीर भा डार उपर भा मूला।
जोतिये न बोइये सिंचिये न सोय, बिनु डार बिनु पात फूल एक होय।
फूल भय फूलन मालिनि भल गाँथल, फुलवा बिनसि भँवरा निरासल।
कहँहिं कबीर सुनहु संतो भई, पंडित-जन फूल रहत लुभाई।

---

113. (1) पानी में आग लगी और कन्दू = भड़भूजा, आग लगानेवाला, जल गया। आग भगवद्विरह पानी भव-सागर और कन्दू मन की कल्पना है। टीकाओं में 'कन्दू' का अर्थ कीचड़ दिया हुआ है (कर्दम-कन्दव-कन्दू)। उस अर्थ को मानने पर भाव यह होगा कि पानी कीचड़ तक जल गया, उसका कोई अवशेष नहीं बचा! उतर-दखिन के पंडिता = उत्तर के ज्ञानमार्गी योगी, दक्षिण के वैष्णवमार्गी आचार्य नहीं समझ सके। (2) गुरु (भगवान) ने आग लगाई। चेला = जीव का अहंकार-भाव अर्थात् अपने को पृथक् मानने का अभिमान। आग = विरहाग्नि। तिनका = शब्द के दो भाव हैं, एक तृण और दूसरा उनका (तदीय जन) अर्थात् भक्त। तिनका अर्थ हुआ निरभिमान भक्त। गलि पूरेकै लागि = पूरे के गले लगकर, पूर्ण से मिलकर (भक्त बच गया)। (3) अहेड़ी = अहेरी (गुरु)। दौं = दावाग्नि (विरहाग्नि)। दाझत है = जलता है। मिरग = मृग (मन)। (4) पांणी...परजली = पानी में प्रज्वलित हुई। अप्रबल = बलवान। सलिला = नदी। (5) समुद्र (भवसागर); नदियाँ = प्रवृत्तियाँ!। मच्छ = जीव। रूखाँ—ऊर्ध्व ब्रह्मांड में।

114. फुलवा = कमल। भौंरा = जीवात्मा। भँवर-गुफा में 32 दल के श्वेत कमल की बात बताई जाती है। इसी को 'निजपद' कहते हैं। यहाँ पहुँचने पर जीव का अहंभाव नष्ट हो जाता है। परन्तु यहाँ भी उसे सच्चा ज्ञान नहीं प्राप्त होता। जब इस गुफा से ऊपर उठता है तब उसे निरंकार देश में सत्य पुरुष का साक्षात्कार होता है। फिर वह समस्त आशा-आकांक्षाओं और राग-विराग के ऊपर चला जाता है। फूल के छूने से मरनेवाला जीव का अहंभाव और फूल के नष्ट होने से निराश होना उसी परमपद को सूचित करता है! कमलों की माला गूँथनेवाली कुंडलिनी है।

[115]

चंद-सूर दोई खंभवा, बंकनालि की डोरि।
झूल पंच पियरियाँ तहँ झूलै पिय मोर॥ 1॥
द्वादस गम के अंतरा, तहँ अमृत कौ ग्रास।
जिनि यहु अंमृत चाषिया, सो ठाकुर हम दास॥ 2॥
सहज सुंनि कौ नैहरौ, गगन-मँडल सिरि मौर।
दोऊ कुल हम आगरी, जौ हम झूलैं हिंडौल॥ 3॥
अरध-ऊरध की गंगा जमुनां, मूल कवल कौ घाट।
षट चक्र की गागरी, त्रिबेणी-संगम बाट॥ 4॥
नाद-बिंद की नाव री, रामनाम कनिहार।
कहैं कबीर गुण गाइले, गुरु गंमि उरारौ पार॥ 5॥

[116]

उलटि जात-कुल दोऊ बिसारी। सुन्न सहज महि बुनत हमारी॥
हमरा झगरा रहा न कोऊ। पंडित-मुल्ला छाँड़ै दोऊ॥
बुनि-बुनि आप-आप पहिरावों। जहँ नहीं आप तहाँ ह्वै गावों॥
पंडित-मुल्ला जो लिखि दीया। छाँडि चले हम कछू न लीया॥
रिदै खलासु निरख ले मीरा। आजु खोजि खोजि मिलै कबीरा॥

---

115. (1) चन्द-सूर = इड़ा और पिंगला। बंकनालि = कुंडलिनी। पाँच पियरिया = पाँच ज्ञानेन्द्रिय। पिय = मन। (2) द्वादस गम = बारह अन्तराल। 5 कर्मेन्द्रिय, 5 ज्ञानेन्द्रिय, मन और बुद्धि (तुल.—इन्द्रियाणि पराण्याहुरिंद्रियेभ्य: परं मन:, मनसस्तु परा वुद्धिर्यो बुद्धे:-परतस्तु स:)। अमृत चाषिया = अमृत चखा, निज रूप को समझ सका। (3) सहज शून्य मेरा नैहर है, गगन-मंडल की मौर मेरे सिर पर है अर्थात् गगन-मंडल मेरा सासुरा है। हम दोनों कुल की गुन-आगरी हैं। तभी हम दोनों हिंडोरा झूल रही हैं। मेरे लिए सहज और समाधि, दोनों समान रूप से आवश्यक हैं। (4) गंगा = इड़ा, यमुना = पिंगला, त्रिवेणी = ब्रह्मरन्ध्र (दे. पृ. 233-34) (5) नाद-बिन्द = नाद और बिन्दु। कनिहार = कर्णधार, पतवार पकड़नेवाला। गुर गमि = गुरु के बताए मार्ग से।

116. उलटि...हमारी = मैंने जाति और कुल दोनों को बिसार दिया है। शून्य और सहज में ही मैं अपना कपड़ा बुनता हूँ। बुनि बुनि आप...स्वयं ही बुनता हूँ और स्वयं अपने-आपको पहनाता हूँ।...जहँ गावों = जहाँ अपने-आपको नहीं पाता वहीं जाकर गान गाता हूँ। (गान के द्वारा अपने-आपको पाने का प्रयत्न करता हूँ।) रिदै...ऐ मीर, देख ले मेरा हृदय खलास है। इसमें पंडितों और मुल्लाओं की कोई बात नहीं रह गई है।

[117]

धरती-गगन-पवन नहिं होता, नहीं तोया नहिं तारा।
तब हरि हरि के जन होते, कहैं कबीर बिचारा॥
जा दिन कृत्तम नां हुता, होता हट न पट।
हुता कबीरा राम-जन, जिन देखे अवघट घट॥

[118]

बूझहु पंडित, करहु बिचारी, पुरुष अहै की नारी।
बाम्हन के घर बाम्हनि होती, योगी के घर चेली।
कलमा पढ़ि पढ़ि भई तुरुकिनी, कलि में रही अकेली।
बर नहिं बरै ब्याह नहिं करई, पुत्र-जन्म होनिहारी।
कारे-मूंडे एक नहिं छाँड़ै अब ही आदिकुँवारी।
रहै न मैके जाइ न ससुरे साँईं के सँग सोवै।
कह कबीर वह जुग-जुग जीवै जाति-पाँति-कुल खोवै।

[119]

अवधू ऐसा ग्यान बिचारं।
भेरे चढ़े सु अधधर डूबै, निराधार भये पारं॥
अधर चले सो नगरि पहूँते बाट चले ते लूटे।
एक जेवड़ी सब लपटाँनें के बाँधे के छूटे॥
मंदिर पैसि चहूँ दिसि भींगे, बाहरि रहे ते सूषा।
सिर मारे ते सदा सुखारे, अनमारे ते दूषा॥
बिन नैनन के सब जग देखै, लोचन अछते अंधा।
कहैं कबीर कछु समझि परी है, यह जग देख्या धंधा॥

---

117. एक सौ पाँचवें पद्य के समान भाव है।

118. माया का वर्णन है। कारे = काले केशवाले, गृहस्थ; युवा। मूँडे = मुंडित केशवाले, संन्यासी। रहै न मैके... = न मैके रहती है, न सासुरे जाती है, फिर भी पति के साथ सोती है। माया अनादि है इसलिए उसके मैके का प्रश्न ही नहीं उठता, उसका पतिगृह समस्त जगत् है अतएव सासुरे जाने का सवाल नहीं उठता। वह मायापति अपर ब्रह्म के साथ नित्य बनी रहती है।

119. भेरे = भेल पर, छोटी नाव पर। पेड़-पत्तों को काटकर उताराकर बहने लायक भेला बनाया जाता है। यहाँ जड़ शरीर से मतलब है। जो लोग इस जड़ शरीर-रूपी भेले को ही सब कुछ समझकर इसी पर भरोसा करके भवसागर में चल पड़े वे अधधर (आधी धार में) डूब गए। निसधार = शरीर को सब कुछ न समझकर इसके भीतरवाले चैतन्य को आधार करनेवाले। अधर चले = जो लोग अधर मार्ग से या शून्य मार्ग से चले वे अर्थात् नगर में अपने गन्तव्य→

[120]

राम गुन बेलड़ी रे, अवधू गोरषनाथि जांणी।
नाति सरूप न छाया जाकै, विरध करै बिन पांणी॥
बेलड़िया द्वै अणीं पहूँती, गगन पहूँती सैली।
सहज बेलि जब फूलण लागी, डाली कूपल भेल्ही॥
मन-कुंजर जाइ बाड़ी बिलग्या, सतगुर बाही बेली।
पंच सखी मिलि पावन पयंप्या, बाड़ी पांणी मेल्ही॥
काटत बेली कूपले मेल्ही, सींचताड़ीं कुमिलांणीं।
कहैं कबीर ते बिरला जोगी, सहज निरंतर जांणीं॥

→ स्थान तक पहुँच गए। बाट = रास्ता, बाह्याचार, मन्दिर = घर। चहूँ दिसि भीगे = जो लोग विषय-वासना के मन्दिर में घुसे वे भीग गए, पर जो बाहर रहे वे सूखे रहे। सरि = चिता पर, भगवद्विरह की आग से मतलब है। दूषा = दुखी रहे। बिन नैनन = बाहरी आँखों के अभाव में और ज्ञान-चक्षु से। लोचन अछते = बाहरी आँखों के रहते हुए।

120. भक्ति-रूपी रामगुन की बेल (लता) को अवधूत गोरखनाथ ने जाना था। न उसकी जाति (नीति) है, न रूप है, न छाया है। बिना पानी के वृद्धि पाती है। बेल के दो सिरे हैं जिनमें एक अवनी में और दूसरी गगन में फैली हुई है। यह सहज बेल जब फूलने लगी अपनी डालियों और कोंपलों को फैलाकर—तब मनरूपी हाथी ने इसके थाले को बरबाद कर दिया, फिर तो सतगुरु ने इस बेलि को सहारा दिया। पाँच सखियों ने मिलकर (पाँच ज्ञानेन्द्रियों ने) इस राम-गुन की बेल को हवा की और बाड़ी में पानी डालकर सींचा (विषय-रस से सींचा) परन्तु आश्चर्य यह है कि इस बेल को जब काटा जाता है तब तो इसमें नये-नये कोंपल आते हैं और जब सींचा जाता है तो कुम्हला जाती है (क्योंकि काटने का मतलब है राम-गुण रूपी बेल को नीचे से काटकर ऊपर की ओर ले जाना और सींचने से मतलब है विषय-रस से सिक्त करना)। कोई विरला ही योगी इस निरन्तर सहज लता को जानता है। इस पद से मिलता-जुलता एक 'गोरखबानी' (पृ. 106-108) में छपा है। इस पद में 'तत बेली' अर्थात् तत्त्वरूप लता की चर्चा है। कबीरवाले पद में जिस स्थान पर 'बेलड़ियाँ...' आदि पंक्तियाँ हैं वहाँ गोरखबानीवाले पद का पाठ इस प्रकार है :

बेलड़ियाँ दौं लागी अवधू, गगन पहूंती झाला।
जिस जिम बेलीं दाझबा लागी, तब मेल्है कूंपन डाला॥

अन्तिम पंक्तियाँ इस प्रकार हैं :

काटत बेली कूपले मेल्हीं सींचतड़ा कुमलाए।
मछिंद्रप्रसादें जती गोरख बोल्या नित नवेलड़ी थाए॥

[121]

सावज न होय भाई सावज न होइ,
वाकौ मांसु भखैं सब कोइ।
सावज एक सकल संसारा अविगत वाकी बाता।
पेट फारि जो देखिय रे भाई, आहि करेज न आँता॥
ऐसी वाकौ मांसु रे भाई, पल पल मांसु बिकाई।
हाड़-गोड़ ले घूर पँवारै, आगि-धूआँ नहिं खाई।
सीर-सींग किछु वो नहिं वाके, पूँछ कहाँ तैं पावै।
सभ पंडित मिलि धन्धे परिया, कबीर बनौरी गावै।

[122]

संतो यह अचरज भो माई, कहौं तो को पतिआई॥
एकै पुरुख एक है नारी, ताकर करहु बिचारा।
एकै अंड सकल चौरासी, मार्ग भूल संसारा॥
एकै नारी जाल पसारा, जग में भया अँदेसा।
खोजत काहू अंत न पाया, ब्रह्मा-बिस्नु महेसा॥
नाग-फाँस लीन्हें घट भीतर, मूसि सकल जग खाई।
ज्ञान खंग बिन सब जग जूझै, पकरि काह नहिं पाई॥
आपहि मूल फूल-फुलवारी, आपहि चुनि-चुनि खाई।
कह कबीर तेई जन उबरे, जेहिं गुरु लिये जगाई॥

---

121. सावज = शिकार (अर्थात् माया द्वारा कल्पित यह मिथ्या जगत), मांसु भखैं = मांस खाते हैं, भोग करते हैं। सावज...बाता = यह सारा संसार एक शिकार है जिसकी बात समझ में नहीं आती। आहि...आँता = न कलेजा है, न आँत है क्योंकि वह सम्पूर्ण मिथ्या है। हाड़... पँवारै = विवेकी लोग उसका हाड़ और गोड़ (पर) सब घूरे पर फेंक देते हैं, अर्थात् उसे पर्णू रूप से त्याग देते हैं। सीर = सिर। सम... गावै = सभी पंडित इसे देखकर गोरखधन्धे में पड़ गए हैं और कबीरदास कहते हैं कि वे लोग 'बनौरी' (अपने मन से बनाई हुई, बनावटी बातें) गा रहे हैं।

122. माया का वर्णन है। मूसि = ठगकर।

[123]

संतो, धागा टूटा गगन विनसि गया,
सबद जु कहाँ समाई।
ए संसा मोहि निस-दिन व्यापै,
कोइ न कहै समझाई॥
नहीं ब्रह्मांड-प्यंड पुनि नांहीं,
पंच तत्त भी नांहीं।
इला-प्यंगला-सुषमन नांहीं,
ए गुण कहाँ समांहीं॥
नहीं ग्रिह-द्वार कछू नहीं तहियाँ,
रचनहांर पुनि नांहीं।
जोवनहार अतीत सदा सँगि,
ये गुण तहाँ समाहीं॥
टूटै बँधै बँधै पुनि टूटै,
जब तक होइ बिनासा।
तब को ठाकुर अब को सेवग,
को काकै बिसवासा॥
कहैं कबीर यहु गगन न बिनसै,
जा धागा उनमांना।
सीखें-सुने-पढ़ें का होई,
जो नहिं पदहि समांना॥

---

123. धागा = सूत, ध्यान का सूत्र। हे सन्तो, अनेक हठयोगी क्रियाओं के बाद जो ध्यान रूपी सूत्र तैयार हुआ वह जब टूटा तो गगनवास या शून्य-समाधि भी नष्ट हो गई और जो अनाहत ध्वनि सुनाई देती रही वह भी न जाने कहाँ चली गई। मुझे यह सन्देह बराबर बना हुआ है, पर कोई समझा के नहीं कहता (दे. खसम पर विचार)। वस्तुत: जो परमपद है वहाँ पिंड, ब्रह्मांड, पंचतत्त्व, इड़ा, पिंगला आदि नाड़ियाँ यह सब कुछ है ही नहीं (अतएव इन्हीं के आश्रय से जिस स्थान तक गया है वह इन्हीं के समान नाशवान है)। जोवनहार... = देखनेवाला आत्मा तो इनके अतीत है और सदा उसके साथ है, ये सब गुण उसी में समा जाते हैं। तबको... बिसवासा = उस समय का मालिक अब सेवक हो जाता है, अर्थात् मनुष्य का वह अहंभाव जो इन क्रियाओं के समय मालिक बना रहता है, परमपुरुष के साक्षात्कार होने के बाद निरहंकार होकर दास हो जाता है। अहंभाव इस निरहंकार पर विश्वास नहीं करता और यह उस पर नहीं। कहैं... = कबीर कहते हैं कि इस सेवक-भाव का जो धागा है (निरीह भक्त का जो ध्यानसूत्र है) वह मेरी समझ में ऐसा है जिससे कभी भी समाधि नहीं टूटती (क्योंकि वह सहज हो जाती है)। जो उस परमपद में एकमेक होकर समा नहीं गए उन्हें सीखने-सुनने और पढ़ने से क्या होता है!

[124]

कर पल्लव के बल खेल नारि।
पंडित जो होय सो ले बिचारि॥
कपरा नहिं पहिरै रहे उघारि।
निरजीवै सो धन अति पियारि॥
उलटी-पलटी बाजै सो तार।
काहुहि मारै काहुहि उबार॥
कह कबीर दासन के दास।
काहुहि सुख दे काहुहि उदास॥

[125]

ए गुनवंती बेलरी, तब गुन बरनि न जाय।
जहँ काटे तहँ हरियरी, सींचे ते कुम्हिलाय॥
ए करुवाई बेलरी, हैं करुवा फल तोय।
सिद्ध नाम जब पाइए, बेलि बिछोहा होय॥

[126]

राम तेरी माया दुंदु मचावै।
गीत-मति वाकी समझि परै नहिं, सुर-नर मुनिहिं नचावै॥
का सेमर के साखा बढ़ये, फूल अनूपम बानी।
केतिक चातक लागि रहे हैं, चाखत सुवा उड़ानी॥
कहा खजूर बड़ाई तरी, कल कोई नहीं पावै।
ग्रीखम रिस अब आइ तुलानी, छाया काम न आवै॥
अपना चतुर और को सिखवै, कामिनि-कनक सयानी।
कहै कबीर सुनो हो संतो, राम-चरण रति मानी॥

---

124. नारि = वाणी। कपरा... = कपड़ा नहीं पहनती, नंगी ही रहती है। संसार को भरमानेवाले तथाकथित पंडितों की वाणी केवल हाथ से लिखी हुई है (समझी हुई नहीं है)। अतएव कर-पल्लव के बल से ही खेलती है। उसके अर्थ गूढ़ नहीं होते इसलिए वह मानो ऐसी है जो कपड़ा नहीं पहनती, उघाड़ी फिरती है। इस धन (धन्या = घर की दुलारी) को निर्जीव वस्तुएँ ही प्यारी हैं। इसकी वीणा उलटी-सुलटी बजती रहती है, किसी को मारती है; किसी को उबारती है। परन्तु जो भगवान के भक्त हैं उन पर इसकी प्रभुता नहीं चलती। वह उनकी दासी हो जाती है। इसी प्रकार वह किसी को सुख देती है, किसी को दुःख।

125. गुनवंती बेलरी = भक्ति (तुल. पद 120)। करुवाई बेलि = माया। सिद्ध नामं = भगवान के नाम की सिद्धि।

126. दुंद = द्वन्द्व, बखेड़ा। बानी = बाने का, ढंग का वर्ण-बान। चातक = अभिलाषी पक्षी। भला सेमर की शाखा बढ़ाने से और अनुपम ढंग का सुन्दर फूल खिलाने से क्या फायदा, →

[127]

ई माया रघुनाथ की बौरी, खेलन चली अहेरा हो।
चतुर चिकनियाँ चुनि-चुनि मारे, काहु न राखे नेरा हो।
मौनी-बीर-दिगंबर मारे, ध्यान धरंते जोगी हो।
जंगल में के जंगम मारे, माया किन्हहुँ न भोगी हो।
वेद पढ़ंते वेदुआ मारे, पुजा करंते सामी हो।
अरथ विचारत पंडित मारे, बाँधेउ सकल लगामी हो।
सिंगी रिषि बन भीतर मारे, सिर ब्रह्मा का फोरी हो।
नाथ मछंदर चले पीठि दै, सिंहलहू में बोरी हो।
साकट के घर करता-धरता हरि-भगतन की चेरी हो।
कहहिं कबीर सुनहु हो संतो, जौं वावै तौं फेरी हो।

[128]

अब हम जाना हो हरि बाजी को खेल।
डंक बजाय देखाय तमाशा, बहुरि सो लेत सकेल।
हरि बाजी सुर-नर-मुनि जहँड़े माया चेटक लाया।
घर में डारि सबन भरमाया, हिरदय ज्ञान न आया।
बाजो झूठ बाजीगर साँचा, साधुन की मति ऐसी।
कह कबीर जिन जैसी समझी, ताकी गति भइ तैसी।

→ जिसमें अनेक फलाभिलाषी पक्षी लगे रहते हैं, पर फल चखते ही सूआ (तोता) उड़ने को बाध्य होता है। खजूर की बड़ाई (लम्बाई) से क्या लाभ, जब ग्रीष्म ऋतु में उसकी छाया किसी काम नहीं आती। ऐसी निरर्थक बातें तुम्हारी माया ने खड़ी कर रखी हैं। वह अपनी चातुरी औरों को सिखा देती है और वे भी इसी प्रकार निष्फल सौन्दर्य से दूसरों को धोखा देते हैं। कामिनी (स्त्री) और सोने में यही सयानापन है। कबीर कहते हैं कि हे सन्तो, (यह सब देखकर) हमने रामचरण में ही प्रीति मानी है।

127. बीर = शैव-विशेष। दिगम्बर = जैनियों का सम्प्रदाय-विशेष = और नागा संन्यासी। जंगम = जंगम साधु। सामी = स्वामी, संन्यासी। बाँधेउ...हो = सबको लगाम से बाँध रखा है। शृंगी ऋषि = वन में तप करते थे फिर भी स्त्री पर आसक्त हुए थे। ब्रह्मा का सिर फोड़ दिया = मति भ्रष्ट कर दी। मछन्दरनाथ सिंहल की स्त्रियों के प्रेम में आसक्त हो गए थे, गोरखनाथ ने उनका उस जाल से उद्धार किया था। साकट = शाक्त, वाममार्गी।

128. हरि...खेल = भगवान की बाजीगरी का खेल; माया की लीला।

[129]

बांगड़ देस लूवन का घर है, तहँ जिनि जाइ दाझन का डर है।
सब जग देखौं कोइ न धीरा, परत धूरि सिर कहत अबीरा।
न तहाँ सरवर न तहाँ पाणी, न तहाँ सतगुरु साधू-वाणी।
न तहाँ कोकिल न तहाँ सूवा, ऊँचै चढ़ि-चढ़ि हंसा मूवा।
देश मालवा गहर-गँभीर, डग-डग रोटी पग-पग नीर।
कहै कबीर धरती मन मांनां, गूँगे का गुड़ गूँगै जांणा।

[130]

रहना नहिं देस बिराना है।
यह संसार कागद की पुड़िया, बूँद पड़े घुल जाना है।
यह संसार काँट की बाड़ी, उलझ-पुलझ मरि जाना है।
यह संसार झाड़ औ झाँखर, आग लगे बरि जाना है।
कहत कबीर सुनो भाई साधो, सतगुरु नाम ठिकाना है।

[131]

(बुढ़िया) हँसि बोले मैं नितहीं बारि, मोसों कहु तरुनी कवनि नारि।
दाँत गयल मोर पान खात, केस गयल मोर गंग न्हात।
नयन गयल मोर कजरा देत, बयस गयल पर-पूरुष लेत।
जान पुरषवा मोर अहार, अनजाने का करों सिंगार।
(कहहिं) कबीर बुढ़िया आनंद गाय, पूत भतारहि बैठी खाय।

[132]

सुवटा डरपत रहु भाई, तोहिं डराई देत बिलाई।
तीनि बार रूँधै इक दिन मैं, कबहुँक खता खवाई॥
या मंजारी मुगध न माँनै, सब दुनियाँ डहकाई।
राणाँ-राव रंक कौं व्यापै, करि-करि प्रीति सवाई॥

---

129. बांगड़ देस = बाँगर देश, नदीहीन प्रदेश। लूवन = लू की लपटें। दाझन = जलना। यह संसार की विषयवासना ही बाँगर देश है। मालवा = मालभूमि, उपजाऊ जमीन।

130. देस बिराना = (1) वीराना देश, मरुभूमि, (2) दूसरे का देश, (3) अज्ञात देश।

131. बुढ़िया = माया। बारि = बाला, युवती। गयल = गया। जान पुरुषवा = चतुर पुरुष, जो अपने को ज्ञानी समझते हैं। अनजाने का = अज्ञात ब्रह्म के लिए।

132. सुवटा = सुग्गा। बिलाई = बिल्ली। जहाँ जीव और माया से मतलब है। तीनि...खवाई = कभी तो खता खा जाएगा, धोखा खा जाएगा, इस आशा में दिन में तीन बार राह रोककर→

कहत कबीर सुनहु रे सुवटा, उबरै हरि सरनाई।
लाषौं माँहिं तैं लेत अचानक, काहू न देत दिखाई॥

[133]

"तुम्ह घरि जाहु हमारी बहना, विष लागैं तिहारे नैनां।
अंजन छाँड़ि निरंजन राते, ना किसहीं का दैनां।
बलि जाऊँ ताकी जिनि तुम्ह पठई, एक भाई एक बहनां॥"
"राती खाँड़ी देखि हमारा सिंगारो।
सरग-लोकथैं हम चलि आई, करन कबीर भरतारी॥"
"सरगलोक में क्या दुख पड़िया, तुम्ह आई कलि माँही।
जाति जुलाहा नाम कबीरा, अजहुँ पतीजौ नाहीं॥
तहाँ जाहु जहाँ पाट-पटंबर, अगर चंदन घसि लीनाँ।
आइ हमारै कहा करौगी, हम तौ जाति कमीनां॥
जिनि हम साजे साज्य निवाजे, बाँधे काचै धागे।
जे तुम्ह जतन करौ बहुतेरा, प्राणी आगि न लागै॥
साहिब मेरा लेखा माँगै, लेखा क्यूँ करि दीजै।
जे तुम्ह जतन करौ बहुतेरा, तो पाहण नीर न भीजै॥
जाकी मैं मछी सो मेरा मछा सा मेरा रखवालू।
टुक एक तुम्हारै हाथ लगाऊँ तौ राजाराम रिसालू॥
जाति जुलाहा नाम कबीरा बनि बनि फिरौं उपासी।
आसि-पासि तुम्ह फिरि-फिरि सौ एक मानु एक मासी॥"

→ खड़ी होती है। मजारी = बिल्ली। मुग्ध = मूर्ख। डहकाई = दु:ख दे रही है। लाषौं...दिखाई = लाखों की भीड़ में भी अचानक धर दबोचती है, किसी को नहीं दिखाई देता।

133. कबीर और माया का संवाद है। "ऐ मेरी बहन माया, तुम अपने घर जाओ, तुम्हारी आँखों में विष लगा है। हम तो अंजनरूप संसार को छोड़कर निरंजन में माते हैं, हमें किसी से क्या लेना-देना! बलिहारी है उनकी जिन्होंने तुम्हें भेजा है। हम एक भाई और एक बहन हैं।" इस पर माया कहती है—"ए कबीर, इस लाल तलवार (मदमत्त नयनों) को देखो, यह मेरा श्रृंगार देखो। मैं स्वर्गलोक से कबीर को पति बनाने के लिए आई हूँ।"
इसके बाद कबीर का उत्तर है। पतीजौ = प्रतीति। जाकी...रखवालू = मैं जिसकी मछली हूँ वही मेरा मछुआ है और वही मेरा रखवाला भी है (तुम मुझे नहीं पकड़ सकतीं)। रिसालू = खीझेंगे, अप्रसन्न होंगे।

[134]

माया महा ठगिनि हम जानी।
तिरगुन फाँसि लिये कर डोले, बोलै मधुरी बानी॥
केशव के कमला होइ बैठी, सिव के भवन भवानी।
पंडा के मूरत होइ बैठी, तीरथ हू में पानी॥
जोगी के जोगिन होइ बैठी, राजा के घर रानी।
काहू के हीरा होइ बैठी, काहू के कौड़ी कानी॥
भक्तन के भक्तिन होइ बैठी, ब्रह्मा के ब्रह्मानी।
कहैं कबीर सुनो भाई साधो, यह सब अकथ कहानी॥

[135]

अब मोहि ले चलु ननद के बीर अपने देसा।
इन पंचन मिलि लूटी हूँ, संग-संग, आहि विदेसा।
गंगतीर मोरी खेती-बारी, जमुनातीर खरिहाना।
सातों बिरवी मेरे नीपजै, पाँचूँ मोर किसाना।
कहै कबीर यह अकथ कथा है, कहतां कही न जाई।
सहज भाइ जिहि ऊपजै, ते रमि रहै समाई॥

[136]

लावौ बाबा आगि जलावो घरा रे।
ता कारनि मन धंधै परा रे।
इक डाइनि मेरे मन में बसे रे।
नित उठि मेरे जिय को डँसे रे।
ता डाइनि के लरिका पाँच रे।
निस-दिन मोहि नचावैं नाच रे।
कहै कबीर हूँ ताकौ दास,
डाइनि के संग रहै उदास।

---

135. ननद के बीर = ननद के भाई, पति। पंचन = पाँच इन्द्रिय। संग...विदेसा = ये विदेश में साथ-साथ हैं। गंगतीर...किसान = इड़ा के तट पर मेरी खेती होती है और पिंगला के किनारे खलिहान है। सातों बीज मेरे खेत में पैदा होते हैं। सातों बीज सात धातुएँ—चर्म, रुधिर, मांस, मेद, अस्थि, मज्जा, वीर्य हैं। पाँच मेरे किसान हैं। ये पाँचों ज्ञानेन्द्रिय हैं।

136. आगि = भगवद्विरह की अग्नि। घरा = मोह-माया की दुनिया। डाइनि = ममता। लरिका पाँच = पाँच इन्द्रियों के विषय।

[137]

बहुरि नहिं आवना या देस।
जो जो गए बहुरि नहिं आए, पठवत नाहिं संदेस।
सुर-नर-मुनि और पीर औलिया देवी-देव-गनेस।
धरि-धरि जनम सबै भरमे हैं, ब्रह्मा-बिस्नु-महेस।
जोगी जंगम और संन्यासी, दीगंबर दरबेस।
चुंडित-मुंडित-पंडित लोई, सुर्ग-रसातल सेस।
ग्यानी गुनी चतुर औ कविना, राजा-रंक-नरेस।
कोई रहीम कोइ राम बखानै, कोई कहै आदेस।
नाना भेष बनाय सबै मिलि, ढूँढ़ि फिरे चहुँ देस।
कहैं कबीर अन्त ना पैहौ, बिन सतगुरु उपदेस।

[138]

कहूँ रे जे कहिबे की होइ॥
नां को जानै नां को मांनै, ताथैं अचिरज मोहि॥
अपने अपने रंग के राजा, मांनत नाहीं कोइ॥
अति अभिमान लोभ के घाले, चले अपनपौ खोइ॥
मैं मेरी करि यहु तन खोयौ, समझत नहीं गँवार॥
भौजलि अधफर थाकि रहे हैं, बूड़े बहुत अपार॥
मोहि आग्या दई दयाल दया करि, काहूकू समझाइ॥
कहैं कबीर मैं कहि कहि हार्यौ, अब मोहि दोस न लाइ॥

[139]

भारी कहौं तो बहु डरौं, हलका कहौं तो झूठा।
मैं का जांणों रामकूँ नैनूं कबहूँ न दीठा॥ 1॥
ऐसा अद्भुत जिनि कथै, अद्भुत राखि लुकाइ।
वेद कुरानाँ गमि नहीं, कह्यां न को पतिआइ॥ 2॥
करता की गति अगम है, तूँ चल अपणैं उनमान।
धीरैं-धीरैं पाँव दे, पहुँचैंगे परवान॥ 3॥

---

137. आदेस = गोरखपन्थी लोग 'आदेश'-आदेश कहते हैं।

138. ताथैं = उससे। भौजलि...अपार = भव-जल में कुछ आधे सूधे लोग तैरते-तैरते थम गए हैं और न जाने कितने डूब गए।

139. जाणों = जानूँ। दीठ = दिखाई दिया। गमि = पहुँच। कह्याँ = कहने पर। आपणैं उनमान = अपने अनुमान से। परवान = परिणाम में, अन्त में।

[140]

ऐसा भेद बिगूचन-भारी।
बेद-कतेब दीन अरु दुनियाँ, कौन पुरुष कौन नारी।
एक बूँद एकै मल-मूतर, एक चाम एक गूदा।
एक जोतिथैं सब उत्पन्ना, को बाह्मन को सूदा॥
रज-गुन ब्रह्मा तम-गुन संकर, सत-गुन हरि है सोई।
कहैं कबीर एक नाम जपहु रे, हिंदू तुरक न कोई॥
माटी का प्यंड सहजि उपपंनां, नाद रु व्यंद समांनां।
बिनसि गयां थैं का नांव धरिहौ, पढ़ि गुनि भ्रंम जांनां॥

[141]

साधो एक रूप सब मांहीं।
अपने मनहिं बिचारि कै देखो और दूसरो नाहीं॥
एकै त्वचा रुधिर पुनि एकै विप्र सूद्र के मांहीं।
कहीं नारि कहीं नर होइ बोलै गैब पुरुष वह नाहीं॥
सब्द पुकारि सत्त में भाखौं अंतर राखौं नाहीं॥
कहैं कबीर ज्ञान जेहि निरमल बिरले ताहि लखाहीं॥

[142]

मैं कासें बूझौं अपने पिया की बात री।
जान सुजान प्रान-प्रिय पिय बिन, सबैं बटाऊ जात री।
आसा नदी अगाध कुमति बहै, रोकि काहू पै न जात री।
काम-क्रोध दोउ भए करारे, पड़े विषय-रस मात री।
ये पाँचों अपमान के संगी, सुमिरन को अलसात री।
कहैं कबीर बिछुरी नहिं मिलिहा, ज्यों तरवर बिन पात री।

---

140. बिगूचन = उलझन। कतेब = किताब, कुरान। सूदा = शूद्र। व्यन्द = बिन्दु। विनसि... = जो नष्ट हो गया उसका क्या नाम दूँ?

141. गैब पुरुष = कोई दूसरा अद्‌भुत पुरुष।

142. बटाऊ = राही।

[143]

या करीम बलि हिकमति तेरी,
खाक एक सूरति बहुतेरी॥
अर्ध गगन मैं नीर जमाया,
बहुत भाँति करि नूरनि पाया॥
अवलिय - आदम - पीर - मुलाना,
तेरी सिफति करि भये दिवाना॥
कहैं कबीर यहु हेतु बिचारा
या रब या रब यार हमारा॥

[144]

(जाके) बारह-मास बसंत होय, (ताके) परमारथ बूझै बिरला कोय।
बरिसै अगिनि अखंड धार, हरिहर भौ-बन (अ) ठारह भार।
पनिया आदर धरी न लोय, पवन गहै कस मलिन धोय।
बिनु तरिवर फूलै आकास, सिव-विरंचि तहँ लेहिं बास।
सनकादिक भूलै भँवर बोय, लख चौरासी जोइनि जोय।
जो तोहि सतगुरु सत्त लखाव, ताते न छूटै चरन भाव।
अमर लोक फल लावै चाव, कहँहि कबीर बूझ सो पाव।

[145]

डँड़िया फदाय धन चलु रे, मिलि लेहु सहेली।
दिना चारि को संग है, फिर अंत अकेली।
दिन दस नैहर खेलि ले, सासुर निज भरना।

---

143. करीम = दयालु। खाक एक...बहुतेरी = एक ही मिट्टी से अनेक रूप उत्पन्न किये हैं। अर्ध...नीर = मेघ का पानी। नूर = प्रकाश। अविलय = औलिया, संत, महात्मा। सिफति करि = गुणगान करके। रब = पालनकर्ता।

144. परम पद का वर्णन है। जाके...जोप = वहाँ बारह महीने नित्य वसन्त रहता है। यद्यपि अग्नि (तेज) की अखंड धारा बरसती रहती है तो भी वन अट्ठारह भार (सम्पूर्ण) हरियाली धारण किये रहता है। पानी के प्रति लोग आदर नहीं रखते तो भला पवन से मैल धोई जा सकती है। पानी = भक्ति। पवन = हठयोग। वहाँ बिना वृक्ष के ही आकाश पुष्पों से भरा रहता है, शिव और ब्रह्मा उन फूलों की महक का रस लेते हैं, सनकादिक मुनि अमर होकर भूले हुए हैं और चौरासी लाख योनियों को देखते रहते हैं।

145. डँडिया = डंडे में लगी हुई एक तरह की पालकीनुमा सवारी। धन = धन्या, दुलहिन। लेजुर = रज्जु रस्सी।

बहियाँ पकरि पिय ले चले, तब उजर न करना।
इक अँधियारी कोठरी, दूजे दिया न बाती।
लेहिं उतारि ताही घराँ, जहँ संगि न साथी।
इक अँधियारी कुइयाँ, दूजै लेजुर टूटी।
नैन हमारे अस ढुरैं, मानो गागर फूटी।
दास कबीरा यों कहै, जग नाहिन रहना।
संगी हमरे चलि गए, हमहूँ को चलना।

[146]

अमरपुर ले चलु हो सजना।
अमरपुरी की सँकरी गलियाँ, अड़बड़ है चढ़ना।
ठोकर लगी गुरु-ज्ञान शब्द की, उधर गए झपना।
वोहि रे अमरपुर लागि बजरिया, सौदा है करना।
बोहि रे अमरपुर संत बसतु हैं, दरसन है लहना।
संत समाज सभा जहँ बैठी, वहीं पुरुष अपना।
कहत कबीर सुनो भाई साधो, भवसागर है तरना।

[147]

बाबा अगम-अगोचर कैसा, तातें कहि समझाओं ऐसा।
जो दीसै सो तो है नहीं, है सो कहा न जाई।
सैना-बैना कहि समझाओं, गूँगे का गुड़ भाई।
दृष्टि न दीसै मुष्टि न आवै, बिनसौं नाहिं नियारा।
ऐसा ज्ञान कथा गुरु मेरे, पंडित करौ बिचारा।

[148]

रेख-रूप जेहि है नहीं, अधर धरो नहिं देह।
गगन-मंडल के मध्ये, रहता पुरुष विदेह॥ 1॥
साँई मेरा एक तू और न दूजा कोइ।
जो साहब दूजा कहै, दूजा कुल को होइ॥ 2॥
सर्गुण की सेवा करौ, निर्गुण का करु ज्ञान।
निर्गुण सर्गुण के परे, तहैं हमारा ध्यान॥ 3॥

---

147. दृष्टि...आवै = न आँखों से दिखाई देता है, न मुट्ठी में पकड़ा जाता है, अदृश्य और अग्राह्य।

[149]

साईं मोर बसत अगम पुरवा जहँ गमन हमार।
आठ कुआँ नव बावड़ी सोरह हैं पनिहार।
महल घइलवा थरकि गयल रे धन ठाढ़ी मन मार।
छोट मोट डँड़िया चंदनकै हो, छोट चार कहार।
जाय उतरिहैं वाहीं देसवाँ हो, जहाँ कोई ना हमार।
ऊँची महलिया साहेब कै हो, लगी बिखमी बजार।
पाप-पुन्न दोऊ बनिया हो, हीरा लाल अपार।
कह कबीर सुन साइयाँ मोर याँहिय देस।
जो गए सो बहुरे ना को कहत संदेस॥

[150]

पाँड़े बूझि पियहु तुम पानी।
जिहि मिटिया के घर मँह बैठे, तामँह सिस्ट समानी।
छपन कोटि जादव जहँ भींजे, मुनिजन सहज अठासी।
पैग-पैग पैगंबर गाड़े, सो सब सरि भौ माँटी।
तेहि मिटिया के भाँडे पाँड़े, बूझि पियहु तुम पानी॥
मच्छ-कच्छ घरियार बियाने, रुधिर-नीर जल भरिया।
नदिया नीर नरक बहि आवै, पसु-मानस सब सरिया॥
हाड़ झरी झरी गूद गरी गरि, दूध कहाँ तें आया।
सो लै पाँड़े, जेंवन बैठे, मटियहि छूति लगाया॥
बेद-कितेब छाँड़ि देऊ पाँड़े, ई सब मन के भरमा।
कहहिं कबीर सुनहु हो पाँड़े, ई तुम्हरे हैं करमा॥

[151]

साधो, पाँड़े निपुन कसाई।
बकरी मारि भेड़ि को धाए, दिल में दरद न आई।
करि अस्नान तिलक दै बैठे, बिधि सों देवि पुजाई।

---

149. आठ कुआँ नौ बावड़ी = आठ दिशाएँ और नवखंड अर्थात समूचा जगत्। कूप और बावड़ी इसलिए कहा जाता है कि इससे जीव अपना जीवन-रस संग्रह करता है। जीवन का एक अर्थ जल भी है। (तु. जीवानां भरणाधारो जगदेतज्जलाशय:)। सोरह पनिहार = पाँच ज्ञानेन्द्रिय, पाँच कर्मेन्द्रिय, पाँच प्राण और मन। घइलवा = घड़ा अर्थात् यह शरीर रूप घट। धन = दुलहिन, जीव। घड़ा ढरक गया अर्थात् जीवनी-शक्ति समाप्त हो गई। चार कहारा = शव वहन करनेवाले आदमी।

आतम मारि पलक में बिनसे, रुधिर की नदी बहाई।
अति पुनीत ऊँचे कुल कहिए, सभा माहिं अधिकाई।
इनसे दिच्छा सब कोई माँगे, हँसि आवै मोहिं भाई।
पाप-कटन की कथा सुनावैं, करम करावें नीचा।
बूड़त द्रोउ परस्पर दीखे, गहे बाँहि जम खींचा।
गाय बधै सो तुरक कहावै, यह क्या इनसे छोटे।
कहैं कबीर सुनो भाई साधो, कलि में ब्राह्मन खोटे॥

[152]

तो पैं बीजरूप भगवाना,
जो पंडित का कथिसि गियाना॥
नहिं तन नहिं मन नहिं अहँकारा,
नहिं सत-रज-तम तीनि प्रकारा॥
विष-अंमृत-फल फले अनेक,
बेद रु बोधक हैं तरु एक॥
कहैं कबीर इहै मन माना,
केहिधू छूट कवन उरझाना॥

[153]

पंडित बाद बदंते झूठा।
राम कह्याँ दुनियाँ गीत पावै
खाँड कह्याँ मुख मीठा॥
पावक कह्याँ पाव जे दाझै,
जल कहि त्रिषा बुझाई।
भोजन कह्याँ भूख जे भाजै,
तो सब कोइ तिरि जाई॥
नरक साथि सूवा हरि बोले,

---

152. यदि भगवान बीजरूप हैं तब तो सब उन्हीं का परिणाम है। फिर तन, मन, अहंकार तथा सत्त्व-रज-तम आदि गुणों की पृथक् सत्ता कहाँ रही? वेद और वेद के बोधक ये दोनों ही वृक्ष हुए, जिसके विष और अमृत नाना फल लगे हुए हैं। कबीर कहते हैं कि यह सारा प्रपंच मन का कल्पित है, इसमें भला किससे छूटा जाए और किससे उलझा जाए। यह पद कुछ पाठान्तर के साथ 'बीजक' में आता है। कुछ टीकाकार लोग इसे परिणामवाद के खंडन में लिखा हुआ बताते हैं।

153. पंडित झूठा वाद वदता है। राम कहने मात्र से यदि दुनिया गति पाती तो खाँड (चीनी) कहने से मुँह मीठा हो जाता। आग कहने से दाह होता और पानी कहने से प्यास बुझती, इत्यादि।→

हरि परताप न जानै।
जो कबहूँ उड़ि जाइ जँगल में,
बहुरि न सुरतैं आनै॥
साँची प्रीति विषै मायासू,
हरि भगतनि-सूँ दासी।
कहैं कबीर प्रेम नहिं उपज्जौ,
बाँध्यौ जमपुरि जासी॥

[154]

पाँड़े न करसी बाद-बिबादं।
या देही बिन सबद न स्वादं॥
अंड ब्रह्मंड खंड भी माटी,
माटी नवनिधि काया।
माटी खोजत सतगुरु भेट्या,
तिन कछु अलख लखाया॥
जीवत माटी मूवा भी माटी
देखौ ग्यान बिचारी।
अति काली माटी में वासा
लैटै पाँव पसारी॥
माटी का चित्र पवन का थंभा
व्यंद संजोगि उहाया।
भाँनैं घड़ै सँवारे सोई,
यहु गोव्यंद की माया॥
माटी का मंदिर ग्यान का दीपक
पवन बाति उजियारा॥
तिहि उजियारै सब जग सूझै,
कबीर ग्यान बिचारा॥

→ करकै...जानै = आदमी के साथ जब तक तोता रहता है तब तक हरिनाम लेता है। पर जब कभी जंगल में उड़ जाता है तो याद भी नहीं करता।

154. पंडित, वाद = विवाद न कर। यह सब कुछ मिट्टी ही है। थंभा=खंभा। व्यंद = बिंदु। भानै = तोड़ता है। घड़ै = गढ़ता है।

[155]

तुम बूझहु पंडित कवन नारि। कोइ नाहिं बिआइल रह कुमारि॥
येहि सब देवन मिलि हरिहिं दीन्ह। तेहि चारहुँ युग हरि संग लीन्ह॥
यह प्रथमहिं पद्मिनि रूप पाय। है साँपिनि सब जग खेदि खाय॥
ई बर युवती के बार नाह। अति रे तेज तिया रै निताह॥
कह कबीर सब जग पियारि। यह अपने बलकवै रहै मारि॥

[156]

चलन चलन सबको कहत है,
नाँ जानौं बैकुंठ कहाँ है।
जोजन एक प्रमिति नहिं जान,
बातनि ही बैकुंठ बखानैं॥
जब लग है बैकुंठ की आसा,
तब लग नहिं हरिचरन निवासा॥
कहें-सुनें कैसें पंतिअइये,
जब लग तहाँ आप नहिं जइये॥
कहैं कबीर यहु कहिए काहि,
साधो संगति बैकुंठहि आहि॥

[157]

कर पकरैं अँगुरी गिनैं, मन धावै चहुँ ओर।
जाहि फिरायाँ वो मिलै, सो भया काठ की ठौर॥ 1॥
केसाँ कहा बिगाड़िया, जो मूँड़ै सौ बार।
मन कौं काहे न मूँड़िए, जामैं विषै-विकार॥ 2॥
बैस्नौ भया तो क्या भया, बूझा नहीं विवेक।
छापा-तिलक बनाइ करि, दगध्या लोक अनेक॥ 3॥

---

155. बिआइल = प्रसव किया। नारि = माया। किसी ने माया को जन्म नहीं दिया। अर्थात् वह अनादि है। रह कुमारि = वह किसी की विधिपूर्वक पत्नी नहीं हुई। यह...खाय = इसने पहले पद्मिनी का रूप पाया। पद्मिनी, सुलक्षणा स्त्री। बाद में सर्पिणी की भाँति सारे संसार को खा गई। ई...नाह = इस नवयुवती के नाह (पति) इसके सामने अभी बच्चे ही हैं; क्योंकि शिव, विष्णु आदि जिन देवताओं को 'मायापति' समझा जाता है, वे वस्तुतः माया द्वारा कल्पित उपाधियों के कारण ही पृथक्-पृथक् नामवाले देवता बने हुए हैं। माया अनादि है देवगण आदि। इसीलिए यह स्त्री नित्य ही उनके सामने तेज बनी रहती है। निताह = नित्य ही। कह...मारि = कबीर कहते हैं कि यह माया समस्त जगत् को प्रिय लगती है, किन्तु→

[158]

क्या है तेरे न्हाई-धोई, आतमराय न चीन्हा सोई।
क्या घट ऊपरि मंजन कीयैं, भीतरि मैल अपारा।
राम-नाम बिन नरक न छूटै, जो धोवै सौ बारा।
का नट मेखै भगवा बस्तर, भसम लगावै लोई।
ज्यूँ दादुर सुरसरि-जल भीतरि, हरि बिन मुकति न होई।
परिहरि काम राम कहि बौरे, सुनि सिख बंधू मोरी।
हरि कौ नाँव अभैपददाता, कहै कबीरा कोरी।

[159]

मन बनियाँ बनिज न छोड़ै।
जनम जनम का मारा बनियाँ, अजहूँ पूर न तौले।
पासँग के अधिकारी लैले, भूला भूला डोलै।
घर में दुविधा कुमति बनी है, पल-पल में चित तोरै।
कुनबा वाके सकल हरामी, अंमृत में विष घोलै।
तुमहीं जल में तुमहीं थल में, तुमहीं घट-घट बोलै।
कहैं कबीर या वा सिष को डरिए, हिरदे गाँठि न खोलै॥

[160]

लोका मति के भोरा रे।
जो कासी तन तजै कबीरा,
तौ रामहिं कहा निहोरा रे।
तब हम वैसे अब हम ऐसे,
इहै जनम का लाहा रे।
राम-भगति-परि जाकौ हित चित
ताकौ अचिरज काहा रे।
गुरु-परसाद साध की संगति,
जन जीतें जाइ जुलाहा रे।

→ अपने बालकों को ही मारकर जा रही है; क्योंकि जन्म-मृत्यु के भव-चक्र में पड़े हुए जीव वस्तुत: माया के कारण ही नश्वर शरीर आदि को आत्मा मानकर नाना प्रकार का क्लेश पाते हैं और बार-बार जन्म-मरण के चक्र में पड़ते हैं। इस प्रकार यह माया अपने ही बालकों को मार रही है।

कहै कबीर सुनहु रे संतो,
भ्रंमि परै जिनि कोई रे।
जस कासी तस मगहर ऊसर,
हिरदै राम सति होई रे।

[161]

पूजा-सेवा-नेम-व्रत, गुड़ियन का-सा खेल।
जब लग पिउ परसै नहीं, तब लग संसय मेल॥

[162]

जाति न पूछो साध की, पूछ लीजिए ज्ञान।
मोल करो तलवार का पड़ा रहन दो म्यान॥
हस्ती चढ़िए ज्ञान कौ, सहज दुलीचा डारि॥
स्वान-रूप संसार है, भूँकन दे झक मारि॥

[163]

मेरा-तेरा मनुआँ कैसे इक होई रे।
मैं कहता हौं आँखिन देखी, तू कहता कागद की देखी।
मैं कहता सुरझावनहारी, तू राख्यौ उरझाई रे।
मैं कहता तू जागत रहियो, तू रहता है सोई रे।
मैं कहता निर्मोही रहियो, तू जाता है मोही रे।
जुगन जगन समुझावत हारा, कही न मानत कोई रे।
तू तो रंडी फिरै बिहंडी, सब धन डारे खोई रे।
सतगुरु धारा निर्मल बाहै, वामैं काया धोई रे।
कहत कबीर सुनो भाई साधो, तब ही वैसा होई रे।

[164]

दुलहिन अँगिया काहे न धोवाई।
बालपने की मैली अँगिया विषय-दाग परि जाई।
बिन धोए पिय रीझत नाहीं, सेजसें देत गिराई।
सुमिरन ध्यान कै साबुन करि ले सत्तनाम दरियाई।
दुबिधा के भेद खोल बहुरिया मनकै मैल धोवाई।

---

164. अँगिया = यहाँ शरीर में मतलब है। दुलहिन जीवात्मा है।

चेत करो तीनों पन बीते, अब तो गवन नगिचाई।
पालनहार द्वार हैं ठाढ़े अब काहे पछिताई।
कहत कबीर सुनो री बहुरिया चित अंजन दे आई।

[165]

मोरी चुनरी में परि गयो दाग पिया।
पाँच तत्त की बनी चुनरिया, सोरहसै बँद लागे जिया।
यह चुनरी मोरे मैकेतें आई, ससुरे में मनुवाँ खोय दिया।
मलि मलि धोई दाग न छूटे, ज्ञान को साबुन लाय पिया।
कहैं कबीर दाग कब छुटिहै, जब साहब अपनाय लिया।

[166]

तेरा जन एक आध है कोई।
काम-क्रोध अरु लोभ विवर्जित, हरिपद, चीन्हैं सोई॥
राजस-तामस-सातिग तीन्यूँ, ये सब तेरी माया।
चौथे पद कौं जे जन चीन्हैं, तिनहि परम पद पाया॥
असतुति-निंदा-आसा छाँड़ै, तजै मान अभिमाना।
लोहा-कंचन समि करि देखै, ते मूरति भगवाना॥
च्यंतै तो माधौ च्यंतामणि हरिपद रमैं उदासा।
त्रिसनां अरु अभिमान रहित है कहै कबीर सो दासा॥

[167]

अबुझा लोग कहाँ लौ बूझै बूझनहार बिचारो॥
केते रामचंद्र तपसी से जिन जग यह भरमाया।
केते कान्ह भये मुरलीधर तिन भी अंत न पाया॥
मच्छ-कच्छ-बाराहसरूपी वामन नाम धराया।
केते बौध भये निकलंकी तिन भी अंत न पाया॥
केतिक सिध-साधक-संन्यासी जिन बन बास बसाया।
केते मुनिजन गोरख कहिए तिन भी अंत न पाया॥
जाकी गति ब्रह्मै नहीं पाए सिव-सनकादिक हारे।
ताके गुन नर कैसे पैहो खड़ा कबीर पुकारे॥

---

166. सातिग = सात्त्विक।

[168]

साधो, देखो जग बौराना।
साँची कहौ तौ मारन धावै झूँठे जग पतियाना।
हिंदू कहत है राम हमारा मुसलमान रहमाना।
आपस मैं दोऊ लड़े मरतु हैं मरम कोई नहिं जाना।
बहुत मिले मोहिं नेमी धर्मी प्रात करैं असनाना।
आतम-छोड़ि पषानै पूजैं तिनका थोथा ज्ञाना।
आसन मारि डिंभ धरि बैठे मन में बहुत गुमाना।
पीपर-पाथर पूजन लागे तीरथ-बर्त भुलाना।
माला पहिरे टोपी पहिरे छाप-तिलक अनुमाना।
साखी सब्दै गावत भूले आतम खबर न जाना।
घर-घर मंत्र जो देन फिरत हैं माया के अभिमाना।
गुरुवा सहित सिष्य सब बूड़े अंतकाल पछिताना।
बहुतक देखे पीर-औलिया पढ़ै किताब-कुराना।
करै मुरीद कबर बतलावैं उनहूँ खुदा न जाना।
हिंदू की दया मेहर तुरकन की दोनों घर से भागी।
वह करै जिबह वाँ झटका मारे आग दोऊ घर लागी।
या बिधि हँसत चलत हैं हमको आप कहावैं स्याना।
कहैं कबीर सुनो भाई साधो, इनमें कौन दिवाना।

[169]

मीयाँ तुम्हसौ बोल्याँ बणि नहीं आवै।
हम मसकीन खुदाई बंदे तुम्हरा जस मनि भावै॥
अलह अवलि दीन का साहिब, जोर नहीं फुरमाया।
मुरिसद-पीर तुम्हारै है को, कहो कहाँ थैं आया॥
रोजा करैं निवाज गुजारैं कलमै भिसत न होई।
सत्तरि काबे इक दिल भीतरि जे करि जानै कोई।
खसम पिछाँनि तरस करि जिय मैं, मालमतीं करि फीकी।
आया जाँनि साँई कूँ जाँनैं, तब ह्वै भिस्त सरीकी।
माटी एक भेष धीर नाँनाँ सब में ब्रह्म समानाँ।
कहैं कबीर भिस्त छिटकाई दोजग ही मनमानाँ॥

168. डिंभ धरि बैठे = दम्भ धारण करके बैठे हैं। मेहर = दया।
169. मीयाँ = मियाँ, तुमसे बोलते नहीं बनता। मसकीन = गरीब, दान। खुदाई बंदे = भगवान के सेवक। तुम्हारा...भावैं = तुम्हें चाहे जैसा मन में भावै। मुरसिद = गुरु। निवाज = नमाज।→

[170]

वै क्यूँ कासी तजैं मुरारी। तेरी सेवा-चोर भये बनवारी॥
जोगी-जती-तपी संन्यासी। मठ देवल बसि परसैं कासी॥
तीन बार जे नित प्रति नहावैं। काया भीतरि खबरि न पावैं॥
देवल देवल फेरी देहीं। नाव निरंजन कबहुँ न लेहीं॥
चरन-विरद कासी कौं न दैहूँ। कहै कबीर भल नरकहिं जैहूँ॥

[171]

बहुविध चित्र बनाय कै, हरि रच्यौ क्रीड़ा-रास।
जेहि न इच्छा झूलिबे की, ऐसी बुधि केहि पास॥
झुलत-झुलत बहु कलप बीते, मन न छोड़े आस।
रचि हिंडोला अहो-निसि हो चारि जुग चौमास॥
कबहूँ ऊँच से नीच कबहूँ, सरग-भूमि ले जाय।
अति भ्रमत हिंडोलवा हो, नेकु नहिं ठहराय॥
डरत हौं यह झूलबे को, राखु जादवराय।
कहैं कबीर गोपाल विनती, सरन हरि तुअ पास॥

[172]

चली मैं खोज में पिय की। मिटी नहिं सोच यह जिय की॥
रहे नित पास ही मेरे। न पाऊँ यार को हेरे॥
बिकल चहूँ ओर को धाऊँ। तबहुँ नहिं कंत को पाऊँ॥
धरों केहि भाँति सों धीरा। गयौ गिर हाथ से हीरा॥
कटी जब नैन की झाईं। लख्यौं तब गगन में साईं॥
कबीर शब्द कहि त्रासा। नयन में यार को बासा॥

→ भिसत = बहिश्त, स्वर्ग। दोजग, दोजख = नरक। खसम... फीकी = प्रिय को पहचानो, जरा तरस करो, मालमता को फीका समझो। आया... सरीकी = स्वामी को पास आया हुआ जाने। जो ऐसा जानते हैं वे ही स्वामी को जानते हैं, तव वे बहिश्त में शरीक होते हैं।

170. हे भगवान, वे लोग काशी को क्यों छोड़ें? वे तो सेवा-चोर हो गए हैं, तेरी सेवा से जी चुराने लगे हैं। ये जोगी-जती, तपस्वी, संन्यासी मठों और देवालयों में बैठे हुए काशी को स्पर्श कर रहे हैं। जो लोग तीन बार स्नान करते हैं और काया के भीतर (कितनी मैल है) इसकी खबर भी नहीं जानते, देवालय से देवालय तक फेरी देते हैं और निरंजन का नाम कभी नहीं लेते—(वे लोग यदि मुक्ति के लिए काशी पर भरोसा करें) मैं तुम्हारे चरणों में आश्रय पाने का यश काशी को नहीं दूँगा (अर्थात् यदि तरूँगा तो तुम्हारे चरणों के प्रताप से, व्यर्थ ही काशी में मरकर यह यश काशी को नहीं मिलने दूँगा) भले ही नरक ही क्यों न जाऊँ।

172. कटी...झाँईं = जब आँखों में पड़ी हुई छाया हट गई अर्थात् अज्ञान का आवरण हट गया।

[173]

तलफै बिन बालम मोर जिया।
दिन नहिं चैन रात नहिं निंदिया,
तलफ तलफ के भोर किया॥
तन मन मोर रहँट-अस डोलै,
सुन्न सेज पर जनम छिया।
नैन थकित भये पंथ न सूझै,
साँईं बेदरदी सुध न लिया॥
कहत कबीर सुनो भाई साधो,
हरो पीर दुख जोर किया॥

[174]

अबिनासी दुल्हा कब मिलिहौ, भक्तन के रछपाल।
जल उपजी जल ही सों नेहा, रटत पियास पियास।
मैं ठाढ़ी बिरहन मग जोऊँ, प्रियतम तुमरी आस।
छोड़े गेह नेह लगि तुम सों, भई चरन लवलीन।
ताला-बेलि होति घर भीतर, जैसे जल बिन मीन।
दिवस न भूख रैन नहिं निद्रा, घर अँगना न सुहाय।
सेजरिया बैरिन भई हमको, जागत रैन बिहाय।
हम तो तुमरी दासी सजना, तुम हमरे भरतार।
दीन-दयाल दया करि आओ, समरथ सिरजनहार।
कै हम प्रान तजति हैं प्यारे, कै अपनी कर लेव।
दास कबीरा बिरहा अति बाढ़ेव, हमको दरसन देव॥

[175]

नैना अंतरि आव तूँ, ज्यों हौं नैन झँपेऊँ।
ना हौं देखौं और कूँ, नाँ तुझ देखन देऊँ॥ 1॥
कबीर रेख सिंदूर की काजल दिया न जाइ।
नैनूँ रमइया रमि रह्या, दूजा कहाँ समाइ॥ 2॥

---

174. जल उपजी...पियास-पियास = यह विरहिणी उस मछली के समान है जो जल में ही उपजी और जल से ही उसका प्रेम है और फिर भी प्यास-प्यास चिल्ला रही है। भगवान में ही उत्पन्न और भगवान में ही सहज प्रेम होते हुए भी जीव भगवान को नहीं पा रहा है। ताला-बेलि = तिलमिलाहट, छटपटाहट।

मन परतीति न प्रेम-रस, नाँ इस तन में ढंग।
क्या जाणौं उस पीवसूँ, कैसैं रहसी रंग॥ 3॥

[176]

नैनों की करि कोठरी, पुतरी पलँग बिछाय।
पलकों की चिक डारिकै, पिया को लिया रिझाय॥ 1॥
प्रीतम को पतिया लिखूँ, जो कहूँ होय विदेस।
तन में मन में नैन में, ताकौं कहा सँदेस॥ 2॥

[177]

अँखियाँ तो झाईं परी, पंथ निहारि निहारि।
जीहड़ियाँ छाला पड़्या नाम पुकारि पुकारि॥ 1॥
बिरह कमंडल कर लिये, बैरागी दो नैन।
माँगै दरस मधूकरी, छके रहैं दिन-रैन॥ 2॥
सब रंग ताँत रबाब तन, बिरह बजाबै नित्त।
और न कोई सुनि सकै, कै साईं कै चित्त॥ 3॥

[178]

पैछा पछी के कारनै, सब जग रहा भुलान।
निरपछ ह्वैके हरि भजै, सोई संत सुजान॥ 1॥
अमृत केरि मोटरी, सिर से धरी उतार।
जाहिं कहौं मैं एक है, मोहिं कहै दो-चार॥ 2॥

[179]

दुलहिनि तोहि पिय के घर जाना।
काहे रोवो काहे गावो, काहे करत बहाना॥
काहे पहिर्‌यौ हरि हरि चुनियाँ, पहिर्‌यौ प्रेम के बाना।
कहैं कबीर सुनो भाई साधो, बिन पिया नाहिं ठिकाना॥

[180]

सूतल रहलूँ मैं नींद भरि हो, पिया दिहलैं जगाय।
चरन-कँवल के अंजन हो नैना ले लूँ लगाय॥

---

177. जीहड़ियाँ = जीभ में।

180. सूतल रहलूँ = सोई हुई थी। दिहलैं = दिया।

जासों निंदिया न आवै हो नहिं तन अलसाय।
पिया के बचन प्रेम-सागर हो चलूँ चली हो नहाय॥
जनम जनम के पापवा छिन में डारब धोवाय।
यहि तन के जग दीप कियौ प्रीत बतिया लगाय॥
पाँच तत्त के तेल चुआए ब्रह्म अगिनि जगाय।
प्रेम-पियाला पियाइ के हो पिया पिया बौराय॥
बिरह अगिनि तन तलफै हो जिय कछु न सोहाय।
ऊँच अटरिया चढ़ि बैठ लूँ हो जहँ काल न जाय॥
कहैं कबीर विचारिके हो जम देख डराय॥

[181]

अब तोहिं जान न दैहूँ राम पियारे,
ज्यूँ भावै त्यूँ होह हमारे।
बहुत दिनन के बिछुरे हरि पाए,
भाग बड़े घर बैठें आए।
चरननि लागि करौं बरियाई
प्रेम-प्रीति राखौं उरझाई।
इत मन-मंदिर रहौ नित चोषै,
कहै कबीर करहु मति घोषै॥

[182]

तन-मन-धन बाजी लागी हो,
चौपड़ खेलूँ पीव से रे, तन-मन बाजी लगाया।
हारी तो पिय की भई रे, जीती तो पिय मोर हो।
चौसरिया के खेल में रे, जुग्ग मिलन की आस।
नर्द अकेली रह गई रे, नहिं जीवन की आस हो।
चार बरन घर एक है रे, भाँति भाँति के लोग।
मनसा-बाचा कर्मना कोइ, प्रीति निबाहो ओर हो।
लख चौरासी भरमत भरमत, पौपै अटकी आय।
जो अबके पौ ना पड़ी रे, फिर चौरासी जाय हो।
कहैं कबीर धर्मदास से रे, जीती बाजी मत हार।
अबके सुरत चढ़ाय दे रे, सोई सुहागिन नार हो।

---

182. जुग्ग = चौरस के खेल में दो गोटियों का एक ही कोठे में इकट्ठा होना। नर्द = चौरस की गोटी। पौ = जीत का दाँव-विशेष।

[183]

नाम-अमल उतरै ना भाई।
और अमल छिन-छिन चढ़ि उतरै, नाम-अमल दिन बढ़ै सवाई।
देखत चढ़ै सुनत हिय लागै, सुरत किए तन देत घुमाई।
पियत पियाला भये मतवाला, पायो नाम मिटी दुचिताई।
जो जन नाम अमल रस चाखा, तर गई गनिका सदन कसाई।
कहैं कबीर गूँगे गुड़ खाया, बिन रसना का करै बड़ाई॥

[184]

हमरी ननँद निगोड़िन जागे।
कुमति लकुटिया निसिदिन व्यापै, सुमति देखि नहिं भावै।
निसि-दिन लेत नाम साहब को, रहत-रहत रँग लागै।
निसि-दिन खेलत रही सखियन-सँग मोहिं बड़ा डर लागै।
मोरे साहब की ऊँची अटरिया, चढ़त में जियरा काँपै।
जो सुख चहै तो लज्जा त्यागै, पिय से हिल-मिलि लागै।
घूँघट खोल अंग-भर भेंटै, नैन आरती साजै।
कहैं कबीर सुनो भाई साधो, चतुर होय सो जानै।
निज प्रीतम की आस नहीं है, नाहक काजर पारै।

[185]

कैसे दिन कटिहैं जतन बताए जइयो।
एहि पार गंगा ओहि पार जमुना,
बिचवाँ मड़इया हमकाँ छवाए जइयो।
अँचरा फारिके कागज बनाइन,
अपनी सुरतिया हियरे, लिखाए जइयो।
कहत कबीर सुनो भाई साधो,
बहियाँ पकरिकें रहिया बताए जइयो।

[186]

कैसें जीवेगी विरहिनी पिया बिन, काजे कौन उपाय।
दिवस न भूख रैन नहिं सुख है, जैसे करि जुग जाम।
खेलती फाग छाँड़ि चलु सुंदर, तज चलु धन औ धाम।

183. अमल = नशा।

बन-खँड जाय नाम नौ लावो, मिलि पिय से सुख पाय।
तलफत मीन बिना जल जैसे, दरसन लीजे धाय।
बिना आकार रूप नहिं रेखा, कौन मिलेगी आय।
आपन पुरुष समझि ले सुंदरि, देखो तन निरताय।
सब्द सरूपी जिव पिव बूझो, छाँड़ो भ्रम की टेक।
कहैं कबीर और नहिं दूजा, जुग जुग हम-तुम एक।

[187]

भींजै चुनरिया प्रेम-रस बूँदन।
आरत साज के चली है सुहागिन पिय अपने को ढूँढ़न।
काहे की तोरी बनी चुनरिया काहे को लगे चारों फूँदन।
पाँच तत्त की बनी चुनरिया नाम के लागे फूँदन।
चढ़िगे महल खुल गई रे किबरिया दास कबीर लागे झूलन॥

[188]

मैं अपने साहब संग चली।
हाथ में नरियल मुख में बीड़ा, मोतियन माँग भरी।
लिल्ली घोड़ी जरद बछेड़ी, तापै चढ़ि के चली।
नदी किनारे सतगुरु भेंटे, तुरत जनम सुधरी।
कहैं कबीर सुनो भाई साधो, दोउ कुल तारि चली।

[189]

गुरु मोहिं घुँटिया अजर पियाई।
गुरु मोहिं घुँटिया पियाई, भई सुचित मेटी दुचिताई।
नाम-औषधी अधर-कटोरी, पियत अधाय कुमति गई मोरी,
ब्रह्मा-विस्नु पिए नहीं पाए, खोजत संभू जन्म गँवाए।
सुरत निरत करि पियै जौ कोई, कहैं कबीर अमर होय सोई॥

[190]

कबीर भाटी कलाल की, बहुतक बैठे आइ।
सिर सौंपे सोई पिवै, नहीं तो पिया न जाइ॥ 1॥
हरि-रस पीया जाणिये, जे कबहूँ न जाइ खुमार।
मैमंता घूमत रहे, नाहीं तन की सार॥ 2॥

---

190. मैमंता = मदमाता।

सबै रसायण मैं किया, हरि-सा और न कोइ।
तिल इक घट मैं संचरै, तो सब कंचन होइ॥ 3॥

[191]

पीछे लागा जाइ था, लोक वेद के साथि।
आगे थैं सतगुरु मिल्या, दीपक दीया हाथि॥ 1॥
दीपक दीया तेल भरि, बाती दई अघट्ट।
पूरा किया बिसाहुणां, बहुरि न आवौं हट्ट॥ 2॥
कबीर गुरु गरवा मिल्या, रलि गया आटे लूँण।
जाति-पाँति-कुल सब मिटै, नाँव धरौगे कौंण॥ 3॥
सतगुरु हमसूँ रीझि करि एक कह्या परसंग।
बरस्या बादल प्रेम का, भीजि गया सब अंग॥ 4॥

[192]

वै दिन कब आवैंगे भाइ।
जा कारनि हम देह धरी है, मिलिबौ अंगि लगाइ।
हौ जाँनूँ जे हिल-मिलि खेलूँ, तन मन प्रान समाइ॥
या कांमनां खरौं परिपूरन, समरथ हौ रांम राइ॥
मांहि उदासी माधौ चाहै,
चितवन रैनि बिहाइ॥
सेज हमारी स्यंघ भई है,
जब सोऊँ तब खाइ॥
यहु अरदास दास की सुनिए,
तन की तपनि बुझाइ॥
कहैं कबीर मिलै जे साईं,
मिलि करि मंगल गाइ॥

[193]

मेरी अँखियाँ जांन सुजांन भई।
देवर ननद सुसर संग तजि करि, हरि पीव तहाँ गई॥
बालपनैं के करम हमारे, काटे जानि दई।

---

191. अघट्ट = कभी न घटनेवाली, अक्षय। शरीर दीपक है, आयु तेल है और आत्मा अक्षय बत्ती है। बिसाहुणाँ = खरीदना। गुरु गवा मिल्या = गुरु गले मिले। लूँण = नमक।

192. स्यंघ = सिंह।

बाँह पकरि करि किरपा कीन्हीं, आप समींप लई॥
पानी की बूँदथे जिनि प्यँड साज्या, ता संगि अधिक रई॥
दास कबीर पल प्रेम न घटई, दिन-दिन प्रीति नई॥

[194]

इति बिधि रामसूँ ल्यौं लाइ।
चरन पाषैं निरति करि, जिभ्या बिना गुंण गाइ।
जहाँ स्वाँतिबूँद न सीप साइर, सहजि मोती होइ।
उन मोतियन मैं नीर पोयौ, पवन अंबर धोइ।
जहाँ धरनि वरषै गगन भींजै, चंद-सूरज मेल।
दोइ मिलि तहाँ जुड़न लागे, करत हंसा केलि।
एक बिरष भीतरि नदी चाली, कनक कलस समाइ।
पंच सुवटा आइ बैठे, उदै भई बनराइ।
जहाँ बिछुट्यौ तहाँ लाग्यौ, गगन बैठो जाइ।
जन कबीर बटाऊवा, जिनि मारग लियौ जाइ।

[195]

करो जतन सखी साँईं मिलन की।
गुड़िया गुड़वा सुपलिया,
तजि दे बुधि लरिकैयाँ खेलन की।
देवता पित्तर भुइयाँ भवानी,

---

193. रई = रत हुई।

194. चरण पाषैं निरति करि = चरणों के पंख पर नृत्य करो। जिभ्या बिना = जीभ से उच्चारण किये बिना, सहज भाव से। जहाँ...धोइ = स्वाति का बूँद, सीपी और सागर के बिना भी एक सहज मोती तुम्हारे पास है। इस सहज मोती के पानी से आकाश और हवा को धो दो। यह मोती विरह के अश्रु हैं। जहाँ...केलि = एक ऐसा स्थान है जहाँ पृथ्वी से पानी बरसता है और आकाश भींजता रहता है (मूलाधार के रस में सहस्रार सिक्त होता है), जहाँ सूर्य (नाभि के ऊपर का मूलाधार पद्म) और चन्द्र (ब्रह्मरन्ध्र) मिल गए होते हैं और हंस केलि करता है। एक...बनराइ = एक वृक्ष (शरीर है) जिनमें नदी (कुंडलिनी) बह रही है जो कनक कलश (सहस्रार) में गिरी है और पाँच सुग्गे (प्राण) उस वृक्ष पर बैठे हैं और इनके कारण सारी वनराजि प्रसन्न हुई है। जहाँ...चाइ = जहाँ से बिछुड़े थे वहीं जाकर लगो, शून्य में जाकर बैठो, कबीर बटोही ने रास्ता देख लिया है।

195. गुड़िया...सुपलिया = बच्चों के खिलौने (गृहस्थी के द्योतक हैं।)

यह मारग चौरसी चलन की।
ऊँचा महल अजब रँग बँगला,
साँईं की सेह वहाँ लगी फूलन की।
तन-मन-धन सब अपनि कर वहाँ,
सुरत सम्हार परु पइयाँ सजन की।
कहैं कबीर निर्भय होय हंसा,
कुंजा बता द्यौ ताला खुलन की॥

[196]

मोरे लगि गए बान सुरंगी हो।
धन सतगुरु उपदेश दियो है, होइ गयो चित्त भिरंगी हो।
ध्यान पुरुष की बनी है तिरिया, घायल पाँचों संगी हो॥
घायल की गति घायल जाने, की जानै जात पतंगी हो।
कहैं कबीर सुनो भाई साधो, निसि दिन प्रेम उमंगी हो॥

[197]

गुरु बड़े भृंगी हमारे गुरु बड़े भृंगी।
कीटसों ले भंग कीन्हा आपसों रंगी।
पाँव औरै कोई सब भये भृंगी पंख औरै और रँगी रंगी।
जाति कुला ना लखें कोई सब भये भृंगी।
नदी-नाले मिलै गंगै कहलावै गंगी।
दरियाव-दरिया जा मामने संग में संगी।
चलत मनसा अचल कीन्ही मन हुआ पंगी।
तत्त में नि:तत्त दरसा संग में संगी।
बंध तें निर्बंध कीन्हा तोड़ सब तंगी।
कहैं कबीर किया अगम गम नाम रँग रंगी॥

[198]

पिया मेरा जागे मैं कैसे सोई री।
पाँच सखी मेरे संग की सहेली,
उन रँग रँगी पिया रंग न मिली री॥
सास सयानी ननद देवरानी,
उन डर डरी पिय सार न जानी री।

---

196. पाँचों संगी = पाँच प्राण।

द्वादस ऊपर सेज बिछानी,
चढ़ न सकौं मारी लाजल जानी री॥
रात दिवस मोहिं कूका मारे,
मैं न सुनी रचि नहिं संग जानी री।
कहैं कबीर सुनु सखी सयानी,
बिन सतगुरु पिया मिले न मिलानी री॥

[199]

बहुत दिनन की जोवती, बाट तुम्हारी राम।
जिय तरसै तुझ मिलन कूँ, मनि नाहीं बिसराम॥ 1॥
बिरहिनि ऊठै भी पड़े, दरसन कारनि राम।
मूवा पीछे देहुगे, सो दरसन केहि काम॥ 2॥
मूवा पीछे जिनि मिलै, कहै कबीरा राम।
पाथर-घाटा-लोह, सब पारस कौणैं काम॥ 3॥
बासरि सुख ना रैंणि सुख, ना सुख सुपिनै माहिं।
कबीर बिछुट्या रामसूँ, ना सुख धूप न छाँहि॥ 4॥

[200]

परबतिप रबति में फिर्‍या, नैन गँवाए रोइ।
सो बूटी पाऊँ नहीं, जातैं जीवन होइ॥ 1॥
नैन हमारे जलि गए, छिन छिन लोड़ै तुज्झ।
नाँ तूँ मिलै न मैं खुसी ऐसी बेदन मुज्झ॥ 2॥
सुखिया सब संसार है खाए अरु सोवै।
दुखिया दास कबीर है जागे अरु रोवै॥ 3॥

[201]

आइ न सकौं तुज्झपै सकूँ न तुज्झ बुलाइ।
जियरा यौंही लेहुगे, विरह तपाइ तपाइ॥ 1॥

---

198. द्वादस ऊपर = 10 इन्द्रिय, मन और बुद्धि इन बारहों से परे। रात दिवस...जानी री = रात-दिन मेरे हृदय में विरह-वेदना उमड़ती रहती है, पर मैंने उसकी आवाज नहीं सुनी और न उसके सहवास को ही जान सकी।

201. वह राम दया मत करै। मैं वह शरीर जलाऊँगी, जलाकर राख कर दूँगी ताकि धुआँ आकाश में जाए। (और बादल बनकर वही) इस आग को बरसकर बुझा दे। विरह की आग से ही वह रस पैदा होगा जो इस ताप को बुझा सकेगा। करंक = ठठरी। लोही = लहू, रक्त।

यहु तन जालौं मसि करूँ, ज्यूँ धूवाँ जाइ सरग्गि।
मति वै राम दया करै, बरसि बुझावै अग्गि॥ 2॥
यहु तन जालौं मसि करौं, लिखौं राम का नाँउँ।
लेखणि करूँ करंक की, लिखि लिखि राम पठाउँ॥ 3॥
इस तन का दीवा करौं, बाती मेलूँ जीव।
लोही सींचौ तेल ज्यूँ, कब मुख देखौं पीव॥ 4॥
कै बिरहिन कूँ मींच दे, कै आपा दिखलाइ।
आठ पहर का दाझणाँ, मोपै सहा न जाइ॥ 5॥

[202]

कबिरा प्याला प्रेम का, अंतर दिया लगाय।
रोम रोम में रमि रह्या, और अमल क्या खाय॥ 1॥
राता-माता नाम का, पीया प्रेम अघाय।
मतवाला दीदार का, माँगै मुक्ति बलाय॥ 2॥

[203]

ऐ कबीर, तैं उतरि रहु, संबल परो न साथ।
संबल घटे न पगु थके, जीव बिराने हाथ॥ 1॥
कबीर का घर सिखर पर, जहाँ सिलहली गैल।
पाँव न टिकै पिपीलिका, खलकन लादे बैल॥ 2॥

[204]

काल खड़ा सिर ऊपरे, जागु बिराने मीत।
जाका घर है गैल में, सो कस सो निचीत।

[205]

छाकि पर्‌यो आतम मतवारा।
पीवत रांमरस करत बिचारा॥
बहुत मोलि महँगै गुड़ पावा।
लै कसाब रस राम चुवावा॥
तन पाटन मैं कीन्ह पसारा।
माँगि माँगि रस पीवै बिचारा॥

---

203. सिलहली = पिच्छिल, फिसलने लायक। गैल = रास्ता। खलकन = दुनिया।
205. कसाब = कषाय रस। पाटन = पट्टण, शहर।

कहैं कबीर फाबी मतवारी।
पीवत रांमरस लगी खुमारी॥

[206]

सब दुनी सयानी मैं बौरा।
हम बिगरे बिगरी जनि औरा।
मैं नहिं बौरा राम कियो बौरा,
सतगुरु जार गयौ भ्रम मोरा।
विद्या न पढ़ूँ वाद नहिं जाँनूँ,
हरि गुन कथत-सुनत बौराँनूँ॥
काम-क्रोध दोऊ भये विकारा,
आपहि आप जरैं संसारा॥
मीठो कहा जाहि जो भावै
दास कबीर राम गुन गावै॥

[207]

नैहर मैं दाग लगाय आय चुनरी।
ऊ रँगरेजवा के मरम न जानै,
नहिं मिलै धोबिया कौन करै उजरी।
तन कै कूँडी ज्ञान कै सौंदन,
साबुन महँग बिचाय या नगरी।
पहिरि-ओढ़िके चली ससुररिया,
गौवाँ के लोग कहैं बड़ी फुहरी।
कहैं कबीर सुनो भाई साधो,
बिना सतगुरु कबहूँ नहिं सुधरी।

[208]

सील-संतोख ते सब्द जा मुख बसै, संतजन जौहरी साँच मानी।
बदन बिकसित रहै ख्याल आनंद मैं, अधर मैं मधुर मुसकात बानी।
साँच गेलै नहीं झूठ बोलै नहीं, सुरत मैं सुमति सोइ स्रेस्ठ ज्ञानी।
कहत हौं ज्ञान पुक्कारि कै सबन सों, देत उपदेस दिल दर्द जानी।
ज्ञान को पूर है रहनि को सूर है, दया की भक्ति दिल माहिं ठानी।
ओर ते छोर लौं एक रस रहत है, ऐस जन जगत मैं बिरले प्रानी।
ठग्ग बटपार संसार में भरि रहे, हंस की चाल कहँ काग जानी।

चपल और चतुर हैं बनै बहु चकिने, बात मैं ठीक पै कपट ठानी।
कहा तिन सों कहों दया जिनके नहीं, घात बहुतें करैं बकुल ध्यानी।
दुर्मती जीव की दुबिध छूटे नहीं, जन्म जन्मान्त पड़ नर्क खानी।
काग कूबुद्धि सूबुद्धि पावै कहाँ, कठिन कठोर बिकराल बानी।
अगिन के पुंज हैं सितलता तन नहीं, अमृत और विष दोऊ एक सानी।
कहा साखी कहे सुमति जागा नहीं, साँच की चाल बिन धूर धानी।
सुकृति औ सत्त की चाल साँची सही, काग बक अधम की कौन खानी।
कहैं कबीर कोउ सुघर जन जौहरी, सदा सवधान पियो नीर छानी।

[209]

अपनपौ आप ही बिसरो।
जैसे सोनहा काँच मंदिर मैं भरमत भूँकि मरो।
जो केहरि बपु निरखि कूल-जल प्रतिमा देखि परो।
ऐसेहिं मदगज फटिक शिला पर दसननि आनि अरो।
मरकट मुठी स्वाद ना बिसरै घर घर नटत फिरो।
कह कबीर ललनी कै सुवना तोहि काने पकरो।

[210]

दरस दिवाना बावरा अलमस्त फकीरा।
एक अकेला ह्वै रहा अस मत का धीरा॥
हिरदे में महबूब है हर दम का प्याला।
पीएगा कोई जौहरी गुरु मुख मतवाला॥
पियत पियाला प्रेम का सुधरे सब साथी।
आठ पहर झूमत रहै जस मैगल हाथी॥
बंधन काटे मोह के बैठा निरसंका।
वाके नजर न आवता क्या राजा रंका॥

---

209. सोनहा = कुत्ता। काँच के मन्दिर में कुत्ता अपने ही प्रतिबिम्बों को देखकर भौंका करता है, वैसे ही जीव भी जगत् में अपने ही अनेक प्रतिबिम्बों को अपने से भिन्न समझकर लड़ता फिरता है। केहरि बपु = सिंह कुएँ में अपनी परछाईं देखकर कूद पड़ा था, ऐसी कहानी है। स्फटिक-शिला में अपनी परछाईं देख हाथी अपने दाँतों से लड़ने को अड़ जाए। ललनी कै सुवना (सुग्गा) = जीव (जो माया के बन्धन में है)।

210. मैगल = मदमस्त।

धरती का आसन किया तंबू असमाना।
चोला पहिरा खाक का रह पाक समाना॥
सेवक को सतगुरु मिले कछु रहि न तबाही।
कह कबीर निज चलो जहँ काल न जाही॥

[211]

गगन की ओट निसाना है।
दहिने सूर चंद्रका बाएँ, तिनके बीच छिपाना है।
तन की कमान सुरत का रोदा, सब्द-बान ले ताना है।
मारत बान बेधा तन-ही-तन, सतगुरु का परवाना है।
मार्‍या बान घाव नहिं तन में, जिन लागा तिन जाना है।
कहैं कबीर सुनो भाई साधो, जिन जाना तिन माना है॥

[212]

मन मस्त हुआ तब क्यों बोले।
हीरा पायो गाँठ गठियायो, बार-बार वाको क्यों खोले।
हलकी थी जब चढ़ी तराज, पूरी भई तब क्यों तोले।
सुरत कलारी भई मतवारी, मदवा पी गई बिन तोले।
हंसा पाए मानसरोवर, ताल-तलैया क्यों डोले।
तेरा साहब है घट माँही, बाहर नैना क्यों खोले।
कहैं कबीर सुनो भाई साधो, साहब मिलि गए तिल ओले॥

[213]

सोच-समझ अभिमानी, चादर भई है पुरानी।
टुकड़े-टुकड़े जोड़ि जगत-सों सीके अँग लिपटानी।
कर डारी मैली पापन-सों, लोभ-मोह में सानी।
ना यहि लग्यौ ज्ञान कै साबुन, ना धोई भल पानी।
सारी उमिर ओढ़ते बीती, भली बुरी नहिं जानी।
संका मान जान जिय अपने, यह है चीज बिरानी।
कहत कबीर धरि राखु जतन से फेर हाथ नहिं आनी॥

---

212. मदवा...तोले = बिना तोले अपरिमित मद पी गई। ओले = ओट में।

[214]

जियरा मेरा फिरै रे उदास।
राम बिना निकसि न जाई सास,
अजहूँ कौन आस।
जहाँ-जहाँ जाऊँ राम मिलावै न कोई।
कहौ संतो कैसे जीवन होई॥
जरै सरीर यहु तन कोई बुझावै।
अनल दहै निस नींद न आवै॥
चंदन घसि-घसि अंग लगाऊँ।
राम बिना दारुन दुख पाऊँ॥
सत-संगति मति मन करि धीरा।
सहज जानि भजै राम कबीरा॥

[215]

इब न रहूँ माटी के घर मैं,
इब मैं जाइ रहूँ मिलि हरि मैं॥
छिनहर घर अरु झिरहर टाटी,
धन गरजन कंपै मेरी छाती॥
दसवैं दारि लागि गई तारी,
दूरि गवन आवन भयौ भारी॥
चहुँ दिसि बैठे चारि पहरिया,
जागत मूसि गए मोर नगरिया॥
कहैं कबीर सुनहु रे लोई,
भाँनड़ घड़ण सँवारण सोई॥

[216]

सेजैं रहुँ नैन नहीं देखौं
बहु दुख कासौं कहूँ हो दयाल॥
सासु की दुखी सुसर की प्यारी,
जेठ कै तरसि डरौं रे॥

---

215. इब = अब। माटी का घर = भौतिक शरीर। छिनहर = टूटा-फूटा। झिरहर = जर्जर। दसवें दारि = दसवें मुकाम पर। चार पहरिया = चार पाहरू (मन, बुद्धि, चित्त, अहंकार)। भाँनड़ घड़ण = तोड़ना और गढ़ना।

ननद सुहेली गरब गहेली
दवर कै बिरह जरों हो दयाल।
बाप सबन कौ करै लराई
माया सोउ मतवाली।
सगौ भईया लै सलि चढ़िहूँ,
तब ह्वै हूँ पीयहि पियारी॥
सोचि बिचारि देखो मन साँहीं
औसर आइ बन्यूँ रे॥
कहैं कबीर सुनहु मति सुंदरि,
राजा राम रमूँ रे॥

[217]

पीले प्याला हो मतवाला, प्याला नाम अमीरस का रे।
बालपना सब खेलि गँवाया, तरुन भया नारी बस का रे।
बिरध भया कफ-बाय ने घेरा, खाट पड़ा न जाय खसका रे।
नाभि कँवल बिच है कस्तूरी, जैसे मिरग फिरे बन का रे।
बिन सतगुरु इतना दुख पाया, बैद मिला नहिं इस तन का रे।
माता पिता बंधु सुत तिरिया, संग नहीं कोइ जाय सका रे।
जब लग जीवै गुरु गुत लेगा, धन जोबन है दिन दस का रे।
चौरसी जा उबरा चाहे, छोड़ कामिन का चसका रे।
कहैं कबीर सुनो भाई साधो, नख-सिख पूर रहा बिस का रे।

[218]

खेल ले नैहरवा दिन चार।
पहिली पठौनी तीन जन आए, नौवा बाम्हन बारि।
बाबुल जी मैं पैयाँ तोरी लागौं, अबकी गवन दे टारि॥
दुसरी पठौनी आपै आए, लेके डोलिया कहार।
धरि बहियाँ डोलिया बैठारिन, कोउ न लागै गोहार॥
ले डोलिया जाइ बन में उतारिन, कोई नहीं संगी हमार।
कहैं कबीर सुनो भाई साधो, इक घर हैं दस द्वार॥

---

216. सलि = चिता पर; माया = माता।
जैसा कि पहले ही बताया गया है ये पद समासोक्ति-पद्धति पर लिखे गए हैं। प्रत्येक शब्द का लक्ष्यार्थ खोजना सब समय ठीक नहीं होता। सास-ससुर, जेठ आदि पद केवल नाना प्रकार के भय, मोह और लाज के निदर्शक हैं।

[219]

मैं भँवरा तोंहि बरजिया, बन-बन बास न लेय।
अटकेगा कहुँ बेल से, तड़पि-तड़पि जिय देय॥ 1॥
बाड़ी के बिच भँवरा था, कलियाँ लेता बास।
सो तो भँवरा उड़ि गया, तजि बाड़ी की आस॥ 2॥

[220]

चलती चक्की देखि के, दिया कबीरा रोय।
दुइ पट भीतर आय के, साबित गया न कोय॥ 1॥
भाई बीर बटाउआ, भरि-भरि नैन न रोय।
जाका था सो ले लिया, दीन्हा था दिन दोय॥ 2॥

[221]

देह धरे का दंड है, सब काहू को होय।
ज्ञानी भुगतै ज्ञान करि, मूरख भुगतै रोय॥ 1॥
तकत तकावत तकि रहे, सके न बेझा मारि।
सबै तीर खाली परे, चले कमानी डारि॥ 2॥

[222]

सुपने में साईं मिले, सोवत लिया जगाय।
आँखि न खोलूँ डरपता, मत सुपना ह्वै जाय॥ 1॥
साईं केरे बहुत गुन, लिखे जो हिरदे माँहि।
पिऊँ न पानी डरपता, मत वै धोए जाँहि॥ 2॥

[223]

अनप्रापत वस्तु को कहा तजे, प्रापत को तजे सो त्यागी है।
सु असील तुरंग कहा फेरे, अफतर फेरे सो बागी है।
जगभव का गावना क्या गावै, अनुभव गावै सो रागी है।
बन गेह की बासना नास करै, कब्बीर सोई बैरागी है॥

---

219. भँवरा = मुग्ध जीव। बाड़ी = संसार-वाटिका।

223. अनप्रापत = जो मिला नहीं। असील तुरंग = खानदानी घोड़ा। अफसर = बिगड़ैल। बागी = बाग पकड़नेवाला सवार। जगभव = संसार का अनुभव। वन...करै = घर में बना हुआ भी घर की वासना जो त्याग करे या वन और गृह दोनों की वासना जो त्याग करे।

[224]

तोको पीव मिलैंगे घूँघट के पट खोल रे।
घट-घट में वही साईं रमता, कटुक बचन मत बोल रे।
धन-जोबन की गरब न कीजै, झूठा पँचरँग चोल रे।
सुन्न महल में दियना बार ले, आसा सों मत डोल रे।
जोग जुगत सो रंगमहल में, पिय पाई अनमोल रे।
कहैं कबीर आनंद भयो है, बाजत अनहद ढोल रे।

[225]

पाया सतनाम गरैकै हरवा।
साँकर खटोलना रहनि हमारी, दुबरे दुबरे पाँच कहरवा।
ताला कुंजी हमें गुरु दीन्ही, जब चाहौं तब खोलौं किवरवा।
प्रेम प्रीति की चुनरी हमारी, जब चाहौं तब नाचौं सहरवा।
कहैं कबीर सुनो भाई साधो, बहुरि न ऐबै एही नगरवा॥ —95

[226]

मुरसिद नैनों बीच नबी है।
स्याह सपेद तिलों बिच तारा, अवगति अलख रबी है।
आँखी मद्धे पाँखी चमके, पाखी मद्धे द्वारा।
तेहि द्वारे दुर्बीन लगावै, उतरै भवजल पारा।
सुन्न सहर में बास हमारी, तहँ सरबंगी जावै।
साहब कबीर सदा के संगी, सब्द महल ले आवै॥

[227]

पिया ऊँची रे अटरिया तोरी देखन चली।
ऊँची अटरिया जरद किनरिया, लगी नाम की डोरी।
चाँद सुरज सम दियना बरतु है, ता बिच झूली डगरिया।

---

225. साँकर खटोलना = सँकरा खटोला।

226. मुरसिद = मुरशिद, उपदेशक। नबी = रसूल। रबी = रब, पालनकर्ता। भाव यह है कि ऐ मुरशिद, रसूल तुम्हारी आँखों के भीतर है। ईश्वर इन आँखों में स्याह-सफेद हिस्सों के बीचवाली तारा के पीछे अविगत अलक्ष्य होकर वर्तमान है—वही आँखों को देखने की शक्ति देता है। पाँखी = पक्षी। आँखों में दूरदर्शक यंत्र लगाकर देखने से ही भवसागर के पार उतरना सम्भव है। मेरा वास उस शून्य शहर में है जहाँ सर्वांगीण (सम्पूर्ण अखंड) भाव से गाया जाता है।

पाँच पचीस तीन घर बनिया, मनुवाँ है चाधरिया।
मुन्सी है कुतवाल ग्यान को, चहुँ दिस लागी बजरिया।
आठ मरातिब दस दर्वाजा, नौ में लगी किवरिया।
खिरकी बैठ गोरी चितवन लागी, उपराँ झाँप झोपरिया।
कहत कबीर सुनो भाई साधो, गुरु के चरण बलिहरिया।
साध संत मिलि सौदा करिहैं, झींखैं मूरक अनरिया॥

[228]

जहवाँ से आयो अमर वह देसवा।
पानी न पान धरती अकसवा, चाँद न सूर न रैन दिवसवा।
बाम्हन छत्री न सूद्र बैसवा, मुगल पठान न सैयद सेखवा।
आदि जोति नहिं गौर गनेसवा, ब्रह्मा बिस्नु महेश न सेसवा।
जोगी न जंगम मुनि दुरबेसवा, आदि न अंत न काल कलेसवा।
दास कबीर ले आए सँदेसवा, सार सब्द गहि चलौ वहि देसवा।

[229]

साहेब है रँगरेज चुनरी मेरी रंग डारी।
स्याही रंग छुड़ायके रे दियो मजीठा रंग।
धोय से छूटै नहीं रे दिन दिन होत सुरंग॥
भाव के कुंड नेह के जल मैं प्रेम रंग देइ बोर।
दुख देह मैल लुटाय दे रे खूब रँगी झकझोर॥
साहिब ने चुनरी रँगी रे पीतम चतुर सुजान।
सब कुछ उन पर बार दूँ रे तन मन धन और प्रान॥
कहैं कबीर रँगरेज पियारे मुझ पर हुए दयाल।
सीतल चुनरी ओढ़ि के रे भई हौं मगन निहाल॥

[230]

हद चले सो मानवा, बेहद चले सो साध।
हद बेहद दोऊ तजे, ताकर मता अगाध॥

---

227. पाँच प्राण; पच्चीस तत्त्व; तीन गुण। आठ मरातिब = मरातिब महल के खंडों को कहते हैं। आठ से आठ धातुओं का तात्पर्य है। सात धातुओं के साथ केश मिलाकर आठ धातु होते हैं (दे. ऊपर, 135वें पद की टिप्पणी)। दस दरवाजा = दो नेत्र, दो कान, दो नासा-छिद्र, मुख, मूत्र-द्वार, मलद्वार और ब्रह्मरन्ध्र। इनमें प्रथम नौ में किवाड़ लगे हैं, प्राणायाम के द्वारा योगी इन्हें बन्द कर सकता है।

[231]

गगन दमामा बाजिया, पड़त निसाने घाव।
खेत पुकारै सूरमा, अब लड़ने का दाँव॥ 1॥
जा मरने से जग डरै, सो मेरे आनंद।
कब मरिहौं, कब देखिहौं, पूरन परमानंद॥ 2॥

[232]

अब गुरु दिल में देखिया, गायन को कछु नाहिं।
कबिरा जब हम गावते, तब जाना गुरु नाहिं॥ 1॥
सुन्न मंडल में घर किया, बाजै सब्द रसाल।
रोम-रोम दीपक भया, प्रगटे दीन दयाल॥ 2॥
सुन्न सरोवर मीन मन, नीर तीर सब देव।
सुधा सिंधु सुख विलसही, विरला जाने भेव॥ 3॥

[233]

लिखा लिखी की है नहीं, देखा देखी बात।
दुलहा दुलहिनि मिलि गए, फीकी परी बरात॥ 1॥
कागद लिखै सो कागदी, की व्यवहारी जीव।
आतम दृष्टि कहा लिखै, जित देखै तित पीव॥ 2॥

[234]

लाली मेरे लाल की जित देखों तित लाल।
लाली देखन मैं गई, मैं भी हो गई लाल॥ 1॥
जिन पावन भुइँ बहु फिरे, घूमें देस बिदेस।
पिया मिलन जब होइया आँगन भया बिदेस॥ 2॥

[235]

उलटि समाना आप में, प्रगटी जोति अनंत।
साहेब सेवक एक सँग, खेलैं सदा बसंत॥ 1॥
जोगी हुआ झलक लगी, मिटि गया ऐंचातान।
उलटि समाना आप में, हूआ ब्रह्म समान॥ 2॥

[236]

सखि, वह घर सबसे न्यारा, जहँ पूरन पुरुष हमारा॥
जहाँ न सुख-दुख साँच-झूठ नहिं पाप न पुन्न पसारा।
नहिं दिन रैन चंद नहिं सूरज, बिना जोति उजियारा॥
नहिं तहँ ग्यान-ध्यान नहिं जप-तप बेद-कितेब न बानी।
करनी धरनी, रहनी, गहनी ये सब उहाँ हेरानी॥
धर नहिं अधर न बाहर-भीतर, पिंड-ब्रह्मांड कछु नाहीं।
पाँच तत्त गुन तीन नहीं तहँ, साखी सब्द न ताहीं॥
मूल न फूल बेल नहिं बीजा; बिना बृच्छ फल सोहै।
ओहं-सोहं अध ऊरध नहिं, स्वासा लेखन को है॥
नहिं निरगुन नहिं अविगत भाई, नहिं सूछम-अस्थूल।
नहिं अच्छर नहिं अवगत भाई, ये सब जग के मूल॥
जहाँ पुरुष तहँवा कछु नाहीं कह कबीर हम जाना।
हमरी सैन लखे जो कोई, पावै पद निरवाना॥ 23॥

[237]

हेरत हेरत हे सखी, रह्या कबीर हिराइ।
बूँद समानी समँद में, सो कत हेरी जाइ॥ 1॥
हेरत हेरत हे सखी, रह्या कबीर हिराइ।
समँद समाना बूँद में, सो कत हेर्‌या जाइ॥ 2॥

[238]

हदे छाँड़ि बेहदि गया, हुआ निरंतर बास।
कँवल जु फूल्या फूल बिन, को निरषै निज दास॥ 1॥
कबीर मन मधुकर भया, भया निरंतर बास।
कँवल जु फूल्या जलह बिन, को देखै निज दास॥ 2॥
अंतरि कँवल प्रकासिया, ब्रह्म-बास तहँ होइ।
मन भँवरा तहँ लुबधिया, जाणैना जन कोइ॥ 3॥

[239]

हद्‌द छाँड़ि बेहद गया, किया सुन्नि असनान।
मुनि जन महल न पावई, तहाँ किया विश्राम॥ 1॥

---

236. ओहं = ओंकार।

देखौ कर्म कबीर का, कछु पूरब-जनम का लेख।
जाका महल न मुनि लहैं, सो दोसत किया अलेख॥ 2॥

[240]

नींव बिहूँणा देहरा, देह बिहूँणा देव।
कबीर तहाँ बिलंबिआ, करै अलख की सेव॥ 1॥
देवल माँहैं देहुरी, तिल जे है बिसतार।
माँहैं पाती माँहि जल, माँहैं पूजणदार॥ 2॥

[241]

तूँ तूँ करता तुझ गया, मुझ में रही न हूँ।
वारी फेरी बलि गई, जित देखौं तित तूँ॥ 1॥
लंबा मारग दूरि घर, विकट पंथ बहु भार।
कहो संतो क्यूँ पाइए, दुरलभ हरि-दीदार॥ 2॥

[242]

अगम अगोचर गमि नहीं, तहाँ जगमगै जोति।
जहाँ कबीरा बंदगी, पाप-पुन्न नहीं होति॥ 1॥

[243]

दौकी दाधी लाकड़ी, ठाढ़ी करै पुकार।
मति बसि पड़ौ लुहार के, जालै दूजी बार॥ 1॥
जो अग्य सौ आँथबै, फूल्या सो कुम्हलाइ।
जो चिणियाँ सो ढहि पड़ै, जो आया सो जाइ॥ 2॥

[244]

दूर वे दूर वे दूर वे दूरमति, दूर की बात तोहि बहुत भावै।
अहै हज्जूर हाजीर साहब धनी, दूसरा कौन कहु काहि गावै॥
छोड़ दे कलपना दूर को धावना, राज तजि खाक मुख काहि लावै।

---

239. दोसत किया अलेख = अलख पुरुष को दोस्त बनाया।
240. नींव बिहूँणा देहरा = बिना नींव का देवालय। देहरी = देहली। माँहैं...जल = उसी में पत्र-पुष्प और उसी में जल।
241. हूँ = अहं भाव।
243. दौकी दाधी = दावाग्नि की जली हुई। आँथवै = अस्त होता है! चिणियाँ = जो चुना गया।

पेड़ के गहे तें डार-पल्लव मिलै, डार के गहे-नहिं पेड़ पावै॥
डार औ पेड़ और फूल-फल प्रगट है, मिले जब गुरू इतनी लखावै।
संपति-सुख-साहबी छोड़ जोगी भये, सून्य की आस बनखंड जावै॥
कहहिं कब्बीर बनखंड में क्या मिलै, दिलहिं को खोज दीदार पावै।

[245]

मालन आवत देख करि, कलियाँ करी पुकार।
फूले-फूले चुनि लिये, काल्हि हमारी बार॥ 1॥
फागुन आवत देखि करि, बन सूना मन माँहि।
ऊँची डाली पात हैं, दिन दिन पीले थाँहिं॥ 2॥
पात अड़ता यौं कहै, सुन तरवर बनराइ।
अबके बिछुड़े ना मिलैं, कहिं दूर पड़ेंगे जाइ॥ 3॥

[246]

कहना था सो कह दिया, अब कछु कहा न जाय।
एक रहा दूजा गया, दरिया लहर समाय॥ 1॥
उनमुनि सों मन लागिया, गगनहिं पहुँचा आय।
चाँद-बिहूना चाँदना, अलख निरंजन राय॥ 2॥
गगन गरजि बरसै अमी बादल गहिर गँभीर।
चहुँ दिसि दमकै दामिनी, भींजै-दास कबीर॥ 3॥

[247]

अरे इन दोउन राह न पाई।
हिंदू अपनी करे बड़ाई गागर छुवन न देई।
वेस्या के पाइन-तर सोवै यह देखौ हिंदुआई।
मुसलमान के पीर-औलिया मुर्गी मुर्गा खाई।
खाला केरी बेटी ब्याहैं घरहिं में करैं सगाई।
बाहर से इक मुर्दा लाए धोय-धाय चढ़वाई।
सब सखियाँ मिलि जेंवन बैठीं घर-भर करै बड़ाई।
हिंदुन की हिंदुवाई देखी तुरकन की तुरकाई।
कहैं कबीर सुनो भाई साधो कौन राह ह्वै जाई।

---

246. उनमुनि = समाधि। चाँद-बिहूना चाँदना = अखंड ज्योति। बादल = धर्ममेघ (दे. पद 68 की टिप्पणी)।

[248]

साधो, एक आपु जग माहीं।
जादू करम-भरम है किरतिम ज्यों दरपन में छाहीं।
जल-तरंग जिमि जल तें उपजै फिर वा माहिं रहाई।
काया आई पाँच तत्त की बिनसै कहाँ समाई।
या बिधि सदा देह गति सबको या बिधि मनहिं बिचारो।
आया होय न्याव करो न्यारो परम तत्त निरवारो।
सहजै रहै समाय सहज में ना कहुँ आय न जावै।
धरै न ध्यान करै नहिं जप-तप राम-रहीम न गावै।
तीरथ-बरत सकल परित्यागै सुन्न डोर नहिं लावै।
यह धोखा जब समझि परै तब पूजे काहि पुजावै॥
जोग, जुगत में भरम न छूटै जब लग आप न सूझै।
कह कबीर सोइ सतगुरु पूरा जो कोइ समझै बूझै॥

[249]

(भाई रे) दुई जगदीश कहाँ ते आया, कहु कवने भरमाया।
अल्लह-राम-करीमा केसो, (ही) हजरत नाम धराया॥
गहना एक कनक तें गढ़ना, इनि महँ भाव न दूजा।
कहन-सुनन को दूर करि पापिन, इक निमाज इक पूजा॥
वही महादेव वही महंमद, ब्रह्मा-आदम कहिए।
को हिंदू को तुरुक कहावै, एक जिमीं पर रहिए॥
वेद-कितेब पढ़े वे कुतुबा, वे मोलाना वे पाँडे।
बेगरि बेगरि नाम धराए, एक मटिया के भाँडे॥
कहँहि कबीर वे दूनौं भूले, रामहिं किनहूँ न पाया।
वे खस्सी वे गाय कटावैं, बादहिं जन्म गँवाया॥

[250]

संतो, राह दुनो हम डीठा।
हिंदू-तुरुक हटा नहिं मानैं, स्वाद सबन्हि को मीठा॥
हिंदू बरत-एकादसि साधैं, दूध-सिंघारा सेती।
अन को त्यागैं मन को न हटकें, वारन करें सगोती॥
तुरुक रोजा-नीमाज गुजारैं, बिसमिल बाँग पुकारैं।
इनकी भिस्त कहाँ तें होइहै, साँझैं मुरगी मारैं॥

हिंदु की दया मेहर तुरुकन की, दोनौं घट सो त्यागी।
वे हलाल वे झटके मारैं, आगि दुना घर लागी॥
हिंदु-तुरुक की एक राह है, सतगुरु इहै बताई।
कहँहि कबीर सुनहु हो संतो, राम न कहेउ खुदाई॥

[251]

बंदे तोहि बंदिगी सों काम, हरि बिन जाँनि और हराम।
दूरि चलणाँ कूँच बेगा इहाँ नहीं मुकाम॥
इहाँ नहीं कोई यार दोस्त, गाँठि गरथ ना दाम।
एक एकै संगि चलणाँ, बीचि नहीं विश्राम॥
संसार-सागर विषम तिरणाँ, सुमरि लै हरि-नाम।
कहैं कबीर तहाँ जाइ रहणा, नगर बसत निधाँन॥

[252]

वेद-कतेब इफतरा भाई दिल का फिकर न जाई।
टुक दम करारी जो करहु हाजिर हजूर खुदाई॥
बंदे खोजु दिल हर रोज ना फिरि परेसानी माहिं।
इह जु दुनिया सहरु मेला दस्तगीरी नाहिं॥
दरोग पढ़ि पढ़ि खुशी होइ बेखबर बाद बकाहि।
हक सच्चु खालक खलकम्या ने स्याम मूरति नाहिं॥
आसमान म्याने लहँग दरिया गुसल करद न बूद।
करि फिकरु दाइन लाइ चसमे जहँ तहाँ मौजूद॥
अल्लह पाक पाक है सक करो जो दूसर होइ।
कबीर कर्म करीम का उहु करे जानैं सोइ॥

[253]

मन, तुम नाहक दुंद मचाए।
करि असनान छुवो नहिं काहू, पाती फूल चढ़ाए।
मूरति से दुनिया फल माँगै, अपने हाथ बनाए।
यह जग पूजै देव-देहरा, तीरथ-वर्त्त अन्हाए।
चलत-फिरत में पाँव थकित भे, यह दुख कहाँ समाए।
झूठी काया झूठी माया, झूठे झूठे झूटल खाए।

---

251. कूँच बेगा = अपरिचित स्थान की यात्रा।

252. इफतरा = मिथ्या। दरोग = झूठ। हक = सत्य। खालिक = सृष्टिकर्ता। खलक = जगत्।

बाँझिन गाय दूध नहिं देहै, माखन कहँसे पाए।
साँचे के सँग साँच बसत है, झूठे मारि हटाए।
कहैं कबीर जहँ साँच बसतु है, सहजै दरसन पाए॥

[254]

यह जग अंधा मैं केहि समझावों।
इक-दुई हों उन्हें समुझावों सब ही भुलाना पेट के धंधा।
पानी के घोड़ा पवन असवरवा ढरकि परै जस ओस के बुंदा।
गहरी नदिया अगम बहै धरवा खेवनहारा पड़िगा फंदा।
घर की वस्तु निकट नहिं आवत दियना बारि के ढूँढ़त अंधा।
लागी आग सकल बन जरिगा बिन गुरुग्यान भटकिया बंदा।
कहैं कबीर सुनो भई साधो इक दिन जाए लँगोटी झार बंदा।

[255]

बाजन दे बाजंतरी, कलि ककुही जनि छेड़।
तुझे बिरानी का परी, अपनी आप निबेर॥ 1॥
देस-विदेसन हौं फिरा, गाँव गाँव की खोरि।
ऐसा जियरा ना मिला, लेवे फटकि पिछोरि॥ 2॥

[256]

शून्य मरै, अजपा मरे, अनहद हू मरि जाय।
राम-सनेही, ना मरै, कह कबीर समुझाय॥

---

254. पानी कै घोड़ा = क्षणभंगुर शरीर। पवन-असवरवा = प्राण। गहरी नदी = माया प्रवाह। खेवनहारा = जीवात्मा। घर...अंधा = घर में पड़ी हुई वस्तु के नजदीक तो जाता नहीं, यह अंधा (मुग्ध मनुष्य) सारी दुनिया में उसे दीया जलाकर खोजता-फिरता है। लागी आग = मोह की आग लगी हुई है।

255. बाजंतरी = यंत्री, वीणा। कलि ककुही = निकृष्ट वाद्य। टीकाकारों का कहना है कि बाजंतरी से संसार के लोगों की नाना मतवाली वाणी और कलि ककुही से बेद्आ शास्त्री पौराणिक, आदि का तात्पर्य है (त्रिज्या, पृ. 647) परन्तु सीधा अर्थ यह जान पड़ता है कि तेरे भीतर जो उत्तर आनंद-ध्वनि है उमे ही बजने दे, दुनियावी टंटों में न पड़। तुझे दूसरों की क्या पड़ी है, अपनी ही सँहाल। 'विश्व.' में कवि-ककुरी पाठ है और अर्थ यह किया गया है कि यह शरीर यंत्र (वीणा) है और बजानेवाले के अधीन है। वह जैसा चाहेगा, बजाएगा। तू मन हो 'जो बैकल कुकुरियों के समान है' मत छेड़, नहीं तो उसका विष तुझे भी बैकल कर देगा।

256. राम के प्रति प्रेम भक्तिशून्य समाधि, अजपाजाप और अनहद नाद की अनुभूति की अपेक्षा अधिक महत्त्वपूर्ण और शाश्वत है।

अनुक्रमणिका